Rußlands Übergang zum Scheinkonstitutionalismus

Erstmalig wurde der Text 1906 in der Zeitschrift *Archiv für Sozialwissenschaft und Sozialpolitik* veröffentlicht.

Die Deutsche Bibliothek – CIP-Einheitsaufnahme

Weber, Max:
Russlandbericht / Max Weber. - Koblenz : Fölbach.
(Edition Soziologie)
ISBN 3-923532-46-6
2. Rußlands Übergang zum Scheinkonstitutionalismus. - 1998
Aus: Archiv für Sozialwissenschaft und Sozialpolitk ; 1906
ISBN 3-923532-45-8

Copyright 1998 by Verlag Dietmar Fölbach
Umschlaggestaltung: Jan Zischka
Printed in EC
ISBN 3-923532-45-8

ISBN 3-923532-44-X Rußlandbericht 1
ISBN 3-923532-46-6 Rußlandbericht 1 + 2

Max Weber

Rußlands Übergang zum Scheinkonstitutionalismus

Rußlandbericht 2

Fölbach

Rufslands Übergang zum Scheinkonstitutionalismus.

Von
MAX WEBER.

Inhalt*). *I. Die allgemeine Politik des Interimsministeriums.* Der Moskauer Putsch und seine Niederwerfung, S. 1. Wirkung auf die Politik der Regierung. Ihre Motive, S. 6. Die Politik des weifsen Schreckens und ihre Ergebnisse, S. 13. *II. Analyse der allgemeinpolitischen Gesetzgebung des Interimsministeriums*, S. 17. 1. Die »Prefsgesetzgebung«, S. 18. 2. Die »Gewissensfreiheit. Toleranzedikte vom 17. April 1905 und 14. März 1905, S. 20. Wirkungen. a) Die Altgläubigen, S. 26. b) Die Katholiken, S. 28. c) Orthodoxe Kirchenreform, S. 30. 3. Die »Sprachenfreiheit« und die Nationalitäten, S. 36. 4. Die »akademische Freiheit«, S. 39. Analyse des Reformprojekts der Professoren, S. 42. 5. Die »Vereinsfreiheit«, S. 49. 6. Die »Versammlungsfreiheit«, S. 55. 7. Die Garantien der persönlichen Freiheit, S.57. Ergebnis, S. 60. *III. Die Vollendung der Bureaukratisierung der Selbstherrschaft.* Bisheriger Zustand, S. 61. Ukas vom 21. Oktober 1905, S. 63. *IV. Die »Konstitution«*, S. 69. 1. Die Bulyginsche Duma, das. 2. Die Manifeste vom 17. Oktober 1905 und vom 20. Februar 1906, S. 72. Analyse der Reichsrats- und Dumaordnungen vom 20. Februar 1906, S. 74. 3. Das »Budgetreglement« vom 8. März 1906, S. 77. 4. Die Neuredaktion

---

*) Die nachfolgende Chronik ist im wesentlichen eine Fortsetzung der im Beilageheft zu Band XXII Heft 1 dieser Zeitschrift versuchten Darstellung der Schicksale der »Befreiungsbewegung« in Rufsland. Nur schien es diesmal nötig, umfassend auf die Analyse der gesetzgeberischen Akte, in denen die Tätigkeit der Regierung sich in dem hier behandelten Zeitraum geäufsert hat, einzugehen. Im übrigen gilt für diese Darstellung ähnliches wie für die frühere. »Geschichte« kann ein Vorgang der fast unmittelbaren Gegenwart uns nicht sein, weil wir nicht wissen können, was dauern wird. Es handelt sich um ein Festhalten des dem vorläufigen Eindruck nach Wesentlichen und Charakteristischen.. Bei Benutzung von Zeitungen als Quellen habe ich die Leistungen des heute auch in Rufsland umfassend arbeitenden amtlichen »Berichtigungs«apparates zu beachten gesucht, — hoffe, dafs mir nichts davon entgangen ist und bemerke übrigens, dafs dort so wenig wie bei uns eine amtlich geleugnete Behauptung objektiv unrichtig zu sein braucht.

der »Grundgesetze des Reichs« vom 12. April 1906, S. 79. Praktische Bedeutung dieser Gesetzgebung, S. 85. *V. Analyse des Dumawahlrechts*, S. 87. Praktische Bedeutung des Wahlrechts, Art der Wahlbewegung, S. 103. *VI. Die gesellschaftlichen und politischen Bedingungen des Wahlausfalles*, S. 111. 1. Allgemeine Lage der Demokratie nach dem Moskauer Putsch, das. Die professionelle Arbeiterbewegung und die Sozialdemokratie, S. 112. 2. Innerer Zustand der demokratischen Partei, Januarkongreſs, S. 120. Analyse des Agrarprogramms, S. 122. 3. Die Konservativen und die Mittelparteien, S. 154. 4. Die Reaktion in der »Gesellschaft«. Agrarpolitische Projekte der Regierung, S. 165. Die Bewegung in den Semstwos, S. 184. Reichsratswahlen, S. 192. *VII. Analyse der Dumawahlen*, S. 196. *VIII. Nach den Wahlen*, S. 207. Die erste Duma, S. 215.

I.

Die zwei Monate von dem Erlaſs des Oktobermanifestes und der Bildung des Witteschen Ministeriums bis zur Mitte Dezember (russischer Rechnung)[1]) ist eine Periode äuſserster Verwirrung und fortwährenden Schwankens, ein Durcheinander spontaner Usurpationen von Freiheitsrechten, dem die Regierung ziellos und über ihr endgültiges Verhalten unsicher zuschaut. Das Aufflammen und die Niederwerfung des Moskauer Aufstandes und der Zusammenbruch des mit ihm zusammenhängenden dritten Generalstreiks bezeichnen dann die entschlossene Wendung der russischen inneren Politik nach der Seite der schärfsten Reaktion. Dies gibt dem an sich törichten Putsch ein historisches Interesse. Quantitativ waren die wüsten Bürgerkriege in den Ostseeprovinzen und in den südlichen Zentralgouvernements wohl erheblicher[2]), qualitativ schienen die Truppenmeutern von Kronstadt und Sewastopol ungleich bedenklicher, — dennoch war die Wiederunterwerfung einiger Straſsenviertel Moskaus von weitaus gröſserer »moralischer« Bedeutung an sich und hatte die weitaus erheblicheren politischen Folgen. Erinnern wir uns zunächst der Vorgänge selbst. Leiter der über alles erwartete Maſs gewaltigen Streikbewegungen war während des ganzen Herbstes 1905 der Petersburger »Arbeiterdeputiertenrat«, Ssowjet Rabotschich Deputatow (»S. R. D.«) gewesen. Er war zur Zeit des Typographenstreiks im September zuerst von den Typographen und nur für sie geschaffen[3]). Anfang Oktober wurde deren Organisation von anderen Arbeiterkategorien nachgeahmt, die alsdann sich mit den Buchdruckerdelegierten vereinigten. Die Zusammensetzung war ganz nach dem Schema der früher seitens der Regierung selbst angestrebten Arbeitervertretungen organisiert: Die Repräsentanten wurden werk-

---

[1]) Die Daten sind stets in julianischer Rechnung gegeben, eventuell die gregorianischen in Klammern.

[2]) Wir lassen jede nähere Schilderung dieser durch ihre barbarische Wildheit ausgezeichneten Vorgänge hier ganz beiseite, ebenso die Heeresrevolten.

[3]) Näheres darüber später.

stättenweise gewählt, zuerst 1 auf 20, schließlich, im Oktober, 1 auf[3] 500. Als der große politische Ausstand, der das Verfassungsmanifest eroberte, ausbrach (15. Oktober), vermehrte sich die Zahl der von ihm geleiteten Arbeiter in Petersburg innerhalb von zwei Tagen auf 113 000. Es folgte in zahlreichen Provinzialstädten die wilde Konterrevolution der »schwarzen Hundert«[4]), welche die Notwendigkeit festen Zusammenhaltes der Arbeiterschaft ad oculos demonstrierte. In Rostow a. Don, Kiew, Jekaterinoslaw, Charkow, Moskau, Ssaratow, Smolensk, Krementschug, Bjelostok, Taganrog, Noworossijsk, Baku, Krassnojarsk bildeten sich reißend schnell entsprechende Verbände, die mit den Petersburgern durch Korrespondenz Fühlung hielten. Schon sehr bald nach dem siegreichen Ende des Oktoberstreiks wurde nun der Petersburger S. R. D., durch das zunächst eigenmächtige Vorgehen der Arbeiterschaft, wider oder doch ohne seinen Willen in die Bewegung für den Achtstundentag gezogen. Am 29. Oktober wurde durch Beschluß dessen Einführung »auf revolutionärem Wege«, d. h. durch einseitige Erklärung der Arbeiter für die Petersburger Fabriken vom 31. Oktober ab obligatorisch gemacht. Tatsächlich gelang seine Erzwingung nur in 29 Fabriken, die übrigen blieben unnachgiebig. Inzwischen hatten aber die ersten Anfänge der Reaktion in den Regierungskreisen schon eingesetzt. In den Zeitungen war bekannt geworden, daß entgegen der trotz aller Dementis gut beglaubigten Äußerung Wittes: »Von heut an gibt es in Rußland keine Selbstherrschaft mehr«, der Zar sich entschieden geweigert hatte, den Titel »Ssamodershez« abzulegen. Wichtiger als dies war die am 28. Oktober, elf Tage nach dem Manifest, erfolgende Verhängung des Kriegszustandes über Polen, die in ihren Motiven und in der Art ihrer Entstehung durchaus unaufgeklärt und durch die offiziösen Zusammenstellungen einiger lokaler »revolutionärer Handlungen«, wie sie in Polen seit Jahren alltäglich erfolgen, in keiner Weise erklärt ist. Polen antwortete mit dem Generalstreik, der aber schon am 4. November, wenigstens für den Eisenbahnverkehr, beendet war, fast zur selben Zeit, als der für den 2. November vom S. R. D. verfügte Sympathiestreik in

---

[4]) Die gelegentlich immer wieder bestrittene Tatsache, daß die »schwarzen Hundert«, deren Auftauchen (mit Drohbriefen an liberale Politiker, Durchprügeln von wirklichen oder angeblichen Sozialisten, blutigen Judenmassacres) zuerst 1905 in der Zeit des Februarmanifestes des Zaren bemerkt wurde, polizeilich mit Wissen auch der zentralen Instanzen organisiert wurde, ist jetzt gegen jeden Zweifel gesichert, so plausibel es ist, daß auch »Volontärs« sich ihnen anschlossen. Daß es sich nicht etwa um eine »breite Volksbewegung« handelte, zeigen schon die Wahlresultate in den Orten, wo sie ihre größten Erfolge gehabt hatte, für sich allein: gerade dort sind ausnahmslos, und zwar seitens der »Massen«, Demokraten gewählt worden. — Daß sich das polizeilich geworbene Gesindel schließlich, wie noch zu erwähnen, auch gegen die Zentralregierung wenden konnte, wo »Klasseninteressen« der unteren Polizeiorgane bedroht waren, ist nichts Wunderbares.

Petersburg begann. Dieser schlug nunmehr völlig fehl; am 7. November mußte der S. R. D. ihn einstellen, am 12. auch seine Verfügung betreffs des Achtstundentages zurücknehmen. Inzwischen hatten D. N. Schipow und Fürst E. Trubezkoj die ihnen angebotenen Portefeuilles in Wittes Ministerium abgelehnt. Das Ministerium hatte sich dann in ziemlich disparatem Bestande konstituiert[5]), Trepow war aus dem Ministerium des Innern zwar ausgeschieden, aber Durnowo hatte, vorerst als Verweser, die Leitung übernommen. Es begannen bald nach Erlaß des sehr unbestimmt gehaltenen Agrarmanifestes (3. November) die ersten Bauernunruhen, die mit der Verhängung des Zustandes des »verstärkten Schutzes« beantwortet wurden, während anderseits, als Konzession an die Liberalen, der Kriegszustand in Polen — zeitweise — aufgehoben wurde. Die Anarchie griff langsam um sich[6]). Irgendwelche Schritte gemäß dem gegebenen Versprechen, die Duma auf Grund des erweiterten Wahlrechtes einzuberufen, wurden nicht bekannt. Alles schien unsicher. Am 14. November erfolgte, wegen bedingter Empfehlung der Steuerobstruktion, die Verhaftung des Vorstandes des sozialrevolutionären Bauernregresses[6a]) in Moskau, dessen Komitee daraufhin sich mit dem S. R. D. verbündete. Am 15. November trat in Moskau ein Kongreß von Delegierten der Post- und Telegraphenangestellten zusammen, Polizei und Militär schritten, da es sich um »Beamte« handelte, ein, aber der Streik wurde noch vor Sprengung des Kongresses erklärt und dehnte sich zwischen dem 15. und 19. November auf alle Städte des Landes aus, sie voneinander und der Welt abschneidend. Eben begann er, seit 1. Dezember, abzubröckeln, da wurde der Vorsitzende des S. R. D. in Petersburg, Chrustaljow-Nossarj, wegen Einmischung des Rates in diesen Poststreik verhaftet, es folgte am 1. Dezember das Manifest des S. R. D. und des mit ihm verbündeten Bauernbundes, unterfertigt auch von der sozialdemokratischen Partei, welches zur Ablehnung der Annahme von

---

[5]) Neben Anhängern der konstitutionellen Demokratie, wie dem Landwirtschaftsminister Kutler und einigen ehrlichen Konstitutionellen, enthielt es verbissene Reaktionäre wie den Justizminister Akimow.

[6]) Die kurze und anschauliche Schilderung der Jakobinerherrschaft, welche z. B. in Charkow mit dem 23. November begann, im »Nowoje Wremja« Nr. 10 704 S. 7 (von Fürst Michail Schachowskoj) sich findet (die Sitzungen der Duma von Arbeitern umringt, welche offene Abstimmung verlangten, Forderung der Entfernung der Polizei und Truppen aus der Stadt, der Bildung einer Stadtmiliz, der Hergabe von 10 000 Rubeln für die Streikkasse), dürfte für die Provinzstädte typisch sein. Für Kijew hat Professor Pichno, der Redakteur der weitaus besten von den reaktionären Zeitungen (»Kijewljanin«), seine Artikel aus jener Zeit gesammelt herausgegeben (Titel: »W ossawje«, — »Belagert«), jedenfalls die beste Beleuchtung der Hergänge vom strikt contrarevolutionären Standpunkt aus.

[6a]) Über diese Organisation s. Beilagenheft zu Bd. XXII, 1.

Papiergeld, zur Entnahme der Guthaben aus den Sparkassen — tatsächlich sind nach offizieller Angabe 140 Millionen Rubel erhoben worden[7]) — und — mit ebenfalls sehr grofsem Erfolg — zur Einstellung aller Steuer- und Abgabenzahlungen aufforderte. Die Verhaftung des gesamten S. R. D. in Petersburg war die Antwort. Darauf ergriff der Moskauer S. R. D. die Führung und erklärte Moskau für den 7. Dezember in Generalstreik. Auf den gleichen Termin setzte das Allrussische Komitee der Eisenbahner, welches sich, nach mehrfachen Einzelausständen gegen Ende November, am 5. Dezember in Moskau konstituiert hatte, den Beginn eines neuen allgemeinen Eisenbahnerstreiks an. Beide Streiks breiteten sich rasch aus und erreichten vom 9.—12. etwa ihren Höhepunkt. Am 19. waren sie zu Ende. Zu keiner Zeit hatten sie an räumlicher Ausdehnung und Zahl der Beteiligten die Ziffern des siegreichen politischen Oktoberstreiks erreicht[8]), obgleich diesmal die starken Organisationen des Bauern-, des Eisenbahner- und des Post- und Telegraphisten-Bundes und die zahlreichen Arbeiterdeputiertenräte die Leitung in der Hand hatten. Es zeigte sich an diesem Beispiel zur Evidenz, was die Macht einer die Klassen verbindenden »Idee«, die Mitwirkung breiter Schichten des Bürgertums für den Erfolg bedeutet und wie wenig — man mag dies bedauern oder nicht — der »starke Arm«, auf dessen Wink »alle Räder stillstehen«, ohne die, durch jene Mitwirkung bürgerlicher Elemente geschaffene, Unsicherheit in den festen Kadres der gegebenen gesellschaftlichen Organisation bedeutet. Ein Überlaufen nicht proletarischer Elemente zur Revolution, aber wesentlich von Vertretern aus allerhand zusammengewürfelten Ideologen und Dilettanten der Revolutionsromantik begann erst wieder, als diesmal der Generalstreik in Moskau zur Revolte umschlug, nachdem die Sozialrevolutionäre mit dem poesievollen Wort: »woorushenije wosstanije« schon lange gespielt hatten. Der militärischen Leitung, diesmal unter die rücksichtslose Führung Dubassows[9]) gestellt, kam dies äufserst gelegen. Am 9. Dezember nachts fielen in Moskau die ersten Revolverschüsse gegen das Militär, welches eine Versammlung umzingelte, Barrikaden erstanden und zehn Tage lang dauerte ein zuerst ziemlich planloses Auffahren von Geschützen,

---

[7]) Der Heilige Synod mufste die Geistlichen anweisen, die Dorfbevölkerung über die Unbegründetheit der Gerüchte von der Unsicherheit der Anlagen in den staatlichen Sparkassen zu belehren, »Russk. Wjed.« Nr. 24 S. 1 Sp. 3.

[8]) Es streikten 33 Städte gegen 39 im Oktober, zwei Drittel der Petersburger Arbeiter (99 000) im Maximum, weniger als am letzten Tage des zweiten Generalstreiks. Die Sperrung der Eisenbahnen war niemals allgemein, gerade die wichtigsten Linien blieben offen. Prokopowitsch, »Bjes saglavija« Nr. 3 f.

[9]) Er hatte sich bekannt gemacht durch seinen Tagesbefehl, der das Niederbrennen aller Dörfer androhte, aus denen heraus irgendeine Gewalthandlung erfolgen werde.

Bombardieren von Häusern, aus denen von irgend jemand geschossen wurde, und ein allgemeines Schießen auf irgendwie Bewaffnete oder Verdächtige, welches erst mit der Ankunft des Ssemjenowschen Regiments aus Petersburg zur Verstärkung der (6000 Mann zählenden) Garnison mit einer systematischen Einkreisung des Restes der Revolutionäre endete (19. Dezember). Die Ziffern der Krankenhäuser für die Zeit vom 7.—17. Dezember weisen immerhin 548 Getötete, 1065 Verwundete auf[10], leicht Verwundete sind zahlreich, selbst bis an deutsche Universitäten, entkommen, außerdem aber fehlen gerade die Zahlen für die letzten Tage und diejenigen für die massenhaft brevi manu niedergeschossenen Gefangenen. Die Zahl der effektiven Kämpfer ist, da es sich zum Teil um Gelegenheitskämpfer[11] handelte, nicht feststellbar. 8000 Leute dürfen wohl als Maximum der jemals gleichzeitig aktiv am Kampfe Teilnehmenden gelten. Daß die Truppen einem so plan- und aussichtslosen Aufstand gegenüber treu blieben, war, zumal bei der erbitternden Taktik, welche die amtlichen »Iswjestnija« des S. R. D. vom 11. Dezember anempfahlen: — Bildung kleiner Trupps (bis höchstens 4), Schießen möglichst nur unerwartet, wo möglich aus dem Hinterhalt und in die vollen Kolonnen — gewiß nicht erstaunlich. Aber für einen wichtigen Faktor der russischen Verfassungsentwicklung war die Tatsache doch eine große und angenehme Überraschung: für die fremden Börsen nämlich.

Um das Verhalten der russischen Regierung zu verstehen, ist die Berücksichtigung des Umstandes, daß Rußland Schuldnerstaat ist, durchaus unumgänglich. Daß »die Juden« die russische Verfassung erzwungen, erschlichen oder doch mitfabriziert hätten, wie die Reaktionäre behaupten, ist ganz richtig, nur sind es natürlich nicht die furchtbar geschändeten Bewohner der russischen Ghettos, sondern ihre zum Teil geadelten Stammesvettern aus der haute finance in Berlin und Paris, denen die Kontrolle der Kurse russischer Staatspapiere anvertraut ist. Dies konnte man sehr deutlich auch in jener Periode heftigster Reaktion bemerken, die dem Siege in Moskau und der sich daran anschließenden Niederwerfung der Aufstände in den Ostseeprovinzen und in den inneren Gouvernements parallel ging und folgte. Das Manifest vom 17. Oktober

---

[10] Einzige Ziffer, die einen leidlichen Anhaltspunkt gibt. Was die Regierung publizierte, war hier, wie fast immer, Schwindel.

[11] Über die Zusammensetzung der Kämpfenden: Von 213 in einem Moskauer Gefängnis internierter Gefangenen waren Anfang Februar 193 »politische«. Davon: 46 Arbeiter, 32 Eisenbahnbedienstete, 23 Post- und Telegraphenbedienstete, 21 Studenten, 15 Anwälte, 11 Ärzte, 11 Handlungsgehilfen, 10 Semstwobedienstete, 9 Techniker, 8 »Litteraten«, 6 Schüler, 4 »Pädagogen«, 1 Fabrikant, 1 Geistlicher, 1 Musiker usw. Mittleres Alter: 28½ Jahre, aber 30 unter 20 Jahren (»Russk. Wjed.« 2. Februar S. 4).

hatte Beruhigung verbreiten sollen. Es gelang nicht. Die Kurse sanken also wieder. Die blutige Tragi-Komödie in Moskau führte dagegen zu steigenden Tendenzen: die Besitzer russischer Papiere wünschten also »Ordnung«, und Graf Witte ließ zweideutige Worte von der Möglichkeit einer »Rücknahme« der kaiserlichen Versprechungen fallen. Dieser Ballon d'essay fand aber seinerseits auch keine freundliche Aufnahme. »Nowoje Wremja« ließ Anfang und Mitte Januar sich tagelang hintereinander aus London telegraphieren, die Bankkreise hielten Rußlands Kreditwürdigkeit nur im Fall der Durchführung der ›konstitutionellen« Regierungsform für gesichert. Ähnlich wird es ja wohl auch gestanden haben. Folglich war, nach außen hin, Vorsicht geboten, und das bekamen nun die Reaktionäre zu fühlen. Am 23. Dezember (a. St.) hatte der Zar — es war das zweite Mal — eine Deputation der »russischen Leute« empfangen. Leidenschaftliche Reden gegen die Zerreißung von Zar und Volk, den Umsturz der Jahrhunderte alten Ordnung, die Vernichtung der unbeschränkten Gewalt brachten, so scheint es, schließlich auch sein dünnes Blut in Wallung: in etwas phantastischen Wendungen redete er davon, daß ›bald, bald die Wahrheit wieder ihr Licht über der russischen Erde leuchten lassen werde« und dergl. Begeistert und entzückt setzte die Deputation dies im Januar in die Zeitungen zum Trost aller echt russischen Herzen, — und alsbald erfolgte die offiziöse Ankündigung, daß sie in Anklagezustand versetzt sei wegen unerlaubter Anfertigung eines Hofberichtes. Der Hinweis Wittes auf das Deplacierte solcher Romantik angesichts des leeren Beutels hatte offenbar genügt, das etwas zu früh den Kopf erhebende Gottesgnadentum wieder kollabieren zu lassen und fortan in einer der Lage entsprechenden Oboedienz gegenüber der unpersönlichen, aber um so unentrinnbareren Macht des Geldmarktes zu erhalten. Dies zeigte sich in mannigfacher Art: Daß an den Judenkrawallen im Spätherbst und Winter Polizeifunktionäre beteiligt gewesen seien, wurde offiziös bestritten, aber man sah sich doch genötigt, als die neue große Anleihe dicht vor Ostern zur Auflage gelangen sollte, durch eine in der Tat unzweideutige, geradezu drakonische Verfügung die Provinzialbeamten für ihr etwaiges Entstehen persönlich haftbar zu machen. Die Folge war, daß sie in der Tat absolut unterblieben[12]). Schriftsteller,

---

[12]) Dies beweist zwar nicht, wie ein Teil der deutschen Presse annimmt, daß die Bauern aus eigener Initiative überhaupt keinesfalls Judenkrawalle veranstalten würden. Vielmehr gelangten festgestelltermaßen an das Ministerium gar nicht wenige (spontane) Eingaben von Bauerngemeinden, welche, zur Abhilfe ihrer Not, um eine Konzession zur Judenplünderung flehten, insbesondere auch eine solche aus den Kreisen der eben erst selbst der Verfolgung durch die Staatskirche entronnenen Altgläubigen. Aber es beweist allerdings — und diese Gesuche beweisen es erst recht —, daß, wenn die Regierung nicht will, die Hetzen unterbleiben. Es wird

die, wie Gorkij, im Auslande bekannt sind und deren allzu harte Behandlung dort »verstimmen« konnte, hatten sich, trotz stärkster »Kompromittierung«, eines immerhin wesentlich anderen Schicksals zu erfreuen als solche, bei denen das nicht der Fall war.

So sah sich die Regierung, angesichts der Finanzlage, in der inneren Politik überhaupt zur Anlegung eines »doppelten Kontos« genötigt. Daſs es von seiten des Zaren persönlich mit einer Umwandlung Ruſslands in einen »Rechtsstaat« mit — wie es im Oktobermanifest etwas naiv hieſs — »wirklicher« Garantie der Persönlichkeitsrechte zu keiner Zeit aufrichtig gemeint war, versteht sich von selbst und trat bei jeder Gelegenheit hervor[13]), die dazu irgend Anlaſs gab; für ihn gab es nur Polizeiinteressen. Das stimmte vortrefflich mit den Machtinteressen der Polizeibureaukratie alten Stils zusammen, und durch schonungslose Repression konnte ja wohl auch »nach auſsen‹, auf die Börsen, der Eindruck einer »starken« Staatsgewalt hervorgebracht werden. Auf der anderen Seite aber zeigten wiederholte erfolglose Sendungen von Finanzbeamten ins Ausland, daſs trotz allem die Bankiers schlechthin darauf bestehen zu müssen glaubten, daſs die Duma wirklich gewählt und einberufen werde, ehe an die Emission einer Anleihe groſsen Stils gedacht werden könne. Also muſste die »Verfassung«, unter formeller Wahrung der Versprechungen vom 17. Oktober, so weit ausgeführt werden, daſs für das ausländische Publikum, mit dessen Eindrücken die Bankiers rechneten, wenigstens der äuſsere Anschein »konstitutioneller« Garantien vorhanden war. Es muſste daher der Versuch gemacht werden, die inländische »Bourgeoisie« mit den Interessen der Regierung

---

also das »Kausalverhältnis« ähnlich liegen, wie in jener Zeit, wo der Burggraf von Nürnberg und der Bischof von Würzburg einen Vertrag. darüber schlossen, wie die, für eine bestimmte Zukunft sicher »vorauszusehenden«, Judenhetzen ihrem beiderseitigen Geldbeutel nutzbar gemacht werden könnten.

[18]) Nur ein Beispiel: beim Vereinsgesetz hatten sowohl der Ministerrat wie zwei untereinander dissentierende Gruppen des Reichsrats gerichtliche Verhandlung über das Vorhandensein der Voraussetzungen der Registrierung eines Vereins zulassen wollen, die eine Gruppe die ordentlichen Gerichte, die andere Administrativgerichte. Beides war natürlich, so wie die russischen Gerichte heute — im Gegensatz zu früher — sind, politisch gleich absolut unschädlich für die Polizeiinteressen. Dem Zaren wurden die verschiedenen Gutachten, auſserdem aber ein von einer ganz kleinen hochreaktionären Gruppe im Reichsrat (20 Mitglieder) ausgearbeitetes Amendement, welches die vom Gouverneur de facto ganz abhängige verstärkte »Prissutstwije« für zuständig erklärte, vorgelegt. Der Zar verwarf die Projekte des Reichsrats und des Ministeriums und sanktionierte das letztere Projekt nur deshalb, weil es (nach seinem dumpfen Empfinden) die Vereine am prekärsten von allen stellte (Russk. Wjed. 19. Februar S. 2). Die Konsequenz war nur, daſs die Radikalen nun auch den formellen Beweis für das Fehlen der Rechtsgarantien hatten.

zu versöhnen, womöglich Parteien zu finden, welche in der Duma ihr zur Verfügung ständen und ihnen bei den Wahlen zum Siege zu verhelfen. Dabei ergaben sich nun aber Komplikationen dadurch, daſs einmal innerhalb der Bureaukratie selbst, bis in den Reichsrat und in das Ministerium hinein und ebenso innerhalb des Heeres, vorwiegend in den unteren, aber auch in den oberen Chargen überzeugte Anhänger einer entschieden liberalen Umgestaltung des Staatswesens saſsen, anderseits die Zeiten des demagogischen Plehweschen Regimes die tiefste Verstimmung und ein schwer zu überwindendes Miſstrauen der »bürgerlichen« Kreise erregt hatten. Man konnte schlieſslich nur hoffen — und dies war der Standpunkt Wittes —, daſs der rote Schrecken der Generalstreiks, Revolten und Bauernkriege über alle diese Reminiszenzen siegen werde. Innerhalb der Bureaukratie und des Heeres aber muſste sich, wenigstens in den leitenden Stellungen, langsam, aber systematisch die Spreu vom Weizen sondern, nachdem die Haltung des Zaren feststand. Der demokratische Landwirtschaftsminister Kutler und der mittelparteiliche Handelsminister Timirjasjew schieden nacheinander aus. Im Ministerium war seit dem Dezemberaufstand der Minister des Innern, Durnowo, der Vertrauensmann des Zaren, die leitende Persönlichkeit. Schon die fieberhafte Tätigkeit seines Ministeriums stach im Januar und Anfang Februar von den Zuständen der anderen Ressorts sichtbar ab. Die Repressionspolitik leitete er persönlich, indessen war dies Geschäft dadurch sehr erleichtert, daſs die meisten Gouverneure sie als Sport auf eigene Faust betrieben, in dem richtigen Bewuſstsein, dem Zaren um so sicherer zu gefallen, je mehr sie sich darin auszeichnen würden. Für sie galt kein Gesetz; Beamte wie Neidhardt (Odessa) und Kurlow (Minsk), deren strafrechtliche Verfolgung der mit der Revision ihrer Tätigkeit beauftragte Senator Kusminski für notwendig erklärt hatte, wurden vom I. Departement des Senats, auf Drängen des persönlich anwesenden Ministers des Innern, auſser Verfolgung gesetzt, »da ihre Handlungen den Absichten der Regierung entsprochen hätten«[13a]. Selbst auf Abmahnungen oder Verbote der Minister, insbesondere Wittes, oder in einzelnen Fällen selbst Durnowos, reagierten die eifrigen Gouverneure nicht; in einem solchen Falle erklärte der Minister im Konseil entschuldigend: Der Gouverneur habe sich offenbar in der Ansicht befunden, er habe nur dem Ministerkonseil, nicht einem seiner einzelnen Mitglieder, Gehorsam zu leisten: in bezug auf die administrative Willkür zerfiel Ruſsland im Januar de facto in regionale Satrapien. Eine Preſsnachricht — in den Einzel-

---

[13a]) Ähnlich später, trotz klaren Beweises der Schuld (Art. 341 der Ul. o nakas.: »Untätigkeit der öffentlichen Gewalt«) der Gouverneur von Stawropol, ferner der Graf Kotzebue (Rostow), v. d. Launitz (Tambow) u. a. (Sitzung vom 25. April).

heiten nicht sicher beglaubigt — behauptet, dafs in einer Konseilsitzung Witte auf Einschränkung der Repressionspolitik und speziell der unkontrollierbaren Willkürherrschaft der Beamten gedrungen habe, Durnowos Erklärung darauf: dann sei es für ihn Zeit zu gehen, sei mit eisigem Schweigen aufgenommen worden. Einige Tage später aber führte eine Unterredung beider eine »Verständigung« herbei. Tatsächlich war es nur die erneute Unterwerfung Wittes: er erreichte, dafs formell seine Stellung als Konseilpräsident durch Mitteilung der Ressortverfügungen an ihn anerkannt wurde; in der Sache blieben die Dinge so, dafs er gelegentlich erklärte: Durnowo sei allmächtig, wolle er ihn (Witte) hängen lassen, so könne er das jeden Augenblick tun. Die — hier nicht näher zu erörternde — Änderung der Polizeiorganisation, die Purifikation der Post-, Telegraphen und Eisenbahnangestellten[14]) — unter gleichzeitiger nicht unerheblicher Erhöhung der Bezüge — war die ersteMafsregel der wieder erstarkenden Bureaukratie. Für Polizeizwecke wurde eine Mehrausgabe von über drei Millionen Rubeln (zu den 21 Mill. Rubeln, welche die staatliche Polizei ohnedies schon kostete) ausgeworfen. Alsdann aber mufste das Heer in Angriff genommen werden. Die Zeitungsnotizen über die Zahl der Generale und Obersten (über 300), die im Laufe der drei Monate vom 1. Dezember bis 1. März entlassen worden sein sollen, kann ich nicht nachprüfen. Gleichwohl dauerte es lange, bevor die noch im Januar häufigen Erklärungen von Offiziersversammlungen, für den Zaren, aber auf dem Boden des Manifestes vom 17. Oktober[15]) zu stehen, — denen wieder andere Erklärungen, die von jeder Politik in den Kasinos abrieten, Zustimmungserklärungen zu beiden usw. in den grofsen Zeitungen gegenüberstanden, — ein Ende nahmen. Noch gegen Mitte Januar erklärte — nach m. W. nicht widersprochenen Zeitungsnachrichten — ein Kosakenregiment, auf dem Boden des Konstitutionalismus gemäfs dem Manifest vom 17. Oktober zu stehen und protestierte gegen seine Verwendung zu Polizeizwecken[16]). Die Regierung selbst aber leistete, indem sie demgegenüber die Propagierung des »Bundes russischer Männer« im Offizierkorps begünstigte[17]), dem Eindringen der Politik und damit vor allem der Heuchelei einen nach allen geschichtlichen Erfahrungen auf die Dauer für sie selbst bedenklichen Vorschub. Aber bei den Offizieren stehen zu bleiben, war unmöglich. Man

---

[14]) Für diese wurde — nach berühmtem Muster — ein Revers eingeführt betreffend Nichtzugehörigkeit zu irgendwelchen nicht von der Verwaltung gestatteten Organisationen.

[15]) Vergl. den Bericht über eine solche (von vielen) im »Nowoje Wremja« vom 13. Januar S. 2 (Offiziere der Mandschureiarmee).

[16]) »Russk. Wjed.«, 12. Januar, S. 2 Sp. 5.

[17]) »Russk. Wjed.«, 27./1. S. 2 Sp. 3.

mufste, aufser der im ganzen hinlänglich sorgfältig filtrierten Garde, vor allem der Kosaken sicher sein. Das schien nicht mehr unbedingt zweifellos, nachdem immerhin auch aus ihrer Mitte Proteste gegen die polizeiliche Verwendung des Heeres vorgekommen waren, zumal die ökonomischen Veränderungen, die in den Existenzbedingungen des Kosakentums eingetreten sind, dessen Grundlage überhaupt bedrohen[18]. Dem letzteren Umstand liefs sich nun so schnell nicht

---

[18]) Die Lage der Kosaken hat sich (vergl. den Artikel Schtscherbakows im Prawo 1906 Nr. 7) im Laufe der letzten Dezennien in zwei wesentlichen Beziehungen verändert: 1) durch Umgestaltung ihrer Verwaltung: Zurückdrängung der Bedeutung der alten, alle Erwachsenen umfassenden Kosakengemeinde (Stanitschny Sschod) durch Repräsentantenversammlungen nach Art der üblichen russischen Wolost-Sschods, Ersatz der gewählten Atamane durch ernannte (in der untersten Einheit, der »Stanitza«, durch Auswahl aus drei von der Gemeinde vorgeschlagenen Kandidaten, wobei aber immer häufiger die Verwerfung der ganzen Liste so lange, bis ein der Regierung genehmer Kandidat sich mit darauf befand, praktiziert worden ist) und durch Übernahme der Kontrolle aller wichtigen Verwaltungsakte, namentlich aber der Verfügung über die Gelder, auf die russischen Zentralbehörden in Petersburg, deren Organ, der »Kreis-Ataman«, ganz ebenso mit der Stanitza umspringt, wie die russischen Semskije Natschalniki mit den Dorfgemeinden. Die alte Kosakenfreiheit verfällt. — 2. Durch Umgestaltung der ökonomischen Grundlagen. Der Kosak ist ursprünglich ein angesiedelter Grenzer, der als Entgelt für das verliehene Land sich sein Pferd und seine Equipierung selbst beschafft, sich selbst, in den überkommenen Verbänden, wie ein Bürger einer antiken Polis, einexerziert und jeden Augenblick des Rufs des Zaren gewärtig ist. Heute ist seine »Dienstpflicht« dem Militärdienst der übrigen Bevölkerung qualitativ sehr angenähert, nur quantitativ weit umfassender. Die 20 Jahre, die sie dauert, beginnen mit der »Vorbereitungszeit«, in der der Kosak sich im Lauf von zwei Jahren Bewaffnung, Montierung und Pferd zu beschaffen hat, was durchschnittlich etwa 300 Rubel Barauslagen macht. Dann kommt die Dienstzeit im Heere, während deren er, falls nicht dem Pferde oder der Montierung etwas passiert, »kostenlos« lebt. Dann ist er, nach Hause entlassen, bis zum 38. Jahr verpflichtet, jederzeit »beritten und bewaffnet« beim Heer zu erscheinen. Sein Pferd zur Arbeit zu verwenden ist ihm verboten. Ursprünglich wurde die Ausrüstung naturalwirtschaftlich durch Arbeit in der eigenen Wirtschaft beschafft und das Pferdematerial selbst gezüchtet. Heute mufs die Ausrüstung (einschliefslich Stiefel) aus dem staatlichen Magazin bezogen werden. Die Preise für die gesamte Ausrüstung und das Pferd stellten sich vor 15 Jahren noch auf ca. 120 Rubel in barem Gelde. Heute kostet ein Pferd allein 130 Rubel. Die Barausgabe der Gesamtdienstzeit werden für den berittenen Kosaken auf 1100, für den Fufskosaken auf 550 Rubel berechnet. Dazu tritt, dafs er infolge seiner Dienstpflicht de facto weder freizügig noch in der Berufswahl frei ist, da seine »Bereitschaft« jährlich kontrolliert, während der ersten fünf Jahre auch durch »Lagerversammlungen« erprobt wird. Gegenüber einer effektiven Wehrpflichtleistung der übrigen Bevölkerung von 1,7 %, der Männer leisten die Kosaken 4,5 %, im Kriege können von ihnen ca. 12½%, (gegen ca. 5 % der übrigen) ausgehoben werden. Den ausschlaggebenden Einflufs übt aber auch hier die Landfrage. Die Hufe des Kosaken betrug seiner-

abhelfen, aber für den Augenblick mußte Rat geschafft werden. Man griff zu dem Mittel der römischen Imperatoren des sinkenden Kaiserreiches: großartige Donative für ihre Leistungen im Bürgerkrieg. Nicht weniger als 7½ Million Rubel (über 17 Millionen Mark), für jeden Kosaken 100 Rubel, beantragte diese auf Kredit lebende Regierung bar an diese Stützen des Thrones zu verteilen, was der Reichsrat um zirka 1,6 Million Rubel kürzte [18a]. Manche Kosakengebiete übrigens quittierten über dies demagogische Mittel, wie hier gleich vorweggenommen werden mag, durch demokratische Wahlen! In den Zeitungen (z. B. im »Nowoje Wremja« Nr. 10 825 und sonst) nach Eröffnung der Duma bombardierten sich die Kosaken-Abgeordneten mit Auseinandersetzungen über eine gegen die Aufrechterhaltung der spezielleren Kosakenwehrpflicht gerichtete öffentliche Äußerung eines aus ihrer Mitte. Die Atamane unter ihnen waren darüber entrüstet, aber offenbar keineswegs die Gemeinen in der Kosakenwählerschaft [19]. — Nun aber trafen die Reservisten aus der Mandschurei allmählich in der Heimat ein und, bemerkend. daß die Versicherungen, die ihnen in betreff der Sicherstellung der Existenz ihrer daheimgelassenen Familien gegeben worden waren, aus den bekannten spezifisch russisch-bureaukratischen Gründen zur größeren Hälfte nicht erfüllt seien, drohten sie in gefährliche Wut auszubrechen. Man mußte abermals tief in den Beutel greifen, ohne daß dadurch etwas anderes erzielt wurde, als die Festigung der Überzeugung der Massen, daß dieser Staatsmechanismus nur unter dem Druck der Furcht seine Pflichten erfülle. Ähnliche Ergebnisse mußte die, unter dem Druck der Meutereien, für das aktive Heer verfügte Aufbesserung in der Verpflegung usw. haben. Immerhin, das aktive Heer stand in absehbarer Zeit, nachdem eine Wiederholung von so plan- und sinnlosen Revolten,

---

zeit, bei den alten Siedlungen, 30 Dessjätinen (33 ha) Land. Heute ist im Gebiet des Donschen Heeres, infolge der Bevölkerungsvermehrung der durchschnittliche Umfang 12 Dessjätinen, auf gutem Boden 7. Der — durch die Steigerung der Barausgaben einerseits, die Landenge anderseits — gegebene Zwang zu intensiverer Wirtschaft ist mit den Ansprüchen des Heeresdienstes nicht in Einklang zu bringen, und überdies ist seit dem Beginn der 80er Jahre das Bestreben der Regierung einseitige darauf gerichtet, durch Beschneidung aller von Alexander II. gewährten Bildungsmöglichkeiten die »Wildheit« der Kosaken zu erhalten, in vermeintlich militärischem Interesse (vgl. Rom in der späten Kaiserzeit), — was natürlich erst recht nicht zur ökonomischen Lage stimmt.

[18a] Es blieb nicht bei diesem Donativ allein. Noch im Mai wurde den sibirischen Kosaken Anrechte auf die Fossilien unter ihren Höfen usw. gewährt usw. Die zahllosen, geradezu kriechenden, Erlasse des Zaren bald an diesen, bald an jenen Teil »unseres teuren Kosakenheeres« wirken wenig erhebend.

[19] Inzwischen haben Kosakenregimenter bei der Duma gegen die Wehrpflicht für Polizeizwecke protestiert (31. Mai a. R.).

wie die in Kronstadt und Sewastopol, zunächst nicht zu erwarten stand, zur Verfügung. Und nunmehr, nach Niederwerfung der Bauernaufstände, begann man von den gegebenen Machtmitteln Gebrauch zu machen. Noch am 1. März befanden sich — nach einer spezifierten Tabelle im »Prawo« — im Zustand des »verstärkten Schutzes«[20] 8 Gouvernements ganz, 18 andere teilweise, im Zustand des »außerordentlichen«[21] Schutzes« 5 Gouvernements ganz, 10 teilweise, im »Kriegszustand«[22] aber 17 (!) Gouvernements ganz und 22 teilweise; nur 27 von im ganzen 87 Gouvernements und »Territorien« des Reiches waren im normalen Status, während in zwei Drittel des Reiches die regulären Verwaltungsgrundsätze[23] mehr oder minder stark alteriert waren, in etwa zwei Fünftel aber Kriegszustand galt. Man muß, um die Bedeutung der russischen Wahlen für die Charakteristik des russischen Volks zu erfassen, sich immer gegenwärtig halten, daß dies etwa den Verhältnissen entspricht, die bei den Wahlen 1871 in Frankreich herrschten und daß — wie noch zu erwähnen — die Regierung keinen Zweifel darüber ließ, daß die Wiederkehr der normalen Verhältnisse von dem politischen »Wohlverhalten« der »Gesellschaft« bei diesen Wahlen abhing.

Den »weißen Schrecken« hier im einzelnen[24] zu schildern, hätte

---

[20]) Gestattet den Gouverneuren bezw. Stadthauptleuten Reglements »zur Aufrechterhaltung der Ordnung« zu erlassen unter administrativer Bestrafung der darin genannten Personen bis zu 3 Monaten Arrest oder 500 Rubeln Geldstrafe, ferner öffentliche und private Versammlungen aller Art zu verbieten, Fabriken, Werkstätten und Läden zu schließen, verdächtige Personen nach Ermessen auszuweisen, politische Vergehen direkt vor die höhere Instanz zu ziehen, welche die Strafen der Kriegsgerichte (darunter die Todesstrafe) verhängen kann.

[21]) Gestattet den in der vorigen Anmerkung genannten Beamten außer den dort angegebenen Maßregeln noch die Beschlagnahme von Eigentum eines Verdächtigen, die Sistierung aller Druckpublikationen, Schließung der Lehranstalten, Entlassung aller unteren Chargen der Beamten und Androhung noch erhöhter Strafen für Übertretung ihrer Verordnungen.

[22]) Bedeutet die Unterstellung der Zivilpersonen unter das Kommando eines in dem betreffenden Erlaß bekanntgegebenen Militärbefehlshabers und die Anwendbarkeit des Kriegsrechts.

[23]) Es ist freilich heute fast unmöglich, festzustellen, was eigentlich die »regulären« Verwaltungsgrundsätze sind. Die Bestimmungen über den »verstärkten Schutz« usw. sind bekanntlich 1881 auf drei Jahre als zeitweilige Maßregel gegen die Terroristen erlassen. Die von diesem Reglement eingeführten administrativen Machtbefugnisse werden aber heute ganz generell für alle denkbaren Polizeiübertretungen angewendet. Es ist allmählich absolut unklar und fast in jedem einzelnen Landesteil unsicher geworden, welche Befugnisse eigentlich die Polizei gegenüber dem einzelnen besitzt.

[24]) In Brest-Litowsk schlug die Schulverwaltung den Frauen der massenhaft arretierten — aber monatelang nicht unter Anklage gestellten — Schullehrer die

keinen besonderen Wert. Charakterisiert wird sein Umfang schon dadurch, dafs eine Reihe von Änderungen der Gerichtsverfassung eigens dafür notwendig wurden, um lediglich die physische Möglichkeit, der erforderlichen Anzahl von Strafurteilen herbeizuführen[25]). Die Gefängnisse wurden im Laufe des Januar und Anfang Februar dergestalt überfüllt, dafs die Verwaltungen sich vielfach an die Semstwos um Beschaffung von Lokalitäten wendeten, was regelmäfsig abschlägig beschieden wurde. Die möglichste Steigerung der »administrativen Verschickungen« — Internierungen in entlegene Gouvernements ohne gerichtliches Verfahren und Urteil und überhaupt ohne Rechtsweg[26]) —

Auszahlung der Gehaltsraten ab (R. W., 4/2 S. 3). Die Verteilung von Unterstützungen an Bauern, die der Beteiligung an Unruhen verdächtig waren, untersagte der Minister Durnowo in besonderer Verfügung. Geistliche, die streikenden Bauern Brot verteilt hatten, wurden verhaftet (Prawo S. 1258). Alle Freitische, die für die Arbeitslosen und Mittellosen von irgendwie politisch verdächtigen Personen, nicht etwa nur von Parteipolitikern, sondern z. B. auch — 2 Fälle sind mir bekannt — von Söhnen von liberalen Universitätsprofessoren in den Hungergebieten organisiert waren, wurden sistiert. Massenhaft waren vollends, in einem Zeitpunkt, in welchem Nowoje Wremja 30000 Arbeitslose in Petersburg zählte, die Sistierungen von Freitischen und Volksküchen, wenn ihre Gründer als politisch interessiert galten (s. z. B. Now. Wr. 3 Februar S. 4 und folg.).

[25]) Dazu trat das Brigantaggio der polizeilich organisierten »Schwarzen Hundert« auf eigene Faust. Im März erhielten mehrere Reichsratmitglieder, die Gegner der Todesstrafe waren, Drohbriefe. Und schon im Februar war, mit Genehmigung der Zensur, ein Aufruf gedruckt worden, welcher zur Tötung der Juden und ihres »Helfers Witte« aufforderte. Erst im April wurde der betreffende Zensor (Ssokolow) — »ein sehr tüchtiger Beamter, Kenner Kants und dichterisch begabt« (!), wie die Zensurbehörde auf Reklamation Wittes betont hatte — unter Anklage gestellt. (Vgl. »Russk. Wjed.« 58, 2; 61, 2; 62, 2; 100, 2: Notiz über die betr. Sitzung des Ministerrats vom 28. Februar, in der beschlossen wurde, die »Schwarze Hundert« zu unterdrücken und jedenfalls ihre Aufrufe nicht mehr in der Regierungsdruckerei zu drucken. Aber noch im März wurden in Kiew ganz ähnliche Aufrufe mit Genehmigung der Zensur gedruckt: R. Wj. 89, 3.) Als die Bewegung Anfang Juni wieder inszeniert wurde und zu dem scheufslichen Gemetzel von Bjalostock führte, hielt der Deputierte Fürst Urussow, der — die Machtlosigkeit der regulären Verwaltung gegen diese Banden der politischen Polizei erkennend — als Ministerialassistent unter Durnowo demissioniert hatte, in der Sitzung der Duma vom 8. Juni seine eindrucksvolle, das Treiben dieser von Hofkreisen aus begünstigten, von den unteren Polizeibehörden organisierten »Nebenregierung« scharf beleuchtende Rede.

[26]) Die Verhängung dieser Mafsregel erfolgt nach dem geltenden Recht auf Bericht der örtlichen Polizeibehörde, ohne dafs die Anhörung des Betroffenen erforderlich wäre, durch den Minister des Innern nach Anhörung einer aus 4 Mitgliedern bestehenden Kommission. Der Verschickte steht unter Polizeiaufsicht, darf irgendeiner Privatgesellschaft nicht angehören, an einer Versammlung (auch wissenschaftlichen) nicht teilnehmen, nicht als Arzt, Lehrer, Buchhändler oder Schankwirt tätig sein. Die Korrespondenz darf revidiert oder ihm ganz verboten werden.

konnten dem Übel ebensowenig abhelfen wie die in den Gegenden mit
»Kriegszustand« vielfach auf amtliche Anweisung für bestimmte Fälle
revolutionärer oder »verdächtiger« Handlungen vorgenommenen Füsil-
laden brevi manu, ohne jegliches vorhergegangene, auch nur formelle
kriegsgerichtliches Verfahren. Und während sonst auf der einen Seite
die Gefängnisbehörden gegen die »Politischen« innerhalb des Erlaubten
und darüber hinaus, oft »Vorsicht« üben, da sie die Unannehmlichkeiten,
welche ihre entschlossene Solidarität ihnen bereiten kann, scheuen, und
anderseits für den russischen Revolutionär gewöhnlich, wenn er
erst einmal festgenommen ist, die Abnahme der furchtbaren Last der
Verantwortung für seine Sache und das Aufhören der unausgesetzten
geistigen Anspannung, wenigstens zunächst, eine psychische Erleichterung zu bedeuten pflegt, und kurze Freiheitsstrafen direkt als »Er-
holung« gelten, — waren diesmal, bei der beiderseitigen Erbitterung und
schon infolge der allgemeinen Verhältnisse in den überfüllten Lokalitäten,
Selbstmordversuche oder Nervenzerrüttung der Gefangenen oder Hungerstreik[27]) gegen die Administration wegen unwürdiger Behandlung von
seiten der Beamten und barbarische Roheiten, namentlich auch gegen
Frauen an der Tagesordnung. Eine Feststellung der Zahl der ohne
Gericht Niedergeschossenen, Eingekerkerten, Verschickten scheint ganz
unmöglich, die Angaben der Presse schwanken bezüglich der letzteren
beiden Kategorien zwischen 17 000 und 70 000[28]). Wichtiger ist für
die politische Beurteilung der Entwicklung die Frage, was denn nun
durch dies Regime erreicht wurde. Größere gemeinsame Aufstände
sind natürlich überall niedergeschlagen. Das massenhafte Niederbrennen
der Gutshöfe hörte auf, nach Verlusten, deren Höhe nur sehr entfernt
schätzbar ist (für 17 europäische Gouvernements (von 61) wurden
amtlich s. Z. 31,3 Millionen Rubel, in Ssaratow das Maximum von
9½ Millionen Rubel, ermittelt) und für welche die Versicherungsgesellschaften die Zahlung unter Berufung auf die Kriegsklausel ablehnten, — in grellem Kontrast gegen Amerika nach dem Erdbeben
von San Franzisko. Aber noch im April mußte, gegen die erneut

---

[27]) Auch der bekannte Verleger Jurizyn z. B. verweigerte, »wegen unwürdiger
Behandlung«, acht Tage die Nahrung und so zahllose andere (vgl. z. B. Russk. Wjed.
15. Februar S. 4). Die Sozialdemokratische Partei mußte einen eignen Beschluß
fassen, um den inhaftierten Genossen die Beteiligung an einem beabsichtigten »General-
hungerstreik« zu untersagen.

[28]) Amtliche Angaben aus dem April (jedoch nicht alle Gefängnisse enthaltend) gaben gegen 11 000 Gefangene, bei einer zugestandenen Überfüllung um
ca. 60—65 % an, was für die damalige Zeit noch etwa 7000 »extraordinäre«
Inhaftierte in diesen Gefängnissen bedeuten würde (cf. „Now. Wr." 10 787 S. 5).
Die Zahl der Verhaftungen von Januar bis Mai wurde in der Duma auf 23 000
beziffert. Im Mai wurden rund 12 000 »Politische« als inhaftiert oder verschickt
amtlich zugegeben.

drohenden Bauernunruhen, eine Umgarnisonierung von 159 Bataillonen Infanterie und den entsprechenden Quantitäten anderer Waffengattungen mit Kosten von mehreren Millionen Rubel vorgenommen werden [28a]. »Wir werden die Revolution nicht nur vernichten, sondern zu Staub pulverisieren,« hatte Durnowo gesagt. Zum heilsamen Schrecken für die Bourgeoisie veröffentlichte der »Prawitjelstwennyj Wjestnik« wöchentlich die Liste der revolutionären Gewalttaten, übrigens, wie man sich leicht überzeugen kann, unvollständig. Die Liste zeigt von Januar bis Mai ebensowenig eine wirklich zweifellose Tendenz zum Sinken, wie die ständige, eine halbe bis eine Spalte lange tägliche Rubrik: »Unordnungen«, z. B. im »Nowoje Wremja«. Der April wies bis zum Zusammentritt der Duma die übliche Zahl von Hinrichtungen auf, aber auch der Durchschnitt von etwa 5 politischen Mordanfällen pro Tag blieb — natürlich von Tag zu Tag stark schwankend — doch im wesentlichen auf dieser, übrigens schon seit einiger Zeit gewohnten Höhe. Wie viele der Raubanfälle auf Bankkassen wirklich dem Zweck, Geld für die Zwecke der Revolution zu schaffen, dienten, ist natürlich nicht feststellbar. Sie wurden im März und April epidemisch, nachdem der zweifellos politische, beispiellose Raub von 850 000 Rubel baren Geldes bei einer Moskauer Bank geglückt war und die Täter unentdeckt blieben. Die höchsten Beamten zwar gelang es vorerst persönlich gegen Attentate zu sichern, meist auch die mittleren, nur ein kleines Dutzend Gouverneure bez. Stellvertreter von solchen fiel der Klassenrache zum Opfer. Aber um so mehr mufsten die unteren Instanzen im alltäglichen Kleinkrieg ihre Haut zu Markte tragen [29]. Von den höheren Beamten sind, soviel mir bekannt, nur solche »hingerichtet« worden, welche sich erwiesenermafsen entweder gesetzlich nicht gebotener Grausamkeiten schuldig gemacht hatten oder gegen die kein Recht gewährt wurde. Die Revolutionäre reagierten prompt, als der Dichter und Herausgeber des »Russkoje Bogatstwo«, Koroljenko, in einem offenen Brief die schmachvolle Verletzung der Menschenwürde einer Bauernschaft durch Staatsrat Filonow an den Pranger stellte, ebenso als — nach Prefsnachrichten — die Frauen eines Kosaken-Offizierkorps den Kosakenoffizier Abramow wegen Schamlosigkeiten gegen die Attentäterin Spiridonowa brandmarkten [29a]. Ein eigenes Gesetz gegen die Verbreitung »lügnerischer« Nachrichten über Handlungen von Beamten suchte diese

---

[28a] Dabei aber wurden damals Gesuche der Gutsbesitzer um Verlegung von Truppen auf das Land abgelehnt, weil dann die Soldaten zu den Bauern übergehen würden. Den Gutsbesitzern wurde das private Mieten von Kosakenwachen angeraten.

[29] Der Minister des Innern zählte für das erste Halbjahr 1906 827 Anfälle auf Polizeibeamte, davon 156 erfolglos (Dumasitzung vom 8./6).

[29a] Nach der Ermordung Abramows suchte sich das Justizministerium von dem Vorwurf, durch die Unterlassung jeden Einschreitens gegen ihn, selbst die Schuld an seinem Tode zu tragen, durch ein langes, ihre Mädchenehre verleumdendes

gegen solche Pronunciamentos³⁰) zu schützen. Während einerseits die Unterdrückung der Mord-, speziell auch der Bombenanschläge schlechterdings nicht gelang, übten aber diese anderseits auf die Praxis der Verwaltung keine ersichtliche, einschüchternde Wirkung mehr aus: es tobte einfach der chronische Bürgerkrieg in der furchtbarsten Form der Guerilla: Pardon wurde von beiden Seiten nicht gegeben, die Mitvernichtung Unschuldiger nicht beachtet. Jede Bombenexplosion tötete ganz Unbeteiligte mit, — auf einen Schufs oder eine Bombe antworteten die Truppen, wenn sie selbst betroffen oder zufällig in der Nähe waren, ganz regelmäfsig mit einer Salve blind in das Gewühl der Passanten hinein. Erst nach den Wahlen, in der Osterzeit, als die Anleihezeichnung beginnen sollte, begann man, des guten Eindrucks wegen, dem schier unerträglichen Platzmangel der Gefängnisse³¹) durch zahlreiche Freilassungen von, teilweise 4—5 Monaten ohne Zustellung irgend einer Anklage im Gefängnis steckenden, »Politischen« etwas abzuhelfen³²). Gegenüber der unbeugsamen Energie der Gefangenen war inzwischen die Schroffheit der Gefängnisverwaltungen bereits wieder soweit erlahmt, dafs sie vielfach mit Ausschüssen aus ihrer Mitte Kompromisse schlofs über das, was ihnen erlaubt sein sollte.

II.

Neben diesen mit barbarischer Wildheit³³) dennoch aber nicht wirklich erfolgreich gemachten Versuchen, der »Kramola« Herr zu werden, im

---

Communiqué zu entlasten, dessen Sachdarstellung alsbald der Verteidiger der Spiridonowa scharf entgegentrat. (S. beide Schriftstücke in »Prawo« Nr. 15.) Abramow hatte die schwindsüchtige, bei der üblichen Prügelfolter haarsträubend mifshandelte Gefangene vergewaltigt.

³⁰) Offene Briefe nach Art der Koroljenkoschen waren häufig. Vgl. z. B. den offenen Protestbrief von 24 Mitgliedern des Tweischen Semstwo gegen das Erscheinen des gewesenen Tomsker Vizegouverneurs Asantschejew in ihrer Mitte, der in Tomsk während der Oktoberkämpfe der Selbstverbannung einer Schar von Einwohnern, die ihre Frauen nicht in die Hände der »Schwarzen Hundert« und der Kosaken fallen lassen wollten, untätig zugesehen hatte, im »Prawo« Nr. 4.

³¹) Die Zahl der politischen Gefangenen betrug in der Stadt Moskau am 7. Mai, nachdem massenhafte Freilassungen längst erfolgt waren, noch 1337 (»Russk. Wj.« 8. Mai).

³²) Von den am 12. Dezember verhafteten 137 Arbeitern einer Charkower Fabrik wurden am 15. März 10 freigelassen, 55 angeklagt, 48 wurde ohne weiteren Kommentar erklärt: sie müfsten noch sitzen, das Schicksal des Restes war nicht feststellbar.

³³) Der natürlich eine entsprechende Wildheit von der anderen Seite antwortete. Es sind Fälle bekannt geworden, wo kleine Kinder von ihren Vätern an Kosakenabteilungen herangeschickt wurden, um Bomben in sie zu schleudern: Erwachsene hätten die Soldaten sich nicht nahe kommen lassen.

(18)
Interesse der Selbsterhaltung sowohl wie in dem der Wiederherstellung der Kreditwürdigkeit, lief nun das andere Konto: die Versuche, Institutionen zu schaffen, welche im Auslande den äußeren Eindruck einer Durchführung des Manifestes vom 17. Oktober erwecken mußten, ohne doch die Machtstellung der Bureaukratie ernstlich zu gefährden. Das Manifest hatte versprochen: 1. die Gewährung der »effektiven« (djejstwitjelnaja) Unantastbarkeit der Person, der Freiheit des Gewissens, des Wortes, der Versammlungen und Vereine; 2. Ausdehnung des Wahlrechtes, wovon wir später zu sprechen haben; 3. Durchführung des Grundsatzes, daß kein Gesetz ohne Genehmigung der Duma in Kraft tritt, und einer »effektiven« Beteiligung der Duma »an der Beaufsichtigung der gesetzlichen Wirksamkeit« der Staatsgewalt. Es lohnt immerhin, die Ausführung dieser Versprechungen durch das alte Regime, welches sich selbst als bis zum wirklichen Zusammentritt der Duma fortbestehend betrachtete und den altersschwachen und sonst so schläfrigen Reichsrat in wahrhaft fieberhafter Hast bis zu seiner formellen Schließung (17. April / 1. Mai 1906) arbeiten ließ, etwas näher zu verfolgen und überhaupt das Schicksal der einzelnen »Freiheiten«, um die sich dieser in seiner verzweifelten Hartnäckigkeit an die Zeit Karls I. erinnernde Kampf dreht, an der Hand der Dokumente der letzten beiden Jahre im Umriß zu analysieren.

Wir beginnen mit den unter Nr. 1 des Manifestes versprochenen bürgerlichen Freiheitsrechten.

I. Von dieser war die »Freiheit des Wortes« diejenige, deren Regelung sich der Regierung von selbst aufdrängte. Nach dem Manifest vom 17. Oktober usurpierte die Presse faktisch volle Zensurfreiheit. Die vorgeschriebene Einlieferung der Exemplare zur Prüfung fand nicht statt, die Zirkulare, in welchen in bisher üblicher Art bestimmte Gegenstände von der Erörterung ausgeschlossen wurden, beachtete man einfach nicht, und die Regierung wagte damals nicht einzuschreiten. Erst die — übrigens in Anbetracht der gegebenen Machtlage unglaublich törichten — republikanischen Provokationen der neuentstandenen sozialistischen Presse veranlaßten sie, im Interesse ihrer Selbsterhaltung, zum Einschreiten, und die Erschöpfung der Massen durch den fruchtlosen zweiten Generalstreik im November gaben ihr den Mut, einen ersten Schritt in der Richtung der Reaktion zu tun. Das »zeitweilige« Reglement über die Presse« vom 24. November (7. Dezember) 1905 hob die Präventivzensur für die Mehrheit der periodischen Preßerzeugnisse, nämlich für die in den Städten erscheinenden, auf (Nr. I), unterstellte die Presse im Falle von Vergehen oder des Verdachts solcher ausschließlich den Gerichten (Nr. II, IV), schaffte die Konzessionspflicht der Preßverleger ab (Nr. III), beseitigte das Recht des Ministers des Innern, die Behandlung bestimmter Gegenstände »von staatlicher Bedeutung« in der Presse zu untersagen (Nr. V) und führte statt des Konzessionssystems offiziell den »javotschnyj porjadok« (die Anzeigepflicht) bei beabsichtigter Gründung von Preßorganen ein. Aber dies ist nur Schein, denn sie forderte, daß mit der Anzeige neben anderen Angaben auch ein »Programm« der Zeitung oder Zeitschrift eingeliefert werde (Nr. VII, 1), und gibt der Behörde das Recht, falls das Programm der „Sittlichkeit oder den Strafgesetzen" widerstreite, das Erscheinen durch Versagung des

Zeugnisses über die erfolgte Bescheinigung zu hindern. Da vor der Erteilung des Zeugnisses die Zeitung nicht erscheinen darf[34]), ist faktisch die gröfste Willkür möglich. Tatsächlich sind auf diesem Wege massenhaft Zeitungen wegen »regierungsfeindlicher« Richtung inhibiert worden; z. B. gilt offenbar ein für allemal das Wort »sozialistisch« als genügend zur Ablehnung, ebenso sind ukrainophile Blätter wegen ihres Programms nicht zugelassen worden usw. Wie sich der Senat, an den Beschwerde zulässig ist, zu dieser Praxis gestellt hat, ist mir zurzeit nicht bekannt. Ferner mufs von jeder Nummer beim Erscheinen ein Exemplar eingeliefert werden (VII, 8), worauf, im Fall darin die »Anzeichen einer verbrecherischen Handlung« enthalten sind (VII, 9), Arrest auf dieselbe gelegt werden kann[35]), und zwar — was eine Verschlechterung gegenüber dem bestehenden Zustande bedeutete — nicht mehr nur durch die kollegialen Zensurkomitees, sondern durch Einzelbeamte, und ferner, ohne eine Frist festzusetzen, innerhalb deren, bei Vermeidung des Erlöschens des Arrestes, ein Gerichtsbeschlufs herbeigeführt werden mufs (es soll »unverzüglich« geschehen, Nr. VII, 11)[36]). Aufrechterhalten wurde die Zensur, aufser für alle nicht in Städten erscheinenden Blätter, für Hofnachrichten, ferner für Verhandlungen der Versammlungen des Adels, der Städte und Semstwos, aber auch — was für den Wahlkampf seine erhebliche Bedeutung hat — für Annoncen (Art. 41 des Zensurstatuts, Nr. XI des Reglements)! Gegenüber amtlichen »Berichtigungen« darf nach wie vor nur im Falle des Vorliegens »dokumentarischen« Beweises die »berichtigte« Behauptung aufrechterhalten werden (Art. 1039 des Str.G.B.). Neben der kriminellen Bestrafung kann vom Gericht die Inhibierung des weiteren Erscheinens der Zeitung verhängt werden. Der Rest des Reglements bietet teils kein spezielles politisches Interesse, teils entspricht es unserer eigenen Gesetzgebung. — Der Ukas vom 18. März (1. April) 1906 verschärfte — neben anderen unerheblichen Bestimmungen — diese Gesetzgebung 1. durch die (einer partiellen Wiedereinführung der Zensur praktisch gleichkommende) Bestimmung, dafs Illustrationen jeder Art — getroffen sollten speziell die Witzblätter werden — 24 Stunden vor Erscheinen des Blattes einzureichen sind und das Gericht auch ohne Gerichtsverfahren gegen eine Person (also im „objektiven" Verfahren) die Vernichtung verfügen kann, falls die „Merkmale eines Vergehens" vorliegen; 2. durch strafrechtliche Haftbarmachung der Druckerei (eventl. bis zur Schliefsung derselben) für die Innehaltung der Vorschriften über die Einlieferung der Exemplare. Für die nichtperiodische Presse bestand die Zensur auch nach dem Oktobermanifest und dem Prefsreglement vom November fort. Die Buchhändler, welche sie einfach als nicht mehr vorhanden betrachtet hatten — im »Verband für die Freiheit der Presse« war beschlossen worden, die Verleger und Sortimenter zu boykottieren, welche noch die vorgeschriebenen Pflichtexemplare einliefern oder von der Zensur nicht abgestempelte Bücher nicht verkaufen würden — wurden massenhaft straf-

---

[34]) Dafür sind (nach Nr. VII des Reglements) die Druckereien verantwortlich.
[35]) Für die Zeit vom 12. Dezember bis 12. Januar z. B. gab eine Zusammenstellung die Zahl der in 17 Städten unterdrückten Zeitungen auf 78, der arretierten Redakteure auf 58, der von bedingt freigelassenen Redakteuren gestellten Kautionen auf 386 500 Rubel an. (»Russk. Wjed.« 16 S. 2 nach dem »Wjetschernyj Goloss«.)
[36]) Gleichwohl klagte die Zensurbehörde beim Ministerium noch über die Schwierigkeiten, welche bei Versendung von periodischen Publikationen vor rechtzeitiger Arrestlegung für sie entstünden (»N. Wr.« 10 811, 2).

rechtlich zur Verantwortung gezogen[37]); ihre Berufungen auf Äufserungen Wittes ihren Vertretern gegenüber, aus denen als Rechtsansicht der Regierung der Fortfall der Zensur durch das Manifest selbst hervorgehen sollte, scheiterten an der eidlichen Ableugnung Wittes in einem der entstandenen Prozesse. Der Versuch, die Zensur durch die Veranstaltung von Lieferungswerken und Serien von Abhandlungen in der Form von monatlich erscheinenden »Zeitschriften« zu umgehen (vgl. Russk. Wjed. 59, 2) führte zu einem Spezialverbot hiergegen (1. März). Als endlich eine Vorlage behufs allgemeiner Beseitigung der Zensur an den Reichsrat kam, hielt dieser die Erledigung der Sache vor Zusammentritt der Duma für inopportun und stimmte lediglich der Kürzung der der Zensur zur Durchsicht gegebenen Frist auf zwei Tage und der Einführung des Prefsreglements auch für die nicht periodische Presse zu. Das trotzdem sanktionierte neue Reglement in seiner endgültigen Redaktion erschien mit der Unterschrift vom 26. (!) April erst nach dem am 27. erfolgenden Zusammentritt der Duma[37a]. Es unterscheidet nichtperiodische Druckschriften von unter und über fünf Bogen. Von letzteren werden gleichzeitig mit der Ausgabe aus der Druckerei Pflichtexemplare den jetzt in »Inspektoren für Prefsangelegenheiten« umtitulierten Zensoren eingereicht. Drucksachen u n t e r fünf Bogen dürfen aus den Druckereien überhaupt erst 2 Tage (bei Umfang bis zu einem Bogen) bezw. 7 Tage (1—5 Bogen) nachher ausgegeben werden. Arrestlegung durch die Inspektoren ist zulässig und ergreift alle nicht schon in das Eigentum Dritter übergegangenen Exemplare. Bei Drucksachen unter fünf Bogen ist »objektives« Verfahren auf Vernichtung der Drucksachen, wie bei Zeitungen, zulässig, auch wenn k e i n Strafverfahren begründet ist, d e n n o c h aber »die Merkmale einer Strafhandlung« in der Broschüre enthalten sind.

Faktisch wird Rufsland zurzeit, wie jeder Blick in die Zeitungsannoncen oder in den »Knishnij Wjestnik« zeigt, geradezu überschwemmt mit Übersetzungen der ausländischen, besonders sozialistischen, Literatur, fabelhaft billig, weil durch das Fehlen des Autorrechtsschutzes für fremde Autoren alles im Wege des literarischen Diebstahls importiert wird. Die Auflagen der bekannten sozialistischen Arbeiten betragen nicht selten 30 000 Exemplare und folgen sich Schlag auf Schlag. Was für Geistesspeise dabei in Massen verschlungen wird, lehrt zumal das Gebiet der »Ethik«. Solche primitiven Produkte, wie Kautskys »Ethik« oder Anton Mengers letztes, in Deutschland doch von niemandem ohne ein ärgerliches Lächeln über diese Kindlichkeiten durchblättertes Buch, haben den kolossalsten buchhändlerischen Erfolg. Die Kauflust für radikale Literatur überhaupt scheint schier unerschöpflich. Rückgängig zu machen wäre hier, bei einem so in die Hunderttausende von Exemplaren gehenden, überall hin verbreiteten Besitzstand an diesen Schriften selbst durch die denkbar extremsten Repressions- und Konfiskationsmafsregeln gar nichts mehr. Nur Schikanen aller Art, die den Hafs gegen das bestehende Regime stets neu entfachen, sind hier noch möglich und werden reichlich geübt.

II. Von den im Manifest vom 17. Oktober versprochenen Freiheiten war die

---

[37]) Ebenso die Druckereien, die massenhaft geschlossen wurden. »Now. Wr.«, 7. Februar. Die Provinzialsortimenter gerieten durch jenen von den hauptstädtischen grofsen Verlegern strikt durchgeführten Beschlufs in nicht geringe Verlegenheit. (Vgl. »Russk. Wjed.«, 16. Januar, S. 2 Sp. 6.

[37a]) Seine Gültigkeit wurde deshalb — juristisch wohl mit Unrecht — bezweifelt.

»Gewissensfreiheit« in gewissem Umfang schon durch den Ukas vom 17. April 1905 verliehen worden. Das »Toleranzedikt« selbst beruhte auf den durch Ukas vom 12. Dezember 1904, Punkt 6, angeregten eingehenden Beratungen des Ministerkomitees (25. Januar, 1., 8. und 15. Februar 1905), in denen, wie die veröffentlichten Protokollauszüge deutlich erkennen lassen, die Ansichten des Metropoliten von Petersburg, Antonij, in den wichtigsten Punkten ausschlaggebend gewesen sind, während der Oberprokuror des Heiligen Synod, Pobjedonofszew, offenbar stärker als gewohnt, zurückzutreten hatte[38]). Die Gewaltsamkeit, hatte der Metropolit ausgeführt, widerspreche dem Wesen der orthodoxen Kirche und unter Berufung auf Tit. 3, 10 und Matth. 18, 17 hatte er auf die unerträgliche Lage hingewiesen, in welche die Kirchendiener gerieten durch die ihnen jetzt durch Art. 1006 der Strafgerichtsordnung (Band XV des »Sswod« in der Ausgabe von 1892) auferlegte Pflicht, mit dem »bracchium saeculare« im Falle der Apostasie oder Häresie zusammenzuwirken: — Gewaltmafsregeln, so beschlofs demgemäfs das Komitee, seien fortan überhaupt im Falle des Glaubenswechsels nicht mehr anzuwenden, und bei Übergang von einem (auch dem orthodoxen) christlichen Glauben zu einer andern Form desselben müsse also das Prinzip der völligen Freiheit der Konfessionswahl gelten, — nur der Abfall zu nicht christlichen (genannt wurden: das mohammedanische und jüdische) Bekenntnissen müsse, bei dem christlichen Charakter des Staates und der Seltenheit des Vorkommnisses, zwar ebenfalls jeder gewaltsamen Repression entzogen sein, aber nach wie vor die bürgerlich-rechtlichen Folgen (s. unten) nach sich ziehen, welche aus der Unmöglichkeit der Anerkennung dieses Vorganges als eines rechtlich überhaupt möglichen seitens des Staates folgten. — Sehr eingehend wurde sodann die Mischehenfrage besprochen und die Ansicht des Metropoliten akzeptiert, wonach die bestehende Bestimmung, dafs bei Beteiligung eines orthodoxen Teiles an der Ehe die Kinder orthodox zu erziehen seien — unter Ausschlufs abweichender Abmachungen der Eltern — aufrecht zu erhalten sei, »da die Zulassung der Mischehen selbst durch die Kirche schon eine Konzession an den Staat sei« und ja den Kindern der Austritt nach erreichter Volljährigkeit freistehe[39]). — Die Verhältnisse des »Raskol« (der im 17. Jahrhundert abgetrennten »altgläubigen« Schismatiker) litten wesentlich unter der Unvollendetheit der schon bestehenden Gesetzgebung, welche 1874 für sie besondere standesamtliche Listen geschaffen, 1883 — unter dem ihnen sehr gewogenen Alexander III. — ihren Gemeinden bürgerlich-rechtliche Anerkennung und ebenso Anerkennung ihres Rituals als einer geistlichen Amtshandlung gebracht hatte. Insbesondere die infolgedessen

---

[38]) Das bedeutet indessen nicht, dafs ein wesentlicher Unterschied in den Auffassungen bezüglich der Toleranz oder in den allgemeinpolitischen Ansichten zwischen beiden Personen bestände. Der Metropolit stimmte im Reichsrat mit der äufsersten Rechten gegen die Amnestie. Nur in kirchenstaatsrechtlicher Hinsicht sind der erste russische Metropolit und der Oberprokurar, der ja die Macht der Bureaukratie über die Kirche zu vertreten hat, »natürliche« und im »Prinzip« unversöhnliche Feinde.

[39]) Der gültige Vollzug der Mischehe setzt nach wie vor voraus, dafs orthodoxe Trauung (ev. neben und dann vor der andern) stattfindet. Beseitigt wurde Art. 33 Bd. X Teil 1. »Sswod Sak.«, welcher speziell für »Schismatiker« und »Sektanten« bisher den Übertritt zur Orthodoxie zur Bedingung der Ehe mit Orthodoxen macht.

eingetretene Abschwächung ihres Gegensatzes gegen die orthodoxe Kirche führte der Metropolit als Argument für die Beseitigung der Reste der alten gegen sie gerichteten Gesetzgebung an. Schwieriger war die Lage gegenüber den »Sekten«, schon weil der Begriff jeder gesetzlichen oder gewohnheitsrechtlichen Bestimmtheit entbehrte, ferner, weil die Gesetzgebung in ihrem Verhalten ihnen gegenüber noch in der letzten Generation geschwankt hatte. Das Gesetz von 1874, betreffend die Kirchenbücher, hatte sie, laut Vorverhandlungen, mit umfassen wollen, dies aber nicht zum Ausdruck gebracht, erst recht nicht das Gesetz von 1883, und so herrschte hier die administrative Willkür. Dazu trat, dafs zuerst 1878, dann durch Allerhöchst bestätigte Ministerialverfügung vom 4. Juli 1894 den »Stundisten« die Errichtung gemeinsamer Betstunden untersagt worden war, die Administration aber dies Verbot, infolge seiner sachlich ganz unzutreffenden Charakterisierung der Eigenart der »Stundisten«, auf alle möglichen Sekten ausgedehnt und anderseits die Stundisten (pietistische Protestanten) mit allerhand anderen Sekten, z. B. den pneumatischen Duchoborzen zusammengeworfen hatte. Das Ministerkomitee empfahl die Abschaffung der 1894er Verfügung als wirkungslos und auch unnötig, da das Wesen des Stundismus jetzt besser erkannt sei. Im übrigen schlug das Komitee vor, die Gesamtheit der einerseits nicht rechtgläubigen, anderseits zurzeit nicht (wie z. B. die lutherische Kirche) schon anerkannten religiösen Gemeinschaften nicht mehr, wie bisher, nach dem Mafse der »Schädlichkeit« abzustufen, sondern in die Gruppen zu teilen: 1. solche, welche die Grundlagen der Orthodoxie annehmen, aber im Ritual von ihr abweichen: diese sollen fortan Staroobrjadschiki (Altritualisten) genannt[40]) werden, — 2. rationalistische und mystische (zu duldende) Sekten, — 3. abergläubische, nicht zu duldende, weil den sittlichen Grundlagen des Staates zuwiderlaufende, Lehren, deren Bekenntnis nach wie vor strafbar sein soll (dahin gehören unzweifelhaft die Skopzen, welche andern Bekenntnisse aber? — das sollte offenbar der »Praxis« überlassen werden[41]). Ferner sollte den Gemeinden der »Altritualisten« und »Sektanten« die Rechtspersönlichkeit zuerkannt werden (der bestehende Rechtszustand war, da ein entscheidendes antisektiererisches Gesetz, die Allerhöchste Verfügung vom 13. Februar 1837, nicht in die Gesetzsammlung aufgenommen war und die Gerichte dessen Unkenntnis vorschützten, anderseits das Gesetz vom 3. Mai 1883

---

[40]) Die Benennung ist deshalb nicht gleichgültig, weil die Anerkennung der Kirchenbücher durch das Gesetz von 1874 vielfach dadurch wirkungslos blieb, dafs die Altgläubigen sich weigerten, zu Protokoll zu geben, dafs sie »Raskolniki« (Schismatiker) seien.

[41]) Dafs eine Ehe eines Rechtgläubigen mit Chlysten, »Judaisten« oder Duchoborzen zu vollziehen dem Gewissen des rechtgläubigen Priesters zuwiderlaufe, — da von diesen Sekten »die Kirche« geleugnet wird, — erkannte die »besondere Kommission für Glaubenssachen« noch im Januar 1906 ausdrücklich an (»Now. Wr.« 10716 S. 3). — Sonst fühlte man gerade bei der Eheschliefsung, angesichts der unter der Intelligenz starken Verbreitung »freier Ehen«, das Bedürfnis, entgegenzukommen. Für Petersburg schrieb ein Erlafs des Heil. Synod für die Trauungen vor, dafs hinfort nicht nur von der Feststellung der Militärverhältnisse des Bräutigams und der Prüfung seiner Polizeiverhältnisse Abstand genommen und statt dessen nur die Berechtigung zur Eingehung der Ehe durch notarielle Beglaubigung zweier Zeugen geprüft werden, sondern auch die Forderung des Beicht- und Abendmahlszettels von dem »Taktgefühl« des Pfarrers abhängig sein solle.

die Fähigkeit, Eigentum zu besitzen, bei den Raskolgemeinden als vorhanden voraussetzte, die Ministerien aber das erstere Gesetz bald beachteten, bald nicht, unerhört verworren). Die Erlaubnis zum Bau neuer schismatischer oder sektiererischer Gebetshäuser wurde bisher nur nach Anhörung der orthodoxen Geistlichkeit und Nachweis des »Bedarfs« und der »Mittel« gegeben[42]); wie die Wiedereröffnung geschlossener Gebethäuser zu gestatten sei, war Gegenstand langjährigen Streites. Das Komitee schlug vor, die Schismatiker und Sektanten den übrigen »andersgläubigen« Konfessionen auch hierin anzuschliefsen, ebenso ihre Kirchendiener, die bisher die Standesrechte der Geistlichen (auch nach dem Gesetz von 1883) nicht genossen, den anderen gleichzustellen, — nur sollte, da der Metropolit auf das Fehlen der gültigen apostolischen Sukzession, auch bei den Schismatikern österreicher Observanz, hinwies, die technische Bezeichnung für den orthodoxen Pfarrklerus (Swjätschenniki) vermieden werden. Die Zulassung der Gründung von schismatischen und sektiererischen Schulen war seit dem Jahre 1861 immer wieder angeregt, aber nie effektuiert worden. Formell versucht — aber mifsglückt — war sie in zwei Fällen. Geheimunterricht resp. nur de facto geduldeter Unterricht war daher die Regel. Das Komitee schlug vor, die Schulgiündung zuzulassen: 1. bei Unterwerfung unter die allgemeinen Volksschulnormen bezüglich der Lehrobjekte und Lehrmittel, sowie unter der Bedingung 2. der obrigkeitlichen Bestätigung der gewählten Lehrer, und 3. der Aufbringung der Mittel durch die Gemeinden selbst, endlich — um der Gefahr der Propaganda entgegenzutreten — 4. nur in Orten, wo eine zahlreiche schismatische bezw. sektiererische Bevölkerung schon existiert. Bei Besuch der allgemeinen Volksschule sollten ihre Kinder von dem Besuch des Religionsunterrichts entbunden sein. Die Prefstätigkeit der Schismatiker war bisher so geregelt, dafs nur die Herstellung und der Vertrieb der den alten Typen entsprechenden Ritualbücher in einer einzigen Druckerei gestattet war. Dieses Monopol sollte beseitigt werden. Für den öffentlichen Dienst der Sekten bestanden Beschränkungen insofern, als 1. wenn der (gewählte) Wolost-Schulze Schismatiker ist, sein Gehilfe orthodox sein mufs; dies soll bestehen bleiben, — 2. Molokanen sollten nach Verfügung des Heiligen Synod nur nach besonderer Prüfung ihres Charakters und ihrer Gesinnung und nur im äufsersten Notfalle zum Staatsdienst zugelassen werden, — 3. gewisse Verdienstmedaillen sollen den Sektierern schwerer als anderen zugänglich sein, — 4. endlich und namentlich war die Offizierslaufbahn und der Unteroffiziersrang nur gewissen »minderschädlichen« Sekten offen. Diese Beschränkungen (2—4) schlug das Komitee vor zu streichen. — Die Anerkennung besonderer standesamtlicher polizeilicher Listen für die Schismatiker und Sektierer hatte sich zu einem fast völligen Fehlschlag gestaltet: 1899—1903 waren in zehn Gouvernements von 29431 für die Behörden nachweislich geschlossenen Ehen nur 1840 registriert, von 131 730 Geburten nur 1340, von 91 634 Todesfällen nur 552. Das Komitee schlug daher die Übertragung der Führung dieser Listen auf die Geistlichkeit der Schismatiker und Sektanten vor, — unter Umständen ein nicht geringes Hindernis für die Entstehung neuer Sekten innerhalb der alten, und vielleicht eine Quelle endlosen Streites. — Von diesen Vorschlägen realisierte das »Toleranzedikt« einen Teil alsbald, andere verwies es an »besondere Kommissionen«, welche zum Teil jetzt noch nicht mit ihren Arbeiten zu Ende gekommen sind. Seine eigenen Bestimmungen bedurften, da seine generell gehaltenen Verfügungen

---

[42]) 1883 bestanden 1257, seitdem, bis 1904, wurden nur 283 neue zugelassen.

mit den bestehenden Strafgesetzen im Widerspruch standen und, solange diese nicht aufgehoben oder abgeändert waren, in zahlreichen Fällen Konflikte entstanden, der Interpretation. Diese liefs endlos auf sich warten und erfolgte schliefslich in dem allerhöchst bestätigten Reichsratsgutachten vom 14. März 1906. Sein wesentlicher Inhalt ist folgender: Das geltende religionspolitische Strafrecht der Uloshenije o nakasaniach ugolownych (Strafgesetzbuch) Teil II, Kapitel 1, war bereits durch die (in diesem Teil noch nicht in Kraft getretene) Ugolownoje Uloshenije (Kriminalordnung) vom 22. März 1903, Kapitel II, modernisiert worden. Wesentlich die Bestimmungen dieses Gesetzes sind es, welche, mit einigen Änderungen, nunmehr, nur teilweise umredigiert, in Kraft gesetzt werden. Das Gesetz vom 14. März 1906 ist mithin wesentlich Strafgesetz und dabei in der Hauptsache Inkraftsetzung schon kodifizierten Rechts! Die wichtigste Neuerung des Ukas vom 17. April 1905 war die Bestimmung (Nr. 1), wonach künftig der Abfall von der rechtsgläubigen Kirche zu einem andern christlichen Glauben — also nicht der formelle Abfall vom Christentum überhaupt — keinerlei, sei es persönliche oder bürgerliche, Nachteile für den Betreffenden mit sich bringen und er fortan als zu der von ihm, bei Volljährigkeit, erwählten Glaubensgemeinschaft gehörig behandelt werden solle. Bis dahin hatte der »Abfall« von der Orthodoxie nach Art. 188 der Ul. o. Nakas. die »Überweisung der Häretiker an die Kirchenbehörde zur Verwarnung, Belehrung und Behandlung nach den kirchlichen Regeln« zur Folge, und wurden bis zu ihrer Wiederbekehrung »zur Behütung« ihrer minderjährigen Kinder vor der Abwendigmachung die »gesetzlichen Mittel« (betr. deren Erziehung) angewendet, ihre etwaigen, von Rechtgläubigen besiedelten Besitzungen aber mit Beschlag belegt und ihnen das Wohnen darauf verboten; Schismen- (Raskol-) und Sektenbildung und Propaganda dafür war (Art. 196 des.) mit Verlust aller Rechte und Verschickung zur Ansiedlung bestraft. Schon die Ugolownoje Uloshenije vom 22. März 1903 schwieg von diesem Vergehen überhaupt, ebenso schweigt nun ihre Umredaktion in der Verfügung vom 14. März 1906. Soweit entspricht alles dem Ukas vom 17. April 1905, der ausdrücklich auch den Grundsatz enthielt, dafs bei Änderung der Konfession die Kinder unter 14 Jahren den Eltern folgen. Allein nach den Gewohnheiten des Polizeistaates ist es natürlich mit dem Erlafs eines Gesetzes noch lange nicht getan: es käme nun darauf an, die Übertritte von einem Glaubensbekenntnis zum andern auch »polizeitechnisch« zu ermöglichen. Mit nicht geringem Erstaunen (vgl. »Now. Wremja« vom 2. März Nr. 10770 S. 3) erfuhr man im März, dafs im Februar ein Projekt des Justizministers im Reichsrat eingeführt sei, welches die Einholung der »Entscheidung« (rasrjeschenije) des Gouverneurs für die formelle Überführung einer Person aus der orthodoxen Kirche in eine andere vorschrieb. Das Toleranzedikt schrieb den »jawotschnyj porjadok« expressis verbis vor[43], — aber ein Mittel, den Gouverneur zu zwingen, seine »Entscheidung« dementsprechend einzurichten und also der einseitigen Erklärung des zur Häresie Abfallenden Folge zu geben, würde natürlich nicht gegeben sein. Für die Praxis wäre dies eine Zurücknahme des Edikts in seiner entscheidenden Bestimmung. Man mufs abwarten, wie sich die Entwicklung in dieser Hinsicht weiterhin gestalten wird[44]).

---

[43]) Nr. 1 des Ukas v. 17. 4. 1905. Nr. 3 gestattete speziell den zur Orthodoxie »Bekehrten« die Rückkehr zu ihrer alten Religionsgemeinschaft.

[44]) Mir liegt leider hier bisher nichts von den inzwischen ergangenen Verfügungen vor.

Ausdrücklich — nur mit etwas herabgesetzter Strafsanktion — aufrechterhalten ist, offenbar mit unter dem Eindruck, den der starke (?) Abfall von der Orthodoxie im Westrayon machte (N. Wr. 10788,3), Art. 90 der Ugolownoje Uloshenije, welcher die Propaganda einer an sich erlaubten heterodoxen (christlichen) Lehre auf Kosten der Orthodoxie durch öffentliche Predigt, Rede oder Verlesen von Schriften oder durch Verbreitung oder öffentliche Ausstellung (also z. B. im Schaufenster eines Buchladens) von Werken oder Abbildungen (!), welche den Abfall zur Heterodoxie anregen, wenn dieser Zweck dabei verfolgt wird, bedroht. Das öffentliche Bekenntnis zu einem »vom Gesetz verbotenen Schisma« wird (Art. 92) mit Geldstrafe geahndet. Apostasie vom Christentum (rechtgläubigen oder »andersgläubigen«) überhaupt ist nach wie vor gesetzlich unmöglich: den Begriff der »Konfessionslosigkeit« kennt das russische Recht nicht[45]). Bestehen geblieben ist ferner Art. 84 des gleichen Gesetzes, welcher die »Bekehrung« eines Orthodoxen — also die Verleitung zum Abfall — bei Anwendung ungesetzlicher Mittel zu einer andern (christlichen) Religion mit bis zu 3 Jahren Festung bestraft, und speziell die Strafbestimmungen gegen »andersgläubige« Geistliche, welche rechtgläubige Minderjährige katechisieren, ihnen die Beichte abhören, sie taufen oder irgendeinen Ritus ihrer Glaubensgemeinschaft auf sie anwenden (Art. 91, 93 a. a. O.). Eine Neuerung der Verfügung vom 14. März 1906, im Anschluss an den Ukas vom 17. April 1905, liegt in der Beseitigung des Begriffs »Raskol« für die bestehenden Gemeinschaften der »Altgläubigen« (Staroobrjadshik's), die jetzt als selbständige christliche Religionsgemeinschaft unter diesem ihrem Namen (Nr. 7 des Ukas vom 17. 4. 1905) anerkannt und den übrigen »andersgläubigen« christlichen Gemeinschaften gleichgestellt sind. Ebenso werden ihre Geistlichen und die der erlaubten Sekten mit dem Titel »Vorsteher« (Nastojatel) belegt und in bezug auf Rang, Stand und Militärpflicht den übrigen Geistlichen gleichgestellt, ihnen auch alle Amtshandlungen (nur, in bestimmten Fällen, nicht im Ornat) gestattet. Auch für sie gilt aber, daß die Errichtung eines Klosters (Skit) ohne rechtliche Genehmigung verboten und strafbar ist (Nr. V der Verf. v. 14. 3. 1906). — Der Bau von Kirchen setzt für jede nicht unerlaubte Religionsgemeinschaft nur den Nachweis des Vorhandenseins des Kapitals und die Erlaubnis der geistlichen Behörde der betreffenden Religionsgemeinschaft voraus. — Strikt verboten bleiben »unsittliche« Sekten, insbesondere die Kastratensekte (Skopzen), unsicher die Lage der Duchoborzen, Judaisten, Chlysten. Dagegen hat der Senat die gegenüber den Stundisten bestehenden Beschränkungen als nicht mehr zu Recht bestehend anerkannt. Ebenso sind die Einschränkungen der Verwendung von Sektierern im Schuldienst vom Unterrichtsministerium aufgehoben worden.

Vergleicht man die Verfügung vom 14. März 1906 mit dem Amnestie-Edikt, das (expressis verbis)[46]) infolge des Ukas vom 17. April 1905 am 25. Juni 1905 für Religionsverbrechen erlassen wurde, so zeigt sich, daß der Kreis der jetzt endgültig beseitigten religiösen Strafhandlungen mit dem Kreise der damals von der

---

[45]) Nach der »Ulosh. v. Nakas« Art. 185 entbehrt der Apostat aller bürgerlichen Rechte und bleibt sein Vermögen beschlagnahmt, bis die geistlichen »Ermahnungen«, denen er zu überweisen ist, ihn wieder bekehrt haben. — Die »Njolownoje Uloshenije« schweigt davon.

[46]) S. den Wortlaut der Einleitung im »Prawo« 1905 S. 2226.

Amnestie umfasten nicht identisch, sondern erheblich kleiner ist[47]. Die Bestimmungen gegen die öffentliche Propaganda von »Irrlehren« sind geeignet, alle alten Verfolgungen der Vergangenheit eventuell wieder aufleben zu lassen: nur die Werbung der kleinen Sekten von Person zu Person ist durch sie faktisch privilegiert.

Den wesentlichsten Vorteil aus der »Toleranz«Gesetzgebung zogen die Altgläubigen und werden ihn noch ziehen. Zwar im Jahre 1905 wimmelte die Presse noch von Beschwerden der Altgläubigen über Verstöfse gegen d s Toleranzedikt vom 17. April. Aber nach dem Oktobermanifest änderte sich das. Der Zar empfing altgläubige Deputationen, die Regierung und alle Parteien buhlten um ihre Gunst, auch die Zyniker des »Nowoje Wremja« fanden plötzlich Töne der höchsten Ehrfurcht vor diesen Hütern des »nationalsten« Glaubens. Manche Zeitungen (»Sslowo«) meinten sogar, man sollte sie zu den Beratungen über das orthodoxe Kirchenkonzil zuziehen. Ein Kongress, alle Parteien der Altgläubigen einschliesslich der »Priesterlosen« umfassend, fand statt[48]), es wurde eine eigene altgläubige

---

[47]) Näheres in einem Artikel Shishilenkos im »Prawo« 1906 S. 1316 (Nr. 15). Die sehr bedenkliche, oben erwähnte neue Bestimmung gegen die Ausstellung von den Glauben gefährdender Schriften in Buchläden ist offenbar durch den in Aussicht stehenden Wegfall der Präventivzensur veranlafst. Bestehen geblieben sind im übrigen: 1. Die Strafen für Gotteslästerung und alle möglichen Verletzungen der Ehre der Kirche und ihrer Diener (Art. 73—77, 97, 98); 2. für Beerdigung eines Christen ohne kirchlichen Ritus (Art. 78) und Leichenschändung (Art. 79); 3. für Nötigung zur Vornahme oder Unterlassung religiöser Handlungen (Art. 80, 81); 4. für Veranlassung zur Apostasie vom Christentum (Art. 82) und von der Orthodoxie (Art. 83, 84), insbesondere von seiten christlicher Eltern und Vormünder, die ihre unter 14 Jahre alten Kinder nicht taufen und christlich erziehen oder, wenn sie rechtgläubig sind, sie einem anderen Tauf- oder sonstigen Ritus unterwerfen (Art. 88, 89); 5. gegen Geistliche nicht rechtgläubiger Gemeinschaften für religiöse Handlungen an Rechtgläubigen (Art. 93, 94); 6) gegen die Hinderung des Übertritts zur Orthodoxie (Art. 95); 7. gegen Zugehörigkeit zu »abergläubischen« Lehren (Art. 96); endlich 8. gegen jede Art gewaltsamer oder betrüglicher oder mit dem Versprechen von Vorteilen verknüpfter Abwendigmachung einer Person von ihrem Glauben.

[48]) Der »Zweite allrussische Kongrefs« der Altgläubigen am 2. u. 3. Januar in Moskau stellte fest, dafs die Altgläubigen den verschiedensten Parteien angehören, aber in folgenden Punkten einig seien: 1. Erhaltung der Einheit des Reichs; 2. Erhaltung der Monarchie in konstitutioneller Form; 3. Beseitigung aller ständischen Schranken; 4. Beseitigung der Herrschaft der Bureaukratie; 5. allgemeine Volksschule; 6. Landenteignung, soweit sie für die landlosen oder landarmen Bauern erforderlich ist, gegen gerechten Preis. Auf dem Kongrefs waren alle Richtungen der Altgläubigen vertreten, Ritualisten mit Priestern, Priesterlose, Affiliierte der österreichischen Hierarchie usw. Die Bjelokrinizaer Organisation bildete jedoch unter den 200 Deputierten die entschiedene Mehrheit. Der gemäfsigte Ritualismus und eine mittelparteiliche Stimmung überwogen. Sowohl einen Antrag zugunsten der »Selbstherrschaft«, den ein Vertreter der Bjelopopowzyje (der regelmäfsig aus übergetretenen Priestern der Orthodoxie ihren Klerus rekrutierenden opportunistischen Schismatiker) einbrachte, wie einen äufserst »roten« Antrag eines »Priesterlosen« (welche naturgemäfs die radikalsten sind), lehnte die Versammlung ab, an-

Tageszeitung (»Narodnaja Gasjeta«) geschaffen, und obwohl der Kongress die Unterstützung irgend eines Vertreters des »ancien règime« bei den Wahlen streng untersagte, zeigte sich doch alsbald eine Wendung im Verhalten der altgläubigen Bourgeoisie nach der »staatserhaltenden« Seite. Ein Teil der Altgläubigen hat hier und da sich dem »Bund des 17. Oktober« angeschlossen und später für ihn gestimmt (s. z. B. Now. Wr. 10 779). Die zahlreichen Altgläubigen der Westprovinzen namentlich begannen sich nunmehr als Russen im Gegensatz zu den katholischen Polen und Litauern zu fühlen. Und zwar sind es gerade die ihrer Kirchenverfassung nach Radikalern, die »Priesterlosen«, welche im Nordwesten im Kampf für ihre Nationalität stehen[49]. Ein altgläubiger Bauernkongrefs wurde nach Moskau zusammenberufen, mit dem offenbaren Ziele, eine nicht radikale Bauernbewegung zu schaffen. Man forderte Gelehrte verschiedener Parteien zu Vorträgen auf. Einem konstitutionell-demokratischen Gelehrten (Manuilow) wurde dabei die Bedingung auferlegt, von seiner Parteizugehörigkeit »keinen Gebrauch zu machen«, — worauf er ablehnte (Russk. Wjed. 36, S. 5). Aber der Bauernkongrefs selbst geriet alsbald in das Fahrwasser der typischen Bauernforderungen, seine Resolutionen stellten sich in allen wesentlichen Punkten, einschliesslich der Enteignung des privaten Grundbesitzes, auf den Boden des demokratischen Agrarprogramms[50]).

zuhören. — Inzwischen, Anfang Juni, ist das Schisma der »Okrushniki« (Anhänger des opportunistisch-patriotischen »Rundschreibens« von 1862 anläfslich des polnischen Aufstandes) und »Rasdorniki« (Intransiganten) auf einer Konferenz in Moskau beigelegt worden.

[49]) Sie hielten ihren Sonderkongrefs in Wilna am 25. Januar ab, 500 Delegierte aus ganz Rufsland, besonders aber aus dem Nordwestrayon, wurden vom Generalgouverneur begrüfst und beschwerten sich alsbald über die Zurücksetzung der russischen Nationalität in den Lokalverwaltungen, aber auch beim Bauernmanifest (der Erlafs der Loskaufszahlungen kam ihnen nicht zugute), verlangten russische Schule und nationale Proportionalwahl, ferner Landzuweisung an die Landarmen, wie derzeit alle russischen Bauern, und vertieften sich alsdann in die für alle russischen Sektierer »ewig junge« Frage nach der Art der Eheeingehung: die blofse häusliche Segnung der Ehe wurde wiederum, wie schon so oft, verworfen und kirchliche Einsegnung gefordert (Bericht in »Now. Wr.« S. 13).

[50]) Der Kongrefs war angeregt durch den Vorsitzenden des »Rates der Altgläubigen« D. W. Ssirotkin. Er begann am 20. Februar mit 350 Teilnehmern aus allen Gebieten Rufslands und sollte speziell die Frage der Landnot beraten. Da dies bisher die einzige nicht von politischen Parteien beherrschte Beratung von Bauern über die Agrarfrage war, hat sie immerhin ein gewisses Interesse. (Eingehender Bericht D. Pestrzeckis im »Now. Wr.« 10 784, 10 785, aufserdem in den »Russk. Wjed.« Nr. 60 S. 3.) Das Bestehen der Landnot wurde, mit einer einzigen Ausnahme, bejaht. Die Einzelangaben über die Höhe des Ertrags (z. B. zweites bis drittes Korn bei Roggen, drittes bis viertes bei Kartoffeln im Bogardschen Kreise) standen mit den Angaben der Landschaften oft nicht im Einklang. Auch Bauern, die 10 Dessjätinen (1 Dessjätine = 1,1 ha) im Durchschnitt besafsen, verlangten Land. Die Bemerkungen der Wolokolamschen Bauern, dafs sie durch Kleeanbau ihren Ertrag vervierfacht hätten, wurden mit »Schlufs«-(‚dowoljno'-)Rufen unterbrochen. Die meisten hatten bestimmte, ihnen benachbarte Ländereien, so die des Fürsten Woronzow-Daschkow im Gouvernement Ssaratow, als Objekt im Auge; namentlich mit den

Der Ukas vom 14. März enttäuschte die Altgläubigen, trotz allen Entgegenkommens gerade gegen sie, tief, weil die »Religionsverbrechen« der Konversion und Propaganda bestehen blieben, und seinem Osterglückwunsch: »Christ ist erstanden« an den General Ignatiew fügte einer ihrer gesellschaftlich hervorragendsten Vertreter (Morosow) harte Worte über den noch immer bestehenden Glaubensdruck bei (s. Russk. Wjed. 102, S. 2). Die Moskauer Altgläubigen schickten alsbald eine Petition an die Duma wegen Abschaffung des Ukas, den, speziell Art. 90 der Ug. Ul. (Propaganda gegen die Orthodoxie durch Schriften, Abbildungen usw.), sie als einen Rückfall in die schlimmsten Zeiten der Verfolgung bezeichneten. Die Altgläubigen sind, alles in allem, heute eine kulturell und ökonomisch sehr stark differenzierte Schicht. In ihren untern Schichten finden sich noch immer Reste des Glaubens, dafs der Antichrist die Welt regiere, und demgemäfs absoluter Apolitismus, es findet sich, besonders breit, Ablehnung aller Gewalt gegen das »Übel«, es finden sich kräftig individualistische Elemente und endlich, — entsprechend der kapitalistischen Befähigung, die das »Staroobrjadschestro« mit den meisten Sekten teilt — heute eine stets wachsende opportunistische Oberschicht. Als dauernd sichere Stütze der Demokratie kommt der Raskol heute noch weit weniger in Betracht als in jener Zeit, wo Herzen an ihm seine Enttäuschungen erlebte.

Die Beziehungen zur römisch-katholischen Kirche in ihrer verwickelten Kasuistik kann ich hier im einzelnen nicht darlegen. Der staatlichen Regelung der Anstellungsbedingungen und dem Bestätigungsrecht des Staats hat sich die Kirche gefügt. Die Streitigkeiten betrafen in der letzten Zeit vor allem die Priesterseminare, speziell die russifikatorischen Zumutungen, welche seit dem Jahre 1895 in ver-

---

anwesenden altgläubigen Kosaken erhob sich Streit: diese erklärten rundweg, dafs »Auswärtige« von ihnen niemals Land erhalten würden, und es wurde so die für das ganze Landproblem entscheidendste Frage: ob die örtliche Bevölkerung auf das zu expropriierende Land eines gewissen Gebiets das Vorrecht haben solle oder wie sich Zusiedelnde und Ansässige teilen sollten, gestreift, — aber natürlich nicht entschieden. Der Kongrefs wollte von »Übersiedlung« nichts wissen, nur im äufsersten Notfall, wenn gar kein Land in der Nähe sei, sollte man dazu greifen Die Expropriation sollte umfassen: Staats-, Apanage-, Kloster-, Kirchenländereien, das von Kleinbürgern, Kaufleuten und Grofsgrundbesitzern innegehabte Land. — Weiterhin fragte es sich: welche Norm sollte für die Gröfse des durch Expropriation zu ergänzenden Landesteiles (Nadjel) gelten? Die Mehrheit war für die Norm des Jahres 1861. Die Forderungen anderer schwankten zwischen 4 und 15 Dessjätinen (pro ortsanwesende Seele!). Als »gerechten« Preis dachten sich die Bauern z. B. für das Ssaratowsche Gouvernement 50 Rubel pro Dessjätine als Maximum, die Bauernbank zahle 100% zu hoch. Für die Regulierung der Pachten wurde die unbefristete Pacht mit Festsetzung des Maximalpreises durch die Gerichte — nicht über 12% des Bodenpreises — gefordert; dabei sollte die Zwischenpacht und die Grofspacht überhaupt verboten sein und 30 Dessjätinen das Maximum der Pachtparzelle darstellen. Im Gegensatz zu einem Teil der Referenten sprach sich die überwiegende Mehrzahl für die Obschtschina, unter Beseitigung der Gemengelage mit Privatbesitz, aus. Einstimmig wurde Reform des Semstwos im Sinne der Beseitigung der Begünstigung des Adels bei den Semstwowahlen und Abschaffung der Landhauptleute (Semskije Natshalniki) gefordert, ebenso möglichste Beseitigung aller indirekten Konsumsteuern.

schärfter Durchführung der Staatsaufsicht und einem staatlicherseits in Anspruch genommenen Prüfungsrechts in russischer Sprache und Geschichte, sowohl bei den Versetzungen als beim Abgang, sich geltend machten, nachdem im übrigen die Konvention mit der Kurie von 1882 dem Bischof weitgehende Freiheit in der Gestaltung der Seminare gelassen hatte. Die Kurie hatte hier im Jahre 1897 im Prinzip nachgegeben, 1900 aber hatte das Ministerium und der Warschauer Generalgouverneur die Vorschriften abermals verschärft, durch Inanspruchnahme des Rechts, staatlicherseits Themata für die schriftliche Prüfung zu bestimmen. Da die Bischöfe die Annahme dieser Themata verweigerten, hatte der Generalgouverneur alle Genehmigungen zur Anstellung von Kandidaten, die ohne Beachtung seiner Vorschriften geprüft waren, versagt. 1902 hatte der Staat, der entstandenen Erbitterung gegenüber, versucht entgegenzukommen und ein besonderes staatliches Examen nach der Seminarprüfung eingerichtet. Indessen zu diesem Examen hatten sich natürlich vollends keine Kandidaten gemeldet. Infolgedessen bestanden bis 1905 263 Vakanzen und waren 156 nicht anstellungsfähige Kleriker vorhanden. — Die früher zitierte Ministerialkonferenz schlug nunmehr die Abschaffung des staatlichen Kulturexamens und die Rückkehr zu dem Rechtszustande von vor 1902 vor. — Auch die scharfe Kloster- und Ordensgesetzgebung, welche im Jahre 1866 nach dem polnischen Aufstand einsetzte und in dem »West-Rayon« der 9 national gemischten Gouvernements zur völligen Untersagung aller Kongregationen aufser einer einzigen, im Königreich Polen, 1874, zum Verbot der Vermehrung über den Stand von damals hinaus geführt hatte, war faktisch undurchführbar geblieben. Statt 731 waren 1871 Kongregationen vorhanden. Die Klöster allerdings waren im wörtlichen Sinne »auf den Aussterbeetat« gesetzt worden, und in der Tat existierten in Polen 1905 nur 5 Männer- und 8 Frauenklöster. Das Ministerium schlug nunmehr vor, diese zu erhalten und also ihnen die Aufnahme von Novizen zu gestatten. Nicht minder sollte für die Erbauung neuer Kirchen und die Errichtung neuer Parochien eine gesetzliche Norm an die Stelle der jetzt gänzlich der Willkür der Behörden anheimgestellten Erlaubnis dazu gesetzt werden[51]). Wie viel von diesen einer »besonderen Kommission« überwiesenen Direktiven inzwischen in geltendes Recht und, was in Rufsland nicht dasselbe ist, geltende Praxis umgesetzt ist, ist mir zurzeit noch nicht bekannt. Die im Februar in der Presse angekündigten weiteren Vergünstigungen für die katholische Hierarchie: Beseitigung des Rechts des Generalgouverneurs zur Schliefsung von Klöstern, der Beschränkung der Prozessionen, des Gebrauches des Kreuzes, Erweiterung der Rechte des Bischofs bei Anstellung und (namentlich) Entlassung von Geistlichen, Erweiterung der Befugnisse dieser letzteren, namentlich auch in bezug auf Ausstellung von Legitimationspapieren usw. — sind mir bisher noch nicht zu Gesicht gekommen.

Jedenfalls hat trotz allen Entgegenkommens die Duma ihre, wenn auch sehr kleine »Zentrumspartei«[52]) mit dem Wilnaer Bischof Baron von Ropp an der

---

[51]) Diese Erleichterung kam natürlich auch der lutherischen Kirche zugute, von der im übrigen, da ihre »Behandlung« technisch die geringsten Schwierigkeiten macht, sonst fast niemals in dem Bericht die Rede ist.

[52]) Forderungen — aufser der Durchführung der Freiheiten des Manifestes —: Teilungsverbot für Bauernhöfe, Beschaffung von Gelegenheit zu »billigem Landerwerb« für landarme Bauern, Sonntagsruhe, Arbeiterversicherung, Arbeiterwohnungsbeschaffung, Handwerkerverbände in Form von Unterstützungskassen, unentgeltlicher

Spitze, trotzdem der Generalgouverneur diesem, »nachdem er in Erfahrung gebracht habe, dafs seine Tätigkeit der Politik der Regierung nicht entspreche«, ein scharfes Verbot der Einmischung in die Wahlagitation zugehen liefs[53]). Baron Ropp wurde gewählt. Der Staat revanchiert sich durch eine — im Gegensatz zu der fiüheren, stets für die traditionelle Obrigkeit eintretenden Praxis stehende — offenbare Begünstigung der asketischen Sekte der Mariaviten, welche in Polen dem Klerus sehr zu schaffen macht und gegen die der Papst bisher nur in sehr vorsichtiger Form einzuschreiten gewagt hat, während in Polen blutige Kämpfe um die Kirchen tobten.

Was die orthodoxe Kirche selbst anlangt, so hatte das Reskript des Zaren vom 27. Dezember 1905 (10. Januar 1906) an den Metropoliten Antonij von Petersburg[54]), den alten Gegner Pobjedonoszews im Heiligen Synod, welches die Vorbereitung der Einberufung eines »Ssobor« der orthodoxen Kirche anordnet, zunächst nur die weitläufigsten bureaukratischen Verhandlungen im Gefolge. Die erste Sitzung der für jene »Vorbereitung« bestimmten Kommission, zu welcher u. a. Dm. Chomjakow, Ssamarin, M. Akssakow von den Konservativen, Prof. Fürst E. Trubezkoj von den Liberalen zugezogen wurden, fand erst am 6. März statt. Alsbald schlug Ssamarin eine Begrenzung der Aufgaben des Konzils vor, was aber die Kommission ablehnte. Man bildete Sektionen für: 1. Kirchenverwaltungsreform, 2. Reform der Eparchialverwaltung, 3. die Gemeindeverfassung, 4. die kirchliche Gerichtsbarkeit, 5. die Angelegenheiten der Sektanten und Schismatiker, 6. Glauben und Kultus, 7. die kirchlichen Schulen. Die Nachricht, dafs diese letzteren von der Kirche an die weltliche Schulbehörde abgetreten werden sollten, — wogegen sich alsbald Proteste von Familien der Schulstifter erhoben (»Russk. Wjed.« 62, 2), — ist bisher nicht bestätigt und unwahrscheinlich (vgl. »Now. Wr.« 10788, 3). Die Beratungen dieser Subkommissionen zogen sich bis Mitte Mai hin. Die Stimmung der Geistlichkeit draufsen im Lande, bis in ziemlich hohe Kreise hinauf, blieb inzwischen widerspruchsvoll, teilweise kirchenpolitisch und, erst recht, politisch äufserst radikal. Dies gilt nicht nur für einen Teil der Popen, sondern erst recht für ihren Nachwuchs: die Seminaristen; bei ihnen überwog, wie bei den Studenten, das rein politische Interesse. Den Geistlichen Akademien war durch Verfügung des Heiligen Synod vom 26. Februar 1905 die »akademische Freiheit«, d. h. das Recht der Rektorwahl und der eignen Bestimmung der Unterrichtsordnung, im Prinzip zugestanden. Fortgesetzte Studentenstreiks

---

durchweg christlicher Schulunterricht usw. Selbstverständlich wurde freier Verkehr mit der Kurie, freie Verfügung über das kirchliche Eigentum und Wiedergabe des konfiszierten, volle »Freiheit der Kirche«, Recht der Polen in ihrer Heimat zu dienen, gefordert, im übrigen aber die Einheit des Reiches unter Voraussetzung »breitester« Selbstverwaltung nicht angetastet. (Programmauszug in »Now. Wr.« 10 733 S. 5). Die Partei nannte sich »konstitutionell katholische Partei für Litauen und Westrufsland«. Ihr »bürgerlicher« Charakter liegt zutage, besonders in der heute gänzlich »unbäuerlichen« Forderung des Teilungsverbots.

[53]) »Russk. Wj.« 17./2. S. 2.

[54]) Das Schreiben von 32 Petersburger Pfarrern, die zum grofsen Teil dem stark demokratischen »Bund der kirchlichen Erneuerung« angehörten, an diesen Prälaten hatte s. Z., März 1905, die Frage der Einberufung des Konzils ins Rollen gebracht, da der Metropolit sich in dieser Hinsicht alsbald auf ihre Seite gestellt hatte.

hatten aber immer wieder den Gang des akademischen Lebens unterbrochen. Nachdem Anfang Januar 1906 die Kurse in Gang gekommen waren, wurde die Verfügung durch Erlafs vom 25. Januar 1906, vorläufig bis Zusammentritt des Konzils, in Kraft gesetzt. Aber schon Mitte des Monats hatten die damals nur 60 Petersburger Studenten einen Sympathiestreik wegen der Relegation von 12 Kommilitonen in Kijew begonnen. Und so ging es nun weiter. Der Synod drohte Anfang Februar mit Relegation aller der Seminaristen, welche nach zweimaliger Aufforderung nicht die Studien aufnehmen würden. Nun kamen sie, aber nur um Politik zu treiben. Die Hinrichtung des Führers der Sewastopoler Meuterei, Leutnant Schmidt, beantworteten die Zöglinge der Petersburger Geistlichen Akademie mit einem Requiem für ihn, an dem auch der Rektor, Bischof Ssergjej von Jamburg, teilnahm, um sich so die Aufhebung des über ihn verhängten Boykotts zu erkaufen. Er erhielt dafür vom Synod einen strengen Verweis, (»Russk. Wjed.« 75, 2). Aber im März demonstrierten die Seminaristen wiederum, indem sie sich mit den politischen Gefangenen in dem unmittelbar benachbarten Gefängnis mit Flaggensignalen und Liedern in Verbindung setzten, ohne dafs der Rektor es hindern konnte (»Russk. Wjed.« 89, 3). Im Tomsker geistlichen Seminar setzten die jungen Leute durch, dafs man für sie Kurse über Politik, Konstitutionalismus und dergl. einrichtete (»Now. Wr.« 251, S. 3)[54a]. Zahlreich waren die Proteste von Popen gegen die Todesstrafe als widerchristlich. Die Orjolsche Geistlichkeit beschlofs zwar, sich von demonstrativ politisch motivierten Totenmessen für Schmidt fernzuhalten, sich aber zu beteiligen, wo sie »aus christlicher Liebe« stattfänden. In Jarosslawlj mufsten die oberen drei Klassen des Seminars durch den Synod geschlossen werden (28 März), da der Konflikt mit ihrem zum reaktionären »Bunde russischer Männer« gehörigen Jeromonach Iliodor nicht beigelegt werden konnte (»Now. Wr.« 10790). In Charkow hatte die Relegation von 23 Zöglingen (Ende Februar) „chemische Obstruktion" zur Folge (»Now. Wr.« 10762), und am 20. April mufste auch in Poltowa das Seminar wegen »Unordnungen« geschlossen werden. Ein Delegierten-Kongrefs der Seminaristen von Petersburg, Moskau, Kijew, Kasanj beriet Anfang April über die infolge der prinzipiellen Gewährung der akademischen Freiheit zu verlangende Abänderung der Statuten: man verlangte, wie dies in Moskau schon geltendes Recht ist, die Ausschaltung der Eparchialgewalt (des Bischofs und Konsistoriums) und die Unterstellung der Seminare direkt unter den Synod; die Studenten machten sich zur Ausarbeitung des Statuts und Unterbreitung desselben an den Synod anheischig.

Aber nicht nur ein Teil der Popenschaft und die Mehrzahl der akademischen Jugend der Kirche rief — jede in ihrer Art — nach »Freiheit«, auch die Sprache kirchlicher Würdenträger blieb wenigstens teilweise eine äufserst »liberale«. Alte Gedanken des westeuropäischen Konziliarismus tauchen hier wieder auf. In einer Auseinandersetzung mit Professor Akwilonow im (gemäfsigt-konservativen) „Sslowo" vertrat Bischof Antonin von Narwa die Ansicht[55]), dafs nur eine konstitutionelle

---

[54a]) Auch zur Erzwingung der Aufnahme von »Philosophie« in den Lehrplan wurde mehrfach gestreikt.

[55]) Sie stimmt mit den Ansichten überein, welche der »Bund der kirchlichen Erneuerung« vertrat. Eine neuere Kundgebung aus seiner Mitte im »Rjetsch« stellt als Grundlage aller Ethik den Grundsatz: »Tue nicht, was du nicht willst, dafs dir getan werde«, auf und mifst daran — wie einst der Täufer — die Partei-

Regierung der Kirche göttlichen Rechtes sein könne: »göttliche Wahrheit könne nicht mit dem Verstand nur eines Individuums zusammenfallen,« — das sei Paganismus — und die Frage der Konzilien sei daher keine Zweckmäfsigkeitsfrage, sondern sie seien »mystisch notwendig« (näheres vgl. »Now. Wr.« 10762, 3). Ähnlich äufserte sich Ssokolow von der geistlichen Akademie in Moskau über das Prinzip der Ssobornostj (Konziliarismus) (»Now. Wr.« 10781, 1). Beseitigung der bureaukratischen Knechtung der Kirche und »Ssobor-Prinzip« war das allgemeine Feldgeschrei. Im Beisein des Oberprokurars und Metropoliten sprach sich eine Versammlung der Petersburger Geistlichkeit am 3. Februar, trotz der Bedenken wegen des möglichen Einflusses der Radikalen in den Gemeindeversammlungen, für die Umgestaltung der Gemeinden im parlamentarischen Sinne aus. In Moskau stellte der Metropolit im Januar die Bestätigung der Statuten von Kirchspiel-Komitees aus Geistlichen und Laien in Aussicht (»N. Wr.« 10719 S. 1), — dagegen wurden die Versammlungen und Verbände der Psalmsänger unterdrückt. In der heftigsten Weise stiefsen ferner die Konsistorialgewalten an den verschiedensten Orten (so in Smolensk, »Now. Wr.« 5. Jan. S. 5) mit dem wachsenden Selbstgefühl der mit der Verwaltung der Kircheneinkünfte betrauten Kirchenstarosten zusammen, wobei sich der Synod natürlich auf die Seite der kirchlichen Oberen stellte. Anders nicht selten die Popen. Die Eparchialsynode von Kursk sprach sich — ebenso wie so manche andere — ausdrücklich für den Ersatz des bischöflichen Konsistoriums durch einen gewählten Eparchialrat aus (»N. Wr.« 10734 S. 3). Der »Zerkownyj Wjestnik« brachte andererseits lebhafte Artikel gegen den Cäsareopapismus (7. Januar z. B.). Eine Kasaner »Pastorenversammlung« beriet ein Projekt der Professoren der dortigen Akademie und einiger Mitglieder des Konsistoriums, welches die Herstellung des Patriarchates, Stellung des Patriarchen als (lediglich) »primus inter pares«, Wahl der Bischöfe und ihrer Räte, verlangt (»N. Wr.« 10744, 3). Die Verwaltung des Fürsten Oboljenskij als Oberprokurors des Heiligen Synod liefs diesen Dingen — soweit nicht direkte Disziplinwidrigkeiten oder politische Gründe zum Einschreiten zwangen — im ganzen ihren Lauf. Auch die Programme aller überhaupt in Betracht kommenden linken, mittleren oder rechten Parteien stimmten in dem Verlangen nach 1. Einschränkung der bureaukratischen Knechtung zugunsten des Wahl- und »Ssobor«-Prinzips, 2. obligatorischer — statt der jetzt nur gelegentlichen — Beteiligung der Laien an der Gemeindeverwaltung[56]), überein. Der »Zerkownyj Wjestnik« nahm den gleichen Standpunkt ein: er legte den Geistlichen ans Herz, vor allem ihre materielle Sicherstellung und die Beseitigung der un-

---

programme. Sklavische Unterwerfung sei widerchristlich, nur der Rechtsstaat könne christlicher Staat sein. Demokraten und Sozialisten gehen zwar nicht von christlichen Prinzipien aus, vertreten aber de facto solche.

[56]) In erster Linie der materiellen Verwaltung. Es wird die materielle Grundlage auch der Eparchien wohl stark revidiert werden müssen. In Charkow z. B. werden alle Kirchen der Eparchie in 1—3 Klassen geteilt und haben je nach der Klassifikation 700, 500 oder 300 Rubel jährlich an die Eparchie abzuführen, daneben aber müssen sie ein ihre Bedürfnisse oft erheblich übersteigendes Quantum Kerzen aus der Kerzenfabrik der Eparchie beziehen. Dabei wird über die Buchführung selbst der Eparchie, vollends aber der Parochien, auf das bitterste geklagt (s. »Now. Wr.« 10819 S. 6).

würdigen Bettelei des Popen bei den Bauern zu betreiben⁵⁷) und dann »volkstümliche Leute«, keinesfalls aber Vertreter des »ancien régime«, speziell der Bureaukratie, bei den Wahlen zu unterstützen. Das Ausscheiden des Oberprokurors aus dem Synod müsse durch den Eintritt gewählter Vertreter der Laien kompensiert werden: nur dann werde die Kirche wirklich frei von der Bureaukratie. Auch der im übrigen streng k o n s e r v a t i v e Wahlerlaſs des Heiligen Synod an die Geistlichen enthielt, bei aller Betonung der groſsen Bedeutung, welche das innige Bündnis mit dem Staat für die orthodoxe Kirche gehabt habe und habe, doch, in vorsichtiger Form, Vorbehalte gegenüber der allmächtigen Bureaukratie des alten Regimes⁵⁸). Jedenfalls zeigt das alles, wie stark die Ablehnung des Cäsareopapismus in der Kirche ist. Im Synod selbst spielte der Oberprokuror offenbar eine gegenüber den bisherigen Gepflogenheiten höchst untergeordnete Rolle. Es wird sich zeigen müssen, inwiefern die mit dem Rücktritt des Ministeriums Witte zusammenfallende Entlassung Oboljenskijs und seine Ersetzung durch einen Beamten der Pobjedonoszewschen Schule⁵⁹) dieser Entwicklung Halt gebieten wird. Der erste Schritt scharfer Reaktion ist wohl die Entlassung von 300 (!) Seminaristen der

---

⁵⁷) Die Smolensker Geistlichkeit verlangte demgemäſs: 36 Dessjätinen Kirchenhufe, 1000 Rubel für den Popen und 500 für den Psalmleser aus der Staatskasse (»Now. Wr.«, 13. Febr., S. 3). — Umgekehrt beschloſs die Geistlichkeit des Balaschewschen Kreises, auf ihr Kirchenland zugunsten der Bauern zu verzichten (»Prawo« 1906 S. 48).

⁵⁸) Der Erlaſs (Wortlaut z. B. im »Now. Wr.« 10751, 18. Februar, S. 1) verwirft die Gewalt als Mittel des politischen Kampfes und überhaupt die Verachtung der Staatsgewalt, fordert die Geistlichen auf, Gott zu bitten, daſs er den Zaren erleuchte, gedenkt des Entschlusses des Zaren, dem Volk Gelegenheit zu geben, sich in »Frieden, Freiheit und Recht« an seiner Arbeit zu beteiligen, erwähnt die Bestrebungen »russischer Männer«, sich zur Wahl in Verbände zusammenzuschlieſsen und stellt dann fest, daſs der »Pastor« als solcher zu k e i n e r organisierten Partei gehören dürfe, daſs er aber alles unterstützen solle, was für »Frieden, Liebe, Ordnung, den wahren Glauben, den rechtgläubigen Zaren, die Einheit des Vaterlandes« einträte, sich auch nicht durch die politischen Freiheitshoffnungen allzusehr in die weltlichen Angelegenheiten hineinziehen lassen solle; sonst sei er kein Geistlicher mehr. Dagegen soll er selbst von seinen staatsbürgerlichen Rechten Gebrauch machen und seine Herde jedenfalls davon abhalten, durch Verweigerung der Teilnahme an der Wahl Feinde des Zaren zu werden. Am Eingang des Schreibens war eingehend das Auftreten Philipps gegen Iwan den Schrecklichen erwähnt, als Beispiel dafür, daſs die russische Kirche sehr wohl zuzeiten gewagt habe, der weltlichen Gewalt entgegenzutreten (vom Patriarchen Nikon und seinem Schicksal schweigt des Schreibers Vorsicht begreiflicherweise). — Deutlicher sprach sich der »Zerkownyj Wjestnik« (24./2.) dahin aus: Die Geistlichen sollten sowohl die Ansicht des Archierij Prokopowitsch, welche die Selbstherrschaft, wie diejenige des Bischof Antonin, welcher die Konstitution als g ö t t l i c h e s R e c h t bezeichnete, ablehnen und sich darüber entscheiden, ob sie für das Wohl der K i r c h e die Herrschaft des orthodoxen Zaren oder eine aus Polen, Lutheranern, Armeniern, Mohammedanern, mit der jüdischen Intelligenz an der Spitze, zusammengesetzte Parteimajorität für ersprieſslicher hielten.

⁵⁹) Ssamarin hatte das Angebot der Würde abgelehnt.

geistlichen Akademie in Petersburg (9 ganze Klassen von 11) wegen Fortbleibens vom Unterricht am 1. Mai. Aber von den Kijewer Seminaristen erhielt die Duma noch eins der stereotypen Begrüfsungstelegramme (»Russk. Wj.« 114, 3). Im übrigen war die orthodoxe Geistlichkeit, wie sich von selbst versteht, keineswegs einmütig oder auch nur überwiegend auf seiten des »neuen Kurses«. Im Gegenteil: es ist wahrscheinlich, dafs das quantitative Übergewicht in der Geistlichkeit sofort auf seiten der Reaktion sein würde[60]), sobald die materielle Stellung der Popen gebessert und — was freilich schwierig genug sein würde — ihre erniedrigende Lage gegenüber den die Kirche beherrschenden Zölibatären[61]) geändert würde. Schon jetzt war die Haltung der Popen in den Westprovinzen, wo sie sich im Kampf mit den Katholiken befanden, erzreaktionär[62]). Selbst mit Gewalt isolierten sie die unter ihrem Druck gewählten analphabetischen Wahlmänner der podolischen und wolhynischen Bauern an den Wahltagen von denen der städtischen Wahlmänner, brachten sie in einem Gouvernement zu diesem Zweck in einem Kloster unter, liefsen sie eidlich geloben, keine Demokraten zu wählen und setzten dort wirklich die Wahl nur von konservativen Gutsbesitzern und absolut schreibunkundigen Bauern in die Duma durch[63]). In Moskau verlangten Eparchialversammlungen ein Einschreiten gegen den populären Popen Petrow wegen seiner erfolgreichen Publizistik in seiner »Prawda Boshija« : der Oberprokuror Fürst Oboljenskij lehnte es ab. Die Beschlüsse der Woronesher Eparchialversammlung (»R. Wj.« 1412): aufserhalb der Parteien zu stehen, aber für die Ausführung des Manifestes vom 17. Oktober einzutreten, dürfte dem Durchschnitt der offiziellen Stellungnahme entsprechen. In den östlichen und südlichen, auch grofsen Teilen der zentralen Gebiete, war allerdings die Popenschaft sehr oft entschieden liberal oder demokratisch[64]). Die

---

[60]) Der Rektor des Seminars von Kostroma, ein Heifssporn der Reaktion, sprach in öffentlicher Rede die Ansicht aus, dafs 1. Abfall von der Orthodoxie die Todesstrafe verdiene, 2. das Toleranzversprechen gegen das Kirchenrecht sei, 3. die bürgerliche Gewalt, sobald sie in die Rechte der Kirche eingriffe, ihre Sphäre überschreite und ihre Gesetze insoweit nichtig seien. (»Prawo« 1906 S. 735). — Ob etwas darauf erfolgte ist mir unbekannt. Dagegen wurde der Igumen Arssenij, der von der Kanzel das Anathem gegen alle »Intelligenz« verkündet hatte, in ein Kloster am Weifsen Meer verschickt.

[61]) Es wurde in dieser Hinsicht als ein Novum begrüfst, dafs der Synod den Bischof von Ssaratow anläfslich eines Streitfalles in scharfer Form anwies, »sich bei der Leitung und namentlich bei der Entlassung der Kirchenbediensteten nicht von seinen persönlichen Wünschen und Belieben leiten zu lassen«.

[62]) Auch im Gouvernement Nischnij-Nowgorod trieben einzelne Popen den Kampf gegen die Steuerobstruktion der Revolutionären so weit, dafs ein Pope die Taufe des Kindes eines Bauern verweigerte, weil der Bauer mit 40 Kopeken im Rückstand war. (»Russk. Wj.« 89, 3.) Aber auch die Bauern waren zuweilen aufsässig. Ein im »Now. Wr.« 10707 S. 13 abgedruckter »Prigowor« von 155 Bauern und der Jekaterinoslawschen Exarchie verlangte die Absetzung des Popen wegen (eingehend spezifizierten) lieblosen Verhaltens gegen die Gemeindemitglieder.

[63]) Eingehend über die Technik des geistlichen Wählerfangs auch: »Russk. Wj.« Nr. 89, 3.

[64]) »Russk. Wj.«, 9. Jan., S. 2: Versammlung von Popen im Ssaratowschen Gouvernement mit der Forderung: Allgemeines Wahlrecht, Beseitigung der Stände, Toleranz, »Landmanifest«. Die Geistlichkeit von Jalta, welche äufserst scharfe

Bischöfe verhielten sich verschieden, aber auch die liberalen unter ihnen mufsten gegen die Unterzeichner von Protesten gegen die Todesstrafe einschreiten[65]). Die Polizei sprang anfangs mit den radikalen Popen rücksichtslos genug um; erst auf Einschreiten des Synods erfolgte ein Erlafs des Ministers des Innern[66]), welcher den Behörden anbefahl, Arretierungen von Geistlichen — welche immerhin ziemlich häufig erfolgten — nur dann vorzunehmen, wenn die kanonischen Mafsregeln des Bischofs fruchtlos geblieben seien und dann nur gemäfs den Anordnungen der oberen Verwaltungsbehörde, nicht der unteren Polizeiorgane, und in schonender Form, da es in anbetracht der Zeitumstände nötig sei, die Autorität der Geistlichen und ihren Einflufs »besonders auf die dumme (sic!) bäuerliche Bevölkerung«, zu unterstützen. — Hier finden wir also Kirche und Bureaukratie in schönster Eintracht.

Die entscheidende Frage ist eben, wie weit denn die Kirche selbst die Loslösung von den immerhin zugleich auch sie tragenden Fesseln der Bureaukratie zu fordern schliefslich den Mut haben wird, namentlich die Bischöfe, gegen deren Autorität von unten das »Gemeindeprinzip« mächtig anstürmt. Die Frage, wie sie sich zu diesem letzteren Gedanken stellen, hat schon jetzt ihre ziemlich deutliche Antwort gefunden. Am 4. Mai kam die erste und wichtigste Frage: nach der Zusammensetzung des »Ssobor« in Moskau im September vor das Plenum der Vorbereitungsversammlung. Die Beschlüsse der mit der Vorberatung betrauten ersten Abteilung lauteten bezüglich der Zulassung von Priestern und Laien neben den Bischöfen zum Konzil mit einer Mehrheit von 12 gegen 7 auf Beschränkung der Priester und Laien auf lediglich beratende Stimme, mit 10 gegen 7 Stimmen auf Teilnahme derselben nur an den Arbeiten der Kommissionen, nicht an den allgemeinen Versammlungen des Konzils. In dieser Eigenschaft sollten aus jeder Eparchie 2 Priester, 2 Laien, 1 Fachtheologe und 1 Mönch zum Ssobor geladen werden. Bezüglich der Art der Wahl hatten sich 9 Mitglieder für direkte, 10 für dreistufig indirekte Wahl (von den Kirchspielen an aufsteigend) ausgesprochen, ferner war die nächst der Frage der beschliefsenden Stimme wichtigste: ob freie oder durch den Bischof der Eparchie zu bestätigende Wahlen, mit einer Stimme Mehrheit und zwar in einem durch den vorsitzenden Bischof verfälschten Abstimmungsverfahren[68]) zu gunsten des Bestätigungsrechtes des Bischofs entschieden worden[68a]). Das Präsidium schlugen 9 Stimmen vor, dem Metropoliten von Petersburg

---

Resolutionen gegen die soziale Untätigkeit des Kirchenregimentes fafste (»Prawo« Nr. 8 S. 709) geriet in scharfen Konflikt mit dem Bischof, in dem sie jedoch schliefslich nachgeben mufste (»Now. Wr.« 10748 S. 3). Die Geistlichkeit in Woronesch sprach sich in ihrer Synode für die »Befreiungsbewegung« aus: »wo so viele Opfer fallen, müssen die Hirten rufen: ‚hier ist Christus.'« (»Prawo« S. 738).

[65]) Absetzung von fünf Geistlichen in Charkow dieserhalb: »Russk. Wj.« 20./1.
[66]) Abgedruckt im »Prawo« Nr. 14 S. 1287.
[67]) Vgl. z. B. »Russk. Wj.«, 1. Februar, S. 3.
[68]) Näheres über die angewandten Kniffe s. »Now. Wr.« 10828. Der Kampf war ein äufserst hartnäckiger gewesen.
[68a]) Ganz konsequenterweise. Ssamarin hob mit Recht hervor, dafs der Bischof das prius gegenüber der Gemeinde sei. Döllingers bekannter historischer Irrtum ist auch auf dem Boden des orientalischen Katholizismus nicht haltbar.

zu übertragen, 7 dem Heiligen Synod in der Person seines Rangältesten, 1 dem vom Konzil zu Bestimmenden. Ungezählte persönliche Kabalen verbergen sich natürlich in diesen, wie in allen Abstimmungen derartiger hierarchischer Körperschaften. Die Patriarchen-Frage wurde in der Sitzung vom 3. Juni nach langem Streit, ob er »Vorsitzender« (predsjedatel) oder »Vorstand« (predstojatel) sein sollen, im episkopalistischen Sinne entschieden: Der Patriarch soll nur Exekutivbeamter sein und untersteht der Jurisdiktion des Konzils. Der Oberprokuror und das jus circa sacra des Zaren sollen fortbestehen, nur soll die Geschäftsführung an den Synod jetzt auch effektiv übergehen.

Man kann nach diesen Proben schon jetzt voraussehen, was aus der »Kirchenreform« unter diesen Händen werden wird, und wenn die bürgerlichen Zeitungen (»Nowoje Wremja« usw.) drohen: »die Gesellschaft« werde wissen, woran sie sei, so wird dies die hierarchischen Interessenten wenig schrecken: die »Gesellschaft« kann ihnen ziemlich gleichgültig sein. Es fragt sich für sie, wie ihre Position unter den Bauern sich auf die Dauer gestalten wird, und das weifs heute niemand.

Das alles ist nichts Erstaunliches. Einen archimedischen Punkt aufserhalb der Staatssphäre, in Gestalt eines Papstes, hat die Kirche nicht und wird ihn auch nicht bekommen. War die Wahl aber gestellt zwischen der durch die »Ssobornostj« zu schaffenden Abhängigkeit »nach unten« und der Abhängigkeit »von oben«, wird die Hierarchie nicht zweifeln, was — von ihrem Interessenstandpunkt aus — vorzuziehen sei, oder vielmehr, sie ist sich schon klar darüber. Das etwaige Wiedererstehen des Patriarchen wird nur bedeuten, dafs Rufsland, welches bisher nur Superstition und — hier und da — intensive religiöse Gefühlsinhalte auf der einen Seite, hierarchische Bureaukratie auf der andern kannte, jetzt ein neues Spezifikum des Westens importiert: den höfischen »Klerikalismus«.

III. Das Toleranzedikt hatte (Nr. 14) den Grundsatz des Religionsunterrichtes in der Muttersprache durch Geistliche der betreffenden Gemeinschaft und, in Ermangelung solcher, durch weltliche Lehrer aus derselben aufgestellt. Schon das Dezemberedikt von 1904 hatte eine Durchsicht der Sprachengesetzgebung in Aussicht gestellt. Dieser Beginn einer generellen Revision der Sprachengesetzgebung hat von allen Versprechungen die weitestgehenden Schritte nach sich gezogen. Am 1. Mai 1905 wurde das Ministerialgutachten, betreffend den Gebrauch der litauischen und polnischen Sprache für den »West-Rayon« (die neun Gouvernements West- und Kleinrufslands und der polnisch-russischen Grenzgebiete) im inneren Verkehr privater Gesellschaften, ausgenommen in den der behördlichen Kontrolle unterliegenden Buchungen und Protokollen genehmigt, und ihre Freigabe als Unterrichtsobjekt (nicht: Unterrichtssprache) in den zweiklassigen und höheren Schulen verfügt. Im Laufe der ersten Monate des Jahres 1906 ist generell die Einführung des Polnischen als Unterrichtssprache im »Zartum Polen«, des Deutschen und der übrigen örtlichen Sprachen (aufser für russische Geographie, Geschichte und Literatur) für die lediglich aus Privatmitteln[69]) unterhaltenen Schulen der baltischen Provinzen und ebenso des Litauischen erfolgt.

---

[69]) Anfänglich war die Fassung eine weitere, die Gewährung von Gemeindezuschüssen an derartige Schulen nicht ausschliefsende. Die deutschfeindliche Polemik (namentlich des »Now. Wr.«) hat offenbar auf den Reichsrat eingewirkt. S. Protokoll »Now. Wr.« 10787, 2.

(37)
Da von den nationalen Problemen bei früherer Gelegenheit eingehender die Rede war, mag auf diese Sprachenprobleme, die ja zurzeit noch im Flufs sind, nicht weiter eingegangen werden; es sei hier nur kurz auf die faktische Gestaltung der nationalen Beziehungen, soweit die russische hauptstädtische Presse davon etwas erkennen läfst, hingewiesen. Nach Wiederbeginn des geordneten Eisenbahnverkehrs klagten die russischen Blätter — und wahrscheinlich nicht ohne Grund[70]) — alsbald darüber, dafs die Polen im Westrayon die russischen Arbeiter und Stationsbeamten entweder durchprügelten oder durch unauffälligen, aber unzweifelhaften Boykott verdrängten. Nicht nur die polnischen Gutsbesitzer wurden systematischer Konversationsversuche an rechtgläubigen Bauern unter nationalen Gesichtspunkten geziehen, sondern es wurde auch behauptet, dafs die Eisenbahnarbeiter in den Grenzgebieten nach Polen hin Bekenntnis zum Katholizismus, eventuell also Austritt aus der orthodoxen Kirche, als Bedingung der Zulassung zu ihren Organisationen forderten (»Now. Wr.« 29/1 S. 6), und in den mittelparteilichen Blättern (»Nowoje Wremja« u. dergl.) erhob sich ein ununterbrochenes Gezeter über die Art, wie von der Regierung aus, infolgedessen auch von der örtlichen »fremdvölkischen« Gesellschaft über die russische Bauernschaft des West-»Krajs« zur Tagesordnung übergegangen werde[71]). Von dem Verhalten der Altgläubigen ist schon die Rede gewesen. Anderseits ist bekannt geworden, dafs der Minister des Innern nicht nur auf die Entfernung der jüdischen, sondern auch, in etwas weniger bestimmter Form, der katholischen Arbeiter aus dem Eisenbahndienst gedrängt hat. Der latente ökonomische Kampf der Nationalitäten nahm also an Kraft nicht ab, sondern zu.

Es sei auch vorgreifend bei dieser Gelegenheit die nationalpolitische Seite der Wahlen gleich mit erledigt. Die Wahlpolitik der Regierung in nationaler Hinsicht war keine einheitliche und sich gleichbleibende. Das Wahlgesetz kennt — aufser in Mittelasien und in den südöstlichen Gebieten des »Zartum Polen«, wo man den Russen nationale Sondervertretung durch je einen eigenen Abgeordneten gegeben hat — prinzipiell nationale Unterschiede nicht, aber die später zu besprechende Verteilung der Wahlmänner auf einzelne Klassen und Stände hat selbstverständlich nationale Konsequenzen. Verhältnismäfsig einfach lagen in dieser Hinsicht die Verhältnisse in Polen und den Ostseeprovinzen. In Polen hatte man nur zwischen mehreren spezifisch polnischen Parteien, den Juden, den Sozialdemokraten und den (stark jüdisch durchsetzten) Sozialrevolutionären die Wahl. Die Begünstigung des grofsen Grundbesitzes und der Boykott der Wahl durch die äufserste Linke hatte hier das Ergebnis, dafs von 33 Abgeordneten Polens 30 strikte Nationalisten (»nationale Demokraten«, d. h. bedingungslose Anhänger der alsbaldigen Autonomie mit eignem Landtag) gewählt wurden, — ein Ergebnis, welches von der Petersburger Bourgeoisepresse (»Nowoje Wremja«) in ihrem Hafs gegen die dezentralistische Demokratie als ein Bekenntnis gegen den Kosmopolitismus mit Jubel begrüfst wurde. In den Ostseeprovinzen war klar, dafs die Bauern national-lettisch bezw. esthnisch wählen würden, die Grundbesitzerkurie aber deutsch. Nach dem Bulyginschen Zensus-Wahlgesetz hätten die Städte sicher zugunsten der Deutschen gestimmt, das Wahlgesetz vom 11. Dezember war ihnen viel ungünstiger. Vergebens suchte die baltisch-konstitutionelle (deutsche) Partei

---

[70]) Vgl. z. B. »Now. Wr.« 10 711 S. 3.
[71]) Es bildete sich ein besonderer »Verein gegen die Verdrängung der Russen aus den Grenzländern«. »Now. Wr.«, 2. Febr., S. 1.

das lettische Bürgertum auf ihre Seite zu ziehen. Nur eine verschwindend kleine Gruppe spezifischer Bourgeoisie stimmte mit dieser, dem russischen »Bunde des 17. Oktober« entsprechenden Partei. Nachdem ein Kartell der lettischen und esthnischen Parteien (Bürgerlichen und Radikalen) mit den Juden und Russen zustande gekommen war, wählten die Städte ohne Ausnahme, auch Riga infolge des numerischen Übergewichts der Vorstädte, antideutsch, und das Resultat war mithin, dafs kein einziger Deutscher aus den baltischen Provinzen in die Duma kam. Von den gewählten Esten und Letten gehört ein Teil (darunter die Vertreter von Riga) der »bürgerlichen« Richtung, die Mehrzahl aber der Demokratie an. Komplizierter war die Lage in dem »West-Kraj« (den neun Gouvernements: Kowno, Grodno, Minsk, Witebsk, Wilna, Podolien, Wolhynien, Kijew, Poltawa), in dem die Mischung von Litauern, Polen, Weifsrussen, altgläubigen und rechtgläubigen Grofsrussen, endlich Kleinrussen, die kompliziertesten Russifikationskünste und die erbarmungsloseste Unterdrückung, namentlich der literarisch hochentwickelten kleinrussischen, aber auch der literarisch noch ganz unentwickelten weifsrussischen Sprache, gezeitigt hatte, die Semstwo-Institution fehlt, das Analphabetentum infolgedessen, im Verhältnis zu Grofsrufsland, geradezu erschreckend ist und die »herrschende« Klasse auf dem Lande von den — durch das Verbot alles neuen polnischen Grunderwerbs allmählich zu gunsten der Russen zurückgedrängten — polnischen Grundbesitzern gestellt wird, in den Städten aber die Juden vielfach die absolute Mehrheit, überall, auch in Kijew, ein sehr einflufsreiches Element bilden. Der russischen Politik galt[72]) seit Anfang 1905 die Grundbesitzerklasse, einschliefslich der Polen, als das zuverlässigste Element[73]). Mithin wurde sie bei der Verteilung der Wahlmänner unter die Klassen überall begünstigt. Zugleich gestattete das Fehlen der Selbstverwaltungskörper hier die rücksichtsloseste Wahlkorruption. Das Resultat war ein im Verhältnis zu ihrer Zahl ganz unverhältnismäfsiger Erfolg der Polen und der »konstitutionell-katholischen Partei« des Wilnaer Bischofs von Ropp, ein leidlicher Erfolg der Litauer, ein fast gänzliches Ausfallen der Vertretung der Weifsrussen, Altgläubigen und Orthodoxen in der nördlichen Hälfte des »Kraj«, Sieg des Zionismus in der Stadt Minsk, der Demokratie und der mit ihr verbundenen jüdischen Intelligenz (Dr. Jollos von den »Russk. Wjed.«) in Poltowa, anderseits Sieg der extremsten, analphabetischen Bauern-Reaktionäre unter Führung der Popen in Wolhynien, — also ein buntes, durch die tollsten Wahlkabalen hergestelltes Zufallsergebnis —, im Süden (Kleinrufsland) dagegen zwar eine relativ etwas schwächere Vertretung des — im Gegensatz zu den Tendenzen der ruthenischen Separatisten, aber in Übereinstimmung mit den Ansichten der Anhänger Dragomanows — fast ganz in der russischen Demokratie aufgegangenen ukrainischen Nationalismus[78a], aber dafür, trotz allem, der fast völlige Triumph der Demokratie in Kijew und Poltawa, wie später zu erwähnen sein wird. In Südrufsland haben die Deutschen (Kolonisten) immerhin 4 Kandidaten in die Duma gebracht, dank ihrer vorzüglichen Wahldisziplin und der Indifferenz der russischen privaten kleinen Grund-

---

[72]) Vgl. die in diesem Archiv Bd. XII S. 259 Anm. 22a im Auszug wiederwiedergegebene Ministerialdenkschrift.

[73]) Auch in den Städten (Schitomir, Mohilew) wurden Polen als Bürgermeister bestätigt.

[73a]) Immerhin sitzen über 60 Kleinrussen in der Duma. Ihr »Klub« zerfiel jedoch bald, indem ein Teil sich der radikalen »trudowaja Gruppe« anschlofs.

besitzer dort. Die nationalen Verhältnisse des Kaukasusgebietes, in welchem die Regierung den wilden Kämpfen der Tataren und Armenier, unter Begünstigung der ersteren, als tertius gaudens zusah, — ebenso wie die Türkei — und Zentralasiens interessieren uns hier nicht, da ihre Entwirrung weit eingehendere Auseinandersetzungen erforderte, als hier gegeben werden können. Die »muselmännische Partei«, die sich auf einem Kongreſs in Petersburg im Januar nach endlosen Schikanen der Regierung konstituiert hatte und wesentlich religiöse Autonomie fordert, dürfte (einschlieſslich der zurzeit noch schwebenden Wahlen) etwa 10 Abgeordnete in der Duma haben, sie hat sich (»Russk. Wjed.« 28/1) der konstitutionell-demokratischen Partei assoziiert [74]), ebenso wie die Kirgisen, denen, wie den Kalmücken, je 1 Abgeordneter gesetzlich zugebilligt ist.

In schreiendem Widerspruch zu ihrer Gleichstellung im Wahlrecht steht und ist bisher geblieben die rechtliche Lage der Juden. Sie brachten in die Duma, und zwar infolge des Wahlboykotts der jüdischen Sozialrevolutionäre 11 (oder 12) jüdische nationalistische Abgeordnete und eine Anzahl von Mitgliedern (darunter Führer wie Winawer, Jollos usw.) der Demokratie, mit der sie gemeinsam, z. B. auch in der Stadt Kischinew (Bessarabien) siegten, wie sie denn überhaupt überall in den Städten, oft ausschlaggebend, in die Wagschale der Opposition fielen, da sich ihre breiten kleinbürgerlichen Schichten an die Boykottparole der äuſsersten Linken nicht banden und sie durchweg von alters her brillant organisiert waren. Es wird sich hoffentlich Gelegenheit bieten, auf das Stück entlegensten Mittelalters, welches die russische Ghetto Gesetzgebung noch jetzt bildet, demnächst in dieser Zeitschrift speziell zurückzukommen. Hier sei nur konstatiert, daſs, aller jener Versprechungen, die zur Beruhigung des Auslands, namentlich der Amerikaner, von Witte gemacht wurden, ungeachtet, bisher lediglich gewisse Erleichterungen der Zulassung zu den Universitäten konzediert worden sind, solche zwar, die, nach der eigenen Ansicht des Reichsrats, deshalb ganz »unschädlich« waren, weil ja die Kontingentierung des Maximums der Zulassung zu den Unterrichtsanstalten, die für die Universität vorbereiten, auch weiterhin in Kraft geblieben ist. Das Problem des Schicksals dieser zwischen 5 und 6 Millionen Menschen könnte im übrigen im Rahmen dieser Skizze durch keine Worte hinlänglich in seinem fürchterlichen Ernst geschildert werden.

IV. Die akademische Freiheit in dem vierfachen Sinn: Universitätsautonomie, Lehrfreiheit, Lernfreiheit, Freiheit der studentischen Lebensformen, spielt zwar in der Bewegung der letzten 20 Jahre eine gewaltige Rolle. Aber es ist deutlich zu erkennen, daſs das eigentlich »Akademische« daran jedenfalls vor dem groſsen Studentenstreik vom Jahre 1899, der gegen das, in diesem Falle ohne jeden Grund, erfolgte polizeiliche Prügeln friedlicher Studenten (denen die Polizei Demonstrationsabsichten zutraute) protestierte [75]), eine bedeutendere Rolle spielte als nachher. Denn mit Fragen der »akademischen Freiheit« im deutschen Sinne des Wortes standen seitdem diese nunmehr jahraus jahrein auftretenden Unruhen nur

---

[74]) Obwohl übrigens auch die Konservativen sich an sie herangemacht hatten (»Now. Wr.«, 2. Februar, S. 2). — In Kasanj erschien, wohl zuerst, eine tatarische liberale Zeitung (Anfang Februar), seitdem auch anderwärts.

[75]) Der Streik von 1901, der ebenfalls alle russischen Universitäten ergriff, war die Folge davon, daſs 150 Studenten wegen Teilnahme an verbotenen Vereinen in die Disziplinarbataillone gesteckt wurden.

noch in indirekter loser Beziehung. — Den russischen Universitäten war durch Alexander III. 1884 die bis dahin unbestritten ihnen — vorbehaltlich, wie bei uns, der regelmäfsig rein formalen Bestätigung durch das Ministerium — zustehende Wahl des Rektors durch die Gesamtheit der Professoren, der Dekane durch die Fakultäten genommen worden: die akademischen Funktionäre wurden ernannt, das bis dahin bestehende akademische, aus gewählten Professoren bestehende Gericht wurde beseitigt zugunsten einer aus den ernannten Würdenträgern (Rektor, Dekan) mit Zuziehung des ebenfalls ernannten und nicht mehr wie bisher dem Rektor, sondern dem staatlichen Kurator unterstellten »Inspektor«, bestehenden Behörde. De facto als wurde auch das bis dahin obligatorische förmliche gerichtliche Verfahren beseitigt zugunsten rein admistrativer Verfügungen, nach Analogie der »Verschickungen auf administrativem Wege«. Der »Inspektor der Studenten« wurde zugleich Richter, Staatsanwalt und Chef der Detektivabteilung der Universität, ihm standen die Pedelle zur Verfügung und mit Hilfe von deren Angaben fertigte er die dem Kurator einzureichenden Listen von unzuverlässigen Studenten an, die alsdann vom Kurator in administrativem Wege weiter »behandelt« wurden. Die Lehrstuhlbesetzung wurde bis gegen Ende des Jahrhunderts — im Gegensatz zu dem 1884 ausnahmslos geltenden Vorschlagsrecht — durch einseitige Ernennung vollzogen, der Studienplan von der Regierung reglementiert, auch ganz formelle Eingriffe in die Lehrfreiheit durch Vorschrift eines bestimmten »russischen Geistes« der Vorlesungen immer wieder versucht. Diese Vorgänge diskreditierten das Professorenkollegium auf das schwerste bei der Studentenschaft, — aber weit weniger dies, als die Unterbindung jedes korporativen Lebens der Studenten bildete den Ausgangspunkt der unerhört mächtigen und erfolgreichen Revolutionierung der Universitäten. Studentenvereine und überhaupt jede Handlung korporativen Charakters galten nach dem Ministerialreglement von 1885 als schlechthin verboten. Selbstverständlich entstanden sie trotzdem, da bei den ungeheuren Dimensionen des Reichs und der Armut der meisten Studenten, schon rein materielle Notwendigkeiten neben Hilfskassen, Krankenkassen, Auskunftsstellen aller Art vor allem den persönlichen Anschlufs und Zusammenschlufs der in eine ihnen wildfremde Welt versetzten Einzelnen hier wie überall unumgänglich machte und selbstredend das an sich unzuverlässige und überdies mit der Rolle der politischen Polizei betraute offizielle Unterstützungswesen von Studenten, die ihre Selbstachtung bewahrten, so viel wie möglich gemieden wurde[76]). Die so entstandenen »Landsmannschaften« gerieten schon in den achtziger Jahren ganz unvermeidlich in die Bahn der geheimen Verbindung, da die offene verboten oder an ganz unwürdige Bedingungen geknüpft war. Ende 1896 umfafste der »Bundesrat« der Moskauer Universität nach offiziellen Angaben[77]) fast die Hälfte der dortigen Studentenschaft. Nachdem alsdann eine Technik des geheimen Verkehrs zwischen den einzelnen Universitäten, geheime Verbandsorgane usw. geschaffen waren, war — allen Einzeleingriffen, Verhaftungen usw. der Behörden zum Trotz — die Unterdrückung dieser illegalen Studenten-Autonomie zu einer physischen Unmöglichkeit geworden, wie die Erfahrung zeigte. Die Verbände terrorisierten vielmehr ihrerseits die Universitäten,

---

[76]) Vgl. für das Folgende Fürst E. Trubezkojs Artikel »die Universitätsfrage« in dem Sammelwerk: »Russen über Rufsland«, — wohl der zur sachlichen Orientierung wertvollste Bestandteil dieses Buches.

[77]) Zitiert a. a. O.

Rufslands Übergang zum Scheinkonstitutionalismus.

bewachten jeden ihnen mifsliebigen Schritt der Professoren, erteilten ihnen — oft in optima forma im Auditorium — Rügen, sistierten den Unterricht, ohne dafs irgendein Mittel, ihre Macht zu brechen, zu finden gewesen wäre. Die Regierung begann nun etwas nachzulassen, stellte das Professorengericht wieder her[78]), besetzte die Stellen wieder auf Grund von Vorschlägen, — allein es war zu spät. Die Professoren lehnten die Funktion als politischer Gerichtshof ab, die ihnen denn auch bald, unter Beschränkung auf die disziplinäre Seite der Sache, wieder abgenommen wurde. Und was die Studenten anlangt, so hatte nunmehr bereits die Neuorganisation der radikalen russischen Parteien begonnen und zog die geheimen Studentenverbände mit in sich hinein. Sie lösten sich seitdem vom Boden der speziell akademischen Interessen zunehmend ab, Konzessionen auf dem Gebiet der »akademischen Freiheit« allein waren es nicht mehr, die sie befriedigen konnten, jede solche galt eher als Zeichen der »Schwäche« der Regierung und als Etappe im politischen Kampf. Vergebens suchte Wannowski während seines kurzen Regimes durch die Erlaubnis, Versammlungen der einzelnen Jahreskurse unter Assistenz von Professoren abzuhalten, entgegenzukommen. Auch die von ihm verweigerte Befriedigung der Forderung, »Generalversammlungen« aller Studenten abzuhalten, hätte den Frieden nicht hergestellt, denn die Studenten beanspruchten in den letzten Jahren das »Versammlungsrecht« in der Universität nur noch, um hier ein Asyl polizeilich unangreifbarer politischer Versammlungen unter Beteiligung auch von Nicht-Studenten im Dienst der universellen Befreiungsbewegung veranstalten zu können. Alle denkbaren Mittel wurden dagegen in Bewegung gesetzt, aber vergebens: das akademische Leben konnte überhaupt nicht mehr seinen Gang gehen, ohne dafs die Auditorien Stätten politischer Demonstrationen wurden. Von einer Autorität des Professorenkollegiums gegenüber den Studenten war, sobald es hier Schranken zu schaffen suchte, keine Rede mehr. Seit dem Herbst 1904 und endgültig seit dem 9. Januar 1905 war der Streik 1½ Jahre in Permanenz. Die Universitäten blieben seitdem geschlossen. Die liberale Professorenschaft schlofs sich zu dem »Akademitscheskij Ssojus« zusammen, der seinerseits dem radikalen »Verband der Verbände« (Ssojus Ssojusow) beitrat. Die Regierung verfiel nun auf das Äufserste: nachdem zahlreiche Entlassungen von Professoren, darunter ein Teil der hervorragendsten Vertreter der russischen Wissenschaft erfolgt, einige verhaftet waren, drohte sie offiziell für den Fall, dafs im Herbst 1905 die geordnete Tätigkeit nicht wieder beginne, mit der Entlassung sämtlicher Studenten und sämtlicher Professoren der betreffenden Universitäten und oktroyierte zugleich den Fakultäten detaillierte Lehrpläne und Vorschriften über den Lehrgang und die Vorlesungsfolge von Kurs zu Kurs.

Also: eine Aussperrung grofsen Stils und der Versuch, die Universitätsstudien der Behandlung des Unterrichts an den Mittelschulen gleichzustellen. Dafs das Herbstsemester (offiziell 20. August bis 10. Dezember) unter diesen Verhältnissen nicht wieder beginnen werde, stand völlig fest. Da plötzlich sank der Regierung das Herz und fast unmittelbar nach dem offiziellen Termin des Semesterbeginns erschien der Ukas vom 27. August 1905, welcher das Reglement Alexanders III. aufhob und verfügte: der Rektor und sein »Gehilfe« sowie die Dekane werden durch den Rat (d. h. die Versammlung der Ordinarien) bezw. die Fakultäten gewählt (Nr. 1) und von der Regierung bestätigt. Der Rat (der «Grofse Senat«,

---

[78]) Reglement vom 27. August 1902.

würden wir sagen) hat Recht und Pflicht, für »den geregelten Gang des Universitätslebens« zu sorgen, im Fall von Unordnungen soll er um Sistierung der Studien einkommen (2 b), ihm ist der »Inspektor« unterstellt (2 w), das Professorengericht als einzige Disziplinarinstanz für die Studenten bleibt wiederhergestellt (2 g).
— Der Schritt war halb und unklar: z. B. war das Disziplinargericht zwar 1902, wie erwähnt, hergestellt, ein »konfidentielles Zirkular« aber hatte die Behandlung von »Massenunordnungen« dem (ernannten) Rektor allein übertragen, die Rechte, welche dem »Rat« gewährt waren, waren nicht aufgezählt, sondern (2 a) nur generell von »Maſsregeln« gesprochen, die er selbst oder durch gewählte Kommissionen ergreifen solle, um den geordneten Gang des akademischen Lebens zu sichern usw. Natürlich war von Erneuerung des akademischen Lebens keine Rede. Die Oktobervorgänge warfen dann alles über den Haufen, die Universitäten öffneten sich, aber nur um als Freistätten radikaler Versammlungen zu dienen. Die Regierung tat nun nichts mehr. Sie hoffte, daſs das Brotinteresse die Studenten schlieſslich mürbe machen werde. Erst nach Vollzug der Dumawahlen aber unternahm es die Moskauer Universität, im April ihre Hörsäle zu öffnen, und wendete sich eine Studentenbewegung in Aufrufen an die Kommilitonen, nunmehr die Politik der Duma zu überlassen und in den akademischen Betrieb wieder einzutreten. Aus dem »Verband der Verbände« war der »Akademische Bund« der Professoren inzwischen, nach den Vorgängen im Dezember, ausgetreten. In der Tat gelang es, eine gröſsere Anzahl Vorlesungen, bei zunächst freilich schwachem Besuch, zustande zu bringen, trotz starker Proteste und heftiger Debatten in den Studentenversammlungen[79]). Es war damit zugleich zum erstenmal ein »Sommersemester« in das russische akademische Leben eingeführt, an Stelle der bisherigen beiden, vom 20. August bis 20. Dezember und vom 15. Januar bis 31. Mai dauern sollenden Studienhalbjahre, die aber de facto kaum ein halbes Jahr effektiver Arbeitszeit umfaſsten. Aber anderwärts, in Kasanj z. B., dauerte der Boykott der Universität fort.

Die Frage der Neuordnung des Universitätslebens hatte inzwischen den im Januar 1906 auf Anregung des Unterrichtsministers Grafen Tolstoi zusammengetretenen Akademischen Kongreſs[80]) beschäftigt. Der Kongreſs beschloſs, »ganze Arbeit« durch eigne Aufstellung eines Statutenentwurfs zu machen: ein von dem Unterrichtsminister schon einige Zeit vor dem Zusammentritt des Kongresses verschicktes Reform-Projekt wurde vor Eintritt in die eigentlichen Verhandlungen ohne Debatte en bloc abgelehnt und mag daher auch hier auf sich beruhen Die Beratungen des Kongresses betrafen die Fragen 1. der »Autonomie«, — 2. der Art der Besetzung der Professorenstellen, — 3. der Lage der Privatdozenten und übrigen nicht etatsmäſsigen Lehrer, — 4. der akademischen Grade — endlich, 5. der studentischen »akademischen Freiheit«. In der Autonomiefrage legte der Kongreſs die heute durchgehends in Ruſsland akzeptierte Formel für die Beziehungen von »Selbstverwaltung« und Staatsaufsicht zugrunde: Aufsicht nur über die Gesetzmäſsigkeit, nicht über die Zweckmäſsigkeit der Amtshandlungen der autonomen

---

[79]) Die demokratische Presse (»Russk. Wj.«) Nr. 119 mahnte sehr entschieden zur Aufnahme der Studien. Inzwischen (Juni) ist der Zudrang stärker geworden. Am 15. Juni (a. St.) schloſs das Semester.

[80]) Der Rektor und gewählte Vertreter jeder Universität.

Korporation[81]). Also: Entscheidung aller die Lehrtätigkeit und die Wirtschaftsverwaltung der Universität betreffenden Gegenstände endgültig durch den aus allen Professoren bestehenden »Rat«, Wegfall des staatlichen Kurators (popjetschitjel), Beschränkung des Rektors auf die Stellung eines ausführenden Organs des Rates. Der Bestätigung des Ministers sollte nur die Wahl des Rektors und der ordentlichen Professoren — letzteres gegen eine bedeutende Minderheit — bedürfen und überdies auf die rein formale Prüfung der Ordnungsmäfsigkeit des Hergangs der Wahl, innerhalb zwei Monaten nach deren Vollzug, beschränkt sein, die Habilitation und Anstellung aller übrigen Dozenten und Assistenten sowie des ganzen Beamtenpersonals der Universität sollte die Universität bezw. die Fakultäten ganz allein in der Hand haben. Bei dieser Stellung zu der Frage des formalen Rechts der Stellenbesetzungen war das Problem um so dringlicher, durch welche Mittel die sachgemäfse Besetzung, angesichts der Gefahr des Nepotismus, gesichert werden sollte. Die Ansichten über die Regelung des Hergangs einer Berufung waren geteilt: »Konkurs-« oder »Vorschlags«-Verfahren? Schwerpunkt der Entscheidung in der Fakultät oder im »Rat«? Die verschiedensten Ansichten traten sich gegenüber: Ballotierung aller Kandidaten, die in der Fakultät genannt sind, im Rat oder aber gleichzeitige Ballotierung aller derjenigen, die in der Fakultät mehr als die Hälfte der Stimmen für sich hatten, Verfügung des »Rats« darüber, ob die Fakultät Konkurs ausschreiben müsse oder nicht, — durch solche Mittel hoffte man der Gefahr des Eindringens »persönlicher« Gründe vorzubeugen, jedenfalls aber den Schwerpunkt der Entscheidung in den »Rat« zu schieben. Dem schlofs sich der Kongrefs an: Die Fakultät beschliefst zwar endgültig, ob sie einen Konkurs ausschreibt oder ohne solchen über Vorschläge ihrer Mitglieder Beschlufs fafst, aber sie ist im übrigen nur die Instanz, welche über die Nominierung von Kandidaten beschliefst, der »Rat« (grofse Senat) ballotiert alsdann zwar an erster Stelle den mit der höchsten Stimmenzahl von der Fakultät Präsentierten (bei Stimmengleichheit gleichzeitig die mehreren so Präsentierten), eventuell aber, wenn dieser (resp. einer der mehreren) die absolute Mehrheit im »Rat« nicht erlangt, alle übrigen, welche die Mehrheit der Stimmen in der Fakultät hatten, nacheinander, — hat aber niemand diese Mehrheit in der Fakultät oder fallen alle mit Fakultätsmehrheit Präsentierten im Senat nacheinander durch, dann ballotiert er gleichzeitig alle nicht mit Fakultätsmehrheit präsentierten Kandidaten.

Diese Einzelheiten wurden hier nur angeführt, um den die russischen Herren Kollegen beseelenden Glauben an die Leistungsfähigkeit einer guten Abstimmungstechnik, auch da, wo es sich um persönliche Qualitäten handelt, zu charakterisieren, — wünschen mufs man ihnen nur, dafs sie sich dabei ihrer besonderen Schätzung der Leistungsfähigkeit des »Rats« (»grofsen Senats«, wie wir sagen würden) entschlagen. Er ist — soweit ich Hergänge von Berufungen unter Beteiligung einer solchen vielköpfigen Versammlung kenne — für sachliche Entscheidungen solcher Fragen des wissenschaftlichen Wertes eines Gelehrten eines konkreten Faches äufserst unbrauchbar und sollte nur allenfalls auf direkten Antrag einer bestimmten Mindestzahl von Fakultätsmitgliedern in Bewegung gesetzt

---

[81]) Man mufs sich des »historischen Rechts«, welches gerade diese Formel in Rufsland besitzt, erinnern. Das Verhältnis zu den internen Beschlüssen des Mir z. B. für die Angelegenheiten der Dorfgemeinschaft war bis zur den Eingriffen der Reaktion auf dieser Basis geordnet.

werden dürfen. Gegen das Votum der Fakultäten — so wenig »unfehlbar« sie nach allen Erfahrungen sind — sollte es verständigerweise überhaupt nur ein Veto, niemals aber ein Recht zur Oktroyierung geben, und dies sollte man in die Hand eines möglichst nicht zu grofsen [81a]) Gremiums (etwa das, nach den Vorschlägen, aus Rektor, Prorektor, Dekanen und je zwei von den Fakultäten zu wählenden Mitgliedern bestehenden Verwaltungsausschusses: »kleiner Senat«, würden wir sagen) geben, wenn man, wie in Rufsland, seine Gründe dafür hat, es der Regierung nicht anzuvertrauen. Wirkliche »Lehrfreiheit« im Sinne — soweit menschliche Schwäche dies erlaubt — der Berücksichtigung und der wissenschaftlichen (und pädagogischen) Qualitäten des Kandidaten ist gerade durch Ballotage in einer grofsen Versammlung von zum überwiegenden Teil sachlich Nichtinformierten ebensowenig zu erreichen wie etwa durch oktroyierende Einmischung politischer Partei-Patronage oder »staatserhaltender« bureaukratischer Instanzen [82]). Für die »Dozenten« (Extraordinarien, nach unserem Sprachgebrauch) [83]) ist dagegen die Wahl durch die Fakultät (nach Gutbefinden mit oder ohne Konkurs) und Bestätigung durch den »Rat«, also das allein Sachgemäfse, akzeptiert worden, mit der Motivierung, dafs — nach der Mehrheitsansicht — diese »jüngeren Lehrkräfte« dem »Rat« der Universität nicht angehören sollen. — Eben mit dieser Frage aber hatten sich die lebhaftesten Debatten, Zeitungspolemiken, Eingaben und Protestversammlungen der Extraordinarien und Privatdozenten beschäftigt. Was zunächst die Extra-

---

[81a]) Mir bekannte Fälle, in denen der »grofse Senat« (da wo dies zulässig ist) seinerseits in Deutschland eine Vorschlagsliste gegen die Fakultät aufstellte, sprachen sehr zuungunsten dieses Verfahrens.

[82]) In den amerikanischen Universitäten ist die »Kaltstellung« z. B. eines wirtschaftspolitisch »freihändlerischen« Nationalökonomen durch eine protektionistisch gesonnene Professorenschaft sehr wohl praktikabel und praktiziert worden (durch die Art der Feststellung des Lehrplans seitens der darin »souveränen« Universitätsinstanzen). Die Einmischung der ökonomischen, agrarischen oder industriellen Interessenten (direkt oder indirekt, z. B. neustens in Zürich in einem durch die widerliche Unbildung des »Erziehungsdirektors« auffälligen Fall) oder der politischen Parteien (der Sozialdemokratie z. B. früher in Basel mehrfach, freilich »hinter den Kulissen«, wie bei uns reaktionärer Parteien) ist bekanntermafsen das für die »Unbefangenheit« der Erledigung Gefährlichste. In dynastischen Staaten aber ist der politische Polizeigesichtspunkt natürlich überall der entscheidende Punkt. Die preufsische skandalöse »lex Arons« gilt stillschweigend in Deutschland wohl überall, auch z. B. für solche Universitäten, welche — nach unwidersprochenen Zeitungsnachrichten — grofsartige, an die Bedingung der »Lehrfreiheit« geknüpfte Stiftungen annahmen (für Jena mufste in einem mir bekannten Fall der Fachvertreter es für »ausgeschlossen« erklären, dafs das Gesuch eines Gelehrten, der »organisierter« Sozialdemokrat ist, »den Instanzenzug passieren« würde).

[83]) Der heutige gesetzliche Sprachgebrauch kennt 1. »ordentliche« und »aufserordentliche« Professoren, d. h. etatsmäfsige Lehrer, sodann 2. Privatdozenten, die zwar aus einem dazu bestimmten Fonds Entschädigung erhalten können, aber im übrigen, wie bei uns, auf das Honorar der Studenten (soll laut Gesetz durchschnittlich 1 Rubel per Wochenstunde betragen) angewiesen sind, 3. Lektoren (für Sprachen usw.), wie bei uns, 4. Personen in wissenschaftlichen Instituten (Prosektoren, Assistenten usw.). Vgl. Unterrichtsstatut, »Sswod Sakonow«, Bd. XI, Teil 1 Art. 491 f.

Rufslands Übergang zum Scheinkonstitutionalismus.

(45)

ordinarien (»Dozenten«) anlangt, so wurde ihre Beteiligung an den Fakultäts-
beratungen mit beschliefsender Stimme ohne weiteres für alle Angelegenheiten, aufser den Vorschlägen zur Professorenwahl, nicht angefochten[84]).
Zweifel bestanden nur über ihre Beteiligung, eventuell durch von ihnen zu
wählende Deputierte, an den Beratungen des »Rats« (grofsen Senats) und eventuell
darüber, ob beratend oder auch beschliefsend. Die gleiche Frage bestand aber auch
für die übrigen Kategorien von Universitätslehrern, d. h. also die nicht etats-
mäfsig Angestellten: Privatdozenten, Assistenten, Prosektoren usw. Sie hing mit der
Frage der künftigen Stellung des Privatdozenten überhaupt zusammen. Während
bezüglich der Berufung in eine etatsmäfsige Stelle wenigstens über das zu fordernde
Bildungspatent (Doktorgrad einer russischen Universität) kein Zweifel existierte,
war eine der schwierigsten Fragen die nach der für die Privatdozentur und die
anderen nicht etatsmäfsigen Stellungen zu fordernden Qualifikation, zumal sie mit
der Frage der künftigen Umgestaltung des russischen Promotionswesens überhaupt
eng zusammenhing[85]). Der Kongrefs schlug für die akademischen Grade eine Umgestaltung dahin vor, dafs künftig im wesentlichen eine Annäherung an das als
allmählich zu erreichendes »Ideal« angesehene deutsche Muster stattfinden sollte:
der erste Grad, dem deutschen »Doktor«, wie er zurzeit (leider!) sich entwickelt
hat, entsprechend, sollte der des »Kandidaten« sein — der durch das Statut von
1884 abgeschafft worden war —; er sollte von den Fakultäten auf Grund einer
gedruckten »Dissertation« nach Absolvierung der Kurse erteilt werden. Der
Doktorgrad sollte erteilt werden auf Grund 1. einer Prüfung in einer Anzahl von
der Fakultät bestimmter Fächer und 2. eines selbständigen wissenschaftlichen
Werkes, welches jedoch auch durch eine Anzahl selbständiger wissenschaftlicher
Einzeluntersuchungen ersetzt werden kann[86]) und welches nach erfolgter Genehmigung in öffentlicher Sitzung der Fakultät gegen Opponenten zu verteidigen ist.

---

[84]) Dabei ist zu beachten, dafs die »Dozenten«, nach deutscher Terminologie,
nicht Titular-, sondern etatsmäfsige aufserordentliche Professoren sind.

[85]) Das geltende Recht kennt (Unterrichtsstatut, »Sswod Sakonow«, Bd XI,
Teil 1 Art. 482 f.) als Fakultätsexamina (im Gegensatz zu den aus dazu ernannten Professoren bestehenden Staatsprüfungskommissionen) für die Unterrichts-
befähigung: 1. den Magistergrad (aufser in der medizinischen Fakultät, wo statt
seiner der Doktortitel gegeben wird), dessen Erlangung den Besitz des Universitäts-
abschlufsdiploms (in besonderen Fällen genügt statt dessen ein fremdländisches
Doktordiplom), mündliche Fakultätsprüfung und eine (publice zu verteidigende)
von der Fakultät zugelassene Dissertation voraussetzt, 2. den Doktorgrad, der —
aufser, mit Konsens des Ministers, für Leute von wissenschaftlichem Ruf — den
Besitz des Magisterdiploms und die öffentliche Verteidigung einer von der Fakultät
zu genehmigenden wissenschaftlichen Arbeit voraussetzt: bei ganz besonders hervorragender Qualität der Magisterdissertation kann die Fakultät »beim Rat« (grofsen
Senat) die direkte Beförderung des Magisterkandidaten zum Doktor beantragen. Im
übrigen tritt die Erwerbung des Doktorgrades oft erst in höheren Lebensjahren,
nach längerer Lehrtätigkeit als Privatdozent, ein, und ist die öffentliche Disputation
bekannter Gelehrter ein Ereignis, über welches die Zeitungen häufiger berichten.

[86]) Dies schien deshalb wichtig, weil die bisherige Formulierung zur Publikation
dicker Bücher Anlafs gab, die leicht den Charakter überwiegend kompilatorischer
Arbeiten annahm.

Abgeschafft werden sollte also der bis jetzt für die Habilitation unentbehrliche »Magister«-Grad. Die Schäden des bisherigen Zustandes lagen nach Ansicht der Mehrheit darin, dafs die Erfüllung der vollen Anforderungen für die Qualifikation zur Professur 12—15 Jahre, von Absolvierung der Kurse ab gerechnet, in Anspruch nehme und infolgedessen — von der plutokratischen Wirkung dieser Karenzzeit abgesehen — von ihrer wirklichen Erfüllung wegen des Bedarfs an Lehrkräften in zahlreichen Fällen in Widerspruch mit dem geltenden Recht bei der Stellenbesetzung Abstand genommen werde, trotzdem aber — und gerade deshalb — der Nachwuchs geeigneter Kräfte für die Professuren ständig in Frage gestellt bleibe. Zu »Privatdozenten« werden aufser Doktoren und Magistern seit 1884 (Unterrichtsstatut § 509 Nr. 3) auch »Magistranten«, d. h. solche Personen zugelassen, welche seit Abschlufs der Studien drei Jahre hinter sich haben, ihre Magister-Dissertation noch nicht geliefert, aber das Magisterexamen bestanden und zwei Probevorlesungen an der Fakultät zu deren Zufriedenheit gehalten haben. Ein russischer »Privatdozent« hat also seine, für die formale Qualifikation zur Professur erforderlichen Leistungen nicht, wie in Deutschland, hinter sich, sondern zum wesentlichsten Teil: eine Magister-Dissertation und dann die Doktorarbeit, noch vor sich. Zahlreiche Lehrstühle sind heute — infolge der hohen Ansprüche an die Professorenqualifikation — von beauftragten Privatdozenten versehen, immer jedoch mit dem Vorbehalt, dafs innerhalb von elf Jahren der Lehrstuhl an einen Qualifizierten übertragen werde. — Die Subkommission des Kongresses wollte seltsamerweise diesen Zustand nicht nur fortsetzen: zur Habilitation als Privatdozent sollte die Kandidaten-Prüfung genügen, im übrigen aber jeder Universität die Stellung weiterer Anforderungen für die Habilitation überlassen bleiben[87], — sondern sie wollte auch die Privatdozenten, die sie als »Leute« definierte, »denen die Universitäten die Benutzung ihrer(!) Unterrichtsmittel und -räume gestatten«[88]), rechtlich völlig prekär stellen, indem die Fakultät sie jederzeit nach ihrem Ermessen sollte aus den

---

[87]) Der Grund dafür war offenbar, dafs man die Aufrechterhaltung eines einheitlich hohen Niveaus für die Privatdozentur an den russischen Universitäten nicht für möglich hielt und daher die provisorische Füllung der Lücken des Lehrkörpers mit »Kandidaten« den Universitäten, die in Notlage waren, zugestehen wollte.

[88]) Wie bekannt, ist dies in praxi durchaus der Standpunkt auch zahlreicher deutscher akademischer »Institutsdirektoren«, welche die Staatsinstitute höchst naiv und gemütlich als »ihre« Institute ansehen, aus denen sie andre Dozenten nach ihrem Belieben ausweisen An manchen Universitäten spaziert z. B. der physikalische oder mathematische Privatdozent, der den Anspruch nur auf die Belegung eines Hörsaals hat, bis zum Beginn seines Unterrichts auf der Strafse auf und ab, da er in die übrigen Institutsräume nur precario vom Ordinarius zugelassen würde. In all diesen auf Benutzung von Laboratorien oder Instituten beruhenden Disziplinen hat die »Lehrfreiheit« zurzeit auch bei uns nur einen sehr begrenzten Inhalt und ist mit der widerlichsten Paschawirtschaft der Ordinarien unvereinbar, und es mufs durchaus zugestanden werden, dafs — schon weil der Direktor z. B. eines chemischen Laboratoriums mit seinem Vermögen für das Staatsinstitut haftet — eine absolute Beseitigung der hiermit verknüpften Mifsstände nicht leicht technisch durchführbar ist. Die heutigen Zustände sind damit freilich noch lange nicht gerechtfertigt.

Listen der Universität streichen dürfe[89]). Das Plenum schlofs sich diesen Vorschlägen nicht an, sondern einigte sich dahin, dafs der Privatdozent den gleichen Bildungszensus wie der Professor haben müsse (also den — reformierten — russischen Doktorgrad), strich die Zulassung von besonderen Bedingungen seitens der einzelnen Fakultäten, ebenso die wunderliche Definition der Privatdozenten als aufserhalb des Lehrkörpers stehender Privatleute[90]), ebenso das arbiträre Recht der Streichung von Privatdozenten seitens der Fakultät[91]), und stellte für ihre Vorlesungen »Vergütung« nach Mafsgabe der von den Fakultäten aufzustellenden Normen in Aussicht[92]). Auf dem — bereits vom bisherigen Regime beschrittenen — Wege systematischer Erweiterung der sogenannten »anempfohlenen Vorlesungen« hoffte man so auch ohne Schaffung neuer Professuren den Lehrstoff erweitern zu können. Und — vor allem! — war das Institut der Privatdozenten nur so überhaupt noch haltbar, wenn, wie vorgeschlagen wurde, die gänzliche Abschaffung des Kollegienhonorars[93]) in Aussicht stand[94]). Die grofse Schwierigkeit genügender Auswahl unter dem akademischen Nachwuchs im Gegensatz zu Deutschland wurde ohnehin nachdrücklich betont.

Die Frage der Beteiligung der nicht etatsmäfsigen Universitätslehrer an der Verwaltung der Korporationen zeitigte die verschiedensten Vorschläge. Teilweise wurde persönliche Beteiligung der Privatdozenten, Prosektoren und Assistenten usw. an den Fakultätssitzungen mit beratender Stimme, teilweise Bildung einer Korporation der nicht etatsmäfsigen Lehrer mit dem Recht, über die neue Zulassung solcher

---

[89]) Heute haben die (bisher ernannten) Rektoren und Dekane sie zu beaufsichtigen und im Falle »schädlicher Richtung« behufs ihrer Verwarnung und eventuellen Streichung an den Minister zu berichten.

[90]) Dagegen wurde ausdrücklich gesagt, dafs die Benutzung der Universitätsinstitute die Einigung darüber mit dem Direktor voraussetze.

[91]) Auch die Lehrfreiheit der Privatdozenten soll voll hergestellt werden. Heute ist sie dadurch eingeschränkt, dafs der Kurator auf Antrag der Fakultät im Falle der »Konkurrenz«, wie der unschöne Terminus in Deutschland heifst, eine bestimmte Verteilung der Kollegien oktroyieren kann.

[92]) Als Gehaltsätze für die etatsmäfsigen Lehrer wurden vorgeschlagen: 6000 und 4000 Rubel für die Professoren, 2000 für die Dozenten (Extraordinarien).

[93]) Die Studenten sollen 40 Rubel pro Semester Pauschaule zahlen.

[94]) Es scheint recht fraglich, ob nicht der Weg des preufsischen Privatdozentenstipendiums, welches auf eine bestimmte Reihe von Jahren, innerhalb deren normalerweise die Berufung zum Professor im Falle wirklicher Qualifikation des Dozenten erwartet werden kann, und nicht länger, vergeben wird, der richtigere wäre. Die »Lehrfreiheit« der Privatdozenten wird bei dem in Rufsland jetzt vorgeschlagenen Mittel offenbar, soweit sie nicht reiche Leute sind, fast ebenso stark beschränkt, wie diejenige des amerikanischen teachers. Anderseits hat es gar keinen Sinn, eine Schar älterer Privatdozenten künstlich über Wasser zu halten, die jüngeren Kräften im Wege stehen. Rücksichtslose Auslese ist erste Voraussetzung der Leistungsfähigkeit der Hochschulen. (Das geltende russische Recht schreibt die Pensionierung jedes Professors nach 25 jähriger, in Ausnahmefällen nach 30 jähriger, Lehrtätigkeit vor. Er bleibt dabei zum Lehren berechtigt und Mitglied der akademischen Körperschaften.)

(also über Habilitationen) neben der Fakultät zu beschliefsen[95]) und aufserdem Deputierte mit beschliefsender Stimme in die Fakultät zu entsenden, oder Teilnahme der »ältesten« Prosektoren usw. — bis zu ¹/₅ der Fakultätsmitgliederzahl — mit beschliefsender Stimme gefordert. Das Plenum entschied sich schliefslich für Ablehnung aller dieser Vorschläge und Zulassung nur von Einzel- oder Kollektivpetitionen der »jüngeren Lehrer« an die Fakultät mit dem Zusatz, dafs sie zur Abgabe von Erläuterungen und zur beratenden Teilnahme[96]) an den Sitzungen im Einzelfall von der Fakultät zugelassen werden können[97]). Bei der

---

[95]) Eine offenbar zünftlerische und, vom wissenschaftlichen Interesse wie vom Lehrinteresse aus gesehen, gleich unmögliche Forderung. Es ist schon schlimm genug, dafs der »Zunft«-Charakter der Fakultäten unvermeidlich ist, — weil es nun einmal technisch kein anderes Mittel gibt, die Autonomie der Universitäten nach oben zu wahren.

[96]) Die Moskauer medizinische Fakultät — ich weifs nicht, ob auch noch andere — zog zu ihrer Sitzung am 24. Januar zum erstenmal (aus eigener Initiative) einige Prosektoren und Privatdozenten mit beratender Stimme heran. Die beiderseitigen Ansprachen s. in den »Russk. Wjed.«, 25. Januar, S. 3. Die Privatdozenten sprachen die Hoffnung aus, dafs bald aus diesem Provisorium wirklich »gerechte« Beziehungen zwischen den drei Trägern des Universitätslebens: Professoren, Privatdozenten und Studenten, erwachsen werden.

[97]) Dies erscheint durchaus sachgemäfs. Denn die Erspriefslichkeit genereller Regeln hierüber mufs entschieden bezweifelt werden. Ein Privatdozent, der nach längeren Jahren keine Professur erhält, will entweder keine solche haben, sondern freier Gelehrter und Lehrer bleiben, oder aber es liegen Gründe vor, welche ihn für eine solche nicht geeignet erscheinen lassen (denn von dem Fall, dafs für sein Spezialfach keine Professur existiert, mufs abgesehen werden: ihm ist durch Schaffung von etatsmäfsigen Stellen abzuhelfen). In keinem der beiden anderen Fälle aber liegt ein genereller Anlafs vor — soweit die Fakultät nicht im konkreten Fall dies für nützlich hält — ihn zu der Fakultätsberatung zuzuziehen, am wenigsten im zweiten. Fakultäten sind zweifellos fehlbar und irren — unbewufst oft, »bewufst« zuweilen: Jedermann kennt bei uns Beispiele davon —, aber es läfst sich nicht behaupten, dafs sie überwiegend irren oder befangen sind in der Beurteilung des wissenschaftlichen Nachwuchses. Die Beeinflussung der Fakultätsbeschlüsse durch sog. »gescheiterte Existenzen« wäre im Interesse eben jenes Nachwuchses sicherlich so ziemlich das Ungünstigste, was sich denken läfst. »Auslese« der Leistungsfähigsten ist das Prinzip, welches allein das Niveau der Leistung hochhält. Neben den »Zunft«-Charakter der Fakultäten organisatorisch noch Privilegien sog. »älterer und verdienter« Privatdozenten zu stellen und so die Verjüngung zu hemmen, wäre geradezu verderblich. Der Privatdozent aber, der sich als »freier Gelehrter« fühlt oder der von der »Zunft« oder der Regierung ungerecht mifshandelte bedeutende Gelehrte, würde auf jenes Privilegium im allgemeinen wenig Wert legen. Es könnte sich also nur um besonders liegende Ausnahmefälle handeln, und ob ein solcher vorliegt, kann letztlich nur der Fakultät im Einzelfall zur Entscheidung anheimgestellt werden. Jede generelle Regel aber, die eine Art »Anspruch« verleiht, ist vom Übel. Dafs die Frage für etatsmäfsige Lehrer durchaus anders liegt und in Rufsland sehr richtig entschieden worden ist, wurde schon gesagt.

geforderten absoluten Autonomie der Fakultäten wurden diese Vorschläge von den »jungen Lehrern« nicht für ausreichend angesehen, und es erfolgten lebhafte Proteste in den Zeitungen.

Die Art der Unterrichtseinteilung, den Lehrplan, die obligatorischen Kurse und Prüfungsfächer zu bestimmen — was bis jetzt dem Unterrichtsminister nach Anhörung der Fakultät oblag — soll der Fakultät unter Bestätigung durch den »Rat« überlassen werden. Die hier im Hintergrunde liegenden wichtigen Fragen der Lehrmethode können an dieser Stelle nicht erörtert werden [98]. Die Zulassung von Frauen zur Dozentur, Streichung der theologischen Professur und Ersatz derselben durch eine solche für Religionsgeschichte [99]) usw. verstand sich von selbst. — Die Bildung studentischer Verbindungen soll den allgemeinen Vereinsgesetzen unterliegen, in den Universitätsgebäuden sollten nur Versammlungen wissenschaftlicher Studentenvereine mit vom »Rat« genehmigten Statuten stattfinden. Der »Studenteninspektor« soll abgeschafft, das Disziplinargericht mit dem Recht der Relegation als höchster Strafe wiederhergestellt werden. —

Das Verhalten der Unterrichtsverwaltung gegenüber diesem Bukett von Vorschlägen bleibt abzuwarten [99a]). Warum Kenner der deutschen Universitätsverhältnisse einerseits, der amerikanischen anderseits sich bezüglich des Erfolges einiger dieser in der Theorie fast ausnahmslos vorzüglichen Vorschläge etwas skeptisch verhalten werden, will ich hier nicht weiter ausführen.

V. Die im Manifest versprochene Vereinsfreiheit[100]) hinkte den Tatsachen der Entwicklung des Jahres 1905 von Anfang an nach. Die Zahl der im Oktober faktisch bestehenden Vereine, namentlich der »professionellen« Verbände, war Legion, und sie vermehrten sich ständig. Aber ihre Rechtslage war und blieb, wie sie immer wieder erfahren mufsten, prekär. Das Reglement des Ministers des Innern vom 26. April 1905 hatte, »bis zur Abänderung« des Art. 441 des Gesetzes über die öffentliche Armenpflege (in diesem Gesetz waren bisher die Bestimmungen über die Gesellschaften zu gegenseitiger Hilfe oder zu andern wohltätigen oder gemeinnützigen Zwecken — die einzigen generell zugelassenen Vereine — untergebracht!), die Konzessionierung von Vereinen in einer Anzahl von Fällen dem Gouverneur (resp. gleichstehenden Beamten) übertragen und folgende allgemeine Regeln aufgestellt: Betroffen werden 1. Geselligkeitsvereine, 2. Künstlervereine,

---

[98]) Die Lernfreiheit der Studenten soll durch Übergang zum Fach-(predmjetnyj-) System an Stelle des reinen Kurssystems und entsprechende Umgestaltung der Examina (Kombination deutscher und amerikanischer Vorbilder) gewährleistet werden.

[99]) Der eine »Professor des Gotteswortes«, den jede Universität haben mufs und der aufserhalb der Fakultäten steht, ist wesentlich Dekoration, seine Streichung hat absolut nicht die »Bedeutung«, wie eine etwaige Streichung unserer theologischen Fakultät. Drei Stunden »Theologie« ist aber z. B. für Juristen des ersten Semesters obligatorisch.

[99a]) Die Zulassung des Vorschlags neben dem Konkursverfahren bei der Stellenbesetzung und die Erweiterung der Zulassung zur Immatrikulation (nach deutschem Muster) will das Ministerium, nach Zeitungsnachrichten, konzedieren. Im übrigen sollen die Reformfragen der Duma vorgelegt werden.

[100]) Bis zum Beginn der Umwälzungen galt als »Vereinsrecht" lediglich Art. 118 des Ust. o pred. i press. prest., welcher jeden Verein verbot, der nicht die Genehmigung der Regierung gesucht und erhalten hatte.

3. Mäfsigkeitsvereine, 4. Sportvereine, 5. Wohltätigkeits- und Kinderpflegevereine (unter Beschränkung auf physische Pflege der Kinder), 6. Tierschutz- und Veterinärvereine, 7. Bibliotheksgesellschaften, falls sie weder der Mehrzahl nach aus Juden bestehen, noch aufser ihrem statutenmäfsigen Zweck, auch Gewinn zu erzielen beabsichtigen; in diesen Fällen kann sie nur der Minister selbst genehmigen. Sie müssen ein Statut von gesetzlich bestimmtem Inhalt vorlegen, dürfen Militär, Frauen, unter 18 jährige Personen und Schüler nicht zulassen, billige Wohnungen, Freitische, Arbeiterheime und Volksbibliotheken nur nach Genehmigung und im Einklang mit den bestehenden Bestimmungen errichten, private (aber nicht öffentliche) Kollekten veranstalten und haben Rechtspersönlichkeit. Ort, Zeit und Zweck ihrer Versammlungen müssen in jedem Falle der Polizei mitgeteilt werden. Öffentlich sichtbare Abzeichen dürfen sie in keinem Falle tragen. Der Minister des Innern kann sie jederzeit schliefsen, in gewissen Fällen auch der Gouverneur. —

Inzwischen aber hatte die »Sozialpolitik« des ancien régime bereits begonnen, das geltende Vereinsrecht zu durchlöchern. Einerseits hatte die stets zunehmende Streikbewegung die Unmöglichkeit der Aufrechterhaltung der bestehenden Strafen für Kontraktsbruch (Art. 54^4 des Statuts für die friedensrichterliche Strafrechtspflege) und für nicht durch Gewalt oder Drohung qualifizierten Streik (Art. 1358 der Ulosh. o. Nakas.) erwiesen. Trotzdem behielt die neue (1902) Ugolownoje Uloshenije (Art. 367—369) die Kontraktbruchstrafe bei und bedrohte den Streik immer noch in allen Fällen mit Strafe, wo er »die Interessen der örtlichen Bevölkerung nachteilig beeinflufst«. Die Aufforderung der Arbeiter zum Streik in diesem Falle galt ihr als »Aufwiegelung« (ssmuta) im Sinne des Art. 125 [101]). Anderseits ging

---

[101]) Liebhaber von Streikrepressionen seien auf die im Jahre 1905 erschienene erste offizielle russische Streikstatistik für die Zeit von 1895—1904 (also mit Ausschlufs der Revolutionszeit) verwiesen. Diese ergibt: Von denjenigen im Jahresdurchschnitt rund 18000 Betrieben mit — je nach dem Bezirk — über 10 oder 15 Arbeitern, über welche berichtet wird (nicht mit behandelt sind die Bergwerke, die Staatswerke und die Eisenbahnen!), sind 1/10: 1782, von Streiks betroffen worden, von ihren durchschnittlich 1600000 Arbeitern haben 431254, jährlich 43100 gestreikt. Das durchschnittliche jährliche Streikprozent betrug also 2,7 % der beschäftigten Arbeiter und stand regelmäfsig höher als die Ziffern für England 1899: 2,1 %, Frankreich (1,6 %) Deutschland (1,5 %). Dabei stufte sich die Zahl der während der Gesamtperiode in Streik getretenen von den Betrieben mit unter 20 Arbeitern, wo sie 2,7 % der durchschnittlichen Arbeiterschaft betrug, bis zu 89,7 % in den Betrieben mit über 1000 Arbeitern ab. Über 75 % des Arbeiterbestandes haben während des Jahrzehnts im Kaukasus (Batum 350 %, Baku 119 %, Tiflis 98 %) und im Gouvernement Kalisch (285 %), in Petersburg 52 %, in den anderen Industriegebieten zwischen 27 und 41 %, in Moskau und Lodz nur je etwa über 16 % gestreikt. 54,9 % aller Streiks entfielen auf die Textil-, 27,1 auf die Maschinenbau- und Metallindustrie. Obwohl Lohnhöhe (48,6 %) und Arbeitszeit (30,0 %) als »hauptsächliche« Ursachen den übrigen weit voranstehen, spielten in den Jahren 1900—1904 die bis dahin an Zahl stark schwankenden Streiks sozialen Charakters (Abzüge, Strafen, Verhalten des Personals, Arbeits- und Unterkunftsräume u. dgl.) eine stetig steigende Rolle (Zahl der daran beteiligten 1900 bis 1903: 707, 7111, 8009, 9433, und 1904: 10619, mehr als aus irgendeiner

Rufslands Übergang zum Scheinkonstitutionalismus. 215

(51)

die Plehwesche Verwaltung bekanntlich systematisch darauf aus, durch Provokation der Arbeiter zum Streik und darauffolgenden Druck von oben die Fabrikanten gefügig zu machen [102]).

anderen Ursache), offenbar dank der Agitation der sozialistischen Parteien, welche das Persönlichkeitsgefühl der Arbeiter weckte. Dies ist besonders in den Metallindustrien der Fall (21 % aller Streiks). Am hartnäckigsten umstritten, nach der durchschnittlichen Dauer der Streiks zu schliefsen, sind nächst der Arbeitszeit (7,4 Tage pro Kopf gegen versuchte Verlängerung der Arbeitszeit, 5,2 Tage zur Erkämpfung der Verkürzung) die Fragen der Strafen und Abzüge (6,9 Tage pro Kopf). Gerade solche sozialen Streiks, speziell diejenigen wegen: erstens: Strafen und Abzügen, zweitens: Verhalten des Personals und drittens: Arbeitsordnung fallen aber überwiegend (mit ad 1: 69,2, ad 2; ad 58,4, ad 3: 66,6%) zu ungunsten der Arbeiter aus, — das »Herrenrecht« wird auch hier am hartnäckigsten verteidigt. Im ganzen waren, infolge des relativ ungünstigen Verlaufs gerade der grofsindustriellen Massenstreiks, auf die Zahl der Arbeiter gerechnet, 51,8% völlige Mifserfolge (gegen 39,7 in England, 37,3 in Frankreich, 35,3 in Österreich, 1894 bis 1898) zu verzeichnen, während, auf die Zahl der Streiks gerechnet, die Mifserfolge nur 45,4% betragen (gegen 35,2 in England, 46,9 in Frankreich, 44,7 in Österreich 1894—1898 und 30,3 bezw. 37,6 in Deutschland 1892—1897 bezw. 1901—1905). Die für die Arbeiter uugünstigere Ziffer in Rufsland war durch die Organisationsverbote und die Antistreikgesetzgebung wesentlich mit bedingt. Denn obwohl in über 50% der Fälle die Regierung sich ungeachtet jener Gesetze passiv verhielt, so ist doch äufserst gründlich »gewirkt« worden: 269 mal griff die bewaffnete Macht ein, in 164 Fällen erfolgten Verhaftungen und Verschickungen, 31 gerichtliche Verfolgungen usw. (Bearbeiter der Statistik: W. E. Warsar.)

[102]) Diese Praxis der bureaukratischen Streikorganisation ist unter dem Namen »Subátowschtschina« bekannt, nach dem Agent provocateur Subátow, der kürzlich im »Wjestnik Jewropy« (März 1906) recht interessante Erinnerungen über seine Beziehungen zu Plehwe, dessen Schwanken, Hoffnungen und Enttäuschungen bezüglich dieses Mittels und seine (Subátows) schliefsliche Abdankung veröffentlicht hat. Bekannt ist im übrigen von ihm, dafs seine eigentliche »Karriere« mit der Krönung des Zaren Nikolaus II. begann: Der damalige Minister des Innern hatte für diese Feierlichkeit in üblicher Art ein Dynamitattentat provozieren lassen, um es dann rechtzeitig zu »entdecken«, Subátow aber das Spiel für zu gefährlich gehalten und dem Grofsfürst Ssergej davon Mitteilung gemacht, was für den Minister schleunigen Sturz, für Subátow eine feste Vertrauensposition zur Folge hatte. Den grofsen Odessaer Streik zettelte ein ähnlicher Gentleman im Dienst der Polizei an, und noch jetzt ist Uschakow in Petersburg in der Arbeiterbewegung im Dienst der Regierung tätig. — Man mufs sich bei all diesen betrogenen Betrügern, ebenso wie bei Gapon, sehr hüten, das Urteil über ihre persönlichen Absichten mit dem über das Regierungssystem, in dessen Dienst sie gerieten, zu vermengen. Wer die Infamien, die das Puttkamersche System bei uns züchtete, das ganze Getriebe der »politischen Polizei« noch jetzt, die demoralisierende Wirkung »politischer« Prozesse überhaupt, die Einwirkung des Sozialistengesetzes z. B. auf die Staatsanwaltschaften: den Neid der Kollegen auf den »Dusel« desjenigen, in dessen Ressort der betreffende Prozefs zufällig fiel, mit allem eklen Drum und Dran kannte oder gar einmal persönlich ge-

Die Einführung der »Arbeiterausschüsse« (towarischtschestwo rabotschisch, Komitee von Arbeitern derselben Fabrik, im Gegensatz zu obschtschestwo, Gewerkverein) durch das Gesetz vom 10. Juni 1903 war — wie bei uns — toter Buchstabe geblieben. Der Finanzminister Kokowzew (der nach Wittes Sturz in diese Stelle wieder eingetreten ist) hatte daher in seinem ersten Ministerium ein Projekt ausarbeiten lassen, welches 1. die Streiks legalisieren, ihre Strafbarkeit auf Arbeitseinstellung in Wasserleitungs-, Kanalisations- und öffentlichen Beleuchtungsanstalten und im übrigen auf die Fälle von Gewalt, Drohungen und Beleidigungen beschränken, 2. für die **Gewerkvereine ein privilegiertes** Spezialrecht einführen wollte:

Arbeiter in unter sich gleichartigen Bergwerks- und Industriebetrieben sollten, im Gegensatz zu allen andern Staatsbürgern, befugt sein, im »jawotschnyj porjadok« (d. h. ohne vorherige Erlaubnis) Vereine zu gründen, welche (ausschliefslich) ökonomische Interessenvertretung, insbesondere auch die Verbesserung der Arbeitsbedingungen, auch durch Streik, erstrebten; diese Vereine sollten Eigentum aller Art besitzen und Verbände bilden dürfen. Freilich: der Verein sollte nur in Kraft treten, wenn die Behörde nicht innerhalb zwei Monaten nach Einreichung der Erklärung an die Prissutstwije (Gouvernementsrat) Widerspruch erhob, der »jawotschnyj porjadok« blieb also ein verhülltes Konzessionssystem. — Das Justizministerium widersprach der Beseitigung des Streikverbotes, da jeder Streik die öffentliche Ordnung gefährde, die Unternehmer dagegen, denen das Projekt zur Begutachtung vorgelegt wurde, stimmten der Beseitigung zu, »da man 40000 Streikende doch nicht einsperren könne«, wünschten aber 1. zivilrechtliche [103]) Garantien gegen Kontraktbruch (Recht der teilweisen Lohneinbehaltung), 2. Gewährung des Rechtes der Aussperrung in Fällen, wo der Streik eines Teils der Arbeiter sie technisch notwendig machte, 3. — ein Teil von ihnen — die Aufrechterhaltung der Strafbarkeit »plötzlichen« Streiks, welcher das Eigentum des Unternehmers schädige. Die letzteren beiden Vorschläge wurden tatsächlich in das Projekt aufgenommen. Trotz allem wären nach dem Projekt die Gewerkvereine die **einzigen** gesetzlich generell zulässigen Vereine Rufslands gewesen.

Die Bewegung des Jahres 1905, nach dem Okobermanifest, wuchs nun der Regierung über den Kopf, und Rechtslage und faktische Situation klafften weit auseinander.

Erst im Februar 1906 aber kamen die langwierigen Beratungen über die Frage der **Vereinsgesetzgebung**[104]) zum (vorläufigen) Abschlufs in Gestalt des

---

sehen hat, — der kennt diese korrumpierenden Einflüsse, die naturnotwendigen Begleiterscheinungen eines in die Form der »Monarchie« gekleideten Partei- und Cliquenregiments, auch aufserhalb Rufslands.

[103]) Das bestehende russische »Streikrecht« — welches eben in Wahrheit ein Recht ist, für welches der Streik juristisch einfach nicht existiert — kam z. B. im Januar 1906 in folgender, die Moskauer Streiks betreffenden Senatsentscheidung (Auszug: »Now. Wr.«, 1./2., S. 3) zum Ausdruck: 1. Der Arbeitgeber hat keinen Lohn für Streiktage zu zahlen; 2. der Arbeitsvertrag wird durch Streik nicht alteriert, er besteht weiter; 3. der Unternehmer hat keinen Klageanspruch gegen den Arbeiter wegen Streikens. — Das Charakteristische ist ad 1 wesentlich, dafs dies überhaupt streitig war.

[104]) Dafs darüber im Reichsrat heftige, gelegentlich selbst leidenschaftliche Auseinandersetzungen stattgefunden haben (»Now. Wr.«, 20. Januar, und vorher),

»zeitweiligen« Gesetzes vom 4. März 1906, während die Verhandlungen über die zivilrechtlichen Folgen des Streiks vor dem Zusammemtritt der Duma überhaupt nicht zu einem positiven Resultate führten.

Das von Kokowzew beabsichtigte relativ weite Entgegenkommen gegenüber den Gewerkvereinen hatte inzwischen einer wesentlich andern Stimmung Platz gemacht. Zu Ende 1905 hatte die ungeheure politische Streikbewegung im Oktober und November, der Eintritt des Post- und Telegraphenstreiks und das Bevorstehen des zweiten allgemeinen Eisenbahnstreiks die Regierung zur Festlegung ihrer An- und Absichten bezüglich einer Anzahl qualifizierter Kategorien von Ausständen veranlaßt. Der Ukas vom 2. Dezember 1905 traf Bestimmungen über die Streiks von Bediensteten und Arbeitern bei 1. Eisenbahnen (auch privaten), 2. Telephonen (auch privaten), 3. staatlichen Anstalten (wozu alle Telegraphen und die Post gehören). Bei diesen Bediensteten (seien sie nun rechtlich angestellte Beamte oder frei geworbene Arbeiter) ist die »eigenmächtig im Einverständnis miteinander« erfolgende Arbeitseinstellung unter Verwendung von Drohung, Gewalt und Verruf mit Gefängnis von 4—16, sonst mit Arrest, und die Zugehörigkeit zu einer »Gemeinschaft«, welche auf Erregung von Streiks gerichtet ist, mit Festung von 16—48 Monaten strafbar; auch werden Dritte, die sie in der angegebenen gesetzwidrigen Art zum Streik veranlassen, mit Gefängnis bestraft. Besondere Entschädigungen werden für solche Arbeiter dieser Kategorien ausgesetzt, die infolge ihrer »Arbeitswilligkeit« zu physischem oder materiellem Schaden gekommen sind. So hatte der Gesetzgeber, eben im Begriff, den Streik zu legalisieren, vorerst ein »Zuchthausgesetz« für bestimmte Arten von Streiks geschaffen. Da das Manifest vom 17. Oktober die Vereinsbildung überhaupt — nicht nur, wie Kokowzew gewollt hatte, die Gewerkvereine — zu legalisieren versprochen hatte, so wirkte dieser Schritt durch die Art, wie dies schließlich geschah, in sehr fühlbarer Weise auf die allgemeine Vereinsgesetzgebung zurück.

Zwar wurde am 23. Januar im Reichsrat ein vom Ministerkonseil eingebrachter Entwurf eines Gesetzes betreffend die Berufsvereine beraten und fast unverändert angenommen. Dieser Entwurf stellte den »jawotschnyj porjadok« für Berufsvereine, bei Vorschrift eines bestimmten Minimalinhalts des Statuts und der Anmeldungspflicht zwei Wochen vor ihrer Eröffnung fest, gab ihnen Rechtspersönlichkeit, das Recht, Abteilungen und Filialvereine zu gründen, sich in Verbände zusammenzuschließen, ließ Frauen und, wenn das Statut es nicht ausschloß, auch Minderjährige zu. Aber zwischen diesen Beratungen und der Publikation lagen volle 6 Wochen der schärfsten Reaktion: der Rücktritt des Handelsministers Timirjasjew, steigende Macht des Ministers des Innern (Durnowo), und überdies geriet der Gesetzentwurf in die Gemeinschaft mit der Beratung über das zu schaffende allgemeine Vereinsgesetz, bei dessen Redaktion die rein polizeilich orientierten persönlichen Meinungen des Zaren zu berücksichtigen waren.

Das »bis zur Erlassung eines allgemeinen Gesetzes« gemäß dem Manifest vom 17. Oktober 1905 geltende Vereinsgesetz vom 4. März 1906 unterscheidet »Verein« (Obschtschestwo), als Verbindung von Personen zu anderen als direkten Erwerbszwecken und »Verband« (Ssojus), als Verbindung von »Vereinen«. Dem

---

wurde zwar (»Now. Wr.«, 22. Januar) offiziös dementiert, ist aber dennoch sehr glaublich. (Fraglich ist nur, ob auch Timirjasjews Rücktritt damit zusammenhängt.) Den offiziellen Bericht über die Beratungen s. im »Now. Wr.« vom 31. Januar.

»Verband« rechtlich gleichgestellt sind »Vereine«, in denen mehrere »Abteilungen« gebildet werden (Nr. I, 3): beide müssen in einem Vereinsregister zu registrierende Statuten haben, einfache »Vereine« können sie haben. Die statutenpflichtigen »Vereine« und also auch alle »Verbände« können jederzeit vom Minister des Innern aufgelöst werden, »wenn ihre Wirksamkeit ihm bedenklich für die öffentliche Ruhe und Sicherheit scheint«. Abgesehen von dem Verbot von Vereinen mit gesetzwidrigen Zwecken und von ausländischen politischen Gesellschaften bestehen ferner folgende Schranken: 1. Ausschlufs der Minderjährigen, Schüler und Studenten, 2. Beamte und Arbeiter staatlicher und privater Eisenbahnen und Telephonen und in allen Staatsanstalten dürfen für ihre »geistigen und materiellen Bedürfnisse« Vereine, nicht aber »Verbände«, bilden, deren Statut jedoch der Genehmigung der Behörde bedarf (I, 9), sie dürfen keine politischen oder mit ihrer Dienstpflicht unvereinbaren[105]) Ziele verfolgen (I, 10), keine Aufsenstehenden ohne Zustimmung der Behörde zulassen und können jederzeit administrativ geschlossen werden. Andrerseits werden »religiöse« und nach den Universitätsstatuten zulässige Lehrer- und Schülerverbände nicht betroffen. Der Unterschied zwischen Vereinen mit und solchen ohne »Statuten« (ustaw) ist, dafs die letzteren nach geschehener, in sehr weitläufigem Verfahren zu erreichender Registrierung, wie nach dem deutschen BGB., Rechtspersönlichkeit geniefsen. Aber sowohl für die einen wie für die anderen gilt, dafs sie de facto der administrativen Willkür unterliegen. Zwar ist, dem Wortlaut nach, der »jawotschnyj porjadok« hier ebenso an die Stelle des Konzessionssystems gesetzt wie bei der Presse. Aber der Widerspruch zwischen Rechtsform und Sinn des Gesetzes ist hier weit schreiender als im Prefsgesetz. Leute, die einen Verein (sei es mit oder ohne »Statut«) gründen wollen, müssen dies dem Gouverneur bezw. dem Stadthauptmann schriftlich anzeigen, unter Angabe des Zwecks, des Wahlmodus für die Vertreter, des Wirkungsbereiches und der Ordnung des Ein- und Austritts von Mitgliedern. Die, de facto vom Gouverneur resp. Stadthauptmann gänzlich abhängige, »Prissutstwije«, d. h. der halbbureaukratische »Gouvernementsrat«, kann innerhalb von zwei Wochen »unter genauer Angabe der Gründe« erklären, der Anzeige »keine Folge zu geben« (im Gesetz — I, 16 — höchst verzwickt ausgedrückt), ebenso aber, von besonderen Fällen gesetz- oder statutenwidrigen Handelns ganz abgesehen, den Verein wegen einer »die gesellschaftliche Sicherheit und Ruhe bedrohenden Wirksamkeit« auflösen[106]). Beschwerde gegen Ablehnung oder Auflösung kann an den Senat gerichtet werden, an den auch der Gouverneur, durch Vermittlung des Ministers des Innern, gegen die Entscheidung der »Prissutstwije« appellieren kann. Über den Wert dieser »Administrativjustiz« hat sich (woran Kaminka im »Prawo« S. 1188 erinnert) das Ministerkomitee selbst noch im Dezember 1904 äufserst skeptisch geäufsert.

Im Reichsrat war das Verlangen nach Unterstellung unter die Gerichte

---

[105]) Das Reglement betr. Streiks vom 2. Dezember 1905 besteht natürlich weiter in Kraft.

[106]) Der (rechts von den Konstitutionell-Demokraten stehende) »Klub der Unabhängigen« (Leiter: Fürst E. Trubezkoj) wurde in Moskau zur Registrierung nicht zugelassen, obwohl in der betr. Sitzung nicht nur der Bürgermeister und Uprawavorsitzende, sondern auch der Staatsanwalt dafür stimmte. Die Mehrheit motivierte ihr Votum lediglich dahin: der Klub fordere, wie sein Programm erkennen lasse, »Teilung der Gewalt zwischen Zaren und Volksvertretung« (»Now. Wr.« 10 791, 2).

nachdrücklich gestellt worden, doch hatte der Zar persönlich das Votum einer verschwindenden Minderheit gutgeheifsen und zugunsten der Polizeiinteressen entschieden, und das Ministerkomitee motiviert die getroffene Entscheidung damit, dafs die Gerichte durch die Übertragung von Aufgaben »politischen Charakters« leicht »in ihrer hohen Stellung gefährdet« werden könnten. — Dafs alle »Verbände«, zu denen auch Vereine mit mehreren »Abteilungen« gehören, gänzlich dem Gutbefinden des Ministers des Innern überliefert sind, wurde schon erwähnt. —

Eine etwas — aber nur wenig — abweichende Rechstellung geniefsen nunmehr alle Arbeitgeber- und Arbeitnehmervereine in Industrie und Handel (Nr. II des Gesetzes). Erlaubte Gegenstände ihrer Wirksamkeit sind (II, 2): 1. Schlichtung von Arbeitsstreitigkeiten durch Schiedsgerichte, 2. Erhöhung des Lohnes, 3. Hilfskassen, 4. Sterbe-, Ausstellungs- und Unterstützungskassen, Gründung von Bibliotheken, Schulen, Kursen, 5. Arbeitsmittelbeschaffung, 6. Arbeitsnachweis, 7. Rechtshilfe. Ihnen ist — im Gegensatz zu anderen Vereinen — die Errichtung von »Abteilungen«, jedoch nicht unter abgetrennter Verwaltung, erlaubt (II, 5), dagegen — im Gegensatz gegen die Absichten des ancien régime vor dem Oktobermanifest — die Gründung von Verbänden absolut verboten (II, 6); sie dürfen durch ihr Statut Minderjährige, dagegen keine aufserhalb des betreffenden speziellen Berufs stehende Personen zulassen. Sie müssen 14 Tage vor Beginn ihrer Tätigkeit ihr Statut — welches alle für Verwaltung, Aufnahme, Ausschlufs, Beitragsleistung, Beschlufsfassung usw. entscheidenden Bestimmungen enthalten mufs — beim Fabrikinspektor einreichen (II, 11). Dieser tritt behufs Beschlufsfassung über die Registrierung dem Bestande der »Prissutstwije« hinzu (II, 13). Im übrigen unterliegen sie der Auflösung nach den gleichen Grundsätzen wie andere Vereine. — Man sieht sofort, wie stark der Wind auch in bezug auf die Gewerkvereine wieder umgeschlagen ist. Die Hoffnung, sie durch Bestimmungen, welche auf Schritt und Tritt zur Einmischung der Polizei führen müssen, mit »Staatsgesinnung« zu erfüllen, ist in Rufsland ebenso kindlich wie bei uns, aber in »autoritär« regierten Staaten nicht auszurotten. Sieht man von der Schaffung der Statutenschemata ab, so hat das ganze Gesetz de facto an dem Rechtszustand vor der Revolution nur insofern etwas geändert, als die Zuständigkeit zur Registrierung bezw. zur Quittung über die Anzeige, welche jetzt das »Verbot« ersetzt, dezentralisiert ist zugunsten der lokalen Polizeibehörden. — Scharfe Strafbestimmungen sanktionieren die in den Gesetzen enthaltenen Verbote.

VI. Die ersten, freilich noch recht kümmerlichen Anfänge von garantierter »Versammlungsfreiheit« brachte Rufsland das Bulyginsche Wahlgesetz, welches in den Städten »vorbereitende« Versammlungen der in einem Wahlkörper Wahlberechtigten (Urwähler, Bevollmächtigte, Wahlmänner) unter Ausschlufs der Polizei, aber unter Leitung des Vorsitzenden der Wahlkommission (d. h. also: des Adelsmarschalls bezw. Bürgermeisters oder seines Vertreters) einführte, um (ausschliefslich) über die Person der Kandidaten für die Wahl zu beraten. — Da dies für eine Wahlagitation, die den wenigstens äufserlichen politischen Erfolg der Dumawahlen gewährleistete, natürlich nicht genügte, erliefs das »ancien régime« unter dem 12. Oktober 1905 ein »zeitweiliges« Versammlungsreglement, welches, mit einer — relativ — liberalen Ausführungsverordnung Trepows zusammen publiziert, zuerst den »jawotschnyj porjadok«, wenigstens der Form nach, generell für Versammlungen einführte. Das »zeitweilige« Versammlungsgesetz vom 4. März 1906 ist lediglich eine Um- und teilweise Rückwärtsrevidierung jenes Reglements. Es kennt den

Unterschied zwischen Stadt und Land nicht mehr und unterscheidet: 1. Private Versammlungen, welche weder konzessions- noch anzeigepflichtig sind und zu denen auch Versammlungen gesetzlich konstituierter Vereine gehören, falls keine anderen Personen als die aktiven Vereinsmitglieder — also weder Ehrengäste noch z. B. Abgesandte von anderen Vereinen — dabei anwesend sind[107]); — 2. öffentliche Versammlungen, d. h. a) solche, bei denen dem Veranstalter der Versammlung persönlich nicht bekannte Leute anwesend sind oder b) welche — gleichviel ob jenes Merkmal zutrifft und ob die Zahl der Versammelnden grofs oder klein ist —, in Theater-, Konzert- oder Ausstellungssälen, Gebäuden von öffentlichen Körperschaften oder in Räumen, die eigens für Versammlungen hergerichtet werden oder in concreto für eine solche gemietet wurden (gleichviel ob sie z. B. Privatwohnräume sind), abgehalten werden. Nicht öffentlich sind also nur Versammlungen in solchen Privaträumen, die weder ein für allemal für Versammlungen hergerichtet sind noch für die Versammlung gemietet wurden, wenn alle Teilnehmer dem Veranstalter persönlich bekannt sind. Und dabei sind »öffentliche« Versammlungen — was für die Wahlbewegung in kleinen Städten und auf dem Lande von einschneidendster Bedeutung ist — verboten in Restaurants (III, 4 des Gesetzes); in Unterrichtsanstalten sind sie nur gemäfs den betr. Statuten, unter freiem Himmel — was für die Dörfer wichtig ist — nur mit Zustimmung des Gouverneurs gestattet. — Jede »öffentliche« Versammlung mufs unter Angabe des Gegenstandes der Erörterung und, wenn ein Vortrag gehalten werden soll, auch der Person des Vortragenden drei Tage vorher angemeldet werden, und es mufs der Polizei Zutritt zu ihr gestattet werden[108]).

---

[107]) Die grofses Aufsehen erregende polizeiliche Sprengung einer Sitzung der Petersburger »Freien ökonomischen Gesellschaft« vom 24. April erklärte der Gradonatschalnik (Stadthauptmann) in der Presse (»Now. Wr.« 10817) 1. damit, dafs Nichtmitglieder zugegen gewesen, 2. dafs die Versammlung in einem für Versammlungen eigens hergerichteten Hause stattgefunden habe, also (s. weiter im Text) aus zwei verschiedenen Gründen eine »öffentliche« im Sinne des Gesetzes vom 4. März gewesen sei.

[108]) Aus der Versammlungs-»Praxis«: Am 13. Dezember verbot der Minister des Innern jede Zulassung von Versammlungen zu politischen und ökonomischen Zwecken. Auf Remonstration der konstitutionellen (Centrums-)Parteien erging am 22. Januar eine Verfügung, welche dies Verbot aufhob und das Oktoberreglement wieder in Kraft setzte. Aber am 31. Januar konnte Nasha Shisnj wieder eine Verfügung des Ministers des Innern publizieren, welche den Gouverneuren einschärfe, die Zahl der Versammlungen derart zu beschränken, dafs wirksame Aufsicht möglich sei und alle solche zu verbieten, welche, nach ihrer Meinung, »die Ruhe gefährden könnten«. Im Februar remonstrierte die konstitutionell-demokratische Partei mit dem Hinweis darauf, dafs in den allerverschiedensten Gegenden des Reiches ihre Versammlungen von den Behörden unterdrückt würden. Der Minister (Durnowo) erwiderte in persönlicher Rücksprache, das entspreche nicht seiner Absicht, er stehe der Partei nicht übelwollend gegenüber, sondern interessiere sich nicht für Politik. Auf eine erneute Remonstration der Partei gegen ein Versammlungsverbot eines Gouverneurs erwiderte er, die Entscheidung in diesen Dingen liege bei der örtlichen Verwaltungsbehörde. Bei Beginn der Wahlen erliefs er alsdann die weiter unten zu erwähnende unglaubliche Verfügung. — Selbst der

(57)
Verboten werden können Versammlungen, wenn sie »die öffentliche Sicherheit und Ruhe bedrohen«; aufgelöst werden sie u. a.: falls sie sich vom Gegenstand ihrer Beschäftigung entfernen«; falls »Äufserungen, die zum Hafs eines Teils der Bevölkerung gegen einen anderen aufreizen, fallen«, falls die »Ordnung« durch aufrührerische Rufe oder Äufserungen »gestört wird«, — alles Gründe, die einer der Regierung ergebenen Partei oder die agents provocateurs der Polizei gestatten, jederzeit jede Versammlung der Gegner der Regierung auflösungsreif zu machen. Tatsächlich ist das Gesetz der Vorwand für jede denkbare Willkür geworden, soweit man — wovon unten — sich eine solche gestatten zu können glaubte, — wie wir das ganz natürlicherweise neustens in einer Anzahl deutscher Staaten mit ähnlich formulierten Gesetzen auch erlebt haben. — »Kongresse« — der Begriff ist (III, 17) nicht näher definiert — bedürfen der Genehmigung des Ministers, ihre öffentlichen Versammlungen unterliegen der allgemeinen Regel. Die auch von dem Wahlgesetz vom 11. Dezember 1905 (XII, 1—6) ausdrücklich, unter Beschränkung der Teilnahme auf die Wahlberechtigten, der Aufsicht der Polizei entzogenen »vorbereitenden Versammlungen« der Dumawähler sind (III, 16, V) ziemlich zweideutig behandelt, und nur für die Wahlmänner-Versammlungen — ebenso wie für religiöse Versammlungen und für die herkömmlichen (also nicht für neue, etwa sektiererische) Prozessionen — ist das Gesetz (Nr. IV) nicht gültig.

VII. Die im Manifest vom 17. Oktober versprochene »effektive« Unantastbarkeit der Person und der Wohnung wurde nicht geschaffen, es waren bei Zusammentritt der Duma nicht einmal gesetzgeberische Ansätze dazu vorhanden. Schon eine Justizministeriumsverfügung vom 25. November 1905 sprach lediglich davon, dafs der Zar im Manifest vom 17. Oktober eine »bedeutende Verminderung« der administrativen Verschickungen zugunsten der gerichtlichen Aburteilung in Aussicht gestellt habe. Auch davon war in der Praxis keine Rede, im Gegenteil, die Verschickungen blühten wie niemals vorher. Von Beseitigung der Ausnahmegesetze war alles still. Zwar hatte sich eine »besondere Kommission« mit der Frage des Schutzes der »persönlichen Unantastbarkeit« befafst, — allein die Beratung war im Februar auf unbestimmte Zeit »vertagt« worden (»Russk. Wjed.« 14. Januar)[109]). Nach den Wahlen, Ende März, tauchte die Frage in andrer Form wieder auf. Ein Kommissionsbericht (vgl. »Russk. Wjed.« 81, 3) über die Abänderung der »Ausnahmegesetze« schlug zunächst die Schaffung einer Liste der »die gesellschaftliche Sicherheit gefährdenden Personen«, welche, nach gerichtlicher »Verwarnung« und Verurteilung (durch die örtlichen Gerichte) unter Polizeiaufsicht zu stellen seien, vor. Für die als »unbedingt gesellschaftsgefährlich« erklärten Personen sollte das Zwangsdomizil bestehen bleiben. Diese letzte Mafsregel sollte von der »Prissutstwije« des Gouverneurs bezw. staatlichen Stadthauptmanns, unter Hinzutritt einer Minorität von drei Semstwo- bezw. Dumamitgliedern (von denen zwei zur Gültigkeit der Entscheidung in der Sitzung sollten anwesend sein müssen) verhängt werden.

---

konservativ-mittelparteiliche Bürgermeister von Petersburg sah sich (»Russk. Wj.« 57, 3) veranlafst, in seiner amtlichen Eigenschaft gegen die Versammlungsverbote in der Hauptstadt zu protestieren.

[109]) Ein vom Justizministerium ausgearbeitetes Projekt war »unbefriedigend« ausgefallen und daher ad acta gelegt. »Gegenwärtig werden im Justizministerium andere Projekte über diesen Gegenstand nicht bearbeitet,« besagte lakonisch eine offiziöse Notiz. (Wiedergegeben »Now. Wr.«, 2. Febr., S. 4.)

Auf diese Art hoffte man offenbar — und dieser Gedanke war gar nicht übel — die in jenen Selbstverwaltungskörpern dominierenden **besitzenden Klassen** zugleich mit an den **Verschickungen zu interessieren** und ihnen die **Verantwortung** mit aufzuladen. Wie wenig ihre Mitwirkung als **Garantie** gedacht war, erhellt daraus, dafs Beschwerde — natürlich auch seitens der Polizei — an die berüchtigte erste Abteilung des **Senats** zulässig sein sollte. Die Unumgänglichkeit der Beseitigung des alten **Pafssystems** entlaste, so meinte im übrigen die Kommission, die Polizei soweit von »**papierner**« Kontrolle, dafs nunmehr unbedingt die effektive **persönliche** Beaufsichtigung **aller** unter ihre Aufsicht gestellten Personen von ihr gefordert werden könne. — In dieser charakteristischen Weise stellten sich die Repräsentanten des alten Regimes die Herstellung des »Vertrauens« zwischen »Gesellschaft« und Bureaukratie vor. Von irgendeiner »Habeascorpus«-Gesetzgebung war im übrigen keine Rede, und es verstand sich von selbst, dafs dieses Regime sich dazu auch, im Interesse seiner Selbsterhaltung, unter **keinen** Umständen bereitfinden lassen konnte. Sie setzt eine wirksame Kontrolle der Verwaltung durch Instanzen von **verfassungsmäfsig** garantierter Unabhängigkeit voraus, wie anderseits jede wirkliche »Konstitution« eine Habeas-corpus-Gesetzgebung als erste Frucht zeitigen müfste.

Das Interimsministeriums Graf Witte-Durnowo brachte vielmehr eine erhebliche Anzahl von Verschlechterungen des Rechtsschutzes der »Persönlichkeit« selbst gegen den bisherigen Zustand. Von den Umgestaltungen des Personals der Gerichte und allerhand anderen Änderungen der Zuständigkeitsverhältnisse (Erweiterung der Tättigkeit der Einzelrichter) ist schon flüchtig die Rede gewesen, die Einzelheiten interessieren hier nicht und würden die Erörterung des gesamten Gerichtsverfassungswesens voraussetzen. Hervorgehoben sei nur die Erweiterung der Zuständigkeit der Schöffengerichte (Gerichtshöfe, zu deren Verhandlung gemäfs Art. 1105—1106² der Strafgerichtsordnung **ständische** Vertreter zugezogen werden) auf das durch die allerhöchste Verfügung vom 9. Februar 1906 neu geschaffene Delikt des **Besitzes** von Explosivkörpern, welches, wenn nicht ein unschädlicher Zweck nachgewiesen wird, Einreihung in die Besserungsarrestantenabteilung bis zu eventuell 15 Jahren nach sich ziehen sollte, und vor allem auf die neu gestalteten Delikte des wirklichen oder (auf Seite des **Beamten**) **putativen**[110]) Angriffs und Widerstands gegen die Staatsgewalt und eine ganze Serie andrer Aufruhr- und Gewaltsamkeitsdelikte, namentlich auch gegen das Eigentum, aufgezählt in dem allerhöchst bestätigten Reichsratsgutachten vom 18. März 1906 Nr. II: das Gehässige liegt hier darin, dafs diese, zum grofsen Teil einen **Klassencharakter** tragenden Delikte **Klassengerichten** übertragen werden, in denen jene Leute Richter sind, deren Klasseninteressen bei jenen Delikten in Frage stehen, was bei der schier unglaublichen Hast, die für das Verfahren vorgeschrieben wird, mit unerhörter Schwere ins Gewicht fallen mufs. Und ferner verdient Aufmerksamkeit die Allerhöchste Verfügung vom 13. Februar 1906, wodurch 1. die Verbreitung »offenbar trügerischer Behauptungen« über die Tätigkeit von Behörden, durch welche die Bevölkerung zu feindlichem Verhalten ihnen gegenüber veranlafst wird, 2. die »Erregung von Hafs zwischen den verschiedenen Teilen und Klassen der Bevölkerung, den Ständen oder zwischen Unternehmern und Arbeitern« durch Schrift oder Rede (also ein Surrogat eines Sozialistengesetzes) bedroht wird. — Es würde aufs äufserste ermüdend sein,

---

[110]) Die betreffende Formulierung ist geradezu grotesk.

herzuzählen, wie diese Zusätze zu den bereits bestehenden Gesetzen gewirkt haben. Das Unglaublichste bleibt doch die für jedes rechtliche Empfinden, gleichviel welchen Parteistandpunkts, den denkbar autoritärsten und konservativsten nicht ausgenommen, mafslose Keckheit, mit welcher nach den Versprechungen des 17. Oktober das Prinzip der willkürlichen administrativen Verfügung über die Person des »Untertanen« durch Beschränkung der Freizügigkeit, Anweisung von Zwangsdomizilen in entfernten Gebieten des Reiches und Massen-»Verschickung« nicht etwa nur faktisch aufrechterhalten und weiter praktiziert, sondern noch in einer kaum durch irgendeinen Ausdruck hinlänglich zu qualifizierenden Weise verschärft wurde. Schon ein Erlafs des Ministers Durnowo vom 30. November 1905 schrieb den Gouverneuren u. a. vor, dafs, im Falle »notorische Agitatoren« durch die Gerichte freigelassen werden sollten, sie zu verhaften und administrativ zu verschicken seien (Punkt 3), dafs dabei (Punkt 4) »keinerlei Beachtung etwaiger Proteste von Verbänden und Delegierten« stattfinden dürfe und dafs (7.) »überhaupt keinerlei Schwanken bei Ausführung der beabsichtigten Mafsregeln zulässig« sei. Telegraphische Antwort in der Fassung: »wird ausgeführt«, war im Erlafs (Schlufs) vorgeschrieben. Aber damit nicht genug. In demselben Zeitpunkt, in welchem man — wie noch weiterhin zu erwähnen — an die Zersprengung der bäuerlichen Obschtschina ging, benutzte man das mittelalterlichste aller ihrer Rechte: das Recht, ihr nicht genehme und bestrafte Mitglieder durch Gemeindebeschlufs nach Sibirien zu exportieren, indem man durch besondere Verordnung die staatlichen Zuschüsse zu den Transportkosten erhöhte. Dafs endlich an den Pafsreglements, deren Untauglichkeit für die Zwecke, denen sie dienen sollten, längst feststeht, nichts geändert wurde, bedarf kaum der Erwähnung; es kostete z. B. der Behörde beträchtliche Schwierigkeiten, und es bedurfte einer besonderen Ministerialinstruktion, um die zur Rettung ihres Lebens (vor den Bauern) ins Ausland Geflüchteten, die versäumt hatten, sich den erforderlichen Pafs zu beschaffen, wieder ins Inland hineinzupraktizieren [110a].

[110a] Der Duma gegenüber hat die Regierung die Beseitigung der Inlandspässe in Aussicht gestellt. Fertiggestellt ist ferner (nach Zeitungsberichten) ein Gesetzentwurf, welcher die persönliche Verantwortlichkeit der Beamten regelt. Er beruht auf dem Prinzip, dafs man »die kleinen Diebe hängt, die grofsen laufen läfst«: Subalternbeamte und Arbeiter sollen ganz frei verfolgbar sein, andere, bis zur vierten Rangklasse, durch den Staatsanwalt, vorbehaltlich jedoch des, bei besonderen Verwaltungsgerichtshöfen (der »gemischten Prissutstwije« gemäfs Art. 242 Ust. syol. ssand.) zu erhebenden »Kompetenzkonflikts« (nach preufsischer Terminologie). Für die vom Kaiser selbst ernannten Beamten soll die bisherige Ordnung bestehen bleiben. Diese ist jetzt insofern modifiziert, als nach Art. 68 der revidierten Reichsratsordnung vom 24. April 1906 über die Frage, ob Minister, Stadthalter, Generalgouverneur und Beamte der ersten drei Rangklassen vor Gericht gestellt werden sollen, das erste Departement des Reichsrats, gebildet jährlich durch kaiserliche Ernennung, und zwar nur aus dem Kreise der ernannten Mitglieder, zu befinden hat. — Wertvoll ist dagegen das Projekt über die Neugestaltung der Stellung der von den Semstwos zu wählenden Friedensrichter (s. seinen Wortlaut »Now. Wr.« 10854). Es bedeutet, wie die längst verlangte Beseitigung der heutigen Stellung Semskije Netzhalnikj, ein Zurückgreifen auf die Reformgedanken Alexanders II. Vor 10 Jahren hätte es befreiend gewirkt. Über den Inhalt soll berichtet werden, wenn erst etwas zustande gekommen ist.

Blicken wir zurück, so zeigte sich immer wieder bei allen einzeln betrachteten Fragen, daſs dasjenige Maſs an »Freiheiten«, welches bei Eröffnung der Duma rechtlich verwirklicht war, mit ganz unerheblichen Ausnahmen bereits das Werk des Ancien régime vor dem Ministerium Witte war, entstanden in der Angst vor der aufgeregten öffentlichen Meinung, unter dem Eindruck des im Kriege verlorenen Prestiges und in der Hoffnung irgendwie den Besitz auf die Seite der Bureaukratie hinüberziehen zu können, ohne deren unumschränkter Macht für die Zukunft etwas zu vergeben. Nachdem die Errichtung der gesetzgebenden Gewalt im Oktobermanifest versprochen war, hat das Interimsministerium nichts neues in der von diesem versprochenen Richtung mehr getan, es hat mit allen denkbaren juristischen Manipulationen den formal konzedierten »jawotschnyj porjadok« für Presse, Vereine, Versammlungen, Religionszugehörigkeit der administrativen Willkür wieder unterstellt und vor allem zur Beseitigung des gänzlich arbiträren, an keinerlei Rechtsschranken gebundenen Schaltens über die Person des Staatsbürgers nichts getan. Man muſs bedenken, was es eigentlich besagen will, wenn an dem gleichen Tage, an welchem der ganze ungeheure Zorn sich in der Duma bei Gelegenheit der Adreſsdebatte entlädt und die Forderung der Amnestie der sogenannten politischen Verbrecher beraten wird, wo die Gefängnisverwaltungen nicht hindern können, daſs Manifestationen und Begrüſsungstelegramme der Inhaftierten an die Duma gelangen, jedes Dorf im weiten Reich auf das entscheidende Wort harrt, wenn an diesem Tage die trockene Nachricht sich in der Zeitung findet, daſs aus dem Petersburger Gefängnis ein Transport von 240 Gefangenen, ohne Gericht und Urteil natürlich, zur administrativen Versendung »bereit stehe«. Die Maschinerie arbeitet weiter, als ob nichts passiert wäre. Und dennoch: es waren eben Dinge geschehen, die nicht rückgängig zu machen waren. Gerade die Unaufrichtigkeit, mit welcher die Freiheiten offiziell gegeben, mit der anderen Hand im Augenblick, da man sie gebrauchen will, illusorisch gemacht werden, muſs ja die Quelle unablässig sich wiederholender Konflikte und grimmigen Hasses werden, unendlich aufreizender als das alte offene, niederdrückende Repressionssystem. Man kann mit einer Nation und politischen Freiheitsrechten nicht ein Hasch-Haschspiel veranstalten, indem man sie ihr wie einem Kinde einen Ball hinhält und, wenn sie darnach greift, sie hinter den Rücken verschwinden läſst. Und ähnlich verhält es sich mit jener »Konstitution«, die das Manifest vom 17. Oktober, sei es auch in noch so zweideutigen Worten, versprochen hatte. Bevor wir uns jetzt der Behandlung dieses Versprechens durch die Bureaukratie zuwenden, haben wir uns zu vergegenwärtigen, daſs in jenen Oktobertagen der Führer des bureaukratischen Rationalismus, Witte, dem Zaren neben dem zweideutigen Verfassungsmanifest, welches für die Zukunft dunkle Versprechungen gab, noch eine alsbald in Kraft tretende Änderung der konkreten Maschinerie der sogenannten »Selbstherrschaft« abnötigte, welche deren innerstes Wesen endgültig wandelte.

III.

Der eigenartige Charakter des russischen Staatswesens äußerte sich bis zum Oktober 1905 formal in den höchsten Sphären des Staatslebens in zwei äußerlich wahrnehmbaren »Lücken«: 1. dem Fehlen der ministeriellen Kontrasignatur bei kaiserlichen Erlassen und 2. in dem Fehlen eines »Ministerkabinetts« im westeuropäischen Sinn. Die kaiserlichen Erlasse, Ukase, Gesetze waren bis zu dem Grundgesetz vom 24. April 1906, welches die »Sskrjepljenije« verfügte, entweder nur vom Kaiser namentlich unterzeichnet oder es fand sich an der Spitze die Notiz: ›auf dem Original ist Höchsteigenhändig vermerkt: ‚so sei es (bytt po ssjemu),'« oder endlich, es war dem meist eingehend begründeten, Erwägung und Verfügung nebeneinander enthaltend Ministerialbericht oder Reichsratsgutachten am Schlusse die Bemerkung zugefügt, daß der Kaiser unter dem und dem Datum den Bericht Allerhöchst genehmigt habe. Die persönlichen Ukase und Manifeste und alle Gesetze pflegten einleitend allerhand schwülstige, angebliche Betrachtungen des Monarchen nach Art der preußischen aus dem Anfang des 19. Jahrhunderts zum besten zu geben. Dies müßte nun eigentlich ein Ende nehmen. Allein dem ist nicht so. Der erste, nach dem Zusammentritt der Duma sanktionierte Erlaß — vom 8. Juni (Verlängerung des Belagerungszustandes in Moskau) — trug keine Kontrasignatur. Auf die Reklamationen der Presse erfolgte ein Communique im »Prawit. Wjestnik« (17. Juni), welches besagte, daß der Senat, der ja schon unter dem ancien régime die Authenzitität der Erlasse vor der Publikation zu prüfen habe, auch die ordnungsmäßige »sskrjepljenije« — der Wortsinn schwankt zwischen »Bestätigung« und »Beglaubigung« — prüfe. Also eine Art Kontrasignatur mit Ausschluß der Öffentlichkeit, um jeden Anklang an ›den Westen« zu vermeiden. Überdies ist für »Gesetze« nicht die »sskrjepljenije« des Ministeriums, sondern — da sie nach ihrer Annahme in den beiden Kammern direkt durch den Reichsratspräsidenten dem Zaren präsentiert werden — durch den »Staatssekretär« vorgeschrieben (Art. 65 der definitiven Reichsratsordnung vom 24. April 1906), auch hier also die Intervention des »verantwortlichen« Ministers formell ausgeschaltet. Es handelt sich hier ganz offensichtlich um lauter Rückwärtsrevidierungen des Sinnes des gleich zu erwähnenden Ukas vom 21. Oktober 1905. Allein trotz dieser kleinen Erschleichungen sind durch diesen Ukas Dinge geschaffen, welche de facto nicht wieder rückgängig zu machen sind, und durch welche schon vor der »Konstitution« die Art des Zustandekommens der Gesetze sich zu ändern wenigstens begonnen und die Art des Ineinandergreifens der höchsten Staatsorgane wirklich in weittragendster Art geändert hat. Fast mehr als die Schaffung der Duma durch das Gesetz vom 6. August und selbst als die Zusage, daſs ohne ihre Zustimmung kein Gesetz in Kraft treten solle, fuhr den Slawophilen konservativer Richtung die Umgestaltung des »Ministerrates«, seine Annäherung an ein »Kabinett« mit dirigierendem Premierminister, durch den Ukas vom 21. Oktober 1905 in die Glieder. Bis dahin existierten neben dem, aus für Lebenszeit ernannten Mitgliedern, meist Exbeamten, oft abhängigen und gelegentlich halb verblödeten »vergangenen Gröſsen« bestehenden »Reichsrat«, dessen Begutachtung alle »Gesetze« zu passieren hatten, die beiden Institutionen 1. des Ministerkomitees, 2. des Ministerrates. Ersteres bestand nicht nur aus den jeweiligen Ministern, sondern daneben aus verschiedenen anderen Beamten, und sein »Präsident« war ein Sinekurist, der bis in die letzte Zeit gar kein Bureau besaſs und auch keines solchen bedurfte. Seine Geschäfte waren nicht etwa Entschlieſsungen hochpolitischer Art, sondern umgekehrt 1. die Erledigung bestimmter laufender inter-departementaler Geschäfte und 2. besondere, ihm durch Gesetz zugewiesene Zuständigkeiten, wie z. B. Konzessionierung von Aktiengesellschaften und dergleichen. Der Ministerrat dagegen war, nach preuſsischer Terminologie, ein Kronrat, präsidiert vom Monarchen oder, wenn dieser für einen Gegenstand »nähere Beratung in seiner Abwesenheit« wünschte, vom ältesten anwesenden Minister. Einberufen auf kaiserlichen Befehl, zur Beratung von Gesetzesänderungen und anderen politisch besonders wichtigen Verfügungen eines Ressorts, Entschlieſsungen über die Berichte der so beliebten »besonderen Kommissionen«, welche konkrete Probleme von allgemeiner politischer Bedeutsamkeit beraten hatten, oder für andere, vom Monarchen bestimmte Angelegenheiten, bestand er aus allen Ressortchefs und anderen ad hoc vom Monarchen berufenen Personen, unter Teilnahme des Sekretärs des Reichsrates. Im übrigen gab es weder einen Premierminister, der die Vorträge seiner Kollegen beim Monarchen ein für alle Mal zu kontrollieren das Recht hatte, noch überhaupt geregelte Beratungen eines Staatsministeriums im Sinne z. B. der preuſsischen Praxis. Die Beziehungen des Ressorts hingen — auſser in den Fällen, wo das Gesetz oder das Gebot des Monarchen ein anderes bestimmt vorschrieb — von dem persönlichen Gutbefinden der Chefs und ihren Beziehungen untereinander ab. Die Folge war jener Zustand, den man in der Tat mit nicht allzu groſser Übertreibung dahin charakterisieren konnte, daſs das Reich in eine Vielheit von Satrapien zerfiel, deren Gebiete nur nicht regional, sondern nach sachlichen »Ressorts« abgegrenzt und konstant streitig waren, und welche miteinander in einem ständigen Wechsel von Kriegszustand, mühsam hergestelltem Waffenstillstand, Bündnissen und wieder beginnenden Intrigen lebten. Die Bombardements zwischen diesen Potentaten im Fall des ausbrechenden Kriegszustandes erfolgten in Gestalt oft dickleibiger, zuweilen Hunderte von Druckseiten füllender Staatsschriften, zu deren Ausarbeitung für das angreifende oder angegriffene Ressort dessen nicht selten in Deutschland geschulte wissenschaftliche Hilfskräfte im Schweifse ihres Angesichts alle denkbare in- und ausländische staatsrechtliche, ökonomische und historische Literatur zu wälzen hatten, und die in den Fällen, wo sich einmal ein Einblick in sie eröffnet, eine höchst ergötzliche, zuweilen sogar eine, wenn auch nicht kurzweilige, so doch sachlich ganz interessante Lektüre bilden. Es ist gar nicht selten von guten Kennern, Russen und anderen, die Frage, ob dabei die Interessen des Landes gut gefahren seien, aus ganz den gleichen Gründen entschieden bejaht worden, aus denen man die Bestechlichkeit und den Schlendrian mancher Schichten der russischen Beamtenschaft als ein positives Gut gewertet hat. Denn ein Versuch, sich in die russische Maschinerie von Reglements inner- und aufserhalb der 16 Bände des »Sowod« zu vertiefen, mufs den Eindruck erwecken, dafs das Unternehmen, diesen Wust ernstlich für effektiv geltendes Recht zu nehmen, das Leben nicht nur für den »modernen« Menschen zur Unmöglichkeit machen, sondern ähnlich wie es die »technischen Obstruktionen« der Eisenbahner in Italien erfolgreich versuchten, diese ganze Maschinerie selbst ad absurdum führen müfste. Und jedenfalls: ausschliefslich vom Standpunkt der individuellen Bewegungsfreiheit der »bürgerlichen« Kreise aus betrachtet, konnte jede Hemmung, die sich das »System« des selbstherrlichen Regimes selber bereitete, jeder — mit Leroy-Beaulieu zu sprechen — noch so schmutzige Kanal, durch den ein Entschlüpfen aus den Netzen dieses furchtbaren bureaukratischen Rationalismus möglich blieb, für einen Schutz der Menschenwürde der Untertanen gelten: die tiefst gehafsten Beamten waren nicht zufällig die »pedantischen« Deutschen, welche ehrlich an die »Weihe« der »Reglements«, welche dies »System« aus sich gebar, glaubten, oder unbestechliche zentralistische Rationalisten grofsen Stils wie Plehwe. Die alte patriarchale Selbstherrschaft war nur als ein System des möglichst wenig wirklich »regierenden« Schlendrians überhaupt rein technisch durchführbar.

Der Ukas vom 21. Oktober 1905 nun bedeutete das Schwinden des noch vorhandenen Scheins der »Selbstherrschaft« im alten Sinn und die definitive Errichtung der zentralisierten Herrschaft der modernisierten Bureaukratie. Zwischen den Monarchen und die Ressortchefs tritt der »Ministerrat« und sein Präsident, der stets selbst Minister, wenn auch ev. ohne Portefeuille, ist (Nr. 3). Die Teilnahme ad hoc vom Monarchen einberufener Personen, ebenso diejenige des Reichsratssekretärs an den Sitzungen dieses fortan nur aus den Ressortchefs bestehenden Ministerrates fällt fort, nur der Ministerpräsident kann andere sachkundige Personen zur Teilnahme mit beratender Stimme ad hoc einladen, (Nr. 9). Der Monarch kann dem Ministerrat präsidieren, aber dies ist als Ausnahme gedacht (Nr. 5). Über die der Allerhöchsten Bestätigung bedürftigen Beschlüsse des Ministerrats hält der Ministerpräsident allein dem Monarchen Vortrag (Nr. 7), ebenso über alle im Ministerrat entstehenden und nicht innerhalb seiner beigelegten Meinungsdifferenzen (Nr. 16). Er hat das Recht, von allen Ressortchefs die ihm notwendig scheinenden Aufklärungen und Berichte zu verlangen, ihm sind alle Berichte der Ressortchefs an den Monarchen vorher zur Kenntnis zu bringen (Nr. 17); er hat auch das Recht, beim Vortrag zugegen zu sein. Er ist berufen, eventuell neben dem Ressortchef jedes Ressort im Reichsrat und in der Duma zu vertreten. Er hat neben dem Ressortminister das Recht, eine Angelegenheit vor den Ministerrat zu ziehen (Nr. 11). Alle vor den Reichsrat und die Duma kommenden Angelegenheiten m ü s s e n vor den Ministerrat gebracht werden (Nr. 12) und es darf überhaupt keine, eine »allgemeine Bedeutung« besitzende, Angelegenheit ohne Passierung des Ministerrats vom Ressortchef erledigt werden (Nr. 13); nur bezüglich der Angelegenheit des Kaiserlichen Hofes und der Apanagen, der Staatsverteidigung und der auswärtigen Politik ist dies auf die Fälle beschränkt, in denen die Ressortchefs es für notwendig halten (Nr. 14). Die Vorschläge für die Besetzung der obersten Stellen in der Zentral- und Provinzialverwaltung haben die Ressorts an den Ministerrat zu bringen, ausgenommen die Ressorts des Kaiserlichen Hofes und der Apanagen, des Heeres und der Flotte und der Diplomatie. Das bisherige Minister-»Komitee« wurde Schritt für Schritt aufgelöst und verlor bei Einberufung der Duma den letzten Rest seiner Kompetenzen.

Jeder sieht sofort, was hier geschaffen ist: die definitive bureaukratische Rationalisierung der Autokratie auf dem ganzen Gebiete der inneren Politik, welche heute nun einmal den Fachmann, und das heißt, bei mangelnder Selbstverwaltung: a u s s c h l i e ß l i c h den Bureaukraten fordert. Der Autokrat — auch eine weniger nichtige Persönlichkeit als der regierende Zar — erhält die innerpolitischen Fragen nur vom Premierminister und Konseil »vorgekaut«; die bureaukratischen Interessen sind in dem letzteren Organ zu einem mächtigen Trust vereinigt, er ist, um das für den parlamentarischen Ministerverbrauch Frankreichs aufgekommene Bild zu gebrauchen, auf die Rolle eines Keglers beschränkt, der, wenn er will, jedes Mal »alle Neun« wirft, dann aber auch selbst die Mühewaltung des Kegeljungen auf sich nehmen muß. Die Anträge an die liberalen Politiker, in »sein« Kabinett einzutreten, ergingen denn auch ganz in westeuropäischer Art vom Premierminister, Grafen Witte, aus, und obwohl diese sämtlich ablehnten, wurde doch fast das gesamte Ministerium neu gebildet[111]). Da

---

[111]) Und auch ein anderes unentbehrliches Mittel bureaukratischer Regierungskunst schuf sich Witte: ein großes offiziöses Blatt: das »Russkojs Gossudarstwo«,

auch der Reichsrat, wie noch zu erwähnen, in eine parlamentarische, daher zur intimeren Beratung des Zaren nicht fähige Körperschaft verwandelt worden ist, bleibt vor der Hand dem Zaren — mit Bismarck zu sprechen — als einziges »Bekleidungsstück« nur das Ministerkonseil. Die daraus folgende Wehrlosigkeit des Monarchen gegenüber der Bureaukratie wird auch dadurch natürlich nicht gemindert, daſs er in noch so vielen Einzelfällen immer einmal wieder rücksichtslos gegen da Konseil durchzugreifen sich entschlieſsen und dies sicherlich eventuell sehr erhebliche politische Folgen haben kann: er ist aus dem Taktschritt des »Dienstes« ausgeschaltet und sein Tun dem Wesen der Sache nach zur Systemlosigkeit verurteilt, während auf der anderen Seite auch hier gilt, daſs »die Maschine nicht müde wird«. Seinem faktischen Einfluſs kam der Krieg der Ressort-Satrapien zugute; jetzt ist er de facto wesentlich auf eine Vetogewalt beschränkt, soweit der Bereich der Tätigkeit des Konseils sich erstreckt; auch wenn er eine private »Nebenregierung« aus den Groſsfürsten oder anderen »Vertrauensleuten« bildet, wie es angeblich auch jetzt der Fall ist, ist sein Eingreifen ein entweder durch die Interessen bestimmter Cliquen dirigiertes oder ein ganz zufälliges. Zu ungeheuerlichen Dimensionen würde aber die monopolistische Stellung des Konseils bei einem System des Schein-konstitutionalismus anschwellen müssen, wo die Minister mit einem von ihrer Verwaltungsmaschinerie fabrizierten, des rechtlich gesicherten Einflusses entkleideten Schattenparlament schalten und walten würden. Ganz anders — und dies wäre, so seltsam es heute manchem klingt, das sicherste Mittel für den Monarchen, faktischer Herr der Bureaukratie zu bleiben — könnte sich das Verhältnis entwickeln bei rechtlich voller Durchführung des »konstitutionellen« Systems; denn dann ist eventuell die Bureaukratie auf den Monarchen gegenüber dem Parlament an-gewiesen und steht mit ihm in Interessengemeinschaft.

So wenig sich über diese Dinge, bei denen dem Wesen der Sache gemäſs stets »alles im Fluſse« ist, generelle Sätze aufstellen lassen, so ist doch aus dieser Möglichkeit heraus die faktisch oft so viel stärkere Position formell-rechtlich strikt konstitutioneller Monarchen (Preuſsen, Baden) zu erklären. Ja, das rein parlamentarische »Kingdom of

---

ausgestattet mit 600000 Rubel Kapital. Die wahrhaft hündische Gemeinheit dieses Organs erinnerte an die schlimmsten Zeiten Bismarckscher Presse. Leistungen wie der Schmutzartikel, den das Blatt dem Minister Timirjasjew bei seinem Rücktritt nachwarf: mit seiner fetten Pension beladen, gehe er nur, um in Aufsichtsräten Geld zu verdienen und spiele dabei noch den charaktervollen Liberalen, — hätte der deutschen offiziösen Presse etwa 1888 alle Ehre gemacht. Ähnlich stand es mit den schnöden Artikeln, in welchen Witte nach der schweren Wahl-niederlage der von ihm protegierten Mittelparteien diesen »Jesuitismus, Charakter-losigkeit, bürgerliche Klasseninteressen« usw. vorwerfen und die Demokraten als einzig ehrliche Männer rühmen lieſs.

influence« kann, gerade infolge seiner bewußten Bescheidung ein Maß von positiver systematischer Arbeit im Dienste seines Landes leisten[112]), welches dem »Kingdom of prerogative« nicht erreichbar ist, weil die dynastische Eitelkeit oder die Schwellung des Selbstbewußtseins, welche durch das rechtlich anerkannte Bestehen seiner Kronprärogative so leicht in Bewegung gesetzt werden, ihn zu persönlichen Ambitionen verleitet, die nun einmal mit der Realität des heutigen Staatslebens, welches mit dem Dilettantismus des Herrschers, wie ihn die Renaissancezeit kannte, nichts anfangen kann, nicht ohne schweren Schaden vereinbar sind. Für das Zarentum darf man — welches auch das weitere Schicksal der »Konstitution« für den Augenblick sein mag — gespannt sein, welche Wege es einschlagen wird.

Der in seiner Wurzel slawophile Vorschlag Schipows vom April 1906, den Reichsrat lediglich oder doch gänzlich überwiegend aus Vertretern des Semstwos und ähnlicher Korporationen zusammenzusetzen und ihn dann — im Gegensatz zu der bald zu besprechenden jetzt bestehenden Neuerung — nur als eine den Zaren unmittelbar beratende Körperschaft, unabhängig von der allein an der Legislative zu beteiligenden Duma, bestehen zu lassen, beruht, theoretisch betrachtet, auf einem teilweise richtigen Gedanken: so wie er durch die Gesetze vom 20. Februar 1906 (s. u.) geworden ist, ist der Reichsrat nur eine Bremse für die Duma und nur im Sinne und Interesse der kraft Gesetzes in ihm die absolute Stimmenmehrheit[113]) besitzenden Bureaukratie. Der Zar seinerseits dagegen hat an einer solchen Körperschaft, die nach parlamentarischer Geschäftsordnung verhandelt und beschließt, für sich nicht die geringste Stütze. Dagegen ein rein beratendes, nicht zu großes Gremium, mit dem er direkt verkehrte[114]), könnte — so nimmt diese Theorie

---

[112]) Witte freilich machte bei einer Audienz von »Kleinbürgern« (Bericht im »Prawo« Nr. 4) die bei der Lage seiner Regierung doppelt erstaunliche Bemerkung: der König von England sei »von jüdischen Bankiers abhängig«. Nun, man braucht die heutigen Behauptungen hervorragender englischer Publizisten, daß eine starke faktische Steigerung der englischen Kron-Prärogative bevorstehe, nicht allzu wörtlich zu nehmen (hier wie bei Herrn Th. Roosevelt ist vorerst dafür gesorgt, daß die Bäume nicht in den Himmel wachsen), — aber fest steht, daß bisher dieser König, dank seinem, bei heutigen Monarchen nicht durchgängig zu beobachtenden, sicheren Taktgefühl und seiner, jedem äußerlichen Aufprotzen abgeneigten Fähigkeit, sich in der Form zu bescheiden, seine Würde ebenso bestimmt gewahrt hat wie nur irgendein anderer (auch in Formsachen: vergl. die Unterredung mit John Burns), und, vor allem, den Machtinteressen seines Landes wahrscheinlich sachlich wesentlich bedeutendere Dienste geleistet hat als irgendein anderer, mit Prärogativen formell-rechtlich stärker als er ausgestatteter Potentat.

[113]) Stichentscheid des (ernannten) Präsidenten!

[114]) Ansätze dazu finden sich in dem vorgeschriebenen direkten Verkehr des Reichsratspräsidenten, der dem Zaren alle parlamentarischen Beschlüsse zur

offenbar an — nicht nur für die »positive« Arbeit einflußreicher (im Sinne der darin vertretenen Kreise), sondern auch für Zaren, die es zu gebrauchen verständen, eine starke Stütze gegen die Bureaukratie sein. Bei der mangelnden »Intimität«, die ein notwendig mindestens 60–80 Mitglieder umfassender Körper bedingt, dürfte der Erfolg immerhin stark bezweifelt werden.

Wie dem nun sei, soviel steht fest, daß die Ordnung, die der Ukas vom 21. Oktober geschaffen hat, die Akme der bureaukratischen Machtstellung Wittes bedeutete. Die darin von ihm für sich geschaffene Position des Premierministers wirklich zu behaupten, ist ihm nicht gelungen: wie im »Fall Miquel« bei uns, zeigte sich auch hier, daß nur mit, noch so großem, Intellekt und gänzlich ohne das, was man »politischen Charakter« nennt, ein maßlos ehrgeiziger Mann (wie beide Staatsmänner es waren) schließlich doch nur dazu gelangt, dem Besitz des Portefeuilles schlechthin alles zu opfern und ohne Ehre vom Schauplatz abzutreten. Nachdem er für die Börsen lange genug an seinem Platze gestanden hatte und die Anleihe im Hafen war, verschwand ˚er, und nicht einmal die Behauptung des Staatskredits war ihm gelungen in dem Sinne, den sicherlich er selbst damit verband. Anstatt im Januar, wo er noch unentbehrlich war, die Kabinettsfrage gegen Durnowo zu stellen, fügte er sich diesem Individuum, dem einzig bestechlichen Mitgliede des Konseils, verdammte sich zu absoluter Einflußlosigkeit und gab sich dem Haß und der Verachtung der »Gesellschaft« preis, ohne das Vertrauen des Zaren zu gewinnen; er machte sich so auch als etwaiger künftiger »Retter« unmöglich (oder doch nur sehr schwer möglich). Allein hier ist nicht von Witte persönlich die Rede. Fest steht, daß wenn jetzt die Rationalisierung des Bureaukratismus in Rußland weiterhin unvermeidlich um sich greift und nach unten fortschreitet, alle slawophilen Ideale an der Wurzel getroffen werden.

Damit aber ist der Krieg der »Gesellschaft« gegen die Bureaukratie in Permanenz. Wie »Nowoje Wremja« das meines Wissens einzige große Blatt war, welches dem Grafen Witte zum Bleiben zuredete, mit der in diesem Falle besonders geschmackvollen Devise »Noblesse (!) oblige«, so ist die Schicht der modernen großkapitalistischen Unternehmerschaft und der Banken die einzige, außerhalb des Beamtentums stehende

---

Sanktion unterbreitet, mit ihm. Es ist in dem Ukas vom 21. Oktober 1905 Nr. 10 ausdrücklich ausgesprochen, daß der Ministerrat die der Beschlußfassung des Parlaments unterliegenden Angelegenheiten nicht »entscheidet«, was — da die Vorberatung derselben im Ministerrat ausdrücklich vorgeschrieben ist, sich nur auf die Sanktion beziehen kann, bei der also der Zar sich von den Polypenarmen des bureaukratischen Trustes freizuhalten versuchen möchte. Ob all diese Bestimmungen Erfolg haben, darf freilich stark bezweifelt werden.

Schicht, welche mit einer Herrschaft der Bureaukratie in scheinkonstitutionellen Formen und unter der Voraussetzung, daſs dem Gelderwerb freie Hand gegeben wird und die staatliche »Subatowschtschina« verschwindet [115]), sich ganz gern einverstanden erklären würde [116]). Nun hat aber, wie noch zu erzählen sein wird, die Bureaukratie bei ihren Wahlgesetzen sich dergestalt in ihre eigenen Netze verstrickt, daſs sie diesen ihren Lieblingen nicht helfen konnte: die »Handels- und Industriepartei«: wie wir sehen werden, die Klassenvertretung der Bourgeoisie im strikten Sinne dieses Wortes, hat einen einzigen Abgeordneten durchgebracht. Die ganze übrige russische Gesellschaft steht wie ein Mann gerade gegen die Entwicklung der alten Selbstherrschaft zu einer modernen rationalen Bureaukratie, einerlei welche Parteistellung sie sonst einnimmt. Der rote Schrecken scheucht die Besitzenden zeitweilig in ihren Schatten, aber wir werden uns bald zu überzeugen haben — das ist das Interessante der Entwicklung zur Zeit des Interimsministeriums —, daſs selbst er nicht imstande ist, das in der Konsequenz der Technik der modernen bureaukratischen Arbeit liegende System des »aufgeklärten«, d. h. bureaukratisch rationalisierten, Absolutismus der Aktenstube der russischen Gesellschaft aufzuerlegen, die Kluft sich vielmehr derart erweitert, daſs, nach endgültiger Vernichtung der patriarchalen Ideale der Staatstheorie des Slawophilentums, nur um den Preis des chronischen Bürgerkrieges die rechtliche Einschränkung der Bureaukratie vermeidbar wäre: wir sahen schon, daſs das Interims-

---

[115]) Über diese s. oben Anm. 102. Gegen die Duma werden die Groſskapitalisten natürlich immer zur Bureaukratie stehen und sich selbst die weitgehendsten formalen Rechte dieser gefallen lassen. Auch bei uns flehten z. B. vor den Verhandlungen des Vereins für Sozialpolitik, Herbst 1905, manche Kartell-Vertreter in förmlich ergötzlicher Weise darum, daſs »der Staat« mit ihnen eine Interessengemeinschaft eingehen, sie »erziehen« (sic!) solle usw., — wohl wissend, daſs bei dieser so ersehnten Umarmung die Kartelle die Brunhilde sein und der »Staat«, falls er sich zu viel herausnehmen sollte, das Sckicksal König Gunthers erfahren würde.

[116]) Zur Charakteristik dieser Leute: bei den Beratungen über die Arbeitergesetzprojekte des (inzwischen zurückgetretenen) Ministers Feodorow, unmittelbar vor der Duma-Eröffnung, erklärte der Minister, daſs seiner Meinung nach die russische Industrie den Zehnstundentag nicht ertragen könne. Einstimmig aber forderten ihn die zur Beratung geladenen Groſsindustriellen. Grund: weil die »Gesellschaft« ihn bestimmt verlange und es ein schwerer »taktischer Fehler« sein würde, sich dem nicht zu fügen. — Um das zu verstehen, genügt es, wenn man in dem Verhandlungsbericht bis zu dem Punkte liest, wo von den Überstunden die Rede ist. Hier wurde mit köstlicher Naivität verlangt, daſs die Einlegung solcher jeweils »freier Vereinbarung« überlassen bleiben solle, ohne Einmischung der Fabrikinspektion. Gesetzlicher Zehnstundentag — beliebige Einlegung von Überstunden: man sieht, diese Leute haben von den Fabrikanten der Vereinsgesetze, Toleranzedikte usw. gelernt.

Regime nicht einmal rein äuſserlich die Herstellung der »Ruhe« erzwingen konnte. Jetzt wollen wir zunächst verfolgen, in welcher Art es seinerseits sich mit dem Versprechen der Teilung der gesetzgebenden Gewalt abfand.

IV.

Die bei Zusammentritt des ersten russischen »Parlaments« (27. April / 10. Mai 1896) für dessen Rechte und Geschäftsführung geltenden Bestimmungen beruhen zum wesentlichen Teil auf den Formulierungen des Bulyginschen Dumagesetzes vom 6. August 1905, welches nur, gemäſs dem Manifest vom 17. Oktober 1905, abgeändert worden ist. Es ist daher zweckmäſsig, auf das erstere Gesetz zurückzugehen. — Das Manifest vom 6. August 1905 erklärte, daſs die Vorfahren des Monarchen »nie aufgehört hätten« (?), über die Stiftung von Harmonie zwischen den Wahlkörperschaften des Reiches und der Staatsgewalt und die »Ausrottung der Zwietracht zwischen ihnen« »nachzusinnen« und daſs nunmehr gewählte Männer des ganzen russischen Landes berufen werden sollten zur dauernden »und effektiven« Teilnahme an der Feststellung der Gesetze, indem eine Gesetze beratende Versammlung »zur vorbereitenden Ausarbeitung und Beratung von Gesetzentwürfen und zur Durchsicht des Budgets« in »die höchsten Staatsinstitutionen eingereiht« werden solle. Die Beteiligung finländischer Deputierten an der Duma sollte durch besonderes Gesetz geregelt werden. Die beigelegte Allerhöchst bestätigte Urkunde, betitelt »Gründung der Reichsduma«, schuf diese Versammlung zu dem Zweck der Beratung der Gesetzentwürfe, welche nach den »Grundgesetzen«[117]) durch den Reichsrat an die Krone gelangen. Sie wird — vorbehaltlich des Rechts jederzeitiger Auflösung — auf fünf Jahre gewählt und der Zeitpunkt ihrer jährlichen Einberufung durch den Kaiser bestimmt. Sie ist bei Vorhandensein der Hälfte der Mitglieder beschluſsfähig. Ihr Präsident und dessen »Gehilfe« wird auf ein Jahr von der Duma gewählt. Den Mitgliedern steht (Art. 14) »volle Freiheit der Meinungen und Ansichten in Dingen, die der Beratung der Duma unterstehen«, zu, sie sind ihren Wählern nicht verantwortlich. Sie können (Art. 15) einer Freiheitsbeschränkung nur »kraft Verfügung der Gerichtsgewalt« unterworfen werden und einem Schuldarrest gar nicht. Sie haften wegen in ihrem Amt als Volksvertreter verübter Verbrechen nach den gleichen Regeln wie die Reichsratsmitglieder (d. h.: nach Art. 105—113

---

[117]) Über den Begriff später. Der »Sswod Sakonow« Buch I Abt. 1 Art. 50 verfügt: »Alle Entwürfe von Gesetzen werden im Reichsrat durchgesehen, gelangen dann zur Allerhöchsten Entscheidung und erlangen Kraft nicht anders als kraft einer Handlung der selbstherrlichen Gewalt.« (Ausgenommen sind laut Anm. 1 und 2: rein technische Anordnungen des Kriegsdepartements und der Marine, sie gelangen an den Kaiser direkt vom Kriegsrat und Admiralitätsrat.)

der — alten — Reichsratsordnung beschließt ein besonderes Reichsratsdepartement über ihre gerichtliche Verfolgung oder die Unterlassung einer solchen; bei Meinungsverschiedenheiten innerhalb des Departements über die Unterlassung entscheidet der Kaiser persönlich. Im Fall der Erhebung der Anklage ist der höchste Strafgerichtshof zuständig). Die Deputierten verlieren ihre Stellung 1. dauernd: durch Verlust der Staatsangehörigkeit, Vergehen im aktiven Militärdienst, Ernennung zu einem festbesoldeten Staatsamt, Verlust ihres Wahlzensus und bei gewissen, von der Wahlberechtigung ausschließsenden kriminellen und staatlichen Verbrechen und Vergehen; 2. zeitweilig: bei Einleitung einer Untersuchung wegen gewisser schwerer gemeiner Verbrechen und solcher Vergehen, die den Verlust der Ehrenrechte oder die Ausschließung vom Staatsdienst zur Folge haben, oder im Fall des Konkurses. Darüber entscheidet das erste Departement des Senates. Abgesehen von dem — wie aus den früheren Beispielen über den heutigen Charakter gerade dieser Behörde hervorgeht — illusorischen Charakter dieser »richterlichen« Garantie fällt die höchst enge Umgrenzung dieser Immunitätsrechte sofort in die Augen. Es sei hier gleich vorweg bemerkt, daß sie in die späteren Redaktionen überging mit Änderungen in folgenden Punkten: 1. die Verhaftung eines Dumamitgliedes ist — wie fast nach allen Konstitutionen der Welt — nur nach Zustimmung der Duma zulässig, außer a) bei Delikten, die sie in Ausübung ihres Berufes als solcher begehen[118]) und b) bei Verhaftung auf frischer Tat oder am folgenden Tage (Art. 14, 22 des Dumareglement vom 20. Februar 1906). Man sieht, daß gerade in den entscheidensten Punkten die Übernahme der westeuropäischen Grundsätze nicht erfolgt ist. Der Verlust der Dumamitgliedschaft findet dagegen nach der Dumaordnung vom 20. Februar 1906 nicht statt im Fall der Ernennung zum Minister, worin seinerzeit »Optimisten« eine Annäherung an das parlamentarische System erkennen wollten! — Über Anfechtungen der Wahlen der Dumamitglieder sollte ebenfalls ursprünglich das erste Departement des Senates entscheiden (abgeändert, s. u.). Die Dumamitglieder erhalten 10 Rubel tägliche Diäten und einmal im Jahr(!) Reisegeld von 5 Kopeken pro Werst von ihrem Wohnort nach Petersburg und zurück (blieb unverändert). Die Sitzungen der Duma können auch durch einseitige Verfügungen des Präsidenten für »geheime« erklärt werden. Geschieht dies nicht, so ist Preßberichterstattung »nach Genehmigung des Präsidenten« zulässig.

Die verfassungsmäßigen Rechte der Duma waren von vornherein

---

[118]) Solche gibt es also auch jetzt. Die endgültige Redaktion der Reichsratsordnung vom 23. April 1906 hat dafür auch den zuständigen Gerichtshof geschaffen: das erste Departement des Reichsrats, bestehend ausschließlich aus ernannten Mitgliedern.

durch das Fortbestehen des auf Ernennung beruhenden Reichsrats sehr eng begrenzt. Die Duma sollte bei Vorliegen eines Antrags von 30 Mitgliedern das Recht der Initiative zur Gesetzesänderung haben (Art. 34), jedoch mit Ausnahme von Anträgen auf Änderung der, u. a. die unumschränkte Gewalt des Zaren enthaltenden »Grundgesetze des Reiches«, und ferner nur in der Weise, dafs — wenn ein von 30 Mitgliedern unterzeichneter, genau formulierter Antrag auf Erlafs oder Abänderung eines Gesetzes zur Erörterung steht — zunächst dem Minister die Mitteilung von dem Beschlufs zu machen war und die Duma alsdann zunächst seine Initiative oder seine innerhalb eines Monats(!) zu gebende Antwort abzuwarten hatte, ehe sie, im Fall seiner Ablehnung, mit Zweidrittelmehrheit ihrerseits beschliefsen konnte, den Zaren um Vorlegung des Projekts anzugehen, der dann endgültig entschied, ob der Minister dasselbe vorlegen solle oder nicht. Auf begründeten Antrag von 30 Mitgliedern kann die Duma den Ministern und den »dem Senat gesetzlich unterworfenen höchsten Beamten« Mitteilungen über nach ihrer Ansicht ungesetzliche Handlungen »melden«, worauf die Minister innerhalb eines Monats(!) antworten oder mit Angabe der Gründe die Antwort ablehnen, die Duma aber, falls sie sich nicht damit zufrieden gibt, die Angelegenheit durch den Reichsrat zur Allerhöchsten Erwägung bringen kann. Diese Bestimmungen sind durch die neue Dumaordnung, wie später zu erörtern, teilweise modifiziert worden, doch schliefst sich deren Fassung immer noch eng an die des älteren Gesetzes an. Auch die Bestimmung der Beratungsobjekte war im Gesetz vom 6. April 1905 Art. 33 schon die gleiche wie später in der Dumaordnung vom 20. Februar 1906, ebenso fanden sich die später zu erwähnenden Bestimmungen über Einbringung und Rücknahme von Gesetzesanträgen schon im Gesetz vom 6. August (Art. 46 in Verb. mit Art. 34 und 36); dagegen kam ihr nur ›beratender‹ Charakter in folgenden Bestimmungen zum Ausdruck: Die Beschlüsse der Duma über vom Ministerium eingebrachte Projekte gehen immer, Gesetzesinitiativen der Duma, wenn der Minister ihnen nach Monatsfrist nicht zustimmt, nur im Fall ihrer Genehmigung mit Zweidrittelmehrheit, an den Reichsrat (Art. 48, 56, 57) und von dort an den Kaiser. Findet sich jedoch der Reichsrat nicht in der Lage, ihnen beizutreten, so kann er beschliefsen, sie an eine aus Mitgliedern beider Körperschaften gemischte Kommission zu verweisen, die unter dem Präsidium des Reichsratspräsidenten oder eines Departementspräsidenten des Reichsrats tagt (Art. 50). Wird hier eine Übereinstimmung erzielt, so geht die Angelegenheit an die Duma und von dort an das Reichsratsplenum, wird sie aber nicht erzielt oder bleibt die Duma beschlufsunfähig oder bindet sie sich nicht an die, in Fällen, wo der Kaiser es veranlafst, vom Reichsrat ihr gestellte Frist zur Beschlufsfassung (Art. 53), dann geht die Angelegenheit direkt an das Reichsratsplenum. — Diese Duma war, wie man sieht, rechtlich nur eine Vermehrung des ohnehin schon sehr erheblichen Apparates von beratenden Zentralinstanzen, aus freier Entschliefsung des Kaisers geschaffen und ebenso eventuell auch wieder zu beseitigen. Das Bulyginsche Zensuswahlgesetz wird weiterhin, so weit zur Erklärung des späteren Rechts erforderlich, Erwähnung finden. Das Manifest vom 17. Oktober warf nun nicht nur dies Zensuswahlrecht zum Teil über den Haufen, sondern gab das Versprechen, dafs hinfort »kein Gesetz ohne Zustimmung der Duma in Kraft treten« sollte. Während die Bulyginsche Duma eine Änderung der »Grundgesetze des Reiches« in dem bald zu erörternden Sinn dieses Wortes überhaupt nicht erforderlich machte[119]), bedeutete dies zweifellos eine Alterierung derselben, indem an der Teilung der gesetzgebenden Gewalt, die der Art. 1 des Sswod Sakonow dem »selbstherrlichen« Monarchen »unbeschränkt« zuweist, nicht zu zweifeln war. Indessen begnügte sich die Regierung damit, zunächst das neue Wahlgesetz vom 11. Dezember und dann am 20. Februar 1906, in Begleitung eines abermaligen Allerhöchsten Manifestes, einen Ukas über die Umgestaltung des Reichsrats und ein Gesetz, betitelt »Gründung der Reichsduma«, in die Welt zu schicken, so dafs man annahm, es werde eine besondere Neuredaktion der »Grundgesetze«, wenn überhaupt, dann nur in Gemeinschaft mit den neuen gesetzgebenden Körperschaften, stattfinden. Wir wenden uns zunächst jenen Gesetzgebungsakten zu.

Als eine Verletzung des »Geistes« des Manifests vom 17. Oktober erschien — und zwar nicht nur der Demokratie, sondern auch den gemäfsigten Slawophilen, wie Schipow — die Einsetzung des Reichsrats, einer bisher rein beratenden Instanz, in die gleichen Rechte mit der Duma. Zwar wurde der Reichsrat durch Mitglieder ergänzt, die vom Adel, der Geistlichkeit, den Semstwos, der Universitäten und von Gewerbe- und Industriekörperschaften zu wählen waren, aber der Kaiser konnte eine ihrer Zahl zusammengenommen gleichkommende Anzahl von Mitgliedern ernennen, und der von ihm ernannte Reichsratspräsident hatte den Stichentscheid. Da die ernannten Reichsratsmitglieder nur auf eigenen Antrag entlafsbar sind, ein Pairsschub durch ein etwaiges, der Duma entnommenes Ministerium also unmöglich ist, bedeutete das formal die Obstruierung des Fortschritts der Gesetzgebung durch die ernannte Reichsratsbureaukratie[120]). Die

---

[119]) Sie hätte in dem zweiten Teil des ersten Bandes des »Sswod Sakonow« Platz gefunden; allenfalls wäre eine weitere »Anmerkung« zu Art. 49 der »Grundgesetze«, der die Beratung aller Gesetze durch den Reichsrat vorschreibt, erforderlich geworden.

[120]) Tatsächlich zeigten die ersten Sitzungen des neuen Reichsrats, dafs der dort sich bildenden Fraktion der »Linken« (d. h. der bürgerlichen Mittelparteien mit Schipow an der Spitze) zahlreiche ernannte Mitglieder beitraten, wie ja

gesamten, der Duma zugewiesenen Befugnisse erweisen sich, bei Licht besehen, in der Tat nur als eine mäfsige Änderung des Gesetzes vom 6. August, strikt in dem Sinn, dafs der Duma — aber ebenso dem erweiterten Reichsrat — ein Veto gegen neue dauernd gelten wollende »Gesetze« eingeräumt war. Die gesamten Beziehungen zwischen Regierung und Volksvertretung wurden unter der axiomatischen Voraussetzung geordnet, dafs die Volksvertretung der natürliche. Feind der Staatsgewalt ist und immer bleiben wird. Es ist von vornherein klar, dafs darauf die bekannte, mit vieler Entrüstung oft der Demokratie (namentlich der deutschen) vorgeworfene Anschauung: dafs die Regierung der natürliche Feind »des Volkes« sei, die einzig mögliche Reflexempfindung gewesen wäre, — wenn sie nicht ohnedies seit Jahrzehnten durch das Verhalten der Bureaukratie den Massen beigebracht wäre. Ehe wir uns den Mechanismus dieser »Verfassung« im einzelnen vergegenwärtigen, seien nur folgende Modifikationen in den allgemeinen Bestimmungen über die Duma und ihre Mitglieder gegenüber dem Gesetz vom 6. August 1905 notiert. Die Erwähnung der Teilnahme finländischer Deputierter fehlt, da inzwischen Finland seine eigene Verfassung zurückerhalten hatte. Das Quorum der Duma ist (Art. 7) auf ¹/₃ herabgesetzt, für die erste Duma, deren »Boykott« man fürchtete und deren Wahlen zum Teil (für den Kaukasus und Asien, auch einige polnische Bezirke) erst nach der Eröffnung der Session stattfanden, auf 150 (von rund 500). Die Prüfung der Wahlen hatte schon das Wahlgesetz vom 11. Dezember der Duma selbst vorbehalten, die Ungültigkeitserklärung soll aber (Gesetz vom 20. Februar Art. 48) Zweidrittelmajorität erfordern. Die Änderungen in den Bestimmungen über die Immunität der Abgeordneten wurden schon erwähnt: es ist — von allen anderen abgesehen — klar, dafs eine solche im westeuropäischen Sinn mindestens nicht in eindeutigen Worten gegeben ist, ein »Fall Twesten« vom Gesetz vielmehr geradezu provoziert wird. Fest stand nur, dafs die bekanntlich der reinen Willkür der Behörde überlassene, ohne jede formulierte Begründung zu verhängende und nur im Bittgesuchswege antastbare »administrative Verschickung« von der Immunität des Gewählten gebrochen wird, wie sie übrigens auch kein Wahlhinderungsgrund ist. Zwar haben trotzdem bei den Wahlen einige Behörden versucht, sie als solchen geltend zu machen, allein der klare Wortlaut der Gesetze schnitt diese Möglichkeit ab, und da die Bauern, wie noch zu erwähnen sein wird, sowohl

---

die russische Bureaukratie zwar in den vom Selbstherrscher strikt festgehaltenen System, aber nicht in der persönlichen Gesinnung etwas einfach in sich Einheitliches ist. Allein dafür gewann das bureaukratische Machtinteresse Parteigänger aus den Gewählten. Und für den Eindruck sowohl wie für das Prinzip war die Rechtsregel doch das Entscheidende.

bei den Wahlen zur Duma wie zu den Präsidentenstellen mit grofser Vorliebe »Verschickte«, als in ihren Augen spezifisch zuverlässig, wählten, so hatte dies erhebliche praktische Bedeutung: es kam u. a. sowohl dem nach Sibirien verschickten sozialrevolutionären Bauer Uljanow wie dem nach Archangelsk verschickten, sehr gemäfsigt demokratischen, Kasanjschen Professor Gredeskul zugute, der seine Wahl zur Duma und dann zum Vizepräsidenten seiner unmittelbar während der Wahlen erfolgten Verschickung wohl allein zu verdanken hatte.

Nunmehr zu den eigentlich konstitutiven Bestimmungen der beiden Gesetze. Die Gesetze vom 20. Februar behandeln beide Häuser als in allen Rechten durchaus gleichstehend und stellen fest: 1. Jede von beiden Körperschaften hat, aufser bezüglich der »Grundgesetze«, das Recht der Gesetzesinitiative. Jedoch ist auch jetzt noch bestimmt (Art. 57 der Dumaordnung, Art. 17 der Reichsratsordnung), dafs, wenn die Duma oder der Reichsrat eine Gesetzesänderung oder ein bestimmtes neues Gesetz wünscht, auf ihren Antrag der Minister des betreffenden Departements eine entsprechende Vorlage machen soll und nur für den Fall einer Ablehnung seinerseits die Körperschaft selbst eine Kommission bildet. Den Vorschlag des Ministers kann die Körperschaft natürlich amendieren; 2. dafs jede von einem der beiden gesetzgebenden Körper nicht mit Mehrheit[121]) angenommene Gesetzesvorlage als abgelehnt gilt; — 3. dafs von beiden Körperschaften gleichmäfsig angenommene Vorlagen dem Kaiser durch den Reichsratspräsidenten zur Sanktionierung vorzulegen sind; — 4. dafs eine Gesetzesvorlage, welche auf Initiative eines der gesetzgebenden Körper zur Beschlufsfassung gestellt ist, überhaupt nicht ohne Zustimmung der betreffenden Körperschaft, und eine von einem Minister aus eigener Initiative eingebrachte ohne sie nur bis zu einer Beschlufsfassung darüber zurückgenommen werden kann (Art. 40 der Dumaordnung, Art. 10 der Reichsratsordnung); — 5. dafs ein vom Kaiser abgelehntes Gesetzprojekt keinesfalls, ein von einer der Kammern abgelehntes nur mit kaiserlicher Bewilligung in derselben Session abermals eingebracht werden kann; — 6. dafs in Fällen, wo eine der gesetzgebenden Körperschaften den von der anderen gebilligten Vorschlag amendiert, entweder direkte Zurückverweisung des abgeänderten Projekts an die andere Kammer zur Beratung des amendierten Vorschlags oder vorherige Beratung in einer gemischten Kommission beider zu erfolgen hat, an die sich die abermalige Beratung in der Kammer, deren Beschlüsse abgeändert wurden, anzuschliefsen hat; — 7. dafs keine der beiden Körperschaften Deputationen, mündliche oder schriftliche Erklärungen oder Petitionen entgegennehmen

---

[121]) Stichentscheid des Präsidenten bei zweimaliger Stimmengleichheit über das gleiche Objekt: Art. 10 der Reichsratsordnung, Art. 48 Dumaordnung. Die Notwendigkeit von 30 Stimmen für Initiativanträge besteht in der Duma fort.

darf (Art. 61 Dumaordnung, Art. 19 Reichsratsordnung); es fehlt also eines der ältesten und Grundrechte aller Staatsbürger im Verhältnis zum Parlament: das Recht, bei ihm Petitionen einzubringen; — 8. dafs jede Körperschaft [122]) das Recht der Interpellation hat. Sie kann sich um Aufklärungen über Fragen, die mit dem gerade zur Beratung stehenden Gegenstand in unmittelbarem Zusammenhang stehen (Art. 40 der Dumaordnung), an die Minister wenden, welche ihrerseits die Beantwortung dann ablehnen dürfen, wenn es sich um Gegenstände handelt, die »aus Erwägungen der staatlichen Ordnung« der Mitteilung sich entziehen. Von Handlungen der Minister oder der ihnen unterstellten Beamten ferner, welche Gesetzesverletzungen enthalten, kann, wenn 30 Mitglieder dies schriftlich beantragen, jede Körperschaft den Ministern durch Mehrheitsbeschlufs Mitteilung machen. Innerhalb eines Monats hat dann — ganz wie schon im Gesetz vom 6. August bestimmt — der Minister entweder die entsprechenden Nachweise und Aufklärungen zu geben oder aber die Gründe mitzuteilen, aus denen ihm dies unmöglich ist (Art. 55 Dumaordnung); beruhigt sich die Duma (bezw. der Reichsrat) nach Zweidrittelmehrheitsbeschlufs damit nicht, so hat der Reichsratspräsident die Angelegenheit dem Zaren persönlich zu unterbreiten (Art. 60 das.)

Art. 31 der Dumaordnung bezeichnet, übrigens in Übereinstimmung mit dem Gesetz vom 6. August 1905, aufser Gesetzen [122a]) und Behördenorganisationen [122b]) (litt. a) folgende Gegenstände als solche, die notwendig das Parlament passieren müssen: litt. b: den Staatshaushaltetat, die Etats der einzelnen Ministerien und die im Etat nicht vorgesehenen Anweisungen von Staatsgeldern, — »nach Mafsgabe«, wie es in einem ominösen Zusatz heifst, »der festgestellten Regeln«, von deren Inhalt weiterhin zu reden sein wird; — litt. w: die Rechnungslegung des Staatskontrolleurs über die Ausführung des Etats; — litt. g: Veräufserungen von Staatsgütern, welche gesetzlich der kaiserlichen Ermächtigung bedürfen; — litt. d: Anlage von Staatsbahnen; — litt. e: Gründung von Aktiengesellschaften, falls dabei Ausnahmen gegenüber den bestehenden Gesetzen nachgesucht werden; — litt. sh: auf Allerhöchsten Befehl der Duma vorgelegte Angelegenheiten; eine Anmerkung besagt, dafs auch

---

[122]) Der Reichsrat ist durch Art. 17 der Reichsratsordnung der Duma auch darin gleichgestellt.

[122a]) Die Frage ist, was ein »Gesetz« (sakón) ist, und wann ein solches erforderlich wird. Nach der herrschenden Meinung (auch Korkunows) galten als »Gesetz« alle Erlasse der höchsten Gewalt, die den Reichsrat passieren mufsten. Da die (alte) Reichsratsordnung wiederum vorschreibt, dafs dies für alle Gesetze erfordert wird, ist dies ein Zirkel: es käme also, auch nach dem Wortlaut des Bulyginschen Gesetzes, darauf an, welche Verfügungen nach der bisherigen Praxis den Reichsrat passierten. Vgl. aber S. 241 [77].

[122b]) »Schtaty«.

die Etats und die Repartierungsvorschläge der Lokalsteuern in den Gegenden, in welchen keine Semstwos bestehen und die etwaigen Zwangsetatisierungen von Posten gegen die Beschlüsse der Semstwos und Stadtdumas der Reichsduma zu unterbreiten sind (der Ausdruck »wjedjenije« läſst dabei zweifelhaft, ob zur Kenntnisnahme oder zur maſsgeblichen Beschluſsfassung). Bezüglich der »Grundgesetze des Reichs« bleibt den Kammern die Initiative entzogen.

Es ist klar, daſs folgende Punkte hier offen gelassen waren: 1. die Frage, welche Bestimmungen zu den »Staatsgrundgesetzen« gehören und also der Initiative der parlamentarischen Körperschaften entzogen sein sollten. Die gesetzliche Terminologie verstand darunter die 179 Artikel (und VI Beilagen) des ersten Bandes der systematischen Sammlung der russischen Gesetze (Sswod Sakonow), welche handeln: in einer ersten Abteilung von dem Wesen der selbstherrlichen Macht(I), der Thronfolgeordnung (II), der Volljährigkeit des Kaisers (III), der Thronbesteigung und dem Untertaneneid (IV), der Krönung und Salbung (V), dem Titel und Wappen des Kaisers (VI), der Staatskirche und dem Glauben (VII), den Gesetzen (VIII, darin: Art. 47: Grundsatz der Regierung gemäſs festen Gesetzen, Art. 48—52: Entstehung und Änderung von Gesetzen, Art. 53—56: Form der Gesetze und Art der Aufrechterhaltung des Grundsatzes der Regierung gemäſs Gesetzen, Art. 57, 58: Publikation der Gesetze, Art. 59—61: Inkrafttreten der Gesetze, Art. 62—71: Geltung der Gesetze, Art. 72—79: Abschaffung von Gesetzen), endlich der höchsten Exekutivgewalt (IX), und in einer zweiten Abteilung von der kaiserlichen Familie und ihrer Rechtslage, während VI Beilagen die Form des Wappens und Siegels und die verschiedenen Eidesformeln regulieren. Es ist offenbar, daſs die Abschnitte I und VIII von dem Gesetzgebungsakt des 20. Februar aufs tiefste berührt werden muſsten, — 2. war offengelassen die Frage, wie sich die Feststellung des Budgets zu vollziehen habe und welche Rechte den parlamentarischen Körperschaften dabei eingeräumt werden würden. — Das »Budgetgesetz« ist nach der auch in Ruſsland allgemein akzeptierten Unterscheidung zwar formell, aber nicht materiell »Gesetz« (sakon), und schon die Aufzählung der Objekte der parlamentarischen Beratung zeigte, daſs dieser Unterschied auch für das russische konstitutionelle Zukunftsrecht seine Bedeutung behalten sollte, — 3. blieb, ohne daſs dies direkt aus dem Gesetz hervorging, doch der Sache nach überdies fraglich, ob ein Recht der Privilegienerteilung und ein Notverordnungsrecht der Krone bestehen bleiben sollte. Der Ausdruck »sakón« soll zwar nach Art. 53 der Grundgesetze alle Formen von Äuſserungen der legislativen Gewalt decken, es werden ausdrücklich aufgezählt: uloshenije (kodifikatorische Verordnung), ustav (Statut), utschreshdjenije (etwa dem Begriff »sanctio pragmatica« entsprechend), gramota (Generalreskript), poloshenije (Verordnung), nakas (in Klammern: Syndation), Manifest, Ukas, Allerhöchst bestätigte Reichsratsgutachten und Vorträge, wozu eine Anmerkung besagt, daſs im Bereich der Verwaltung »auſserdem« Allerhöchste Beliebungen (powjelijenije) durch Reskript und prikas (Befehl) erklärt werden, und Art. 54 schreibt für jedes neue Gesetz (»sakon«) die kaiserliche Unterschrift als unbedingtes Erfordernis vor. Indessen ergibt schon die Unterscheidung des Art. 57 (Gesetze, die neue Regeln enthalten, gegenüber dem »sogenannten Separat-Ukas« im Art. 67 (Privilegium), daſs das Wort nicht eindeutig ist, und die Aufzählung der Gegenstände der parlamentarischen Beratungen zeigte erst recht, daſs, selbstredend, durchaus nicht alles, was bisher nach Art. 53 der Grundgesetze »sakón« genannt werden konnte, der einseitigen Verfügung des Zaren entzogen sein sollte. War diese nun wenigstens an die Gesetze gebunden? Es kam darauf an, was die neu zu redigierenden Grundgesetze hierüber aussagen würden.

Die öffentliche Diskussion der Akte des 20. Februar stieſs sich allerdings vorerst weniger hieran, als an der Gleichstellung des zur Hälfte auf Ernennung, zur anderen auf ständischer Repräsentation beruhenden Reichsrats mit der allein aus (relativ) allgemeinen Wahlen hervorgehenden Duma in bezug auf die Teilnahme an der Gesetzgebung, — es war klar, daſs die ernannten Vertreter nach aller Voraussicht aus der hohen Bureaukratie hervorgehen und diese den Präsidenten stellen [128]) würde — und ferner an der Verweigerung des Rechts, Petitionen entgegenzunehmen.

Die weiteren verfassunggebenden Akte bildeten eine Kette weiterer Enttäuschungen. Zunächst erschien das Reglement vom 8. März »betreffend die Beratung des Staatsbudgets und die Anweisung solcher Ausgaben aus der Staatskasse, die im Budget nicht vorgesehen sind«. Der Ukas, welcher das Reglement in Kraft setzte, verfügte zunächst auch hier die Gleichstellung der beiden gesetzgebenden Körper: das Budget soll beiden gleichzeitig bis zum 1. Oktober zugehen. Vorher bereits sollten vorgelegt sein: die Etats der Eisenbahnverwaltung und der auſserordentlichen Ausgaben bis zum 25. September, die Etats der »auſseretatsmäſsigen« Steuern, des staatlichen Verkaufs von Getränken, der Zolleinnahmen, der Hauptverwaltungen des Ingenieurwesens, der Artillerie, der Staatshauptkasse, der Eisenbahnangelegenheiten, des Kriegssanitätswesens, der inneren Wasserstraſsen und Chausseen, der Seeschiffahrt und Häfen, der Bergwerke, des Umsiedelungsdepartements, der Hauptintendantur und der Kriegskanzlei bis 15. September, alle anderen schon bis 1. September. Die Etatsfeststellung erfolgt (Nr. 3) bezüglich der Einnahmen nach »Paragraphen«, bezüglich der Ausgaben nach »Nummern« (in Klammern: »Hauptunterabteilungen«), m. a. W., es sind in dem Streitpunkt, in welchem Bismarck bei seinem Regierungs-

---

[128]) Dies ist auch tatsächlich geschehen, wie die Liste der Ernannten zeigt.

antritt dem Abgeordnetenhaus der Konfliktszeit sofort freiwillig entgegenkam: »Spezialisierung des Etats«, die modernen konstitutionellen Forderungen abgelehnt: die Etatsposten sind »leges saturae«, nach römischer Terminologie. — Beide Körperschaften beraten nebeneinander das Budget, zunächst in ihren dazu eingesetzten Kommissionen, welche auch vor Eröffnung der Session die bereits vorliegenden Etats in Angriff nehmen können (Nr. 2 des Regl.), und sie müssen bis 1. Dezember die Beratung abgeschlossen haben (Nr. 10). Meinungsverschiedenheiten zwischen beiden sind an eine gemischte Kommission beider Körperschaften zu verweisen, von wo die Etats an die Duma zurückgelangen, um nunmehr, ebenso wie alle Anträge einer der Körperschaften auf Änderung der Gesetze und Verfügungen, auf denen die Etatsansetzung beruht oder auf Einstellung neuer, bisher nicht angewiesen gewesener Posten, in der für die Beratung von Gesetzen vorgeschriebenen Weise geschäftlich behandelt zu werden (Nr. 9, 11). Bleibt dabei zwischen den beiden Körperschaften eine Meinungsverschiedenheit unausgeglichen bestehen, dann wird in den Etat diejenige Ziffer eingesetzt, welche die Höhe des bisherigen Etatspostens am wenigsten über- oder unterschreitet (Nr. 12). Ist der Etat nicht bis zum Beginn des Etatsjahres (1. Januar) gültig in Kraft getreten, — sei es, daſs die parlamentarischen Körperschaften ihn nicht rechtzeitig fertigstellen oder daſs der Kaiser ihn in der schlieſslich aus ihrer Beratung hervorgegangenen Form nicht unterzeichnet hat, — dann bleibt der vorjährige Etat, mit den aus »gültig« erlassenen Gesetzen hervorgehenden Änderungen, in Kraft und wird in Gestalt von Zwölfteln monatlich von dem betreffenden Ministerium angewiesen (Nr. 13). Es bedarf keines Kommentars, daſs schon durch diese Bestimmungen der Nervus rerum jedes Konstitutionalismus: das Ausgabebewilligungsrecht — von der ›Einnahmebewilligung‹ (im parlamentsrechtlichen Sinne des Worts) ganz zu schweigen — ausgeschaltet ist. Die Duma kann nur eine Erhöhung der Etatsposten über den bisherigen Etat hinaus durch den — nach dem Gesetz in der Majorität (inkl. des Stichentscheids des ernannten Vorsitzenden) aus ernannten Mitgliedern bestehenden — Reichsrat hindern und auf die Einnahmeseite des Etats durch Verweigerung der Zustimmung zu neuen Steuergesetzen einwirken: die Höhe des Branntweinpreises, der Tarife usw. steht aber selbstredend im Belieben der Verwaltung. Überdies ist aber nicht nur bestimmt (Nr. 4), daſs die Kredite für den kaiserlichen Hof und diejenigen für die kaiserliche Familie, die ersten, wie sie im Budget für 1906 bestehen, die letzten auch, wie sie durch diesbezügliche, anderweit notwendig werdende Festsetzungen bedingt sind, von jeder Beratung ausgeschlossen sind, sondern es sind auch die Ausgaben für die kaiserliche persönliche Kanzlei und die Kanzlei für Bittgesuche und, vor allem, für nicht im Etat vorgesehene auſserordentliche Ausgaben, soweit sie die Posten des Etats für 1906 nicht überschreiten, sogar der Beratung entzogen (Nr. 5), es sind ferner die Ausgaben für den Staatsschuldendienst und alle »gültig übernommenen Verpflichtungen des Staates« und überhaupt alle auf Grund gültiger Gesetze, Verordnungen, Statuten und Tarife eingesetzten Posten der Herabsetzung durch die parlamentarischen Körperschaften entzogen. Zum Überfluſs ist (Nr. 16) bemerkt, daſs im Fall »unaufschiebbarer« Ausgaben der Ministerrat auſserhalb, aber auch während der Session, die erforderlichen Kredite aňweisen kann und nur verpflichtet ist, der Duma darüber einen begründeten Spezialbericht zu erstatten. Selbst von dieser Verpflichtung ist aber in dem Fall das Ministerum entbunden, wenn die Geheimhaltung des Grundes der Anweisung nötig ist. In Kriegszeiten endlich tritt das ganze »Budgetrecht« einfach zugunsten des Reglements vom 26. Februar 1890 auſser Kraft.

Man sieht: dies Budgetrecht ist eine Farce, und es wäre aufrichtiger gewesen, der Duma bezüglich des Etats einfach nur beratende Funktionen zuzugestehen und festzustellen, daſs neue Abgaben und eine Erhöhung der ordentlichen Ausgaben über das Maſs des letzten Etats hinaus ohne ihre Zustimmung nur erfolgen sollen für Zwecke der kaiserlichen Familie oder auf Grund gültig eingegangener Verpflichtungen des Staates, der auſserordentlichen aber in Friedenszeiten auch für solche Bedürfnisse, die der Ministerrat für dringlich erklärt. Denn dies ist der sachliche Inhalt des Gesetzes.

Aber freilich: selbst diese bescheidene Beteiligung der Volksvertreter an der Feststellung des Staatshaushalts stand auf prekärer Unterlage: es fragte sich des weiteren, wie »gültige« Verpflichtungen des Staates eingegangen werden könnten und ob nicht etwa die Regierung auch für die Zukunft den Erlaſs auſserparlamentarische Notverordnungen in Anspruch nehme, die alsdann — für die Zeit ihres Bestehens — sowohl Einnahmequellen, wie durch die parlamentarischen Körperschaften im Etat nicht kürzbare, »Verpflichtungen kraft gültiger Gesetze und Verordnungen« (Nr. 8) schaffen könnten. Das hing von der Neuredaktion der »Grundgesetze« ab.

Und in der Tat zeigte sich, daſs die Regierung selbst diese letzte Schranke der bureaukratischen Budgetwillkür wieder niederzureiſsen und nicht nur die Mitwirkung der Duma bei der Feststellung des Etats, sondern auch das Versprechen des 17. Oktober, daſs kein Gesetz ohne ihre Zustimmung in Kraft treten solle, in einen toten Buchstaben zu verwandeln entschlossen war.

Am 12. April, zwei Wochen vor dem Zusammentritt der Duma, publizierte der demokratische »Rjetsch« ein »Projekt der Grundgesetze des russischen Reiches«. Man erfuhr dann (Now. Wremja 10 804 S. 2), daſs das Projekt seit Februar in der Arbeit und in der Hauptsache von P. A. Charitonow redigiert, dann, dem Auftrag des Ministerrats gemäſs, von einer «besonderen Kommission« unter Graf Ssolskijs Vorsitz beraten und mehrfach umredigiert worden war. So hatten die Redaktoren zunächst den Ausdruck »ssamodershawnyj« (selbstherrlich) und den ersten Artikel der bestehenden Grundgesetze [124]) gestrichen, — was nicht aufrechterhalten wurde. Jedoch blieb das Wort »unumschränkt« (njeogranitschennyj) gestrichen [125]). Im elften Artikel des Entwurfs hatten die Redaktoren gesagt: »Der Herr und Kaiser erläfst zur Ordnung der obersten Verwaltung, entsprechend den Gesetzen, die Ukase und Verfügungen, welche unentbehrlich sind für« usw., der Minister Durnowo aber sich gegen die Zulassung des unterstrichenen Passus, als »überflüssig und möglicherweise zu verschiedenen Mifsverständnissen führend«, ausgesprochen. Für Art. 15 war eine Mehrheits- und eine Minderheitsredaktion vorgelegt. Erstere sprach dem Kaiser das Recht der Ernennung aller Beamten, sofern das Gesetz nicht eine andere Art der Ernennung vorschreibt, und »die Entlassung aller Personen ohne Ausnahme«, — also auch ohne Ausnahme der Richter — »aus dem Staatsdienst« zu, während die Minderheitsansicht auch für die Entlassung den Vorbehalt machen wollte, dafs das Gesetz anders darüber verfügen, also die Unabsetzbarkeit der Richter (aufser auf gerichtlichem Wege) auch gegen den Zaren feststellen könne [126]). Schon diese Proben zeigten, was beabsichtigt war, und es erhob sich in der Presse ein Sturm. Es schien, als ob die Regierung den Druck der öffentlichen Meinung und dringlichen Vorstellungen einflussreicher Kreise in diesem Punkte weichen werde, und die Entlassung des Ministeriums Witte schien das zu bestätigen. In der Tat soll der Zar bis zum letzten Augenblick geschwankt haben. Allein nachdem das Projekt von einigen der alleranstöfsigsten Klauseln, teils der Sache, teils der Form nach, gereinigt war, erschien es dennoch, mit dem Datum des 23. April am 25., zwei Tage vor dem Zusammentritt der Duma.

Die erheblichen Punkte in seinem Inhalt sind die folgenden: Die einleitenden Art. 1—3 bestimmen die »Einheit und Unteilbarkeit Ruflands und die Unabteilbarkeit Finlands«, welches jedoch »in seinen

---

[124]) Wortlaut: »Der Allrussische Kaiser ist ein selbstherrlicher und unumschränkter Monarch. — Seiner höchsten Gewalt zu gehorchen, nicht nur aus Furcht, sondern auch im Gewissen, gebietet Gott selbst.«

[125]) Demgemäfs heifst der Artikel im endgültigen Entwurf und auch in den publizierten Grundgesetzen jetzt: (Art. 4) »Dem Allrussischen Kaiser steht selbstherrliche Macht zu. — Seiner Gewalt zu gehorchen, nicht nur aus Furcht, sondern auch im Gewissen, gebietet Gott selbst.«

[126]) Die Frage war von um so gröfserem praktischen Belang, als tatsächlich die Regierung des Interimsministeriums den bis dahin in Rufsland nicht erhörten Schritt der einfachen »Zwangsversetzung« eines Richters (nach Sibirien) im Verwaltungswege gewagt hatte.

inneren Angelegenheiten sich durch besondere Bestimmungen auf Grund besonderer Gesetzgebung verwaltet«, und sichert der russischen Sprache die Qualität als »allgemein für alle staatlichen und gesellschaftlichen Verfügungen und ebenso für Armee und Flotte obligatorische Staatssprache«, während »der Gebrauch der örtlichen Sprache und Dialekte durch besondere Gesetze geregelt wird«.

Im »ersten Hauptstück« folgen alsdann die Bestimmungen über die höchste Gewalt, und es heifst, nächst dem erwähnten, die rechtliche Stellung des Kaisers betreffenden Artikel, unter Nr. 7: Dem Kaiser steht die gesetzgebende Gewalt »in Gemeinschaft mit dem Reichsrat und der Reichsduma« zu [127]), wobei er bei allen Gesetzvorschlägen ebenso wie jene Körperschaften das Recht der Initiative, für Abänderung der Grundgesetze aber das ausschliefsliche Recht der Initiative hat (Art. 8). Es folgen die Bestimmungen, dafs die »Exekutive« (wlastj uprawljenija = »Verwaltungsgewalt«) dem Kaiser zustehe, dafs kraft seiner Autorität, »den Gesetzen gemäfs«, die örtlichen Beamten verfahren, und er seinerseits kraft seiner Exekutivgewalt Ukase und Verfügungen betreffs der Einrichtung der Verwaltung erläfst, »entsprechend den Gesetzen«, wie es dem von Durnowo beanstandeten ersten Entwurf gemäfs heifst (Art. 11). In bezug auf die Ernennung und Entlassung der Beamten ist in Art. 17 ebenfalls die Minderheitsfassung (Art. 15 des ursprünglichen Entwurfs, s. o.) akzeptiert. Von den vier folgenden Bestimmungen fällt nur Art. 23 auf, der dem Kaiser neben dem Begnadigungsrecht auch das Recht der Niederschlagung von Kriminalprozessen zuspricht, ebenso von Zivilprozessen des Fiskus, dies alles unter der Voraussetzung, dafs dadurch niemandes durch die Gesetze gewährleistete Interessen und bürgerliche Rechte gekränkt werden [128]). Es kann immerhin fraglich erscheinen, inwieweit dadurch neben Schadenersatz- auch Ehrenbeleidigungsklagen gegen Beamte betroffen werden. Die verlangte Einführung unbedingter gerichtlicher Verantwortlichkeit der Beamten für unrechtmäfsige Amtshandlungen würde, um effektiv sein zu können, vielleicht erst die Änderung des Art. 23 voraussetzen, also der Initiative des Parlaments entzogen sein. Weiterhin werden die Bestimmungen über das kaiserliche Haus, die Thronfolge usw. aufrecht und ihre Änderung dem Kaiser allein vorbehalten, sofern nicht allgemeine Gesetze oder der Etat dadurch berührt werden. Art. 26 enthält alsdann, wie schon bemerkt, die allgemeine Vorschrift der Kontrasignatur kaiserlicher Verfügungen durch einen Minister oder Ressortvorstand (glawnyj uprawljajuschtschij) gegen-

---

[127]) Auch der Ukas, welcher die Gesetze einführt, spricht davon, dafs der Kaiser beabsichtige, »genauer abzugrenzen das Gebiet der Uns ungeteilt gebührenden Gewalt der höchsten Staatsverwaltung von der gesetzgebenden Gewalt.«

[128]) Letzteres gegenüber dem ursprünglichen Entwurf zugefügt.

über dem Entwurf eine Neuerung, die dem Herzen der Slawophilen sicherlich wehe getan hat[128a]). — Das zweite Hauptstück enthält in Art. 27—41 den Katalog der Bürgerpflichten und -Rechte. Es sind wesentlich die z. B. auch in der preußsischen Verfassung als »Rechte der Preußsen« aufgezählten. Eine Bestimmung über das Selbstverwaltungsrecht der Kirche — nach Art der bekannten Klausel der preußsischen Verfassung — fehlt, und ebenso wurde mit Grund darauf aufmerksam gemacht, daß die Nichterwähnung des Briefgeheimnisses für Rußland nicht gleichgültig sei. Daß alle diese Rechte im übrigen natürlich nicht im Sinne von absoluten, das positive Recht brechenden, die Richter bindenden, unentziehbaren Individualrechten gemeint sind, wie in den amerikanischen Verfassungen, ist nicht nur in dem stetigen Zusatz »gemäß der Bestimmung der Gesetze« ausgedrückt, sondern auch darin, daß Art. 41 überdies ausdrücklich »Ausnahmen« für Gebiete, die in Kriegszustand oder, »gemäß den Gesetzen«, in Ausnahmezustand erklärt sind, zuläßt. Die ursprüngliche Fassung des Artikels (= Art. 36 des Entwurfs), welche ausdrücklich auch die Weitergeltung der bestehenden Ausnahmegesetze bis zu ihrer gesetzlichen Beseitigung feststellte, ist, — was aber sachlich ohne Bedeutung ist — fortgefallen[128b]). Das dritte Hauptstück handelt von den Gesetzen. Nach Übernahme des »Rechtsstaats«-Begriffes aus dem Sswod Sakonow[129]) wird (Art. 44) festgestellt, daß kein Gesetz ohne Zustimmung des Reichsrats und der Reichsduma und ohne Unterschrift des Kaisers in Kraft tritt, Art. 49 hält die bisherige Art der Publikation — durch den Senat — aufrecht, und Art. 50 bestimmt, daß kein Gesetz publiziert werden darf, wenn es nicht ordnungsgemäß erlassen ist, während Art. 54 die Bestimmungen über Gliederung, Technik und Wirtschaft des Heeres und der Flotte und die Kommandogewalt, vorausgesetzt, daß keine allgemeinen Gesetze und keine Staatshaushaltsetatsposten berührt werden, dem Kaiser vorbehält und Art. 55 die Art des Erlasses von Bestimmungen für die Kriegsgerichte den dafür bestehenden besonderen Gesetze gemäß geregelt sein läßt. Soweit wäre alles in Ordnung: — nun aber findet sich inmitten dieser Bestimmungen der Art. 45, welcher besagt, daß, wenn außerhalb der Zeit des Zusammenseins der parlamentarischen Körperschaften »außergewöhnliche Umstände die Unumgänglichkeit einer Maßregel hervorrufen, welche

---

[128a]) S. jedoch das weiter oben darüber Gesagte.

[128b]) Es ist zweifellos, daß die Änderung jener speziellen Gesetze, auf welche die Artikel dieses Kapitels Bezug nehmen, nicht einer Änderung der Grundgesetze und also nicht der kaiserlichen Initiative vorbehalten ist.

[129]) Art. 37 der neuen = Art. 47 der alten »Grundgesetze«: »Das Russische Reich wird gemäß den festen Regeln der in der festgestellten Ordnung erlassenen Gesetze regiert.«

gesetzgeberische Behandlung erfordert«, auf Immediatbericht des Ministerrats solche vom Kaiser angeordnet werden können, vorausgesetzt, dafs sie weder in den Grundgesetzen, noch in dem Bestand des Reichsrats und der Duma, noch in der Wahlordnung einer von beiden Körperschaften eine Änderung herbeiführen. Sie treten aufser Kraft, wenn sie nicht innerhalb zwei Monaten(!) nach Einberufung des Parlaments vom Ministerium als Gesetzentwürfe eingebracht(!) oder daraufhin von einer der beiden Körperschaften nicht angenommen worden sind. Nun ist zwar die jährliche Einberufung des Parlaments obligatorisch, aber die Dauer der Budgetberatung beträgt nach dem Budgetreglement vom 8. März 1906 in maximo zwei Monate (1. Oktober bis 1. Dezember), und es ist — so etwa dürfte die »mafsgebliche« Erwägung gewesen sein — klar, dafs gesetzlich alsdann kein Hindernis besteht, das Parlament nach Hause zu schicken und so das Notgesetz zu perpetuieren. Etwaige Etatsposten, aktive und passive, die auf Grund des Notgesetzes — welches ja, so wird man argumentiert haben [130]), auch ein Steuergesetz sein kann — in den Voranschlag eingestellt werden, sind nach der Fassung (s. o.) des Art. 8 des Budgetreglements vom 9. März 1906 der Anfechtung durch das Parlament entzogen, da ja das Notgesetz bis zu seinem etwaigen Erlöschen ein »gültiges« Gesetz ist. Die gedachte Bestimmung des Budgetreglements ist übrigens, im Gegensatz zu dem erwähnten »Entwurf« [131]) in die schliefsliche Fassung der »Grundgesetze« nicht formell aufgenommen worden, ohne dadurch natürlich aufser Kraft gesetzt zu sein, da die Aufnahme in die »Grundgesetze« rechtlich ja nur bedeutet, dafs die Abänderung der betreffenden Bestimmung der Initiative des Parlaments entzogen ist. Auch die Bestimmung über die Eintragung der von dem letztjährigen Etat am wenigsten abweichenden Ziffern in den Voranschlag im Falle der Nichteinigung der Duma mit dem Reichsrat ist nicht zu einem »Grundgesetz« gemacht. Dagegen sind in die Grundgesetze aufgenommen und also der Abänderung auf Kroninitiative hin vorbehalten, dagegen dem Notgesetzrecht der Krone ebenso wie der Abänderung auf Parlamentsinitiative hin entzogen: die jährliche Berufung der parlamentarischen Körperschaften, die Bestimmung, dafs nicht mehr als die Hälfte der Reichsratsmitglieder ihm kraft kaiserlicher Ernennung angehören dürfen, das Recht der parlamentarischen Körperschaften auf Prüfung der Wahlen ihrer Mitglieder, die Bestimmung, dafs jemand nicht gleichzeitig beiden Körperschaften angehören kann, das Recht der Krone, sie aufzulösen und die Pflicht, dabei gleichzeitig Neuwahlen anzuberaumen, das Initiativrecht in der schon mehrfach erwähnten Begrenzung (65), das Inter-

---

[130]) Eine ganz andere Frage ist: ob diese Argumentation selbst bei dieser Fassung des Gesetzes schlüssig sein würde.
[131]) Art. 57 des Projekts.

pellationsrecht (66), aber ohne Bestimmung der Pflicht zu antworten, die Feststellung, daſs die Nichtannahme eines Gesetzesvorschlages durch eine von beiden Körperschaften seine Ablehnung bedeutet (69), die früher erwähnten Beschränkungen der abermaligen Erörterung eines vom Kaiser oder einer der beiden Häuser abgelehnten Vorschlages (70), der Ausschluſs der aus Staatsschulden oder anderen Verpflichtungen herrührenden Etatsposten von der Streichung aus dem Budget (72), die Vorbehalte betreffend der Kredite für das kaiserliche Haus und die kaiserliche Familie (73), die Fortgeltung des alten Budgets, verändert gemäſs etwaigen inzwischen erlassenen Gesetzen, im Fall des Nichtzustandekommens eines sanktionierten Etats bis zu Beginn der Periode und das Verfahren der Etatszwölftel (74), die Kriegskredite (75), endlich folgende beiden, in den Gesetzen vom 20. Februar nicht enthaltenen Bestimmungen: Art. 76: »Staatsanleihen für die Deckung etatsmäſsiger wie auſseretatsmäſsiger Ausgaben werden in der für die Behandlung des Etats vorgeschriebenen Ordnung erledigt. Staatsanleihen zur Deckung von Staatsausgaben in den Fällen und Schranken des Artikel 74« — also im Fall des Nichtzustandekommens eines unterfertigten Voranschlags bis zum Beginn der Etatsperiode — »und ebenso zur Deckung der in Art. 75 genannten Ausgaben« — Kriegsbedarf — »werden vom Herrn und Kaiser gemäſs der Ordnung der höchsten Verwaltung genehmigt«: — man hat sich also die (formal-rechtliche) Möglichkeit der Kreditwirtschaft im Fall des Budgetkonflikts gewahrt. — ferner für alle Anleihen die Bestimmung, daſs Zeit und Bedingungen im Verwaltungswege festgestellt werden. Schlieſslich bestimmt Art. 77, daſs das jährliche Aushebungskontingent, falls nicht bis zum 1. Mai ein entsprechendes Gesetz erlassen sei — jährliche Feststellung der Präsenzstärke durch Gesetz gilt also, wie indirekt daraus hervorgeht, als Regel — vom Kaiser in der unumgänglichen Höhe, jedoch nicht höher als im letzten Jahr, festgesetzt werde.

Am 26. April — dem Tage vor der Dumaeröffnung — erschien dann schlieſslich noch die revidierte Reichsratsordnung (vom 24. April). Neben einer Kodifikation der schon verfügten Umgestaltungen enthielt sie als Neuerung die Schaffung zweier »Reichsratsdepartements« ausschlieſslich aus dem Kreise der ernannten Reichsratsmitglieder, die jährlich vom Kaiser als Mitglieder des Departements bezeichnet werden. Während das zweite derselben, die Rechnungslegung der höchsten Behörden entgegenzunehmen und gewisse Verfügungen über den Domänenbesitz und die Eisenbahnen gutzuheiſsen hat, hat das erste Departement — neben einigen anderen unerheblicheren Angelegenheiten — laut Art. 68 Nr. 4 in Fällen von in ihrer Stellung als solcher begangenen Vergehen von Reichsrats- und Dumamitgliedern, bei Amtsverbrechen von Ministern und Beamten bis zur dritten Rangklasse die Vorfrage, ob eine gerichtliche

Verfolgung eintreten solle, unter Einholung der Genehmigung des Kaisers zu seinen Beschlüssen (Art. 92 und 93) — eine äußerst bedenkliche Bestimmung[131a]) — zu entscheiden. So hatte man glücklich auch einen exklusiv bureaukratischen Reichsrat neben dem neuen wieder geschaffen, — das gerade Gegenteil der slawophilen, z. B. von Schipow vertretenen Ideale.

In der Tat: wenn ein »Grünschnabel«, von jenem aller Welt sattsam bekannten Typus des Nachwuchses der Petersburger Bureaukraktie[132]), sich hier in Heidelberg dahin äußerte: »wir lachen über die Verfassung«, so hatte er formell sicherlich ganz recht. Und trotzdem fragt es sich eben, wer »in the long run« die Lacher auf seiner Seite haben wird. Das russische »Budgetrecht« z. B. hat den äußeren Vorzug, daß es die bekannte »Lücke« formal nicht kennt und daher die »Lückentheorie« ausschließt. Es kennt auch die andere für den Parlamentarismus bedenkliche »Lücke« nicht, welche z. B. in Deutschland für die Friedenspräsenz besteht, falls ein Gesetz nicht zustande kommt, und deren geschickte Ausnutzung zu einer schweren Demütigung der Zentrumspartei noch in aller Erinnerung ist: eine Erhöhung der Präsenzziffer ohne Gesetz ist nach den »Grundgesetzen« selbst, die auch der Kaiser nicht suspendieren kann, ausgeschlossen. Es kennt auch keine Möglichkeit einer Budgetverwaltung, wie sie in Preußen 1862—66 bestand, sondern nur das Entweder-Oder: legales Budget oder Budgetzwölftel im Rahmen des letztjährigen Budgets oder Benutzung eines fomalen »Rechts auf Willkür« (Art. 45), welches, als solches, alle besten Instinkte eines selbstbewußten Volkes immer wieder in Bewegung setzen muß. — Die Kodifikation der Karikatur eines immerhin heute so mächtigen Rechtsgedankens, wie der Konstitutionalismus es ist, kann auf die Dauer sehr anders wirken, als die Kodifikatoren erhoffen. Mit einer Art von Bauernschlauheit sucht die verschmitzte Mongolentücke dieser — bei aller Tüchtigkeit vieler einzelner und bei allem Raffinement der Technik — doch politisch unendlich stupiden Bureaukratie klüglich alle Maschen des juristischen Netzes zu schließen, auf daß das Parlament sich in ihnen verfange und gefesselt bleibe. Aber wie die »Heuchelei die Verbeugung des Lasters vor der Tugend« ist, so ist die ausdrückliche Kodifikation eines derart tief unwahrhaftigen Scheinkonstitutionalismus eine ebenso tief erniedrigende »Verbeugung der ‚Idee' der Autokratie vor dem konstitutionellen Prinzip«, sie schädigt auf die Dauer nicht die Achtung vor diesem

---

[131a]) Bedenklich, weil sie den Kaiser persönlich in einem politischen Prozeß, z. B. gegen Abgeordnete, engagiert.

[132]) »Aller Welt bekannt« deshalb, weil wir das entsprechende Unkraut, nur etwas spießbürgerlicher zugeschnitten und glücklicherweise nicht so häufig, bei uns ebenfalls kennen.

Prinzip, sondern sie schädigt die Autorität der Krone, die so offensichtlich sich zwingen läfst, »Konzessionen« an ein ihrer Eitelkeit und ihrem Herrenkitzel widerliches System zu gewähren, statt offen und ehrlich eine Probe mit ihm zu machen. Wenn eine solche »ehrliche Probe« tatsächlich zur Phrasenherrschaft, Verkennung der durch das Entwicklungsstadium gegebenen »Möglichkeiten« und zu Versuchen einer pseudoparlamentarischen Cliquenherrschaft geführt hätte, dann hätte diese alte Krone mit ihrer — trotz allem — noch immer tief im Bewufstsein der Masse wurzelnden religiösen Weihe neben den Bajonetten auch die Macht »ideeller« Kräfte — und seien diese noch so »illusionistischen« Charakters — auf ihrer Seite gehabt, wenn sie alsdann über das formale Recht hinwegschritt und die »Probe« für mifslungen erklärte: ihr Ansehen wäre auf Kosten ihrer wirklich gefährlichen Gegner auf lange hinaus gestärkt aus dem Kampfe hervorgegangen. Jetzt, wo jede Bewegung des Parlaments auf juristische Stacheldrähte stöfst, ist die Sachlage aber offenbar genau die umgekehrte: das Parlament ist in der Lage, die Massen mit der Überzeugung zu erfüllen, dafs die Probe, mit der Krone zu regieren, »mifsglückt« sei, und, wenn man es auseinanderjagt und mit Gewalt und Trug eine »Landratskammer« erzwingt, so hat die »Idee« des Zarismus die Kosten zu tragen. — Gerade die Schliche und Kniffe, durch die man den neuen Grundgedanken verfälschte, werben ihm im öffentlichen Bewufstsein Anhänger. Juristische Finessen vermögen manches, aber in diesen Dingen doch nicht allzu vieles. Schon die erste Sitzung der Reichsduma schritt z. B. über die Bestimmung des Art. 61 des Dumareglements vom 20. Februar: — Verbot der Entgegennahme schriftlicher Erklärungen an die Duma — mindestens dem »Geiste« nach einfach hinweg. Endlos war die Zahl der Begrüfsungstelegramme, die Muromzew vorlas. Da die Regierung nicht, wie Bismarck in einem seiner kleinlichen Momente, die Begrüfsung der Duma seitens der Tschechen als unkonstitutionell sistiert hatte, mufsten auch alle anderen zugelassen werden, ja, der Staatstelegraph beförderte die Begrüfsungstelegramme politischer Häftlinge und ihrer Familien mit der Bitte um Herbeiführung der Amnestie, und die Duma nahm sie unter stürmischen Kundgebungen entgegen.

Doch damit ist der Erörterung weit vorgegriffen. Es ist nunmehr zunächst zu berichten, in welcher Weise denn die Zusammesetzung der parlamentarischen Körperschaften sich vollzogen hat, und wie das, für die Regierung ebenso wie für alle Welt, die russischen Radikalen selbst nicht ausgenommen, so unerwartete Resultat der ersten parlamentarischen Wahlen in Rufsland sich erklärt.

Zur Würdigung der ganzen verblüffenden Wucht dieses Mifserfolges mufs aber noch ein letztes Hauptkunstwerk der Bureaukratie, das Wahlgesetz für die Duma, erörtert werden.

V.

Das Bulyginsche Wahlgesetz (Wahlverordnung vom 6. August 1905) beruhte auf dem Gedanken einer im Anschluſs an das bestehende Semstwowahlrecht ziemlich kompliziert konstruierten Klassen- und Ständevertretung. Innerhalb jedes Wahlbezirks — der normalerweise mit dem Umfang eines Gouvernements zusammenfällt — sollten einerseits die Vertreter des privaten Grundbesitzes, die groſsen persönlich, die kleinen, bis zum Minimalzensus von ein Zehntel desjenigen der groſsen durch Bevollmächtigte, anderseits die Vertreter des städtischen Hausbesitzes und mit ihnen zusammen aller anderen Arten »beweglichen« Besitzes: Handels- und Industriekapitalien und desjenigen »beweglichen« Vermögens, welches sich in der Innehabung besonders wertvoller Wohnungen äuſsert, in zwei gesonderte Sitzungen zur Wahl von Wahlmännern schreiten; als dritte Klasse hatten, wiederum gesondert, die Bauern (im ständischen Sinne des Wortes, also die in die bäuerlichen Steuerlisten Eingetragenen) Wahlmänner zu wählen. Bei der Deputiertenwahl war dann den »Bauern« das Privileg gegeben, in jedem Bezirke Einen aus ihrer Mitte in die Duma zu schicken, alsdann wählten sie mit den Wahlmännern der beiden anderen Klassen zusammen den Rest. Der Zensus in den städtischen und ländlichen Zensusklassen war etwa so bemessen, daſs Besitz im Werte von 30 000—50 000 Rubel oder ein Einkommen in Höhe von mindestens wohl 3000 Rubel dazu gehörte, um denjenigen Bedingungen (Zahlung bestimmter Steuern, Minimalumfang des Grundbesitzes) zu genügen, an die der Besitz einer eigenen Stimme bei der Wahl der Wahlmänner geknüpft war: die kleinen Eigentümer auf dem Lande (nur dort) hatten, wie gesagt, Kurienwahlrecht. Man schloſs also nicht nur das Proletariat (auſser dem bäuerlichen), sondern auch den »unteren Mittelstand« (Handwerker, mittlere Beamte), vor allem aber die nicht mit erheblichem Besitz verknüpfte Intelligenz aus, diese noch speziell durch Aufstellung des gegen populäre »Leader« gerichteten Prinzipes der Wahl »aus der Mitte« des (örtlichen) Wahlkörpers selbst, Verbot der Doppelkandidatur und andere Kautelen. So hoffte man die Interessenten des Besitzes auf der einen Seite, die für »autoritär« gehaltenen Bauern auf der anderen mit den Interessen der Bureaukratie zu verbinden. Die Wahlmänner des »beweglichen« Besitzes waren dabei überall in die Wahlgemeinschaft mit den beiden anderen Klassen hineingebannt und nur eine Anzahl gröſsere Städte als selbständige Wahlbezirke konstituiert. Groſsgrundbesitz und Bauern sollten sich also in die Macht teilen, daneben die »Bourgeoisie« im spezifischen Sinne des Wortes und die »Hausagrarier« der Städte eine warme Ecke reserviert erhalten.

Nach einer Mitteilung im »Prawitjelstwjennyj Wjestnik« war bei der Bestimmung der Vertretung der Deputierten und der Wahlmänner (= ca. 50 auf jeden zu wählenden Abgeordneten) folgendermaſsen verfahren worden: Die auf die einzelnen Gouvernements (mit Ausschluſs der selbständig wählenden Städte) und innerhalb dieser auf die einzelnen Kreise entfallende Anzahl von Wahlmännern sollte sich nach der Volkszahl bestimmen[133]). Die Verteilung der Wahlmänner auf die einzelnen Wählerklassen innerhalb des gleichen Kreises: »städtische« Klasse, ländliche Privatbesitzer, Bauern, sollte bestimmt werden nach der Verteilung der Steuerkraft zwischen ihnen. Zu diesem Behuf wurden die Semstwoabgaben von unbeweglichem Besitz, Handels- und Industrieunternehmungen und die staatliche Wohnungssteuer zugrunde gelegt und danach zuerst die Steuerleistung der »städtischen« Wähler einerseits, der »ländlichen« andrerseits bestimmt, derart, dafs dem »städtischen« Wahlkörper die Leistungen für Besitz jeder Art innerhalb der Stadt, ferner für Gewerbescheine und Gewerbeanlagen aufserhalb der Stadt und endlich für Wohnungssteuer zugute geschrieben wurde, dagegen den ländlichen Wahlkörpern die Steuer vom Bodenbesitz. Zwischen privaten Grundbesitzern einerseits, Bauern andrerseits sollte die Zahl der Wahlmänner proportional der Zahl der Desjätinen bestimmt werden, die einerseits im Privatbesitz sich befinden, andrerseits den Dorfgemeinden als »Nadjelland« zugewiesen sind, so jedoch, dafs auf jede Kategorie von Wählern im Kreise mindestens ein Wahlmann entfiel.

Das Manifest vom 17. Oktober versprach nun Ausdehnung des Wahlrechts auf die nach diesem System unvertretenen Klassen, — und dies schien alle jene Finessen über den Haufen zu werfen. Die Bureaukratie suchte jedoch mit Geschick die Wirkungen der starken Verbreiterung der Wahlrechtsbasis, zu der sie sich genötigt sah, dadurch für sich unschädlich zu machen, dafs sie den Strom der neu hinzukommenden Wähler fast ganz in einen einzigen Kanal hineinströmen liefs: in die, gegenüber den beiden Wählerklassen der ländlichen Grundbesitzer und der Bauern, in hoffnungsloser Minderheit befindliche Klasse der den beweglichen Besitz vertretenden Wähler. Die Zahl dieser Wähler verzwanzigfachte sich mindestens, — die Zahl der von ihnen zu ernennenden Wahlmänner blieb die gleiche. Sehen wir uns das gesetzgeberische Produkt dieses einfachen Kunstgriffes etwas näher an.

Die für die im Frühjahr vollzogenen Dumawahlen mafsgebend gewesenen Bestimmungen mufs man sich aus der kaiserlichen »Verordnung« (Poloshenije) vom 6. August 1905 (Bulyginsches Wahlgesetz), den Allerhöchst bestätigten »Wahlreglements« vom 15. September 1905 und 11. Oktober 1905 (für Polen), dem

---

[133]) Diese Verteilung auf die Gouvernements nach der Bevölkerungsziffer (offenbar auf Grund der im »Jeshegodnik Rossii« 1904 gegebenen Zahlen) ist nicht exakt durchgeführt. Es hätten (anscheinend) auf je eine Million Einwohner vier Dumamitglieder kommen sollen. Aber z. B. die Gouvernements Esthland und Olonetz haben, danach bemessen, je ein Mandat zu viel, Pskow und Chersson je zwei zu wenig erhalten, und auch sonst stimmt die Rechnung für 16 weitere Gouvernements nicht. Alles aus gänzlich unbekannten Gründen.

»besonderen Allerhöchsten Ukas« vom 20. Oktober 1905 (für Sibirien), dem »besonderen Allerhöchsten Ukas« vom 11. Dezember 1905 (neues, ergänzendes Wahlgesetz), der Ministerialinstruktion vom 17. Dezember 1905 betr. die Wählerlisten, dem Allerhöchst bestätigten Wahlreglement für den Kaukasus vom 2. Februar 1906, dem Ukas über die Wahltermine vom 12. Februar 1906, der ministeriellen Wahlinstruktion vom 24. Februar 1906, dem Ukas vom 7. März 1906 über das Wahlverfahren, dem Allerhöchst bestätigten »Reglement« für die Wahlen der südöstlichen Viehzüchter vom 25. März 1906 und den erst im April erschienenen Bestimmungen über die Wahlen in Zentral- und Ostasien zusammensuchen. Danach gilt — unter Ausschaltung der letztgenannten, und hier nicht interessierenden Gebiete — folgendes:

1. Eigene Deputierte, zusammen 35, wählen 26 grofse Städte, und zwar: Petersburg 6, Moskau 4, Warschau 2, ferner je 1: in Grofsrufsland: Jekaterinoslaw, Kursk, Orjól, Tula, Woronesh, Charkow, Jarosslowlj, Nishnij-Nowgorod, — im Osten: Kasanj, Ssamara, Ssaratow, Astrachanj, — im Süden: Odessa und Rostow am Don, — im Westen und Südwesten: Wilna, Kiew, Kischinew, — in den Ostseeprovinzen: Riga, — in Polen: (aufser Warschau) Lodz, — im Kaukasusgebiet: Tiflis und Baku, — in Mittelasien: Taschkent, — in Sibirien: Irkutsk. Das aktive Wahlrecht haben in diesen Städten alle Personen, welche dort entweder 1. zu Eigentum oder lebenslänglicher Nutzung Immobilien besitzen, die mit Staats- oder Gemeindesteuern belegt sind, oder 2. seit einem Jahr ein zur Entnahme eines Gewerbescheines verpflichtendes Gewerbe betreiben, oder 3. seit einem Jahr Wohnungssteuer zahlen, oder 4. seit einem Jahr Gewerbesteuer von persönlicher gewerblicher Beschäftigung zahlen, oder 5. seit einem Jahr eine selbständige Wohnung innehaben, oder endlich 6. seit einem Jahr in der Stadt leben und Gehalt oder Pension vom Staat oder Semstwo oder einer städtischen oder ständischen Korporation oder von Eisenbahnen beziehen (jedoch unter Ausschlufs der niederen Bediensteten und Arbeiter). Alle diese Personen müssen russische Untertanen[134]), weder aktive Militärs noch Schüler oder Studenten, männlichen Geschlechts[135]), wahlmündig (25 Jahre alt), der russischen Sprache mächtig und ferner nicht durch die allgemeinen Ausschliefsungsgründe (§§ 7 u. 8 der Verordnung vom 6 August 1905) behindert sein. Diese Behinderungsgründe betreffen (§ 7) neben Personen, welche wegen gewisser gemeiner Verbrechen in gerichtlicher Untersuchung sich befinden, Entmündigten und Bankerotteuren auch solche Personen, die wegen eines zur Amtsentsetzung führenden Vergehens oder überhaupt wegen einer Handlung, welche zur Beschränkung der Verfügung über das Vermögen führen kann — und dazu gehören gewisse wichtige politische Verbrechen — nicht etwa nur verurteilt sind, sondern auch sich nur in Untersuchung befinden. Das hat die Handhabe geboten, zahlreiche politisch »verdächtige« Personen in der Zeit der Wahlbewegung durch Einleitung einer Untersuchung auf Grund irgendeines wirklichen oder angeblichen politischen Prefsvergehens von der Wahlqualifikation auszuschliefsen,

---

[134]) Aber ohne Unterschied der Rasse und Konfession. Ausgeschlossen sind die »umherschweifenden Fremdvölker« (Zigeuner und nordsibirische Naturvölker).

[135]) Nur Frauen, die die Immobiliarbesitzqualifikation besitzen, können (nach § 9 der Verordnung vom 6. August und § 8, 11, 12, 13 des Reglements vom 18. September 1905) ihre Gatten oder Söhne in die Listen eintragen lassen. — Von Männern sind Vollmachten nur zugunsten von Söhnen zugelassen.

so Miljukow und Hessen in Petersburg. Des weiteren sind (§ 8) die Gouverneure und Vizegouverneure und alle eine polizeiliche Funktion ausübenden Beamten am Ort ihrer Tätigkeit ausgeschlossen. Andere staatliche Beamte sind wählbar, müssen aber nach § 53 — eine auf Herabdrückung des Niveaus der Duma abzielende sehr fühlbare Beschränkung bei der grofsen Zahl tüchtiger und sachkundiger liberaler Staatsbeamter — ihr Amt im Falle der Wahl niederlegen. Endlich — diese Bestimmungen sollten die Chancen populärer Kandidaten und der hauptstädtischen Intelligenz möglichst herabsetzen, überhaupt ebenfalls das geistige Niveau der Duma tunlichst drücken — verbietet § 54 Kandidaturen einer Person zur Abgeordnetenwahl an mehr als einem Ort und hält das Gesetz durchweg den Grundsatz fest, dafs das passive Wahlrecht in einem Wahlkörper nur hat, wer in demselben Wahlkörper das aktive besitzt. Nicht nur also kann niemand zum Wahlmann in einem Bezirk gewählt werden, in dem er nicht selbst wahlberechtigt ist, sondern auch zum Abgeordneten kann nur ein zum Wahlmann in dem betreffenden Wahlkreis Gewählter kandidieren. So hervorragende Vertreter der Mittelparteien wie Schipow und Gutschkow sind auf Grund dieser Bestimmung nicht in die Duma gekommen, ebenso der Vorstand des Zentralkomitees der konstitutionellen Demokraten Fürst Paul Dolgorukow, da man in Moskau nur die Wahl zwischen ihm und Professor Herzenstein hatte und den letzteren vorzog, weil — eben infolge jener »staatserhaltenden« Bestimmungen — die Partei sonst über keinen fachmäfsig gebildeten Finanz- und Agrarpolitiker in der Duma verfügt hätte. Da gerade unter den Demokraten eine ganze Fülle der allertüchtigsten akademischen Fachmänner auf dem Gebiet der Agrarfragen sich findet, zeigt jene Begründung allein schon, was mit jener Bestimmung faktisch erreicht worden ist. Im übrigen hat sie allerdings hier und da die Wirkung gehabt, dafs die Wahlmänner bezüglich der Persönlichkeit des zu wählenden Abgeordneten einen gewissen Einflufs ausüben konnten. Wo sie, wie in den gröfsten Städten oft, einer einzigen Partei angehörten, fügten sie sich meist der Parteiorder und spielten nur selten eine ausschlaggebende Rolle: sie akzeptierten die in Parteiversammlungen vorher nominierten Kandidaten [136]). Der Kampf innerhalb ihrer Kollegien diente vielmehr den Wahlkabalen zwischen den Parteien, wo mehrere Gruppen sich um die Mandate zu streiten hatten. Bei der — aufser bei der Demokratie — noch ganz in den Windeln steckenden Parteiabgrenzung waren dabei Zufallsergebnisse aller Art an der Tagesordnung, die überdies durch das später noch zu erörternde Wahlverfahren begünstigt wurden. Dafs ein Wahlmännerkolleg zugleich revolutionäre und extrem konservative Deputierte entsendete, ist auf dem Lande mehrfach vorgekommen [137]).

---

[136]) Es wurde, nach der Niederlage der Mittelparteien in Petersburg, als ein schwerer Fehler bezeichnet, dafs sie ihre Deputiertenkandidaten nicht vor der Wahl der Wahlmänner nominiert hatten, wie die Demokraten es taten. Ein gut Teil persönlicher Zugkraft sei ihnen damit verloren gegangen.

[137]) Die Frage, ob man die Wahlmänner der Partei etwa als Vertrauensmännerkollegien in den einzelnen Wahlkreisen brauchen könne, wurde nach der Wahl auf dem Aprilkongrefs der Demokraten bestimmt verneint: sie seien allzu oft nur Streber, von denen jeder selbst Deputierter werden wolle — eventuell durch Schacher auch auf Kosten der Partei — oder — dürfen wir wohl hinzufügen — Lokalgröfsen, die zu systematischer Arbeit unbrauchbar wären. Das persönliche

Das Wahlrecht ist ferner kein **allgemeines**: nicht nur Haussöhne und Dienstboten, auch alle Handwerksgesellen und Arbeiter, soweit sie nicht das Arbeiter-Sonderwahlrecht oder »selbständige« Wohnungen besaßen, — was bei den russischen Arbeitern bekanntlich seltener als bei uns der Fall ist — waren ausgeschlossen. Dagegen ist das Wahlrecht in den Städten für die Berechtigten unter sich **gleich** und **geheim**. — Zu den Wahlmännern, die auf Grund dieses Wahlrechts ernannt wurden, treten nun hinzu diejenigen, welche auf Grund des eben bereits beiläufig erwähnten, später noch eingehender zu schildernden **Sonderwahlrechts** gewisser Kategorien von **Fabrikarbeitern** durch deren in den Fabriken ernannte Bevollmächtigte gewählt werden. Nur in den Städten St. Petersburg, Moskau, Lodz und allenfalls Warschau konnten jedoch diese Arbeiterwahlmänner eine zahlenmäßig in Betracht kommende Rolle spielen. Die dergestalt wahlberechtigten Arbeiter haben also in den Städten, wenn sie eine selbständige Wohnung oder — was freilich kaum vorkommen dürfte — eigens steuerpflichtiges Bodeneigentum besitzen, ein Doppelwahlrecht. Bei den Wahlen hat sich das insofern geltend gemacht, als die von ihrer Partei zum »Boykott« der Duma genötigten sozialdemokratischen Arbeiter vielfach die Ausübung ihres Sonderwahlrechts als Fabrikarbeiter abgelehnt, von ihrem Wahlrecht als Wohnungsinhaber aber Gebrauch gemacht haben.

Die Geltendmachung des Wahlrechts der lediglich auf Grund des Innehabens einer »selbständigen Wohnung« Qualifizierten — dies ist die weitaus wichtigste der nach dem Manifest vom 17. Oktober durch das Gesetz vom 11. Dezember neu zugelassenen Wählerkategorien — ist nun aber dadurch erschwert, daß sie, im Gegensatz zu den anderen von Amts wegen auf Grund der Angaben der Steuerbehörde bezw. der die Gehälter zahlenden Instanzen ermittelten und registrierten Wähler, **nur** auf Grund einer von ihnen innerhalb drei Wochen nach Publikation des Ukases vom 11. Dezember 1905 abzugebenden schriftlichen Erklärung in die Wählerlisten eingetragen werden und ihr Recht durch Vorlegung des Mietsvertrages erweisen müssen. Die »örtliche Polizei«, welche nach der Ministerialinstruktion vom 17. Dezember ebenfalls zur »Mitteilung« von Listen solcher Personen an die Wahlbehörde berechtigt ist, kann dabei natürlich »mit Auswahl« verfahren. Jene verschiedene Behandlung der Wähler wurde mit der notwendigen Beschleunigung der Fertigstellung der Wählerlisten motiviert, hatte aber daneben natürlich wahlpolitische Zwecke. Ihr zufolge schlossen sich alle jene radikalen Elemente, welche die Duma zu »boykottieren« beabsichtigten, freiwillig von der Eintragung in die Wählerlisten aus. In Moskau, wo man seitens der Stadt alle eventuell Wahlberechtigten amtlich ermittelt und ihnen die Wählerkarten ins Haus geschickt hatte, sollen nach einer Zeitungsnachricht, die ich nicht kontrollieren kann, 7000 (?) Wähler die Zettel mit dem Vermerk: »ich boykottiere« zurückgeschickt haben.

2. Die sämtlichen übrigen Deputiertenmandate [137a] sind auf die 51 Gouverne-

---

Moment spielte eben — darin hatte die Regierung ganz richtig gerechnet — in diesem Wahlkampf noch eine bedeutende Rolle und hinderte hie und da die elementare Stimmung der Massen, so voll zum Ausdruck kommen, wie ohne die indirekte Wahl. Am Ergebnis wurden dadurch, aus Gründen, die sich weiterhin ergeben werden, doch nur gewisse Prozente »abdividiert«, aber nichts Entscheidendes geändert.

[137a]) Die Art der Wahlen in Zentral- und Ostasien bleibt hier unerörtert.

ments des europäischen Rußland mit 384, die 10 Gouvernements des Zartums Polen mit 33, nebst 1 für das »Cholmsche Rußland«, die 4 sibirischen mit 13, die 10 Gouvernements und »Territorien« (oblasti) des Kaukasus mit 27 und mit je 1 auf die Kirgisen und Kalmücken verteilt. Die Deputierten werden in G o u v e r n e m e n t s - Wahlmännerversammlungen in geheimer Abstimmung gewählt. Die Zahl der Abgeordneten, die auf ein Gouvernement bezw. ein »Territorium« entfällt, schwankt zwischen 2 (Archangel) und 15 (Kiew ohne die Stadt). In den europäisch-russischen Gouvernements, auf die wir uns hier beschränken wollen, ist nun das Wahlrecht — für welches die gleichen allgemeinen Ausschließungsgründe gelten, die früher besprochen wurden — folgendermaßen geregelt [137b]). Die gesetzlich festgestellte Zahl der W a h l m ä n n e r des Gouvernements ist auf die K r e i s e (Ujesds) verteilt. Sie werden innerhalb dieser von folgenden Wahlkörpern nach den folgenden

---

[137b]) Die Art der Gestaltung des »ländlichen« Wahlrechts ist eine Modifikation der bestehenden Semstwowahlordnung (»Sswod Sakonow«, Bd. II Teil 1, Poloshenije o gubernskich i ujesdnych semskich utschreshdjenijach, Kap. III Abt. 1 Art. 15 ff.). Nach den seit 1890 geltenden Bestimmungen werden die Kreissemstwomitglieder folgendermaßen gewählt: 1. Personen, Gesellschaften (insbes. Handelsgesellschaften) oder Genossenschaften, als »nützlich« anerkannte Vereine, Lehranstalten, welche a) entweder steuerpflichtigen landwirtschaftlichen Grundbesitz in einem (je nach dem Kreise) zwischen 125 und 300 Desjätinen schwankenden Umfang oder b) anderen Grundbesitz im Schätzungswert von 15 000 Rubel besitzen (zu Eigentum, auf Lebensdauer oder zu Possessionsrecht) wählen persönlich bezw. durch ihren gesetzlichen Vertreter (Direktoren der Gesellschaften usw). 2. Nicht zum Bauernstande gehörige (physische) Personen, welche $^1/_{10}$ des Grundbesitzzensus ad 1 besitzen, entsenden einen Bevollmächtigten in die Wahlversammlung der Klasse 1. In j e d e r dieser beiden Zensusklassen wählen gesondert: a) die Adligen, b) die übrigen. — Die Zahl der von der K l a s s e Nr. 2 zu ernennenden Bevollmächtigten richtet sich nach dem Steuerzensus, welchen die jeweils e r s c h i e n e n e n Wähler repräsentieren, im Verhältnis zu dem für das persönliche Wahlrecht der Klasse 1 erforderlichen Zensus. Die Verteilung der zu wählenden Semstwomitglieder zwischen Adlige und Nichtadlige dagegen ist für jeden Kreis gesetzlich (»Sswod Sak.« a. a. O., Beilage zu Art. 14) geordnet, und zwar so, daß, mit ganz vereinzelten Ausnahmen, die Vertreter der Adligen überall in der Mehrheit sind, in den meisten Fällen ihre Zahl sich zu der der Klasse b wie 3 : 1 verhält; 3. die Bauern wählen in den Wolosts je einen Bevollmächtigten, aus denen der Gouverneur die im Gesetz für jeden Kreis vorgeschriebene Anzahl von Mitgliedern des Semstwo (mit vereinzelten Ausnahmen die entschiedene Minderheit gegenüber den Vertretern der beiden anderen Klassen) e r n e n n t. (Außerdem gehören dem Kreissemstwo an die Bürgermeister der Landstädte und Vertreter der Domänen- und Apanagenverwaltung und, als gesetzlicher Präsident, der Adelsmarschall.) Man erkennt leicht die insbesondere durch Wegfall der nicht physischen Personen, ferner der Adelsvorrechte und, bei den Bauern, des Ernennungsrechts des Gouverneurs, ferner durch Ausscheidung aller nicht landwirtschaftlichen Elemente aus der Gouvernementswählerschaft in die besondere »städtische« Wählerklasse und die Beseitigung des Zensus der 2. Klasse ländlicher Privatbesitzer und endlich durch die Privilegierung der Bauern verursachten Abweichungen in der Gestaltung des Dumawahlrechts. Die Zulassung von Administratoren in der oberen Zensusklasse bestand ebenfalls schon für

Wahlsystemen ernannt: 1. für die **städtischen** Wähler des Kreises besteht jetzt[138]) dasselbe, gleiche, geheime, indirekte Zensuswahlrecht wie in den Städten mit selbständiger Deputiertenwahl. Aber einerseits gehören zu den »**städtischen**« Wählern hier **neben** solchen Gewerbetreibenden mit Gewerbeschein, Wohnungssteuerzahlern, Gewerbesteuerzahlern und Empfängern öffentlicher Gehalte oder Pensionen, die in diesen Städten selbst Gewerbe treiben bezw. wohnen, auch solche, die auf dem **Lande** in dem betreffenden Kreise Gewerbe mit Gewerbeschein treiben oder Gewerbesteuer oder Wohnungssteuer zahlen oder Gehalte und Pensionen empfangen; — die Innehabung einer »selbständigen« Wohnung genügt dagegen zum Wahlrecht **nur**, wenn diese innerhalb der **städtischen** Ansiedelungen liegt. Die von diesen »städtische« Wahlversammlungen gewählten Wahlmänner, deren Zahl für jedes Gouvernement besonders bestimmt ist, treten alsdann mit den von den ländlichen Wählern des betreffenden Gouvernements ernannten zur Wahl der Abgeordneten zusammen, — 2. die ländlichen Wähler jedes Kreises sind wiederum in zwei ständische Klassen geschieden: a) »Bauern« und b) private Grundbesitzer und ihnen gleichstehende Wahlberechtigte, wozu dann noch — 3. auch hier die »Arbeiter« treten. Was zunächst die Kategorie 2 a (»Bauern«) anlangt, so hat man sich gegenwärtig zu halten, dafs der Begriff »**Bauern**« in Rufsland **formell** mit denjenigen Personen zusammenfällt, welche nach den Bauernordnungen und andern speziellen Gesetzen der Zuständigkeit der speziellen bäuerlich-ständischen Institutionen, speziell der »Wolost«, unterstehen und zu deren Versammlungen wählen. Welches diese Personen sind, ergibt sich also nicht aus ihrem Wohnsitz oder Beruf oder aus dem Mafs oder der ökonomischen Qualität des Grundbesitzes, sondern lediglich daraus, ob der Betreffende einer Dorfgemeinde oder, falls er zu keiner Gemeinde gehört, direkt[139]) einer Wolost »zugeschrieben« **und** zum Wolost-Sschod wählbar ist. Ob dies aber der Fall, ist wesentlich von der **historischen** Frage abhängig: ob er bezw. seine Vorfahren von der Emanzipationsgesetzgebung Alexanders II. betroffen worden oder durch spätere Gesetze (besonders die Übersiedlungsgesetze) der durch diese Gesetzgebung s. Z. emanzipierten Bevölkerung rechtlich gleichgestellt worden ist, es sei denn, dafs er seitdem in gültiger Weise aus dem bäuerlichen **Stand** ausgeschieden ist (was aufser im Fall bestimmter Diplome[140]) regel-

---

die Semstwos in einigen nördlichen Gebieten (Wjatka, Wologda), die Zulassung der Pächter in der Oberklasse ist neu. Ebenso ist die Verteilung der Wahlstimmen zwischen Grundbesitz und Bauern für die Duma eine etwas andere, den Bauern günstigere. — Auch das Prinzip der Wahl nur »aus der eigenen Mitte der Wahlberechtigten« entstammt der Semstwowahlordnung.

[138]) Das Bulyginsche Gesetz hatte für die selbständig wählenden Grofsstädte einen anderen, höheren, Zensus festgesetzt als für die innerhalb der Kreise wählenden Städte.

[139]) Das **passive** Wahlrecht aber ist an die Zugehörigkeit zu einer Dorfgemeinde geknüpft (Art. 17 der Wahlverordnung). Dies hat zur Folge, dafs alle Bauern, welche einer Gemeinde nie zugehört haben und direkt der Wolost unterstehen, des passiven Wahlrechts entbehren.

[140]) Insbesondere gab nach dem Statut von 1884 die Vollendung der Universitätskurse das Recht — also nicht die Pflicht — zur Folge, aus dem Stande der Bauern auszuscheiden. (Aber die Ergreifung des Studiums selbst konnte die Gemeinde für ihre Angehörigen eventuell verhindern.) Nach der Redaktion des

mäfsig die Zustimmung seiner Gemeinde voraussetzt). Selbstverständlich sind also diese »Bauern« im ständischen Sinn nicht etwa identisch mit »Bauern« im ökonomischen Sinn[141]), mögen diese auch (sofern man die »Büdner« und »Häusler« unseres Sprachgebrauchs ebenfalls als »Bauern« bezeichnen will) natürlich die grofse Mehrheit der den Dörfern zugeschriebenen und darin stimmberechtigten Bevölkerung bilden. Unter ihren Personalien nach bekannten 152 gewählten »Bauern« befanden sich: 7 Vorsteher und Mitglieder von Semstwo-Uprawas, 1 Semstwomitglied, 1 Gutsbesitzer, 2 Anwälte, 10 Pädagogen, 1 Volksschullehrer, 1 Seminarist, 1 Eisenbahnschüler, 1 Student, 1 Verleger, 5 Wolostschreiber, 8 Wolostvorsteher, 3 Wolostrichter, 1 Arzt, 1 Versicherungsagent, 3 Semstwobedienstete, 2 Redaktionsbedienstete, 1 Eisenbahnbediensteter, 2 Schmiede, 1 Hausindustrieller (Kustar), 1 Kutscher, 1 Müller, 2 Kleinhändler, 4 Arbeiter, 69 wirkliche »Getreidebauern«, der Rest war noch unbekannt. — »Wählerlisten« für diese bäuerlichen Wähler existieren nicht, denn die Wahl erfolgt durch die bäuerlichen ständischen Selbstverwaltungskörper. Das Wahlrecht, auf welchem diese ruhen, ist letztlich das bäuerliche Gemeindestimmrecht, und dieses ist rein gewohnheitsmäfsig fixiert und steht regelmäfsig allen »Hauswirten« zu. In Polen hat man, da hier die russischen Institutionen nicht bestehen, für die Wahlen der bäuerlichen Gemeinden (Gmina) die Wahl durch den Sschod (die Gemeindeversammlung) angeordnet, dabei aber eine obere Besitzgrenze gezogen: alle diejenigen, welche 10 Defsjätinen (11 ha) Land besitzen, scheiden dadurch für die Wahl aus der Gmina aus und wählen in der Klasse der »Grundbesitzer«. Für die europäisch-russischen Gouvernements wird dagegen das Wahlrecht nicht direkt in den einzelnen Dorfgemeinde-Versammlungen, sondern so ausgeübt, dafs die zu Zwecken der bäuerlich-ständischen Selbstverwaltung (oder richtiger Quasi-Selbstverwaltung) bestehenden Wolost-Versammlungen[142]), — welche ihrerseits aus je 1 auf je 10 Höfe gewählten und auf Verlangen der Gemeinden vor Beginn der Dumawahlen neu zu wählenden Bauerndeputierten bestehen, — je 2 Bevollmächtigte in geheimer Abstimmung wählen und diese Bevollmächtigten ihrerseits ebenso die für jedes Gouvernement besonders bestimmte Zahl von Wahlmännern in die Wahl-

»Sswod Sakonow« von 1903 Bd. V Art. 5 der Beilage zum Art. 586 des Statuts betr. die direkten Steuern hängt die Streichung aus den Steuerlisten und damit aus der »podatnoje ssostojanie« (der steuertechnische Ausdruck für »Bauernstand«) von der Vollendung der Universitätsstudien und einem Antrag des Betreffenden ab, welchem dann willfahren wird, wenn er sich dem staatlichen Dienst oder dem Lehr- oder kirchlichen Beruf widmet.

[141]) So waren von den Arbeitern der Emil Zindlerschen Manufaktur nach der Untersuchung Scherbakows nur 10,8 % ohne jedes Band mit dem Dorf, 3,6 % hatten Häuser im Dorf, 12,3 % einen Nadjel, den sie verpachteten, 61,4 % einen Nadjel, den ihre Familie bewirtschaftete, 11,9 % gingen zur Bestellung ihres Nadjel periodisch auf das Land. (Die Zahlen hat auch Tugan-Baranowski in die 2. Auflage seiner »Fabrik« übernommen). Im Ganzen pflegt man für 50 % der Arbeiter anzunehmen, dafs sie das »Band mit dem Dorf« rechtlich verloren haben.

[142]) Der Wolost-Sschod ist eine so gut wie nur zur Wahl der ständisch-bäuerlichen Beamten und zu Besteuerungszwecken zusammentretende Körperschaft, die Wolost selbst heute im wesentlichen ein lebloser passiver Zweckverband.

männerversammlung des betreffenden Gouvernements entsenden. Hier wählen alsdann die Wahlmänner der Bauern jedes Gouvernements bezw. Torritoriums vorweg einen Abgeordneten aus ihrer Mitte und beteiligen sich dann an der gemeinsam mit den Wahlmännern der Städte und den von den anderen ländlichen Wahlberechtigten gewählten Wahlmännern vorzunehmenden Wahl der übrigen auf das Gouvernement entfallenden Abgeordneten. Das ständische Sonderwahlrecht der Bauern geht also durch einen vierfachen Filter. Charakteristisch ist dabei noch, dafs im Gegensatz gegen die generelle Disqualifizierung aller mit Polizeifunktionen betrauter Beamten, gerade die, bei der heutigen Kontrolle der bäuerlichen Gemeindewahlen durch die Semskije Natschalniki, fast immer von ihnen abhängigen Dorf-Starosten und Wolost-Starschinen nicht von der Wahl ausgeschlossen wurden. Tatsächlich bildet das Mafs, in welchem solche Gemeindebeamten von den Bauern gewählt wurden, einen ziemlich exakten Gradmesser für den Druck »von oben«, — wo immer die Bauern »frei« wählen konnten, haben sie fast ganz regelmäfsig gerade diese Funktionäre nicht gewählt. — Die privaten Grundbesitzer und ihnen gleichgestellten ländlichen Wahlberechtigten (Kategorie 2 b) sind unter sich wieder in zwei Klassen geschieden. Die Zugehörigen der oberen (Zensus-) Klasse sind direkt in Person an der Wahl der Wahlmänner in den in jedem Kreise (Ujesd)[143]) stattfindenden Wahlversammlungen der privaten Grundbesitzer beteiligt, die der unteren wählen Bevollmächtigte in diese Wählerversammlung. Der Zensusklasse (Grofsgrundbesitzer und Grofslandwirt) gehören Eigentümer oder Nutzniefser auf Lebenszeit, ferner Administratoren oder Pächter (seit mindestens einem Jahre) von ländlichem Grundbesitz, Bergwerksbesitzer zu Possessionsrecht, Eigentümer oder lebenslängliche Nutzniefser von anderem Immobilienbesitz, jedoch mit Ausnahme des zu Handels- und Industriezwecken benutzten Bodens — der zur Wahl in der städtischen Wählerklasse qualifiziert — unter der Voraussetzung an, dafs der Umfang des betreffenden Besitztums ein für jeden Kreis (Ujesd) besonders festgestelltes Mindermafs an Fläche, bei nicht landwirtschaftlichem oder bergwerklichem Besitz aber den Wert von 50 000 Rubel erreicht. Das Mindestmafs der Fläche für den landwirtschaftlich genutzten Boden schwankt zwischen 100 und 800 Defsjätinen (letzteres in einem Kreise des Gouvernements Archangelsk) und beträgt im Mittel etwa 250—300 Defsj. Das Wahlrecht der zu dieser Klasse gehörenden ländlichen Zensuswähler ist also geheim, unter sich gleich und zweistufig »indirekt«: sie sind persönlich an der Wahl der Wahlmänner der Grundbesitzerklasse beteiligt. Der unteren Klasse der ländlichen Wähler (Kleingrundbesitzer) gehören an: 1. alle Eigentümer oder lebenslängliche Nutzniefser von Immobilien im Kreise, welche nicht den Census der Oberklasse erreichen, 2. Geistliche oder Vorsteher von Kirchen und Bethäusern (aller Konfessionen), sofern die betreffende Kirche usw. mit Land im Kreise bewidmet ist. Diese Unterklasse entsendet, wie schon gesagt, in geheimer Abstimmung zu wählende Bevollmächtigte in die Versammlung, welche die Wahlmänner der ländlichen privaten Grundbesitzer zu ernennen hat, und zwar in einer Anzahl, welche dem Gesamtumfang des nicht den Zensus der Oberklasse erreichenden privaten Immobilienbesitzes im Verhältnis zu dem Gesamtumfang dieses letzteren entspricht. Das Wahlrecht dieser Kategorie ist also unter sich gleich,

---

[143]) Es ist üblich, »Ujesd« mit »Kreis« zu übersetzen. Richtiger wäre, das Wort mit »Bezirk« zu übertragen. Dem Umfang nach entspricht dieser »Bezirk« weit mehr unseren »Regierungsbezirken« in Preufsen als den »Kreisen«.

geheim und dreistufig indirekt, sie hat ebenso wie die Städte und die Grofsgrundbesitzer und im Gegensatz zu den Bauern, kein Recht auf Sonderwahl eines
Deputierten aus ihrer Mitte. — Das Wahlrecht der grofsindustriellen A r b e i t e r (Kat. 3)
endlich, welche in 46 Gouvernementswahlversammlungen Wahlmänner entsenden,
ist, ebenso wie das der Kleingrundbesitzer, geheim und dreistufig indirekt und ebenfalls ohne Anspruch auf gesonderte Wahl von Abgeordneten aus ihrer Mitte. Dies
Wahlrecht steht aber nicht jedem Fabrikarbeiter als solchem zu, sondern an die
Voraussetzung, seit einem Jahre als Arbeiter in einer Werkstatt (d. h. Fabrik, Berg-
werk, Hüttenwerk, Eisenbahn) mit mindestens 50 Arbeitern beschäftigt zu sein,
geknüpft. Dabei ist es nun — wohlgemerkt — ganz gleichgültig, wieviel w a h l -
b e r e c h t i g t e Arbeiter in der betreffenden Werkstatt vorhanden sind. Wenn eine
Spinnerei mit 50 weiblichen Arbeitskräften daneben einen einzigen männlichen
Arbeiter beschäftigt, fällt seine Stimme ebenso stark ins Gewicht wie die von je
1000 Wählern aus einem Hüttenwerk, welches mehrere Tausend erwachsener Arbeiter
beschäftigt, oder von 1999 Arbeitern aus einer Fabrik, die etwa gerade diese Anzahl
beschäftigen würde. Denn dies wunderliche Sonderwahlrecht, welches einerseits nur
grofsindustriellen Arbeitern zustehen soll, unter diesen aber wieder die Arbeiter in
den kleineren Fabriken begünstigt, wird ausgeübt durch die geheime Wahl von
»Bevollmächtigten« innerhalb der einzelnen Fabrik [144]): von 50—1000 je einer, ein
weiterer je auf jedes weitere (volle!) Tausend, welche alsdann die für jedes Gouvernement festgesetzte Zahl von Wahlmännern in die Gouvernementsversammlung entsenden. Ein Doppelwahlrecht hat also der Arbeiter für die Gouvernementswahlen
1. dann, wenn er in einer Stadt wohnt und eine selbständige Wohnung hat, 2. wenn
er, was in Kleinstädten und namentlich auf dem Lande immerhin hier und da vorkommen kann, städtisches oder ländliches steuerpflichtiges Grundeigentum besitzt,
3. indirekt auch dann, wenn er als Haushaltungsvorstand im Dorf wahlberechtigt
zur Wolostversammlung ist. Diese Fälle sind wohl die einzigen praktisch in Betracht
kommenden. Für die übrigen Wählerklassen ist — während die Wahlgesetzgebung
ein »Pluralstimmrecht« einer Person in einem und demselben Wahlkreise (abgesehen
von demjenigen der Arbeiter) ausdrücklich ausschliefst — die Häufung von Stimm-
rechten in v e r s c h i e d e n e n Wahlkreisen natürlich etwas nicht Ungewöhnliches, da
jemand in den verschiedensten Kreisen Grundbesitz haben, in wiederum anderen
Inhaber von Gewerbebetrieben sein, in noch anderen Wohnungssteuer zahlen und
endlich in einer Stadt, die in keinen von all diesen Kreisen liegt, seit Jahresfrist
eine abgesonderte Wohnung innehaben oder, ohne eine solche, dort leben und
Gehalt oder Pension beziehen kann. Die unteren Staffeln der Wahlen — Wahl der
»Bevollmächtigten« und »Wahlmänner« — finden nach Gutbefinden der Lokalbehörden
und daher an sehr verschiedenen Tagen statt, und da auch die ursprüngliche
Fassung des Wahlgesetzes, wonach die Wahlen im ganzen Reich am selben Tage
stattfinden sollten, (in welchem Falle nur durch die zulässige Bevollmächtigung
von S ö h n e n eine Ausübung des mehrfachen Wahlrechts möglich gewesen wäre)
wieder beseitigt worden ist: — kaiserliche Ukase beraumen jeweils für die einzelnen
Gouvernements die Wahltage an — so ist in thesi in allen Instanzen die Ausübung
dieses mehrfachen Stimmrechts möglich. Gleichwohl fällt es ziffernmäfsig keines-

---

[144]) Es bedurfte eines besonderen Senatsbeschlusses, um festzustellen, dafs auch
für die Arbeiter die Wahlqualifikation des männlichen Geschlechts und wahlmündigen
Alters gilt.

wegs ins Gewicht. Seine praktische Bedeutung liegt vielmehr fast ausschliefslich auf dem Gebiet des **passiven** Wahlrechts, indem sie den wahlpolitischen Zweck der Beschränkung der Wählbarkeit auf Personen, die in dem betreffenden Bezirk aktives Wahlrecht besitzen, teilweise wieder aufhebt. Fürst E. Trubezkoj war z. B. an mindestens drei Orten (Kijew, Tula, Moskau) aus untereinander verschiedenen Gründen zur Wahl qualifiziert. Die Bedeutung dieser passiven mehrfachen Wahlqualifikation wird jedoch wiederum durch das Verbot, **gleichzeitig** in mehreren Wahlkreisen für die Duma zu kandidieren, stark geschwächt.

Die Gouvernementsversammlung setzt sich also — um zu resumieren — aus Wahlmännern zusammen, welche gewählt worden sind 1. von den »städtischen« Wählern, d. h. der Bewohnerschaft der Städte **und** den qualifizierten Gewerbetreibenden und den Wohnungssteuerzahlern des platten Landes, 2. von den grofsen Landwirten (Eigentümern, Administratoren, Pächtern, Nutzniefsern) und den Bergwerks-Possessions-Besitzern in gemeinsamer Sitzung mit den Bevollmächtigten der privaten Kleingrundbesitzer und der Geistlichkeit, 3. von den Bevollmächtigten der von den Bauern gewählten Wolostversammlungen, 4. von den Bevollmächtigten der Arbeiter der qualifizierten industriellen Grofsbetriebe.

Nun fällt zunächst in die Augen, dafs bei dem grofsen Landwirt der Umfang seines Besitzes bezw. Betriebes ihm ein überaus stark bevorzugtes Wahlrecht gewährt, ja dafs den kleinen Besitzern gegenüber der grofse Besitz sogar noch **stärker** ins Gewicht fällt, als der Besitzverteilung entsprechen würde (da der Eigentümer **und** ein oder mehrere seiner Grofspächter und Administratoren, letztere allerdings nur nach persönlicher Anmeldung und Nachweisung ihres Wahlrechts, wie die Klasse der »Wohnungsinhaber« in den Städten, persönliches Stimmrecht haben, die abhängigen Administratoren aber de facto jedenfalls bequeme »Träger« der Stimme des Eigentümers sind [145]), während im schroffen Gegensatz dazu der **bewegliche** Besitz (aufser dem ländlichen Pächterkapitel) **gar nicht privilegiert** ist. Der Grofsindustrielle ist vielmehr, auch bei Ansässigkeit auf dem Lande, des Zensuswahlrechts beraubt und in die städtische Wählerschaft eingereiht, dort aber mit jedem, der eine »selbständige Wohnung« innehat, auf die gleiche Stufe gestellt. Des weiteren ist zwar in der oberen Zensusklasse der ländlichen Wähler die Grofspächterschaft den Eigentümern gleichgestellt, in der unteren Klasse des privaten Grundbesitzes dagegen sind aufser den Geistlichen, welche die Kirchengüter vertreten, nur **Eigentümer** (und lebenslängliche Nutzniefser) stimmberechtigt. Die ganze ungeheure Masse der Kleinpächter ist also vom Wahlrecht ausgeschlossen. Die Gewährung des Wahlrechtes an sie würde allerdings, da die Bauern das Hauptkontingent zur Kleinpacht stellen, de facto sehr vielfach ein Doppelwahlrecht von **Bauern** bedeutet haben, und zwar, bei dem furchtbaren Pachtwucher und dem proletarischen Charakter des bäuerlichen Pächterstandes, sehr vielfach ein solches ihrer ökonomisch bedrücktesten Schichten: der Bauer mit seiner chronischen »Landknappheit« in der feldgemeinschaftlichen Dorfgemeinde hat ja nur die Wahl, ob er

---

[145]) De jure wird das relative Gewicht der Klasse des Grofsbesitzes durch die Zulassung dieser Personen nicht vermehrt, — da dies ja von der Bodenverteilung zwischen den beiden Klassen abhängt, wohl aber wird durch die Zulassung von Pächtern und Administratoren der faktische **Präsenzstand** der agrarkapitalistischen Klasse bei der Wahl günstig beeinflufst und, wie gesagt, de facto, absentistischen Besitzern eine Vertretung geschaffen.

beim Grundherrn als Arbeiter dienen oder ihm das Land abpachten will. Auch das private Klein eigentum befindet sich freilich zu einem immerhin beträchtlichen Teil in den Händen von Bauern, welche Land gekauft haben, dabei aber in der Obschtschina geblieben sind: — in diesem Falle besteht also »Doppelwahlrecht«, — oder welche nie einer Obschtschina angehört haben, oder aus dieser in den gesetzlich zulässigen Fällen ausgeschieden sind: diese Schichten der Bauernschaft sind umgekehrt im allgemeinen die ökonomisch kräftigsten innerhalb der unteren Schichten der Landbevölkerung, der Masse der eigentlichen Bauern oft feindlich gegenüberstehend. Ganz ausgeschlossen vom Wahlrecht sind aufser den Kleinpächtern nicht nur diejenigen Landarbeiter, welche nicht zugleich »Bauern«, d. h. Mitglieder einer Dorfgemeinde und als solche stimmberechtigt sind, sondern auch die unterhalb der Wohnungssteuerpflicht stehenden Inhaber »selbständiger Wohnungen« auf dem Lande. Die überhaupt wahlberechtigten Gewerbetreibenden und die wichtige und einflufsreiche Schicht der ländlichen »Intelligenz«, das sog. »dritte Element«, sind — soweit sie nicht irgendeinen Fetzen Land besitzen — aus den ländlichen Wählerklassen ausgeschaltet und in die städtische Wählerschaft überführt, — was wiederum nicht nur für ihr aktives, sondern auch für ihr passives Wahlrecht entscheidend ist, d. h. die Konsequenz hat, dafs sie auf dem Lande nicht kandidieren können. Aber auch für das aktive Wahlrecht ist diese Bestimmung, welche das offizielle Communiqué derart motivierte, dafs eben die Leute »ohne Ar und Halm« — wie man bei uns sagen würde — auf dem Lande auch keine »ländlichen« Interessen hätten, von grofser Tragweite und höchst charakteristisch. — Das Gesetz vom 6. August hatte das Prinzip des Zensuswahlrechts für die »städtische« ebenso wie für die »ländliche« Wählerschaft aufgestellt. Infolge der Schaffung nur einer Zensusklasse der städtischen, d. h. der in Stadt und Land ansässigen nicht landwirtschaftlichen Zensuswählerschaft war der plutokratische Charakter des »städtischen« Wahlrechts als Bourgeoisiewahlrecht eher noch stärker ausgeprägt als auf dem Lande, wo für das private Grundeigentum jenes Gesetz zwei Zensusklassen geschaffen und den Minimalzensus der unteren Klasse der privaten Grundbesitzer auf $1/10$ desjenigen der persönlich wahlberechtigten grofsen Besitzer festgesetzt hatte. Das Gesetz vom 11. (24.) Dezember hat nun, um dem Wortlaut des Manifestes vom 17. (30.) Oktober: Erweiterung des Wahlrechts »in der Richtung auf das allgemeine« Wahlrecht, formell Genüge zu tun, die Zahl der »städtischen« Wähler weit mehr als verzehnfacht und, wenigstens für die in den Städten selbst wohnenden Wähler dieser Kategorie, das Wahlrecht dem geltenden englischen Recht angenähert. Aber: diese derart verstärkte Wählermasse wählt keine gröfsere Anzahl Wahlmänner, als nach dem Gesetz vom 6. August der kleinen Schar städtischer Zensuswähler allein zustand. Es ist also das relative Gewicht der »ländlichen« Wähler im ganzen unvermindert, und innerhalb dieser Wählerschaft ist eine »Demokratisierung« nur in Gestalt der Zulassung aller Kleineigentümer in der unteren Klasse erfolgt. Das relative Gewicht des in der Oberklasse vertretenen Grofsbesitzes ist zwar durch diese Erweiterung der unteren Wählerklasse, da sich die Vertretung der Wahlmänner zwischen beiden Schichten nach dem Verhältnis des beiderseitigen Grundbesitzes regeln sollte, in einem gewissen (jedenfalls aber nicht sehr erheblichen) Grade eingeschränkt, was aber durch die Zulassung der Grofspächter und namentlich der Administratoren in der Oberklasse, wie schon erwähnt, wieder ausgeglichen wird. Alles aber, was zur »Intelligenz« und zu den modernen »bürgerlichen« Klassen gehört, ist, gleichviel ob es in der Stadt oder auf dem Lande

Rufslands Übergang zum Scheinkonstitutionalismus.

sich befindet, in den allgemeinen Topf des »städtischen« Wahlrechts hineingepfropft. Sicherlich sehr gegen die Neigung des Gesetzgebers ist dabei neben der verhafsten Intelligenz auch die eigentliche kommerzielle und industrielle »Bourgeoisie« unter die demokratische Walze geraten: das war die Folge des Umfangs, den das Gesetz vom 6. August dem Begriff »städtische« Wählerschaft nun einmal gegeben hatte. Dagegen ist sorgsam den Interessen des Agrarkapitalismus und daneben — in relativ freilich weit geringerem Mafse — den Instinkten der untersten agrarkommunistischen Schichten der Bevölkerung der dominierende Einflufs gesichert.

In welcher Relation nun des weiteren zwischen den persönlich stimmberechtigten grofsen Landwirten einerseits, den durch Bevollmächtigten wählenden Kleingrundbesitzern andererseits in den einzelnen Gouvernements die Stimmenzahl verteilt worden ist, kann ich, da dies der Regelung durch die Vollzugsorgane überlassen war und ich nur vereinzelte zufällige Notizen darüber habe, zurzeit nicht angeben. Dafs der private Kleingrundbesitz — also unter Ausschlufs der Dorfbauern — dem Grofsgrundbesitz an Areal überlegen war, dürfte nicht allzu häufig, weit häufiger dagegen ein starkes Überwiegen des letzteren sein. Nur bei schlechter Wahlbeteiligung der Grofsen und pünktlichem Erscheinen der Bevollmächtigten der Kleinen würden die letzteren gegen die ersten bei den Wahlmännerwahlen des privaten Grundbesitzes zu siegen imstande sein. Immerhin sind gerade solche Fälle vorgekommen, und jedenfalls haben die »Kleinen« oft zwischen den Parteien der »Grofsen« den Ausschlag geben können. Die Folge der Art der Wahlformalitäten aber mufste sein, dafs die nicht zur Zensusklasse gehörenden Grundbesitzer sich der Mühe der Wahl ihrer Bevollmächtigten zum gröfsten Teil überhaupt nicht unterzogen. Dies ist um so mehr geschehen, als die wahlleitenden Behörden, namentlich solche konservativer Richtung, die Wahltermine zumeist nur in die amtlicherseits dazu benutzte Zeitung gerückt, nicht aber — wie dies bei dem enormen Umfang der »Ujesds« (etwa gleich einem preufsischen Regierungsbezirk) notwendig gewesen wäre — in allen einzelnen Ortschaften amtlich bekannt gegeben oder aber, — wie dies einige liberale Behörden getan haben, — allen Berechtigten persönlich mitgeteilt haben. Das Ergebnis war, dafs die Wahlbeteiligung des privaten Kleingrundbesitzes meist eine geradezu lächerlich geringe war, der Regel nach unter 10%, zuweilen erheblich unter 1 pro Mille. Nur die gesamte Geistlichkeit war in dieser Kurialklasse regelmäfsig pünktlich zur Stelle, ferner zeichneten sich die deutschen Kolonisten und ebenso andere »Fremdvölker« (speziell die Polen) und die freilich meist geringe Zahl der grundbesitzenden Juden durch Pünktlichkeit aus. Die häufige Wahl grundbesitzender Kaufleute und anderer nicht landwirtschaftlichen Existenzen, vereinzelt auch Juden, vor allem aber massenhafter Kleriker, war das regelmäfsige Ergebnis. Wo die Termine sorgfältig zur Kenntnis der Beteiligten gebracht wurden, und wo eine wirkliche Agitation möglich gewesen war, gestaltete sich die Beteiligung wesentlich günstiger, und — was recht charakteristisch ist — sank gleichzeitig rapide die Zahl der zu Bevollmächtigten gewählten Geistlichen (und natürlich auch der Geschäftsleute) zugunsten der Wahl von kleinen »Landwirten« und grundbesitzenden »Intelligenten«. In welcher Weise — gemäfs den (weiter oben wiedergegebenen) Grundsätzen — die Zahl der zu ernennenden Wahlmänner zwischen die drei in den Gouvernementswahlversammlungen vertretenen Wahlkörper, 1. städtische Wähler, 2. Grundbesitzer, 3. Bauern, in den einzelnen Gouvernements verteilt sind, ergeben die den Wahlverordnungen beigefügten Listen. Danach haben die Wahlmänner der »städtischen« Wähler die absolute Mehrheit in den beiden industriellen Gouvernements Moskau (wohlgemerkt: ohne die Stadt Moskau) und Wladimir, über 40% haben sie ferner in den Gouvernements Jekaterinosslaw und Pjetrokow (Lodz). Der Grofsgrundbesitz und -Betrieb ist in drei polnischen Gouvernements, besonders in Warschau (ohne die Stadt) und in Esthland sehr stark bedacht, ebenso in Bessarabien, im »West«-Rayon hat er in den Gouvernements Minsk und Poltawa die absolute Mehrheit und ist sehr stark auch im Gouvernement Wilna, in Wolhynien, Mohilew und Witebsk ausgestattet. Dies hing zwar, da die Verteilung der Wahlmänner zwischen Bauern und Grundbesitzer nach dem Grundbesitzstande erfolgte, mit der westlichen Agrarverfassung zusammen. Die russisch-nationalistische Presse aber fand in der Begünstigung der Zensusklasse gerade in diesen Westgebieten eine Begünstigung der polnischen Rittergutsbesitzer auf Kosten der recht- oder altgläubigen russischen Bauern. (Das von der nicht demokratischen Presse vertretene Verlangen, dafs den Nationalrussen überall in den Grenzländern [den Kraj's] ein Recht auf nationale Sondervertretung gegeben werden solle, drang nur teilweise durch in Gestalt der Ausdehnung des Sonderwahlrechts des »Cholmschen Rufsland« auf die in den Gouvernements Lublin und Sjedlec vorhandenen Russen. Es gelangte bei der Gestaltung des Wahlrechts für Mittelasien in der betreffenden »besonderen Kommission« — gegen die Stimme des Grafen Witte — zum Siege.)[146] Die kleinrussischen Bauern wiesen ihrerseits auf die Unterschiede gegenüber dem Stimmverhältnis in Grofsrufsland hin[147]. Eine absolute Mehrheit der Bauernvertreter besteht, aufser in Sibirien, in den nördlichen Gouvernements und in den östlichen und südöstlichen Kolonisationsgebieten, also in: Olonetz, Archangel, Wjatka, Wologda, Ufa, Ssamara, Kasan, Astrachan, Stawropol, in Altrufsland in Woronesh, Pensa, Kursk, Tambow. Sehr vielfach, fast regelmäfsig, haben sie die relative Mehrheit (etwa 40% der Stimmen). Die Kosaken sind in den Gouvernements ihres Hauptsiedelungsgebiets (Astrachan, Orenburg, Bezirk des Donschen Heeres, ebenso in zwei Kaukasusgebieten) stets mit gesondertem Wahlrecht und dem Privileg, einen Vertreter aus ihrer Mitte vorweg in die Duma zu senden, ebenso wie die Bauern und neben ihnen bedacht. Im ganzen entfallen im europäischen Rufsland (einschliefslich der baltischen Provinzen, aber ausschliefslich Polen und Kaukasusgebiet) in den Gouvernementswahlversammlungen auf die Bauern (mit Kosaken) rund 42, auf den privaten Grundbesitz rund 31 1/2, auf die städtischen Wähler rund 24% der zu ernennenden Wahlmänner, ferner auf die von den Bevollmächtigten der grofsindustriellen Arbeiter zu wählenden etwa 2 1/2 %[148]. Nur in den Gouvernements

---

[146] Das Wahlgesetz, welches den Militärgrenzlern 1, den Russen 1, den »Fremdvölkischen« 1, ferner den transkaspischen, samarkandschen und fergansschen Territorien je 2, den Syr-Darjaschen 4 (2 aus Taschkent) Mandate zusprach, gelangte erst am 16. April zur Schlufsberatung (»N. Wr.« 10 809 S. 4).

[147] Zwei Millionen kleinrussischer Bauern im Gouvernement Poltawa haben 23 Wahlmänner gegen 110 des Grofsgrundbesitzes, in Tambow haben 1 200 000 grofsrussische Bauern die absolute Mehrheit in der Wahlmännerversammlung. Dies ist indessen Folge der Teilung der Wahlmännerzahl nach der Steuerkraft.

[148] Der von der Gesamtzahl (236 unter rund 7000) der Arbeiterwahlmänner auf jedes Gouvernement entfallende Bruchteil war in denjenigen 19 Gouvernements, wo die betreffende Gouvernementshauptstadt selbständig Deputierte wählte, von der Verwaltungsbehörde zwischen Stadt und Gouvernement zu verteilen. Die betreffenden Zahlen sind mir nur teilweise bekannt.

Moskau und Wladimir ist deren Zahl (17 von 109 bezw. 16 von 108) grofs genug, um wenigstens überhaupt ins Gewicht zu fallen; doch haben in diesen Gouvernements die »städtischen« Wähler, wie wir sahen, ohnedies die absolute Mehrheit. Die ziffernmäfsige Proportion des Wahlrechts der Arbeiter zu ihrer Anzahl, wenn man nur die wahlberechtigten Arbeiter in Werkstätten mit über 50 Personen in Betracht zieht, ist zwar trotzdem günstiger als der Anteil der Bauern, welche ja, nach Abzug der gesondert wählenden grofsen Städte, fast überall, auch wenn man nur die in den Dörfern stimmberechtigten »Hauswirte« in Betracht zieht, die bedeutende Mehrheit der gesamten Bevölkerung bilden, aber die Arbeiter entbehren, wie gesagt, des den Bauern zustehenden Rechts, einen Deputierten aus ihrer Mitte vorweg zu wählen, während den Bauern durch dieses Recht und durch die absolute Majorität der Wahlmänner, über die sie in den oben angeführten 13 russischen und aufserdem in allen 4 sibirischen und in 6 Kaukasus-Gouvernements verfügen, bei festem Zusammenhalt immerhin die Möglichkeit gegeben ist, auch in dem ganz undenkbaren Fall einmütigen Widerstandes aller nicht bäurischen Wahlmänner, 181 Deputierte[149]) in die Duma zu entsenden. Bei Dissens innerhalb der übrigen Wahlmänner gaben sie überall den Ausschlag. Tatsächlich ist nun ein solches »geschlossenes« Vorgehen der Bauernwahlmänner auffällig oft zu beobachten gewesen, wo immer ihre Wahl eine (wohlgemerkt: relativ!) »freie« gewesen war. Die Bauern, selbst in den »Wolostversammlungen«, gingen, wo sie sich überlassen waren, — freilich nicht die Regel! — von einer ganz bestimmten Parole aus. Zu »Bevollmächtigten« wurden alsdann regelmäfsig nur Leute gewählt, die 1. kein Gemeindeamt bekleideten und 2. die keinerlei Privatland in ihrem Besitz hatten und unter den Nur-»Bauern« wiederum mit Vorliebe die Ärmsten: die Bauern glaubten, dafs der Zar nur aus deren Munde zuverlässig über den »Landhunger« informiert werden könne. Auch die Bauernwahlmänner ihrerseits hielten, scheint es, sehr oft fest zusammen und stimmten, wo immer ein Bauer gegen einen anderen zur Wahl stand, natürlich mit Vorliebe für ersteren, im übrigen möglichst gegen Beamte, Gutsbesitzer, Kaufleute. Es wurde so ein sehr fühlbares Element der — parteipolitisch gesprochen — Zufälligkeit in die Wahlen getragen, welches natürlich zu den verschiedensten Wahlmanövern ausgenutzt werden konnte. Den »städtischen" Wählern wären bei ähnlich geschlossenem Zusammenhalt durch die 35 grofsstädtischen Deputierten und durch die absolute Mehrheit in 2 Gouvernements im ganzen 48 Mandate sicher. Schon der Wahlhergang im Moskauer Gouvernement, mit seiner ²/₃-Mehrheit der »städtischen« Wahlmänner (ohne die Arbeitervertreter), zeigte aber, dafs von solcher inneren Geschlossenheit bei ihm gar keine Rede sein konnte. Der gesamte Prozentanteil der »städtischen« Wahlmänner (31 1/2 %), zusammengerechnet mit dem Sonderwahlrecht der grofsen Städte, übersteigt ihren Prozentanteil an der Bevölkerung, wobei immerhin zu berücksichtigen ist, dafs »städtische Wähler« auch alle auf dem Lande lebenden wahlberechtigten Nichtlandwirte bezw. Nichtgrundbesitzer sind. Das Zensuswahlrecht der ländlichen Grundbesitzer und der grofsen Landwirte steht aufserhalb jeder Proportion und Beziehung zu ihrer Anzahl, und auch die Geistlichkeit ist stark begünstigt.

Äufserst verschieden ist endlich auch — trotz der Modifikation- des im ursprünglichen Gesetz, mit Ausnahme der Grofsstädte, ausschliefslich, zugelassenen

---

[149]) In Wahrheit waren schon am 27. April mehr »Bauern« in der Duma.

S. u.

Wahlverfahrens durch Ballotage nominierter Kandidaten — das Maſs der Bequemlichkeit bei Ausübung des Wahlrechts. Die Urwähler aller Städte mit Sonderwahlrecht und — seit dem Ukas vom 11. Dezember — auch in anderen Bezirken mit über 500 eingetragenen Wählern, — also in der Hauptsache den städtischen und denjenigen des privaten Kleingrundbesitzes dort, wo er stark vertreten ist — haben es ziemlich bequem: sie geben ihren Stimmzettel ab, der die Namen der von ihnen zu wählenden Wahlmänner in der vorgeschriebenen Anzahl enthält, und damit ist die Sache für sie erledigt. Dagegen müssen die übrigen Wahlkörper, also die Fabrikarbeiter, Bauern und eventuell die privaten Kleingrundbesitzer zur Wahl der »Bevollmächtigten« und ebenso die »Bevollmächtigten« der Bauern und Arbeiter je unter sich und die der Kleingrundbesitzer mit den Grofswirten zur Wahl der Wahlmänner und endlich die Wahlmänner zur Wahl der Abgeordneten je zu einer »Sitzung« zusammentreten und mit Kugeln ballotieren; die Sitzung muſs, wenn am ersten Tag keine absolute Mehrheit für die erforderliche Zahl der Abgeordneten bezw. Wahlmänner oder Bevollmächtigte erzielt wird, am folgenden Tage, nunmehr unter Geltung des Prinzips der relativen Mehrheit, fortgesetzt werden, bis die vorgeschriebene Anzahl gewählt ist. Gemäſs der bei allen russischen Wahlen eingebürgerten Sitte wird im übrigen so verfahren, daſs zunächst durch Zettelabstimmung die überhaupt zur Wahl zu stellenden Kandidaten festgestellt und über jeden von diesen dann, bis zur Erreichung der vorgeschriebenen Zahl, durch Kugeln ballotiert wird. Dies Verfahren ermöglicht natürlich die allerverschiedensten Manöver. Zunächst hat die jeweilig relativ stärkste Partei stets das Interesse daran, am ersten Tage möglichst überhaupt keine Wahlen zustande kommen zu lassen, um an dem folgenden mit relativer Mehrheit zu siegen. Die Wahlen verliefen denn auch sehr häufig demgemäſs. Andererseits suchten die schwächeren Parteien möglichst die von ihnen am meisten gehaſsten oder gefürchteten Führer der stärksten Partei schon am ersten Tage zur Ballotage gelangen zu lassen, wo die absolute Mehrheit erforderlich war, um sie so zu Falle zu bringen (so z. B. bei den Gouvernementswahlen in Kischinew, wo es den gemäſsigten Parteien gelang, durch Stimmzettelabgabe für einige führende »Kadetten« diese am ersten Tage zur Ballotage zu bringen, sie dann — mit Hilfe der gegen jeden Nichtbauern miſstrauischen Bauernwahlmänner — niederzuballotieren und mit Hilfe der so erzeugten »Stimmung« wenigstens einen ihrer Kandidaten durchzusetzen). Alle Arten von »Kompromissen« wurden natürlich geschlossen — und ebenso leicht gebrochen (so im Gouvernement Moskau, wo die »Handels- und Industriepartei« den »Bund des 17. Oktober« bei der Wahl mit relativer Mehrheit im Stich lieſs und erfolgreich mit der Rechten paktierte). — Und diese verzwickten Prozeduren und Kabalen wiederholten sich für den gewissenhaften Wähler, der Wahlmann wurde, in den Kurien der Arbeiter und des Kleingrundbesitzes dreimal (Bevollmächtigten-, Wahlmänner- und Abgeordnetenwahl). Da das Prinzip der Wahl aus der eignen Mitte (bezw. der Zahl der Teilnehmerberechtigten) galt, jedoch oft schon die Arbeiter in derselben grofsen Fabrik, vollends die Bevollmächtigten und ebenso die Bevollmächtigten des Kleingrundbesitzes und der Wolosts einander persönlich natürlich regelmäſsig absolut unbekannt waren, — die Grofsgrundbesitzer waren darin besser gestellt, — so hätte nur eine allgemeine lebhafte öffentliche Agitation fest organisierter Parteien mit allgemein bekanntem Programm einen auch nur technisch sachgemäſsen Ablauf dieser Wahlen gewährleisten können. Allein ob diese möglich war, hing gesetzlich, wie schon erwähnt, von der absoluten Willkür der örtlichen Polizeibehörden ab, von deren Verhalten noch zu sprechen sein wird. So mußte denn von dem gesetzlich gewährten Recht[150]), »vorbereitende« Versammlungen der zu der betreffenden Wahl Befugten, bei denen alle nicht Teilnahmeberechtigten ausgeschlossen, der Vorsitz aber in den Händen des Vorsitzenden des Wahlkomitees, d. h. eines Verwaltungsbeamten, lag, Gebrauch gemacht werden, um erstmalig überhaupt zu einer Nominierung von Wahlmanns- resp. Bevollmächtigten-Kandidaten zu gelangen. Nicht selten haben infolgedessen die Wahlsitzungen — namentlich für die Wahl von Wahlmännern, aber auch für die Wahl von Abgeordneten — länger als zwei Tage gedauert, und es hat sich erst allmählich aus allgemeiner Ratlosigkeit und Konfusion und nachdem Dutzende von allgemein »unbekannten« Kandidaten niederballotiert waren, im Gefolge der Müdigkeit die Wahl entwickelt, von solchen Schwierigkeiten noch ganz abgesehen, wie sie entstanden, wenn z. B. — was vorkam — die Bauern einmal die zum Ballotieren verwendeten gefärbten Nüsse, ehe die Abstimmung begann, verzehrt hatten oder sich, aus Gott weiß welchen Superstitionen heraus, hartnäckig weigerten, von ihrer herkömmlichen Art der öffentlichen Abstimmung im Sschod abzugehen usw. Es liegt auf der Hand, daß schon an sich nur ein ganz ungewöhnliches Interesse oder eine eherne Parteidisziplin eine erhebliche Beteiligung an solchergestalt eingerichteten Wahlen erzwingen kann. Dazu tritt, daß zwar auf Verlangen den Wahlmännern und Bevollmächtigten der Arbeiter in bestimmter Höhe Reiseentschädigung gewährt wird, ebenso auch, aber nur laut Beschluß der Wolostversammlungen, den Delegierten dieser letzteren (hier ohne Bestimmung der Höhe), daß aber weder entgangener Lohn — die Fabrikanten scheinen ihn ziemlich überall gekürzt zu haben — noch sonstige Ausgaben ersetzt wurden. Wie oft das Beispiel der Moskauer Stadtverwaltung, welche den Arbeiterbevollmächtigten Unterkunft und Unterhalt bot, Nachahmung gefunden hat, ist mir im einzelnen unbekannt geblieben, — wo es geschah, waren die freundlichen Wirte meist Instanzen, welche die Wahl für die Obrigkeit zu beeinflussen suchten. Jedenfalls schaltet ein solches Wahlverfahren die Teilnahme des an sein Geschäft gebundenen »Mittelstandes« und der von ihrem Arbeitsertrag Lebenden normalerweise geradezu aus, es begünstigt in maßloser Weise die Klassen, deren Zeit niedrig im Werte steht, also Rentiers, große Besitzer und Geistliche, daneben allenfalls die schon infolge ihres Landmangels nicht vollbeschäftigten Dorfbauern, während sonst nur in striktester Parteidisziplin stehende Wähler das Opfer bringen werden.

Es schien notwendig, einigermaßen ausführlich bei diesem wunderlichen Produkt aus allerhand »wissenschaftlichen« Prinzipien, wahlpolitischer Verschmitztheit und Willkür einerseits und anderseits dem, von der Pragmatik der Bureaukratie aus gesehen, »zufälligen« Zwischenfall des Manifestes vom 17. (30.) Oktober etwas näher zu verweilen, um an einem charakteristischen Beispiel zu zeigen, was diese Bureaukratie, von ihrem eigenen Standpunkt aus gesprochen, zu »leisten« und was sie nicht zu »leisten« vermag. Sicherlich lagen der Verteilung der Macht unter die Wahlberechtigten die allersublimsten statistischen Erwägungen und wahlpolitischen Absichten zugrunde. Zweifellos hat ferner die Eintragung der Wähler in die verschiedenen Listen — jede Klasse von

---

[150]) Reglement vom 18. Sept. 1905 Art. 24 f.

Wahlberechtigten in den Städten z. B. gesondert, auch nach dem Gesetz vom 11. Dezember —, ebenso die Erhebung der Zahl der Werkstätten mit über 50 Personen, der Zahl der wahlberechtigten Arbeiter usw. recht interessantes Material ergeben, auf dessen Publikation man aus anderweitigen, rein wissenschaftlichen Gründen gespannt sein darf. Formell sind die Wahlen im allgemeinen wohl jedenfalls korrekter verlaufen, als die Bureaukratie selbst erwartet hatte[151]). Der gesetzliche Vorbehalt, dafs schon nach Vollzug von 150 aller Wahlen die Duma solle einberufen werden dürfen, erwies sich als nicht erforderlich. Nur in einem Fall (Dagestan) kam es vor, dafs die Wahlmänner einstimmig (!) die Wahl eines Deputierten ablehnten, und die Zahl der Kassationen von Wahlen war keine übergrofse. Aber gibt es anderseits unter den Umständen, in denen sich die Regierung befand, etwas politisch Monströseres, als folgende Zeitspannen: 1. die Frist vom Reskript des 19. Februar 1901, welches die Berufung von Volksvertretern in Aussicht stellte, bis zur Publikation des ersten entsprechenden Gesetzes (6. August) und dann den ihm entsprechenden Wahlreglements vom 15. September, eine Frist, welche von jenen schätzenswerten statistischen und sonstigen »Erwägungen« erfüllt wurde, so dafs es zur Ausschreibung der Wahlen auf Grund dieses Gesetzes gar nicht erst kam, — 2. die Frist vom Erlafs des Manifestes vom 17. Oktober bis zu der ihm entsprechenden Änderung des Wahlgesetzes durch den Ukas vom 11. Dezember und der neuen Ministerialinstiuktion vom 17. Dezember, welche wiederum mit »Erwägungen« und Konferenzen angefüllt war, — 3. die Frist vom Manifest des 17. Oktober oder selbst vom Ukas des 11. Dezember bis zur Ausschreibung und zum effektiven Beginn der Wahlen, Ende Februar 1906, welche mit der »Ergänzung« der Wahllisten hinging. 4. Endlich die Frist von der Ausschreibung und effektivem Beginn der Wahlen bis zu deren Beendigung, die bei Eröffnung der Duma (27. April) in grofsen Gebieten noch nicht erfolgt war, eine dreimonatige Frist also, innerhalb

---

[151]) Die Zahl der Werkstätten, deren Arbeiter, gemäfs der sozialdemokratischen Parole, die Wahl ablehnte, war allerdings nicht unbedeutend, um so mehr wenn man berücksichtigt, welches unmittelbare Risiko mit einem solchen offenen Parteibekenntnis verbunden war. An sehr vielen Orten hat aber nur ein Teil der Arbeiter »boykottiert« und ist die Wahl reaktionärer Arbeiterkandidaten die Folge gewesen. Die Vertreter der grofsen Werke mit ihren sogenannten »Wohlfahrtseinrichtungen« zur Knebelung der Arbeiter waren besonders oft reaktionär, so die der Putilow-Werke. Die strikteste Parteidisziplin hielten überall die höchstentwickelten Arbeitsschichten, so namentlich die Typographen, die ganz überwiegend strikt boykottierten. Wo sie dies nicht taten, wurden regelmäfsig sie, als die geistig entwickeltsten, gewählt. — Die Zahl der Boykottierungen durch Wolostversammlungen ist natürlich ganz unerheblich, da ja die abhängigen Wolostbeamten stets zur Stelle waren.

Rufslands Übergang zum Scheinkonstitutionalismus. 269

deren täglich zahllose einzelne Wahlnachrichten aus den verschiedensten Bezirken des Reiches eintrafen, die Wahlkomitees in Atem gehalten waren, Beratungen, Hin- und Herreisen der Kandidaten, Wahlreden, Verleumdung, Hetzerei, Polizeirepression und Wahlschnüffelei das Reich verpesteten und die Bevölkerung in steter Erregung, Spannung und schliefslich wütender Ungeduld erhielten und die politische Lage des Reiches in Dunkelheit gehüllt blieb? Immer wieder glaubte die Regierung, durch Hinhalten der verschiedenen Schritte »billiger« fortzukommen, und immer wieder verlief die Sache ähnlich wie bei den »sibyllinischen Büchern«, wie man ihr mit Recht geweissagt hatte.

Wäre im Herbst 1904, vor dem Fall Port Arthurs, oder wenigstens statt des dem Zaren offensichtlich abgerungenen und ganz unbestimmt gehaltenen »Reskripts« vom 18. Februar 1905 eine »Konstitution« mit Zensus- oder Klassenwahlrecht oktroyiert und alsbald durch Wahlausschreiben und Einberufung der Volksvertretung in Kraft gesetzt worden, so war eine zu weitgehendstem Entgegenkommen bereite »dankbare« bürgerliche Duma höchst wahrscheinlich. Dynastische Eitelkeit und die Interessen der Bureaukratie liefsen den Zeitpunkt verpassen. Hätten nun wenigstens für die Zensusduma des Bulyginschen Entwurfs die Wahlen alsbald Anfang August ausgeschrieben und der Zeitpunkt des Zusammentritts bekannt gegeben werden können, dann war die Möglichkeit immerhin nicht ausgeschlossen, dafs man ein Parlament bekommen hätte, mit dem Witte bei seinem damaligen Nimbus hätte regieren können. So aber kam der Oktoberausstand dazwischen, und nun lagen nach dem Manifest vom 17. Oktober — einer reinen und offenkundigen schmählichen persönlichen Niederlage des Zaren — alle Chancen auf Seite der Demokratie. Vom egoistischen Standpunkt der Bureaukratie aus war »Abwarten« nunmehr das »taktisch Richtige«, wenn man eben den Scheinkonstitutionalismus und nicht eine »ehrlich« konstitutionelle Politik wollte. Als nun aber die Dezembervorgänge und die Bauernunruhen ihre Wirkung getan hatten, wäre der Moment gegeben gewesen. Wäre man damals, Ende Dezember, im Besitz eines Wahlgesetzes und der Wählerlisten und also in der Lage gewesen, jetzt alsbald, und natürlich auf Grund einer politischen Verständigung mit den führenden Kreisen des »Besitzes«, Wahlen abzuhalten, dann ist mit einem sehr hohen Grade von Wahrscheinlichkeit anzunehmen, dafs das Ergebnis sehr wesentlich »günstiger« ausgefallen wäre als zwei Monate später. Aber nun schwankte man, wie wir sahen, wieder, ob denn dieser »Kelch« nicht doch vielleicht ganz vorübergehen könne, und dann kam die Technik der Wahlen dazu, um abermals eine Frist von mehreren Monaten bis zum Vollzug der wichtigsten Wahlen zu schaffen. Dieser lange Zwischenraum kontrekarrierte alles, was man mit dem Gesetz zu erzielen gehofft hatte.

Wenn der Gesetzgeber etwa geglaubt hatte, die Hitze der Wahlagitation oder die exklusive Bedeutung des Parteiwesens herabzusetzen, so wurde er trotz des törichten Boykottes der äufsersten Linken gründlich enttäuscht. Nicht nur war gerade bei diesem Wahlverfahren, wie gezeigt, die Prämie auf die Parteidisziplin sehr hoch, sondern überdies mufste gerade die mit der Verzwicktheit des Systems zusammenhängende lange Dauer der Wahlkampagne die Agitation, wo sie nicht überhaupt einfach gänzlich unterdrückt werden konnte — und das zeigte sich schwieriger als man geglaubt hatte —, schliefslich bis zur Siedehitze ansteigen lassen. Tatsächlich ist dies das Eigenartige an der gegenwärtigen russischen Entwicklung, dafs alle Erscheinungen der westeuropäischen ökonomischen und staatlichen »Zivilisation« plötzlich und ganz unvermittelt in das — mit Ausnahme der obersten Schicht — noch immer archaistische Milieu dieser Gesellschaft hineintreten. Die Abschwächung der Fesseln des Vereinswesens hat nicht nur die ungeheuere Flut der »professionellen« Verbände entfesselt, sondern es entstanden auch alsbald auf russischem Boden Pendants solcher Blüten unserer deutschen Kultur, wie ein »Bund der Landwirte«, ein »Zentralverband der Industriellen«, diverse »Schutzverbände« gegen den roten Schrecken, es entstand sogar ein »Verein der nationalliberalen Jugend« (wenn man den »Bund des 17. Oktober« mit den deutschen »Nationalliberalen« gleichsetzen will) mit schönem Klubhaus in Petersburg, besondere »Frauenbünde« (namentlich bei den Reaktionären beliebt, so der Frauen-Rechtsordnungsbund in Petersburg[152]). Alle Parteien veranstalteten zur Reklame angeblich »lediglich« wissenschaftlich »belehrende« Vortragsabende aller denkbaren Art, sie setzten Enqueten durch Fragebogen ins Werk: so die »konstitutionellen Demokraten« über Landmangel der Bauern und Agrarfrage, sie gründeten Bauernbünde: so den Bauernbund des 17. Oktober, den Bund des Volksfriedens (ein Produkt Durnowos), interessierten sich für alle Arten von Genossenschaften, gründeten — wenn auch nicht parteioffiziell, so doch parteioffiziös — massenhafte Freitische, die, wenn ihre Gründung »von links« ausging, stets wieder dem Verbot der Regierung verfielen (und dann erst recht und kostenlos der Reklame dienten), befafsten sich mit der Gründung, Beratung, Beeinflussung von Gewerkvereinen, gründeten »neutrale« Arbeiterzeitungen, und sie brachten es — last not least — sogar fertig, Interesse für die Kirche und die in ihr sich vollziehende Bewegung zu heucheln. Die Anzahl der, in stetem Kampf mit den ganz ebenso massenhaften Verboten, vollzogenen Zeitungsgründungen in den Haupt- und Provinzialstädten zu ermitteln und von ihren Schicksalen

---

[152]) Auch die »monarchistische Partei« des Redakteurs Carl Amalie (Wladimir Andrejewitsch) Gringmut (»Mosk. Zeitung«) nahm jeden ohne Unterschied des Geschlechts als Mitglied auf, mit alleiniger Ausnahme nur der Juden (»Now. Wr.« 22./1. S. 2 Sp. 1).

berichten zu wollen, wäre einfach sinnlos: die davon handelnde, oft sehr stattliche Rubrik »Presse« fehlt seit Oktober in keiner Nummer z. B. des »Nowoje Wremja«. Das Hin- und Herreisen der verschiedenen »leader« und zumal der akademisch-wissenschaftlichen Autoritäten der Parteien — die durch die Studentenunruhen erzwungenen, nun schon anderthalbjährigen Ferien gaben ihnen dazu ja die schönste Zeit — grenzt nahezu an das Eichhörnchenhafte, wenn man es einmal einige Zeit in der Presse verfolgt und erwägt, dafs es neben verschiedenen Arten von »University extension« herlief. Die Wahlversammlungen der Demokraten wurden in der Stadt Petersburg — von Gegnern — auf 200 geschätzt[153]). Ungleich gröfser als die Zahl der abgehaltenen ist aber, wenigstens für die Linke, die Zahl der infolge des ganz dem Ermessen der lokalen Behörde (Gouverneur) anheim gegebenen Verbotes — welches übrigens gelegentlich auch Versammlungen der Mittelparteien traf — wieder abgesagten Versammlungen, Vortragsabende und Zyklen. Und diese letzteren waren für die Parteiagitation nicht etwa wertloser als die ersteren, — im Gegenteil. Für die Massen in den Städten und ebenso für die Bauern stand es ja — wen sollte das eigentlich wundern? — völlig fest, dafs, was die Bureaukratie verbietet, notwendig etwas Vortreffliches sein müsse, das sie »dem Volke« nicht gönnt. Die Behörde übte auf diese Art im Effekt nur eine Art Sanitätspolizei für die Nerven der Agitatoren, besonders unserer russischen Kollegen, deren Leistungsfähigkeit ohnehin die Begriffe eines an eine gewisse Gemächlichkeit gewöhnten deutschen Professors weit hinter sich läfst: neben der rednerischen »Kraftentfaltung« geht die publizistische her, und es ist wiederum unglaublich, welche Flut von jeweils auf den umfassendsten, wenn auch stets einander unvereinbarlich widersprechenden, statistischen Rechnungen beruhenden Artikeln, namentlich über agrarpolitische Fragen, nicht nur zwischen den verschiedenen Parteirichtungen, sondern auch in unausgesetzter Kanonade innerhalb ein und derselben Zeitung zwischen Parteigenossen aus den Universitätskreisen gewechselt worden sind. Ein Versammlungsverbot war für den halbtoten Redner dann eine Wohltat, und überdies verschaffte er der betreffenden Partei die denkbar wirksamste Reklame, sicher oft eine weit bessere, als der Vortrag selbst es hätte tun können, und dabei kostenlos. Und das bedeutet bei diesem Wahlsystem auch etwas. Denn auch die Kosten der Wahlkampagne sind relativ ganz unverhältnismäfsig. Schon die Ausgaben der Regierung müssen sehr bedeutende sein. Im Gegensatz zu Frankreich und England und im Einklang mit Deutschland hat man — hier das

---

[153]) Dafs Mitte Februar eine Zuschrift eines Begeisterten an die Presse ausführte, Rufsland habe nunmehr, da es »schon« 16 Parteien besitze, »Deutschlands politische Entwicklung überflügelt«, wird auf Deutsche vielleicht nicht ganz überzeugend wirken.

erste Mal natürlich notgedrungen, aber nach dem Gesetz auch für die Zukunft — das System der Schaffung von Wählerlisten ad hoc, für die einzelne Wahl, adoptiert. Ein Teil der Arbeit, für die Masse der Wähler, ist scheinbar auf diese selbst abgewälzt, da die Eintragung, wie erwähnt, von ihrer Meldung abhängt: aber dafür muſs die Berechtigung dieser sich Meldenden nun in concreto geprüft werden, statt daſs man eine brauchbare Liste durch periodische Fortschreibung auf Grund der polizeilichen An- und Abmeldungen präparieren[154]) und dann nur die Berichtigung im Falle der Wahl den Wählern resp. — wie in Ländern mit entwickeltem Parteiwesen — den Parteifunktionären überlassen kann. Die Arbeit drängt sich, zumal zufolge der Kürze der Beschwerdefristen, enorm zusammen und da, wie erwähnt, für jede Wählerkategorie je eine Liste geführt, ferner bei Zugehörigkeit eines Wählers zu mehreren Kategorien innerhalb desselben Wahlkreises (mit Ausschluſs des Sonderwahlrechtes der Arbeiter) die Pluralität der Eintragung beseitigt, sodann aber nicht nur die ca. 7000 Wahlmänner, sondern die um ein Vielfaches gröſsere Zahl der »Bevollmächtigten« der Bauern, privaten Kleingrundbesitzer und Arbeiter, und zu dem letzteren Behuf die Arbeiterzahlen der Werkstätten jedesmal registriert und verifiziert werden müssen, so ist, trotz der Ersparnis aller Wählerlisten für die Bauern, die Arbeit recht beträchtlich und kostspielig. Welche bedeutenden Kosten bei einer so komplizierten Wahltechnik für die Parteien entstehen müssen[155]), liegt auf der Hand. Es ist ja unter anderem auch der Wunsch, die Wahlkampagne zu vereinfachen und mit geringeren Kosten — geistigen sowohl wie materiellen — zu bestreiten, was die Presse und die bestorganisierten Parteien — Sozialisten und Klerikale — des Westens auf den Ersatz der indirekten durch die direkte Wahl drängen läſst. Das Interesse der Massen an der Wahl und damit die Stoſskraft der »Demagogie« ist bei der letzteren Form der Wahl mit weit geringerem Aufwand von Mitteln zu erhöhen als bei der ersteren, und die badischen Wahlen z. B. haben gezeigt, daſs die direkte Wahl deshalb — ceteris paribus! (was freilich hier nicht unbedingt, aber doch in relativ starkem Maſse zutraf) — anders, in diesem Falle mehr zugunsten der reaktionären Demagogie auszufallen die Tendenz haben als bei der indirekten Wahl. Allein dies setzt voraus, daſs die Wählerschaft sich in ihren Beziehungen zum Staatsleben sozusagen im »Alltagszustand« befindet, d. h. konkrete Einzelfragen, nicht aber die sozialen und politischen Grundlagen des Staatswesens zur

---

[154]) Die Moskauer Stadt-Duma hat — aber durchaus aus eigenem freien Willen — die stetige Fortschreitung der Wählerlisten eingerichtet.

[155]) Die technisch hoch entwickelten Parteien haben natürlich feste Parteibeiträge, die bei den konstitutionellen Demokraten nach Prozentsätzen (25 %) der von den Mitgliedern gezahlten Wohnungssteuer bemessen wurden.

Diskussion stehen. Unter Verhältnissen wie den russischen ist daran auf eine Generation hinaus nicht zu denken, — das heutige bureaukratische Regime müfste erst abgedankt haben, und eine vor der barbarischen Willkür der Polizei wirklich gesicherte, in dieser Hinsicht »satte« Schicht entstanden sein, ehe in dieser Hinsicht die westeuropäische bürgerliche Wählerpsyche entstehen könnte. Von welchem Effekt die Technik der Wahl speziell für die Bauern war, ist schwer zu sagen. Wie sie bei direkter Wahl, mit ländlichen Wahlbezirken, etwa von der Mindestgröfse eines durchschnittlichen preufsischen Regierungsbezirkes, welche dann unvermeidlich geworden wären, sich subjektiv zu den Wahlen verhalten hätten, ist äufserst problematisch. Ihr Standpunkt war sehr regelmäfsig der, dafs prinzipiell aus jedem Dorf ein Deputierter nach Petersburg müsse, um etwas Sachdienliches durchzusetzen; es gelangten Bittschriften an das Ministerium, in denen die Bauern sich bereit erklärten, für die 10 Rubel täglicher Diäten, die dem Deputierten zustehen sollten, ein ganzes Dutzend statt eines einzelnen zu schicken, da der Betrag dazu vollkommen hinreiche und es auch unbillig sei, einem einzelnen so viel »verdienen« zu lassen [156]. Bei einem etwa nach dem Muster des deutschen Reichstagswahlrechtes eingerichteten Wahlverfahren wäre die Haltung der Bauern schwer zu berechnen gewesen, so rapide, auch nach der Ansicht sehr nüchterner Berichterstatter, ihr immerhin noch sehr primitives »politisches Denken«, d. h. ihre Anpassung an den ganzen Gedankenkreis, den die Idee der modernen sogenannten »Volksvertretung« voraussetzt, sich in vielen Gegenden vollzogen hat. Irgendeiner »Parole« eines ihnen Unbekannten würden sie haben folgen müssen, und es steht nicht fest, ob dann nicht die Reaktionären ihre Stimmen erschlichen hätten. Ein nicht aus reinen Bauernwahlen hervorgegangener Deputierter aber würde den Bauern jedenfalls stets verdächtig, der Rückhalt einer nach Parteiparolen und Anweisungen von Parteikomitees gewählten Duma bei ihnen sicherlich weit schwächer sein als derjenige der jetzigen. Man darf demgegenüber freilich eins nicht übersehen: die Zahl der aus der Mitte der Bauern selbst hervorgegangenen, zu ihrem Stand gehörigen und nunmehr im ganzen Lande bekannt gewordenen »Intelligenten« ist nicht gering, und der Verlauf der Wahlen zeigte, dafs die Bauern gerade sie sehr gern zu wählen bereit waren. — Die indirekte Wahl »aus der eigenen Mitte« stellte den Wahlhergang allerdings stärker unter die Kontrolle der örtlichen Polizei. Allein dies wirkte unter den russischen Verhältnissen schon an sich und vollends gerade angesichts jener demagogischen Parole des Gesetzes: »nur

---

[156] Da jener Bitte nicht entsprochen werden konnte, nahmen viele Bauernversammlungen in ihre cahiers die Verpflichtung der Deputierten auf, ihnen 8 oder selbst 9 Rubel von den Diäten heimzusenden.

wirkliche Bauern in die Duma!« unvermeidlich in der Richtung einer Stärkung des antibureaukratischen Empfindens der Bauernmasse. Die Bauern hätten ja auch ohne alle Kontrolle der Regierung zweifellos möglichst jener Parole entsprechend gewählt. Aber durch den Formalismus, mit dem die Regierung künstlich die Intelligenz, namentlich das gefürchtete »dritte Element«, von der Wählbarkeit durch die Bauern auszuschließen suchte, und durch ihr Filtriersystem konnte sie zwar den Durchschnitt des geistigen Niveaus der Deputierten herabdrücken, aber die Wahlkandidaturen gerade der ihr gefährlichsten Klasse, der »Bauernintelligenz«, nicht treffen, sondern deren Stellung nur festigen. Soweit sie sich nicht durch den törichten Boykottbeschluß selbst von der Teilnahme an den Wahlen ausschlossen, konnte gegen sie — nach den Vorstellungen der Polizeibureaukratie — nur Gewalt helfen, und diese wieder wirkte, wo immer sie angewendet wurde, als Reklame. Verhaftete Bauernbevollmächtigte haben aus der Haft heraus der Polizei telegraphisch für die Arbeit gedankt, die sie für ihre Wahl geleistet habe, — und sie hatten, wie sich herausstellte, allen Grund dazu. Die Anwendung polizeilicher Gewalt verletzt das Gerechtigkeitsempfinden des russischen Bauern überall und immer, obwohl und, zum Teil, weil er gewohnt und geneigt ist, sich ihr äußerlich zu fügen, in wahrscheinlich weit stärkerem Maße als in anderen Ländern; denn er sieht eben darum in ihr schlechterdings nichts »Sittliches«, nichts als die rein »zufällige« brutale, sinnlose Faktizität der Macht, die in den Händen von Leuten liegt, die seine geschworenen Feinde sind. Es konnte sich nur das eine fragen, ob jenes trotzig-verschwiegene Gerechtigkeitsgefühl oder die Furcht vor der Polizei bei der Wahl das stärkere Motiv abgeben würden. Die Regierung setzte das letztere voraus, und man wird ihr zugestehen müssen, daß sie wenigstens in dieser Hinsicht »das Ihre« getan hat. Eine Verfügung des Ministers des Innern an die »Semskije Natschalniki« anläßlich der Wahlen, abgedruckt zuerst im »Rjetsch«, dann im »Prawo« (Nr. 9), von der demokratischen Presse anfangs für apokryph gehalten, aber in ihrer Authentizität nicht anfechtbar, verfügt u. a. (Nr. 6), daß in den Wahllokalen »die Namen von Leuten, welche ihrer Unerwünschtheit halber (!) nicht kandidieren können, ausgehängt werden sollen und, falls die Wahlberechtigten solche dennoch zu wählen wünschen sollten, ihnen zu sagen ist, daß solche Wahlen, als unrichtig (!) verlaufen, unzulässig seien und angefochten werden«. Ferner (Nr. 7) soll nicht nur, falls Agitatoren die Wahlversammlungen »in Komitees zur Verteilung des Landes zu verwandeln trachten«, sofort die bewaffnete Macht einschreiten, sondern (Nr. 5) es sollen auch Leute, deren »Unerwünschtheit« bekannt ist, von den Wahllokalen gewaltsam ferngehalten werden. Die Semskije Natschalniki haben im übrigen (Nr. 2) privatim die Bauern über die Wahlen »aufzuklären« und durch zuverlässige Leute (Nr. 3) sich über alle bedenklichen Unterhaltungen und Versprechungen behufs Ergreifung der angegebenen Maſsregeln zu informieren. Der gänzliche Miſserfolg bei den Wahlen kam nach solchen Vorkehrungen der Regierung selbst und ihren Gegnern gleich unerwartet und ist auch objektiv betrachtet eine so merkwürdige Erscheinung, daſs er in seinen Peripetien wohl der Interpretation wert erscheint.

VI.

Die Lage der Demokratie war, als die Wahlkampagne begann, allem äuſseren Anschein nach eine äuſserst ungünstige. Die Sozialrevolutionäre, sowohl die offizielle Partei und der jüdische »Bund«, wie die freien Organisationen, speziell der »Verband der Verbände«, hatten die Duma boykottiert, die offizielle Sozialdemokratie tat desgleichen [157]). Die Bauern wurden in barbarischen Formen gestraft und gezwungen — vielfach ganze Dörfer auf den Knien liegend — Abbitte zu tun; massenhaft liefen Eingaben von Dorfgemeinden bei den Semstwos ein, in denen die vom Bauernbund angeregten Resolutionen widerrufen wurden. Die Anmeldungen der breiten unteren, kraft selbständiger Wohnung qualifizierten, Wählerschaft zu den Wahllisten in den Städten gingen zunächst langsam und in geringem Umfang ein. Die Macht der revolutionären Stimmung schien gebrochen. Der Beschluſs, den Sozialrevolutionäre, Sozialdemokraten und konstitutionelle Demokraten gemeinsam faſsten, den 9. Januar als allgemeinen Trauertag zu begehen [158]), ergab, wenigstens äuſserlich betrachtet, einen Fehlschlag: »Nowoje Wremja« stellte mit Genugtuung fest, daſs die Physiognomie der Stadt und der Besuch der Theater und Restaurants der gewöhnliche sei. Fast sämtliche Führer der radikalen Verbände der Arbeiter und Bauern, alles irgend Verdächtige auf dem Lande saſs in Gewahrsam. Die zu plötzlicher mächtiger Blüte gelangten professionellen Verbände [159]), die Träger der radikalen Bewegung, waren aufgelöst und

---

[157]) Der Boykottbeschluſs unterlag in seiner Interpretation und auch in der Ausführung fortgesetztem Schwanken. In Charkow beschloſs der »Verband der Verbände« (7. Januar) Eintragung in die Wählerlisten, unter Vorbehalt weiterer Verhaltungsmaſsregeln. Der schlecht besuchte allgemeine Kongreſs desselben Verbandes Mitte Januar beschloſs den Boykott gegen eine aus dem Judenrechtsbund, den Lehrerverbänden, dem Ingenieurverband und dem Verband der Staatsbediensteten bestehende erhebliche Minderheit (»Russk. Wj.« 19. Januar). Nicht minder schwankten einzelne sozialdemokratische Organisationen hin und her. Aber immerhin: der Beschluſs bestand doch.

[158]) Mitteilung in den »Russk. Wj.« Nr. 6 S. 2.

[159]) Über den »Verband der Verbände« habe ich in dem Beilageheft zu Band 22 gehandelt. Im Februar schlug er seinen Mitgliedern vor, das Projekt einer Versicherung gegen Arretierung und Dienstentlassung zu beraten, gleichzeitig aber auch, über die »Zulässigkeit« der Abhaltung nicht konspirativer Versammlungen zu

wenn man auch, darin unbefangener als das stupide Puttkammersche Regime bei uns, die eigentlichen Gewerkschaften schonender behandelte[160], so schuf doch der furchtbare Druck, der auf der Industrie lag, eine unerhört starke Reservearmee von Arbeitslosen, so daſs diejenigen Fabriken, in welchen die Arbeit wieder aufgenommen wurde,

beschlieſsen. Ich weiſs nicht, was aus diesen Vorschlägen geworden ist. Systematisierter Boykott von Lokalitäten und Personen war sein bevorzugtes Kampfmittel. — Was die eigentlichen Gewerkschaften im westeuropäischen Sinne anlangt, so führen sie ihr Entstehen fast alle auf den Eindruck des 9. Januar 1905 zurück. (Über die typische Art ihrer Entwicklung vgl. den guten pseudonymen Aufsatz in den »Russk. Wj.« vom 2. Februar dieses Jahres, S. 4.) Bis zu jenem Tage hatte die Arbeiterbewegung nur unter der Flagge der hie und da von alters her bestehenden »Hilfskassen« schüchterne Versuche gewerkschaftlicher Tätigkeit entwickelt. Nach allen vorliegenden Selbstzeugnissen hat sie die Metzelei am Winterpalais »zum bewuſsten Leben erweckt«. Die Kommission des Senators Schidlowskij (s. darüber im Beilageh. zu Heft 1 des vorigen Bandes) provozierte die ersten Organisationen, einige führende Gewerbe, namentlich die Typographen, gaben das Beispiel eigener Initiative. Der Fehlschlag der Maifeier ergab einen Rückschlag. Grundlage der Einigung bildeten in den Fabriken zuerst die bestehenden Institutionen der »Fabrikstarosten« im Norden, der Fabrikkommissionen im Süden. Von ihnen aus organisierte man interprofessionelle Lokalkommissionen, so in Charkow, wo in ihren Händen 1905 der Streikfonds, die Arbeitsbörsen und die Organisation des Schiedsgerichts sich befand. Die »Arbeiterdeputiertenräte« sind dann die höchste Form dieser sindakalistischen Art von Arbeitervertretung, die zwar teilweise professionell, aber, im Prinzip, nur »zufällig« professionell war. Die Vereinigung zu Gewerkvereinen war in den polygraphischen Gewerben mit der Organisation von Arbeiterdeputiertenräten parallel gegangen. In Petersburg funktionierten im Sommer 1905 der Bund der Drucker und der Bund der Kontoristen (dieser zum »Verband der Verbände« gehörig), der Bund der Metallarbeiter trat dazu, Schuster, Schneider, Uhrmacher folgten. In Moskau gingen die städtischen Arbeiter, die Tischler und die Eisenbahner voran, in Charkow. die Typographen. Ende November gab es in Moskau 60 Gewerkvereine mit 25 000 Mitgliedern, in Charkow 3000 organisierte Arbeiter, in Wilna gegen 5000, ebenso bestanden Vereine in Nischni-Nowgorod, Ssaratow, Rybinsk, Jekaterinosslaw, Odessa und sonst. Nach Nr. 1 des Verbandsorgans der Gewerkschaften: »Professionalnyj Ssojus« vom 27. November vereinigte das Petersburger »Bureau der professionellen Verbände«, damals 18, nach Nr. 3 desselben vom 25. Dezember an diesem Tage 35 Gewerkvereine.

[160]) Erheblich waren auch die direkten Repressionen trotzdem: massenhafte Schlieſsung von Gewerkvereinsversammlungen (»R. W.« 2. Februar), Verhaftungen (ebenda 9. Februar S. 3) usw. Immerhin: ein Verbot der Versammlung der Moskauer professionellen Verbände Anfang März deklarierte der Minister des Innern als nur auf Moskau und die unmittelbare Gegenwart bezüglich (»R. W.« 59, 3). Das Statut des Petersburger »Arbeiterbundes auf professionellem Boden«, der die polizeioffiziösen Bewegungen der »Gaponzy«, »Subatofzy«, »Uschakowzy« scharf ablehnte als Usurpationen von »Entrepreneurs«, bestätigte er trotzdem, schon vor dem neuen Vereinsgesetz, freilich wohl aus politischen Gründen.

mit der gröfsten Bequemlichkeit eine gründliche »Filtrierung« der Arbeiterschaft vornehmen konnten, die Stimmung des Proletariats tief sank und es im Begriffe schien, selbst die rein ökonomischen Früchte der Revolution gänzlich wieder einzubüfsen. Überall begannen die Fabriken, soweit sie überhaupt arbeiteten — die Schliefsungen dauerten zum Teil bis zum April — den Arbeitstag wieder auszudehnen[161]), es schien, als ob nur etwa das »Sie« statt des »Du« in der Anrede[162]) an die Arbeiter als Frucht der Revolution übrig bliebe[163]). Allein dieser ökonomische Druck zeitigte nun unter den russischen Verhältnissen eine Frucht, die mit dem Agrarkommunismus eng zusammenhängt. Die Reservearmee der Arbeitslosen blieb nur zu einem, allerdings bedeutenden, Teil in den Städten[164]), zum anderen strömte sie in das heimische Dorf zurück und die von den Fabriken »herausfiltrierten« Agitatoren und Sozialisten wurden nun hier Propagandisten des Radikalismus unter den Bauern[165]). Die Arbeiterbewegung selbst aber erhob trotz der schweren Lage mit einer ganz erstaunlichen, wohl noch nirgends erhörten Elastizität ihr Haupt von neuem, so sehr den Führern die faktische Macht der bestehenden Gewalten in die Glieder gefahren war[166]).

---

[161]) 11 Stunden Arbeitszeit, statt wie in der Revolutionszeit 10 Stunden, führte ein Teil der Moskauer Fabriken Mitte Januar wieder ein (»R. W.« 18. Januar), Abschaffung der dritten Arbeitspause in Petersburg (»R. W.« 1. Februar), Reverse von den staatlichen Fabrik- (nicht nur Eisenbahn-) Arbeitern, sich »unbedingt jeder Verfügung zu unterwerfen« (»R. W.« 1. Februar) usw.

[162]) Schon das ist ja durchaus keine solche Kleinigkeit, wie es manchem, auch bei uns, zunächst scheint. Wie vieler sozialistischer Wahlstimmen in Deutschland wird es bedürfen, bis der Kaiser die Anrede »ihr« an die Arbeiter aufgibt und ihnen wenigstens die äufseren Verkehrsformen konzediert, die nun einmal jeder Bürger schlechthin beansprucht? Bis jetzt ist nur eine Rede bekannt geworden, die das »Sie« verwendete: unmittelbar nach der letzten Wahl; auch die Courrières-Deputation wurde gedutzt.

[163]) In Moskau sah sich angesichts der Bedrohlichkeit der Stimmung der Arbeiter der Stadthauptmann genötigt, am 20. Februar die Fabrikanten für den Fall weiteren Fortschreitens auf diesem »gewissenlosen« Wege darauf hinzuweisen, dafs sie sich eventuell keinerlei Schutzes von seiten der Staatsgewalt zu erfreuen haben würden (»Now. Wr.« 21. Februar S. 1).

[164]) In den gröfseren Städten waren die Arbeitslosen durchweg organisiert mit Komitees an der Spitze, welche mit den Behörden und privaten Hilfsorganisationen verhandelten.

[165]) Der Zusammenhang tritt deutlich hervor z. B. in einer Notiz der »Russk. Wjed.« vom 12. Februar, S. 2 Spalte 7. — Diese Folge der Struktur der russischen Fabrikarbeiterschaft kann kaum hoch genug angeschlagen werden. Aus Petersburg allein gingen im Januar 13 000 »fortfiltrierte« Arbeiter in ihr Dorf zurück.

[166]) Dies ist auch der Broschüre von »Parvus« über »Die jetzige politische Lage und die Zukunftsaussichten« (Januar) anzumerken.

Für den Januar[166a]) liegen über ihren Stand nur wenige Zahlen vor, welche ein Bild weitgehender, wenn auch keineswegs vollkommener Zertrümmerung zeigen. Der »Verband der Verbände«, im Herbst der mächtige Vertreter eines revolutionären, über die Klassenscheidungen hinweg Intelligenz und Arbeiter verbindenden Sindakalismus, fristete damals, von Finland aus agierend, ein kümmerliches Dasein[167]), die Arbeiterdeputiertenräte waren aufgeflogen[168]), von den eigentlichen Gewerkschaften waren vielfach nur noch leere Kadres vorhanden[169]). Nur in den Hauptstädten und ihrer Umgebung stand es besser, im Moskauer Rayon konnte schon am 25. Januar ein Streik von 32000 Arbeitern über die Frage der von ihnen geforderten Jahreskontrakte beginnen. Aber auch hier konnte an Eintreibung regel-

---

[166a]) Über die Streiks unter dem ancien régime s. oben Anm. 101.

[167]) Der Petersburger Verband der Verbände stellte am 22. Januar fest, dafs die leitenden Organisationen des Bauernbundes, des Eisenbahnerbundes, der Veterinäre, Ärzte, Agronomen fast vollständig in Haft safsen oder zersprengt waren. Der Professorenbund war ausgeschieden, die Existenz des Bundes der Semstwoleute war zweifelhaft. 17 Verbände gehörten dem »Verband der Verbände« noch an (»R. W.« 24. Januar).

[168]) Der Petersburger A. D. R. löste sich am 26. Januar auf, da eine gedeihliche Wirksamkeit zurzeit unmöglich sei.

[169]) In Ssamara z. B. war von den Verbänden der Typographen, Tischler, Schuster, Bäcker, Konditoren, Müller, die im Verlauf von 1—1½ Monaten nach dem Oktobermanifest sich gebildet hatten, nur der Typographenverband übrig, der überdies mit der älteren »Gesellschaft der Buchdrucker«, die sein Statut nicht anerkannte, in Fehde lag. Ähnlich stand es anderwärts. — Äufserlich stattlich nahm sich dagegen selbst Ende Januar noch die Zahl der Moskauer Gewerkvereine aus: die Bevollmächtigten folgender professioneller Verbände: der Handlungsgehilfen, Schneider, Schneiderinnen, Dienstboten, Brauer, Riemer, Modelleure, Maler, Bauschlosser, Buchbinder, Ornamentisten, Pharmazeuten, Stellmacher, traten am 22. Januar zu einer Sitzung zusammen, die speziell der Schaffung von Agitationsliteratur gewidmet war. Die Frage der obligatorischen Beiträge mufste aber angesichts der gedrückten Lage damals noch offen gelassen werden (»Russk Wj.« 24, I, S. 4). Es mufste festgestellt werden, dafs der Bäcker- ebenso wie der Tischlerverband nur noch dem Namen nach existierten, die Tabakarbeiter von ihren 1000 Mitgliedern 700 verloren hatten, in fast allen anderen Verbänden die Beiträge nicht eingingen. Zahlreiche Gewerkvereinsführer waren im Dezemberaufstand gefallen oder safsen im Gefängnis (»Now. Wr.« 30, I). Die Zahl von 32000, welche für Petersburg Anfang Januar als Mitgliederzahl der professionellen Verbände angegeben wurde (»Now. Wr.«) ist für mich unkontrollierbar. In Nishnij-Nowgorod waren nur zwei Gewerkschaften übrig geblieben: der Verband der Handlungsgehilfen, der in zähem Kampf gegen die Unternehmer um Aufrechterhaltung der im Oktoberstreit errungenen Positionen lag, und der vorläufig wesentlich Volksbildungszwecke verfolgende Schneiderverband. Aus der Sitzung des Bureaus der Gewerkvereine in Moskau vom 5. Februar notiere ich folgende lückenhaften Angaben aus den Zeitungen: Bäcker: 2000 (?) Mitglieder, Beiträge gingen 970 Rubel ein, freiwillige Zuschüsse 1000 Rubel; Tischler: 800 Arbeitslose; Typographen: 1500 Arbeitslose; die Zustände überall trostlos, Gelder nicht vorhanden, die Arbeitgeber überall geneigt, die Gewerkvereinsleiter zu entlassen.

Rufslands Übergang zum Scheinkonstitutionalismus.

mäfsiger Beiträge nicht gedacht werden und ging die Zeit vielfach mit Kämpfen zwischen den sozialdemokratischen und den halb oder ganz offiziösen (Gaponschen, Uschakowschen) Arbeiterorganisationen hin[170]. Ganz anders war das Bild schon zwei Monate später[171].

Über den faktischen Stand der professionellen Verbände zu Ende März ergeben die Notizen in der von Peter Struve und anderen Demokraten gegründeten Arbeiterzeitung »Rabotscheje Sslowo« (Preis pro Nummer 2 Kopeken, pro Jahr 3 Rbl. 60) und andere Zeitungsnotizen mancherlei Einzelheiten, welche jedenfalls das eine erkennen lassen, dafs die blutjunge Vereinsbewegung schon damals sich in einer Art wiederzuentwickeln begonnen hatte, als ob die vernichtenden Schläge des Winters gar nicht gewesen wären. In Moskau beriet das Bureau der professionellen Verbände über sein Verhalten zu dem oben analysierten Gewerkvereinsreglement vom 4. März, protestierte gegen seinen Inhalt, beschlofs aber nach langen Debatten, die Vereine aufzufordern, von der Registrierung Gebrauch zu machen[172]. In der Tat wurden alsbald ein halbes Dutzend Gewerkschaften zur Registrierung angemeldet. In Ssaratow bestanden bereits wieder 10 professionelle Verbände, darunter namentlich: Komptoiristen, Fuhrleute, Müller (200 Mitglieder, Kassenbestand 120 Rbl.) und vor allem der Verband der Wolgaarbeiter (namentlich Schiffer), welcher mit einem Streik von 180 000 Arbeitern drohen konnte, obwohl natürlich seine eigene eingeschriebene Mitgliederzahl gering war. Gegenstand der Betätigung war der Kampf um die

---

[170]) Über das Schicksal der Gaponschen Arbeiterbewegung, der in den Wintermonaten 1905/06 von der Polizei und vom Minister des Innern alle denkbaren Hindernisse bereitet wurden, und über das düstere Drama ihres Schöpfers mich hier eingehender zu äufsern, fehlt mir das authentische Material. Durchaus fest steht, dafs breite und gut unterrichtete Schichten seiner Anhänger den Glauben an ihn nicht verloren haben. Gapon seinerseits — das steht wohl fest — hat zwischen ganz radikalen Ansichten (im Sommer 1905 in Paris auch in dynastischer Hinsicht) und dem immer wiederkehrenden Glauben an die Macht und den Willen des Zaren hin- und hergeschwankt, bis er der Polizei und den Revolutionären gleich verdächtig und den letzteren direkt gefährlich erschien, ein »betrogener Betrüger«, wobei aber auf das »betrogen« der Nachdruck fällt. — Die Organisationen Gapons (»Vereinigung der Fabrikarbeiter«) und Uschakows (»Unterstützungsgesellschaft der mechanischen Arbeiter«, gegründet Ende 1904) konkurrierten miteinander und unterschieden sich im wesentlichen durch die etwas stärkere Betonung des Professionellen in der Uschakowschen gegenüber der die höchstqualifizierten Arbeiter und einfache Tagelöhner in dieselbe Organisation zusammenstopfenden Gaponschen Bewegung. Aus der Uschakowschen Organisation wuchs die sogenannte »unabhängige sozialistische Arbeiterpartei« heraus, die in dem Blatt »Rabotschaja Gasjeta« ihr Organ fand. Grenzen zwischen Partei und Gewerkschaft sind aber auch hier nicht zu finden, auch herrschte die gröfste Konfusion, versuchte Gewerkschaftsgründungen standen neben der Gründung von interprofessionellen »Rechtsschutzvereinen« (Charkow). Von Redefreiheit in den Versammlungen war keine Rede. Die Gruppe ist voraussichtlich zur völligen Nichtigkeit verurteilt. Bei den Wahlen spielte sie nur da, in reaktionärem Sinne, eine Rolle, wo die Sozialdemokraten die Wahlen boykottierten.

[171]) Die Entwicklung begann bereits Anfang Februar durch konspirative Verbreitung von Aufrufen zur Verbandsgründung (»Now. Wr.« 1, II, S. 2).

[172]) »Russk. Wj.« 111, S. 4.

Arbeitsbedingungen (erfolgreich z. B. bei den Müllern), der Arbeitsnachweis und die Unterstützung Arbeitsloser: so bei den Schneidern durch Subventionierung einer sich bildenden Produktivgenossenschaft. Schon diese und die weiter oben gegebenen Notizen zeigen, dafs die Gewerkschaftsbewegung nach der einen Seite in das reine Volksbildungsvereinswesen, nach einer anderen in das überkommene Hilfskassenwesen [173]), nach der dritten in die historischen Artjel-Organisationen hinein verwebt ist. Diese letztere Seite ist vorläufig noch stark entwickelt. Insbesondere die Gründung von Kooperativgesellschaften ist, teils unter der Nachwirkung des »Narodnitschestwo«, teils unter dem Einflufs Lassallescher Gedanken, in ungemeinem Aufschwung: die flaue Geschäftszeit veranlafst nicht selten Unternehmer, Arbeitern, die, von jenen Idealen erfüllt, Genossenschaften gründen wollen, ihre Fabriken zu überlassen. Aber auch liberale und sozialrevolutionäre Ideologen handeln ebenso: in Moskau z. B. überliefs Pustoschkin seinen Arbeitern seine Druckerei. In Odessa zählte man Ende März ca. 100 Artjels, von ganz kleinen mit 6 bis zu solchen mit 3000 Mitgliedern, von denen eins eine Fabrik landwirtschaftlicher Maschinen, ein anderes eine Stahlgiefserei käuflich erworben hatte [174]). Ebenso zeigte sich der Fiskus bereit, ihm gehörige, aber mit Verlust betriebene Fabriken, z. B. in der Gegend des Ural und in Jekatherinburg den Arbeitern, die einen Verwaltungsrat aus ihrer Mitte wählten, zu überlassen [175]). Die Bedingungen derartiger Übernahmen müfsten erst genauer bekannt sein [176]), um eine Prognose zu stellen: eventuell könnte

[173]) Diese Kassen sind zum Teil älteren Datums. Zu den reinen Unterstützungskassen gehört z. B. die 39 Jahre alte Hilfskasse der Petersburger Drucker, die am 1. Januar 1906 über 88 000 Rubel Kapital verfügte und 1905 ca.19 000 Rubel ausgegeben hatte (4500 Rubel Krankengeld an 104 Mitglieder, 2274 Rubel an 91 Waisen, Sterbegeld 610 Rubel, 26 Invalidenpensionen 3175 Rubel, 65 Witwenpensionen 4060 Rubel). Die Kasse hat einen Arzt und verfügt über Betten im Krankenhaus. Mitgliederbeiträge 10 755 Rubel, Zahl der Mitglieder in dem mir zugänglichen Bericht (»Now. Wr.« 10 789, S. 4) nicht angegeben. Die politische Bewegung hat bei ihr nur die Einrichtung eines »Familienabends« gezeigt. — Aus dem Jahre 1898 stammt und ist also nicht, wie Bjelokonskij in den »Russk. Wj.« 80, S. 4 meint, eine der ältesten professionellen Unterstützungsgesellschaften, die Charkower »Gesellschaft zur gegenseitigen Unterstützung von im Handwerk beschäftigten Arbeitern«, über welche Bielokonskij (a. a. O.) lehrreich gehandelt hat.

[174]) Erstere verlangte dann im Juni ein Darlehen von 250 000 Rubel vom Staat. Die Regierung erklärte, die Frage der Duma vorlegen zu wollen.

[175]) Den Antrag des Verbandes der Telephonisten, ihm das Petersburger Telephonnetz zu kooperativer Verwaltung zu übertragen, — was, wie die Eingabe versicherte, der Stadt erhebliche Kosten ersparen würde — mufste die Stadtverwaltung ablehnen, da ihr nur die »Konzession« gehöre und diese nicht übertragbar sei (»Now. Wr.« 28. Januar, S. 13).

[176]) Nur für ein bisher staatliches Hüttenwerk im Ural liegen mir die Bedingungen vor: 1 % vom Bruttoertrag Pachtzahlung, Leistung von 10 % Kaution für Erhaltung des Werkes in gutem Zustande (5000 Rubel sofort, der Rest durch Abzüge vom Ertrag), Pachtdauer 12 Jahre, Übernahme der Steuern und der Kurkosten für kranke Arbeiter durch das Artjel. Das Artjel beabsichtigt, probeweise zunächst, Schieneneisen zu produzieren. Über seine innere (soziale) Konstitution weifs ich nichts zu sagen (vergl. »Now. Wr.« 10 853, S. 4).

die feste Hypothekenrente oder der Pachtzins, den die Genossenschaft nun an einen mit seiner geistigen Arbeit an der Leitung des Betriebes nicht mehr Beteiligten zu zahlen hat, dem Idyll sehr bald ein Ende bereiten. Soweit die Arbeiterschaft auf »korrekt« sozialistischem Boden steht, lehnt sie diese Experimente ab und pflegt als Surrogat der politischen Tätigkeit einstweilen die Gewerkschaftsbewegung. An deren Spitze marschieren, wie überall, die typographischen Gewerbe, die einzigen, welche gerade infolge der politischen Erregung und Unruhe im Aufsteigen begriffen waren[177]. In der letzten Märzwoche konnte in Moskau der Vorstand des Bundes der Arbeiter des Prefsgewerbes bereits dazu schreiten, die sämtlichen Mitglieder bei Strafe des unweigerlichen Ausschlusses an die Leistung ihrer Beiträge zu mahnen; rund 2000 zahlten alsbald. Diese Beiträge dienten hier wie sonst zum grofsen Teil einer grandiosen Erfüllung von Klassensolidaritätspflichten: die Arbeitslosenunterstützung (ohne Unterschied der Profession) stand in erster Linie. Auch der Buch-

---

[177]) Der »Ssojus rabotschich petschatnawo djela« entstand in Petersburg nach dem 9. Januar 1905, anfangs ohne feste Ziele. 200 Arbeiter hatten die 12 Vertreter in eine Tarifkommission gewählt. Die Verhandlung lehnten die Prinzipale ab, der Streik mifsglückte. Nunmehr suchten die Arbeiter einen legalisierbaren Verein zu gründen und setzten eine Statutenkommission ein. Dabei war das Klassenbewufstsein noch so schwach, dafs die Leute anfangs den Namen »Arbeiter« (rabotschij) im Statut ablehnten, da sie etwas anderes (und besseres) als Fabrikarbeiter seien. (An solchen Kleinigkeiten kann man erkennen, was dies eine Jahr aus den russischen Arbeitern gemacht hat.) Das Statut wurde von 1500 Leuten unterschrieben, und, nachdem noch mit' bedeutender Mehrheit politische Parteilosigkeit festgestellt war, dem Stadthauptmann eingereicht. Vorerst blieb ganz im ungewissen, was der Verband eigentlich zu unternehmen gedenke. Im Juni 1905 aber griff er die Frage der Sonntagsruhe auf, und es gelang ihre Durchsetzung in der Mehrzahl der Druckereien. Die Unterstützung, die er dem Moskauer Typographenstreik angedeihen liefs, hob seine Mitgliederzahl von 600 auf 4000 (von 20000 polygraphischen Arbeitern überhaupt). Man mufste von dem System der allgemeinen Mitgliederversammlungen zu dem der Distriktsversammlungen, dann zum Repräsentativsystem übergehen. — Im September entstand dann, wie früher erwähnt, unter Leitung der Typographen der interprofessionelle »Arbeiterdeputiertenrat« zum Zwecke des sozialpolitischen Kampfes. Dafs dieser Kampf von Anfang an auf revolutionärem Boden stand und von der Idee der Volkssouveränität ausging, ergeben die eingehenden Darlegungen der soeben, im Juni, publizierten Anklageschrift gegen seine Mitglieder. Der Gewerkverein seinerseits, welcher mit dem A. D. R. nicht die Fühlung verlor, gründete nun Filialen in Moskau, Charkow, Riga, begann planmäfsig Streikfonds und Kapitalien für die Gewährung von Wegegeldern an abgewiesene Arbeitsuchende zu sammeln. Im Oktober stand er mit an der Spitze der russischen Arbeiterbewegung. Im November bereits, schon vor dem Moskauer Ausstand, war in seiner Mitte die Bewegung für die Loslösung von den Beziehungen zum politischen Kampfe und für den Übergang zu rein ökonomischen Aufgaben: Tarifvertrag, Einigungskammer, Sonntagsruhe, stark. Dabei blieb die streng sozialdemokratische Gesinnung seiner einzelnen Mitglieder zweifellos und hat sich bis zur Evidenz bei jeder Gelegenheit, namentlich durch den strikten Wahlboykott, bewährt. Man dachte sich also ein Nebeneinander von revolutionärem Sindakalismus und davon formell geschiedenen ganz unpolitischen Gewerkschaften.

binderverband errichtete 40 Freitische für Arbeitslose, und der Eisenbahnerverband verwendete seine gesamten Kassenbestände für sie. Das »Bureau der professionellen Verbände« in Moskau beschlofs feste Monatsabzüge vom Lohn für die Arbeitslosen durchzuführen. Die Verbände der Zeitungsdrucker, welche bisher der Sonntagsruhe entbehren, begannen daneben überall einen zähen Kampf um diese, die in Petersburg wesentlich an dem Widerstand des »Nowoje Wremja« scheiterte. Die Bewegung ist zurzeit noch im Gange. Ebenso hob sich die Machtstellung der Verbände der Maurer gegen das Frühjahr wieder. Im Moskauer Baugewerbe versuchten die Unternehmer, sich mit den Arbeitern über eine gemeinsam einzurichtende Unfallversicherung zu verständigen [178]). In Petersburg gelang es, als die grofsen Fabriken Anfang März allgemein ihren Betrieb voll wieder aufnahmen, den alten Arbeitern, binnen kurzem die Streikbrecher herauszudrängen (»N. W.« 10762, 4)[179]), in Moskau gelang es im Juni den Typographen, die Unternehmer zur fast völligen Kapitulation einschliefslich der Kriegskostenzahlung (halber Lohn für die Zeit des Streiks) zu zwingen (»R. W.« 146, 4).

Ende April verschickte das Bureau der professionellen Verbände gleichzeitig mit der Einberufung eines allrussischen Delegiertenkongresses ein Programm, wonach

---

[178]) Ich gehe an diesem Orte nicht auf die aufserhalb der Klassenbewegung der Arbeiterschaft stehenden Neubildungen sozialpolitischer Richtungen ein, unter denen jedenfalls die in Petersburg am 11. März unter Planssons Vorsitz gegründete »Liga der Arbeit« Beachtung verdient: ein Klub aller derjenigen, welche gewisse Minimalforderungen (wesentlich die des konstitutionell demokratischen Programms) akzeptieren, der aber nicht lediglich theoretisch, und auch nicht nur in dem Sinne, wie z. B. unsere »Gesellschaft für soziale Reform«, praktisch, arbeitet, sondern auch in aktuelle Tagesfragen (so gelegentlich der Verhaftung Mischtschenkos am 16. April) durch Proteste usw. eingreift, und die Bildung von allen auf dem Boden der Selbsthilfe stehenden kooperativen Gemeinschaften fördern will. — Ebenso können die beginnenden Erörterungen der in Rufsland, wo Massen von Arbeitern entweder einfach in den Fabriklokalen nächtigt oder in Fabrikwohnungen haust, so einschneidend wichtigen Arbeiterwohnungsfrage hier nicht näher besprochen werden. Die Vorschläge der Emil Zindlerschen Gesellschaft in Moskau an die Stadt, die Fabrikanten zu freiwilligen Beiträgen behufs Erwerb von 100 Defsjätinen Land für 400 zweistöckige Arbeiterwohnhäuser aufzufordern und selbst dabei mitzuwirken, ist eine Kombination und Abwandlung bekannter Versuche bei uns, deren Kritik ziemlich naheliegend ist (vergl. darüber z. B. auch »Russk. Wj.« 88, 2, den Plan selbst »Now. Wr.« 10 782, 2). Die komplizierte, an England erinnernde Rechtslage ergibt sich z. B. aus dem Verlangen des am 14. März gegründeten Vereins der Moskauer Häuser-Arrendatoren (d. h. befristeter Superfiziare) auf Schaffung eines tenant right für sie gegen die Grundherrn: 48 Jahre bei Steinhäusern, 36 bei Holzhäusern als Minimalvertragsfrist, Zwang zur Erneuerung nach Ablauf unter Erhöhung der Grundrente um jedesmal höchstens 5 % unter der Bestimmung, dafs der Grundherr, wenn er die Erneuerung des Vertrages auf dieser Basis nicht will, das Haus zu einem von einer Kommission aus den beiderseitigen Interessenverbänden, den Kreditinstituten und Versicherungsgesellschaften vorzunehmenden Taxe kaufen mufs.

[179]) In den Mittelstädten scheint im Frühjahr auch in Tula eine eigentliche Gewerkvereinsbewegung eingesetzt zu haben. (Etwas undeutliche Nachrichten des »Now. Wr.« 10 811.) Im Sommer häufen sich die Angaben darüber.

beraten werden soll über: 1. Staat und öffentliche Institutionen als Unternehmer, 2. Berufsstatistik, 3. Achtstundentag, 4. Arbeitslosigkeit, 5. Gewerkvereinsrecht, 6. nationale Gewerkschaften, 7. Verhältnis der Gewerkschaften zum politischen Kampf. Man wird diesen Kongreß abwarten müssen, um ein wirkliches Bild vom Stande der Bewegung zu gewinnen und darf namentlich auf die Antwort auf die letztgenannte Frage gespannt sein: Wiederaufleben des revolutionären Sindakalismus? Strikt neutrale Gewerkschaften oder offizielle Beziehungen zur Parteifrage? Für den diesmaligen Kongreß sind offiziell zwei Delegierte der Sozialdemokratie eingeladen. Fest steht, daß die Verbandsgründungen des Jahres 1905 fast durchweg entweder vom sozialrevolutionären Sindakalismus ausgingen, oder von den »Mjenschewiki«, d. h. den von der (in Sachen der Dogmen maßgebenden) deutschen Sozialdemokratie als orthodox anerkannten Anhängern der »Minderheit« der zerspaltenen sozialistischen Partei (Plechanowgruppe)[180]), gegründet waren. Die Ljeninsche »Mehrheit« (Bolschewiki) sah mit Verachtung darauf herab. Durchweg sind die intellektuell höchst stehenden Gruppen der Gewerkschaften, z. B. die Typographen, die eifrigsten und auch die orthodoxesten Sozialdemokraten. Bei entschieden sozialdemokratischer Gesinnung empfahl aber doch die Sitzung des Bureaus der professionellen Verbände in Moskau vom 4. Juni, dem die Delegierten der Verbände der Preßarbeiter, Bäcker, Schachtelmacher, Metallarbeiter, Marmorarbeiter, Hutmacher, Schuster, Klempner, Techniker, Buchbinder, Drogisten, Tabakarbeiter, Schirmmacher, Dienstboten beiwohnten, dringend, den ökonomischen Kampf »nicht auf die Straße zu tragen« (»R. Wj.« 146, 4). Die Maifeier, in Polen nach dem gregorianischen, in Rußland nach dem julianischen Kalender (eine sehr fühlbare Trennung!) gefeiert, scheint reichlich in dem relativen Umfang innegehalten worden zu sein, wie in Deutschland; anscheinend haben die Unternehmer auch dem Ausfall der Arbeit eher geringeren Widerstand als bei uns entgegengesetzt. Sie haben eben vorerst noch keinen Anlaß, in den Augen der Herrschenden als politisch besonders »beflissen« zu glänzen. Die jetzt (Juni) aller Orten mit erstaunlicher Heftigkeit wieder ausbrechenden Streiks scheinen fast überall politisch mitbedingt zu sein, ihr Gepräge ähnelt dem des Herbstes 1905.

Die inzwischen Anfang Mai auf dem lange geplanten gemeinsamen Kongreß in Stockholm wenigstens der Form nach zustandegekommene Einigung der sozialdemokratischen Gesamtpartei Rußlands muß ihre Dauerhaftigkeit erst bewähren. Da die ausländische sozialdemokratische russische Presse eingegangen, die einheimische erst jetzt wieder im Entstehen ist, bleibt es vorerst schwierig, über die Vorgänge seit Dezember Sicheres in Erfahrung zu bringen. Nach den bis jetzt vorliegenden Berichten ist auf dem Kongreß in Stockholm 1. mit Mehrheit das Prinzip der »Munizipalisation« des Bodens angenommen worden mit dem Zusatz, daß, wenn die Bauern die Verteilung des konfiszierten Landes unter lokale Bauernkomitees verlangen sollten, sie darin zu unterstützen seien. Jede weitere Erörterung über die Gegenwartslage wurde abgelehnt. 2. Gegen den heftigen Widerspruch der »Bolschewiki« und auch fast aller Nationalitätengruppen wurde der Boykott der Dumawahlen für die Zukunft aufgehoben. 3. Mit Stimmenmehrheit wurde das Prinzip der Parteilosigkeit der Gewerkschaften angenommen. 4. Es wurde anerkannt, daß der be-

---

[180]) Dieselbe ist keineswegs immer zahlenmäßig eine Minderheit gewesen und ist es auch jetzt nicht, sie war es nur auf bestimmten Kongressen der früheren Partei.

waffnete Aufstand unumgänglich, aber nur bei Beteiligung der Bourgeoisie möglich, bis zum Zeitpunkt seiner »Möglichkeit« aber zu unterlassen sei. 5. Der Grundsatz der Nationalitätenautonomie wurde angenommen. — Vorläufig hat der Boykott der Duma die Partei um so schwerer diskreditiert, als er sich wesentlich in Sprengungsversuchen gerade gegen die demokratischen Agitationsversammlungen geltend machte, so daſs die Regierung ihre Versammlungsverbote mit dem Hinweis auf diese Benutzung zu Brandreden gegen die Duma und Radau durch die Sozialisten begründen konnte. Während der ganzen Wahlbewegung jedenfalls bildete ihre Haltung für die Demokratie nicht nur eine ernste Verlegenheit, sondern eine stete Hemmung. Dafür, daſs die Dumawahlen nicht reaktionär ausfielen, ist die Sozialdemokratie jedenfalls in keiner Weise verantwortlich: sie hat schlechthin alles getan, um der Regierung in die Hände zu arbeiten[181]).

Aber bedrohlicher muſste zurzeit des Beginns der Wahlbewegung eine gewisse, innerhalb der bürgerlichen Demokratie selbst herrschende Zerfahrenheit erscheinen.

Am 5. Januar trat die konstitutionell-demokratische Partei[182]), in der Presse (nach den Anfangsbuchstaben K—D) gewöhnlich die »Kadetten« genannt, zu ihrem zweiten Kongreſs (bis 11. Januar) zusammen. Die Stimmung war nach dem Eindruck, den die Verhandlungen machen, infolge der befürchteten Rückwirkung des Moskauer Aufstandes eine ziemlich gedrückte. Und dazu tritt der Eindruck organisatorischer Unsicherheit[183]) und der Neigung zu theoretischen Begriffsspaltereien und Zukunftsspekulationen[184]). Man wird es kaum begreiflich finden, daſs in einem so

---

[181]) Dabei bestand die Uneinigkeit auch nach der Dumaeröffnung weiter. Das radikale Petersburger Komitee lag mit dem Zentralkomitee im ewigen Streit. »Gelernt« habe die »Bolschewiki« aus dem Dezember gar nichts. Plechanows nachdrückliche Mahnungen fruchteten nichts. — Kehrseite: Im Juni verfügte das Petersburger Komitee eine monatliche Auflage von 10 Kopeken, »da die Geldunterstützungen aus den Kreisen der Bourgeoisie zu versiegen beginnen« (»Russk. Wj.« 166 S. 3).

[182]) Über ihre Vorgeschichte siehe die Beilage zu Band XXI Heft 1. Es sei hier nur daran erinnert, daſs ihre Hauptprogrammpunkte 1. das »viergliedrige« (allgemeine, gleiche, geheime, direkte) Wahlrecht, 2. die Verwaltungsautonomie der Einzelgebiete und die politische Autonomie Polens, 3. die »Nadjel«-Ergänzung für die Bauern, soweit nötig, unter Enteignung auch des privaten Grundbesitzes waren, und daſs ihr Kern neben der Semstwolinken aus der liberalen akademischen Intelligenz bestand.

[183]) So lehnten von den 16 Preſsorganen, welche die Partei für sich in Anspruch nahm, die beiden bedeutendsten: »Russkija Wjedomosti« und »Birschewyja Wjedomosti«, die Parteiobservanz für sich ab.

[184]) Solche treten auch in der Presse der Partei auf, namentlich in bezug auf die auswärtige Politik. Sollte man es für möglich halten, daſs in einem solchen Moment, wo wahrlich noch schlechthin alles im eigenen Hause zu tun blieb, Kotljarewskij in der »Poljarnaja Swjesda« — im Anschluſs an mehr gelegentliche Bemerkungen Struves — die Zukunftsabsichten der Partei in bezug auf die so notwendige Vertreibung der Türken aus Europa mittels eines Bündnisses mit England

ernsten Moment die Frage, ob die Duma im Prinzip eine »konstituierende« Versammlung sein müfste, wie man dies und den Protest gegen die Art des Wahlrechtes zum Ausdruck bringen solle, ob man also — wenn man in die Duma gehe — sich aller sachlichen Arbeit in der Duma enthalten oder welche Objekte man dort meritorisch mitberaten dürfe — die Frage des sogenannten »inneren Boykottes« der Duma — langwierige Debatten hervorriefen, bis schliefslich die Teilnahme an den »unaufschiebbaren« Reformarbeiten der Duma beschlossen wurde (mit 91 von 102 Stimmen). Im übrigen wurde die damals in der Provinz noch sehr im argen liegende Parteiorganisation und die Wahltechnik erörtert, eine Anzahl Protestresolutionen allgemeinen Charakters gefafst, die Partei in Partei der Volksfreiheit (»Partija narodnoj sswobody«) umgetauft — was neben dem üblichen »K.-D.-ten« keinen Anklang im Sprachgebrauch fand —, die Erwähnung des Minderheitsvotums gegen das Frauenstimmrecht im Parteiprogramm gestrichen, die dezidiert nationalistischen Anträge tatarischer, kirgisischer und jüdischer Vertreter abgelehnt und namentlich eine Resolution gefafst, welche ein strikt parlamentarisches Regime verlangte. Alle diese Beschlüsse, soweit sie nicht rein technischer Art waren, deuteten darauf hin, dafs die Partei von der Voraussetzung ausging, sie werde in der Duma günstigenfalls eine kleine Oppositionsgruppe darstellen. Im übrigen wurden die allgemeinpolitischen und sozialen Programmpunkte meist in der bisherigen Redaktion beibehalten. In bezug auf das **Agrarprogramm** fanden eingehende, vorerst aber zu keiner Einigung führende Debatten statt. Nur über den Begriff des »gerechten Preises«, zu welchem, nach dem im Oktober angenommenen Programm, das Privatland expropriiert werden solle, wurde eine Resolution (Nr. V) dahin angenommen, dafs dieser sich nach dem für die betreffende Gegend »normalen« Ertrage »bei Voraussetzung sachkundiger Wirtschaftsführung und ohne Berücksichtigung der durch den Landhunger erzeugten Pachtpreise« berechnen solle. Auf dem Kongrefs trafen offensichtlich zwei

---

zu entwickeln sich bemühte (auch der Aprilkongrefs der Partei sandte bekanntlich ein Begrüfsungstelegramm an Campbell-Bannermann). Da für den angegebenen Zweck ein **Bündnis** mit England für Rufsland militärisch durchaus bedeutungslos und keine Steigerung seiner Macht wäre, so ist daran nur der von der ganzen russischen Gesellschaft geteilte mifstrauische Hafs gegen Deutschland bemerkenswert, welches ja — trotz Kotljarewskijs Verwahrung — natürlich der ins Auge gefafste **Gegner** sein würde. — Man weifs, dafs die Parole: »Befreiung der geknechteten Völker« seitens der französischen Revolution die grofsen Militärmonarchien der Gegenwart hat schaffen helfen; auch die russische Revolution wird, wenn erfolgreich, im **Ergebnis** ein ehernes Zeitalter und eine ungeheure Steigerung aller, namentlich der deutschen, Rüstungen im Gefolge haben. Der Gedanke »selbstloser« Befreiungskriege ist heute, wo der Kapitalismus dabei kichernd im Hintergrund steht, eine politische Utopie gefährlicher Art.

diametral entgegengesetzte Ansichten aufeinander: die eine hielt jede Zwangsenteignung privaten Landes zur Befriedigung der bäuerlichen Landnot für unerwünscht und war — neben Zuweisung des nicht privaten Landes an die Bauern — nur zur Regulierung der Pachtbedingungen und einer progressiven Bodenbesitzsteuer geneigt, um zugunsten der bäuerlichen Landnachfrage auf die Bodenpreise zu drücken. Die entgegengesetzte Richtung — die Mehrheit — war im Prinzip für »Nationalisation« des Landes in der Form der Bildung eines möglichst umfangreichen, durch möglichst ausgedehnte Enteignung zu schaffenden staatlichen Landfonds, aus dem das Land den Bauern zur Nutzung gegen einen mäfsigen Entgelt zugewiesen werden sollte. Professor Lutschizkij (Kiew) protestierte jedoch auf das heftigste gegen jeden Gedanken der Nationalisation: die Bauern des Südwestens und Südens, welche nicht in voller Feldgemeinschaft, sondern im Erbhufensystem (podwornoje semljewladjenige) leben, würden der Partei sofort den Rücken kehren, wenn sie derartiges beschlösse, nur die Gewährung vollen privaten Grundeigentums könne sie befriedigen. Zwischen diesen äufsersten Polen in der Mitte bewegten sich zahlreiche, durch Einzeldifferenzpunkte getrennte Ansichten, und es zeigte sich, dafs der Kongrefs, trotz eines eingehenden Vortrags von A. A. Kaufmann, alle wichtigen Fragen auf diesem Gebiet vorerst offen zu lassen genötigt war, vor allem weil über den Umfang einerseits der beabsichtigten Expropriation, anderseits der den Bauern zu gewährenden Landzuweisung keine Einigung über feste Normen zu erreichen war. Die strittigen Fragen wurden schliefslich einer Kommission überwiesen, die falsdann dem dritten Kongrefs ein ausgearbeitetes Programm vorlegte, in allen wesentlichen Stücken übereinstimmend mit dem Gesetzesantrag, den die Partei später in der Duma einbrachte.

Es ist vielleicht richtig, dies Agrarprogramm und die darüber zutage getretenen Meinungsverschiedenheiten hier wenigstens in gedrängter Skizze zu erörtern, um einen Begriff von den unerhörten Schwierigkeiten zu gewinnen, mit denen der Versuch, zurzeit in Rufsland in dieser wichtigsten Frage überhaupt irgend etwas zu »wollen«, zu rechnen hat. Vorerst einige allgemeine Vorbemerkungen [185]).

---

[185]) Auf die Ansichten der russischen Agrarpolitiker, einschliefslich der Sozialrevolutionäre, haben in den 90er Jahren auch die deutschen Arbeiten, welche die »Konkurrenzfähigkeit« des ländlichen Kleinbetriebes vertreten, einen tiefen Einflufs geübt, der heute noch — neben den Traditionen des Narodnitschestwo — nachwirkt. Man glaubte und glaubt vielfach an die technische »Gleichwertigkeit« von Grofs- und Kleinbetrieb, wie viele Deutsche es auch ganz generell taten. Ich habe diese Ansicht in dieser Form nie geteilt: Eigenarten unserer privatwirtschaftlichen Ordnung in erster Linie, nicht aber technische Leistungsfähigkeit, sind es, die den Kleinbetrieb halten und auf Kosten des Grofsbetriebes voranschreiten lassen, so richtig es ist, dafs die »Konkurrenz« der Betriebsgröfsen in der Landwirtschaft

(123)

Fest steht für fast alle Gegenden des Reiches, den äußersten Norden und die Neulandgebiete ausgenommen, das Vorhandensein der zunächst »subjektiven« Erscheinung des akuten »Landhungers« der Bauern, der am stärksten, aber keineswegs nur, in einer Zone besteht, welche die rein oder fast rein agrarischen, und zwar G e t r e i d e bauenden, Gebiete der »schwarzen Erde« und der an sie angrenzenden, vom Westufer der Wolga durch das südliche Zentralgebiet bis an und über den Dnjepr, umfaßt. »Objektiv« äußert sich diese drückende Landnachfrage am deutlichsten darin, daß seit zwei Jahrzehnten trotz beinahe unaufhörlich s i n k e n d e m Getreidepreise und — relativ! — stabiler Technik die Pachten und Güterpreise in konstantem, zum Teil geradezu exorbitantem S t e i g e n [185a]) begriffen sind: die Nachfrage nach Boden ist nicht eine solche zum Zweck der geschäftlichen Verwertung von »Anlagekapital« als Erwerbsmittel, sondern zum Zweck des Besitzes des Landes als gesicherter Gelegenheit zur Verwertung der eigenen persönlichen Arbeitskraft für den eigenen Lebensunterhalt; nicht Profit, sondern Deckung des unmittelbarsten Bedarfs ist ihr Zweck, und daher gibt es eine Obergrenze für den Bodenpreis n u r in den jeweiligen, wie immer erworbenen, Geldvorräten der Nachfragenden [186]).

Zunächst einmal rein »betriebstechnisch« angesehen, ergibt sich als Unterlage dieser Nachfrage der Umstand, daß auf dem vorhandenen ländlichen Areal bei der z u r z e i t b e s t e h e n d e n T e c h n i k in den von der bekannten »Zentrumskommission« bearbeiteten Gebieten nur etwa 21—23 % der vorhandenen Arbeitskräfte verwertbar sind, drei Viertel bis vier Fünftel, zuweilen noch mehr, also brach liegen. Das ist selbst bei Berücksichtigung der winterlichen Zwangsferien der Landwirtschaft — »grenznutztheoretisch« ausgedrückt — eine geradezu ungeheuerliche Diskrepanz der beiden »komplementären« Produktionsmittel, deren mit der Volkszunahme steigende Schärfe in der steigenden Entwertung der Arbeit, der »Zurechnung« des »Produktionsertrages« immer mehr allein zum Boden ihren theoretisch durchaus verständlichen Ausdruck findet. Verschärft wird dies Mißverhältnis noch dadurch, daß das Maß der — bei unter sich gleicher Betriebstechnik — in den einzelnen Gebieten auf die gleiche Fläche verwertbaren Arbeitskräfte

---

nicht mit derartigen Unterschieden der technischen Leistungsfähigkeit zu rechnen hat, wie in der Industrie. Dies nur in Kürze zur Feststellung des Standpunktes.

[185a]) In 12 Gouvernements um rund 100 %, in 22 ferneren um 50 % in den letzten 10 Jahren (Kaufpreise).

[186]) Die Russen haben für diese Pacht den guten Ausdruck »prodowolstwennaja arenda«, »Versorgungspacht« im Gegensatz zur »kapitalistischen Pacht« geprägt. Man darf das natürlich nicht mit »Parzellenpacht« identifizieren, denn der Parzellenpächter kann sehr wohl Kleinkapitalist und seine Pacht kapitalistische »Erwerbspacht« sein.

nach Süden zu infolge der Zunahme der Vegetationsperiode abnimmt. Im Norden des Moskauer Gebietes, wo die gesamte Arbeit sich in wenig über drei Monate drängen mufs, rechnet man, dafs eine volle männliche Arbeitskraft für 4 Defsjätinen (4,4 ha) nötig sei, nach Süden zu vergröfsert sich diese Fläche bis auf 8 Defsjätinen in der südlichen Schwarzerde (bei der »üblichen« Technik): es ist also gerade da das Mindestmafs von Arbeitskräften technisch erforderlich, wo die Zusammendrängung der Bauern die gröfste ist. Diesem Mifsverhältnis kann auch nur in begrenztem Umfange durch Abflufs der überschüssigen landwirtschaftlichen Arbeitskräfte auf das Neuland im Norden und in Sibirien abgeholfen werden, aus den von A. A. Kaufmann in seinem Werk über die Übersiedlungsfrage und, skizziert, in dieser Zeitschrift entwickelten Gründen, deren wichtigster in der fast unüberwindlichen Schwierigkeit einer Anpassung der aus dem dichtbevölkerten Süden stammenden Bauern an die sehr exzentrischen Existenzbedingungen nordischer Siedlungsgebiete liegt.

Es fragt sich nun zunächst, ob nicht die betriebstechnische Umgestaltung der Bauernwirtschaft das überhaupt allein in Betracht kommende Mittel für eine Sanierung dieser unerträglichen Lage ist. Das ist, in letzter Instanz, schwerlich zu bestreiten und tatsächlich auch von niemand bestritten [187]). Allein es ist dabei folgendes zu beachten:

---

[187]) Man rechnet z. Z. (nach Schätzungen des Petersburger Semstwos) $39^{1}/_{2}$ Defsjätinen Brache auf je 100 Defsjätinen bestelltes Land (in Deutschland 6). Dabei ist in den Landnotgegenden der Schwarzen Erde das Bauernland generell zu etwa $9/10$ unter den Pflug genommen und fast lediglich mit Getreide bestellt. Schon das ergibt: 1. Stoppelweide und 2. ganz unzulängliche Düngung, daher 3. ausgedehnte Brache und danach Bodenerschöpfung als unvermeidliche Folgen. Als durchschnittlichen bäuerlichen Rohertrag, dem Geldwerte nach, für die 34 Semstwogouvernements rechnet man jetzt 11 Rubel 78 Kopeken per Defsjätine, als »Reinertrag« ein Minus von etwa 7 Rubel. Solche geldwirtschaftlichen Schätzungen sind freilich aus bekannten Gründen stets problematisch. — Was die Entwicklung der Ernteerträge anlangt, so haben sich diese im Lauf der letzten 40 Jahre gerade in einigen Gouvernements mit sehr kleinen bäuerlichen Landanteilen am meisten gehoben: Tschernigow 65 %, Kijew 64 %, Podolien 58 %: alles Gebiete mit Erbhufenbesitz (ohne Obschtschina) und sehr bedeutenden, relativ modern bewirtschafteten Grofsbetrieben. Im Anschlufs an S. S. Bjechtjejew sucht jetzt Pestrzecki, ein eifriger Vertreter der rein betriebstechnischen Lösung des Bauernproblems (s. seinen »Opytt agrarnoj programmy« und zahlreiche Artikelserien von ihm im »Now. Wr.«), die (relative) Irrelevanz des »Landmangels« der Bauern dadurch zu erweisen, dafs er die 50 europäisch-russischen Gouvernements nach der Gröfse des Durchschnittsnadjel in eine Reihe ordnet und dann je eine Hälfte dieser Reihe zusammenfafst: es ergibt sich dann (»Now. Wr.« 10 877), dafs 1. von 1891 bis 1902 für die landreiche Hälfte mehr »Verpflegungsfonds« (wegen Mifsernte) aufzuwenden waren (102,5 Mill. Rubel gegen 85,7 Mill. bei der landarmen), dafs 2. trotz der relativ höheren Steuerbelastung pro Defsjätine der landarmen Hälfte die

Theoretisch formuliert, kämen als Mittel einer Umgestaltung der Relation zwischen Arbeitsbedarf und Arbeitskräften, wenn man an dem bäuerlichen Betriebsausmafs festhält, in Betracht: 1. die Einschaltung bezw. wesentliche Verstärkung des jetzt auf ein Minimum beschränkten Faktors »produzierte Produktionsmittel«: moderne, speziell auch tiefer gehende Pflüge und andere ertragsteigernde Werkzeuge, künstlicher Dünger usw. Dies würde unzweifelhaft die von der gegebenen Fläche zu gewinnende Produktmenge in ganz bedeutendem Mafse steigern. Keineswegs in gleichem Mafse dagegen die auf der gegebenen Fläche betriebstechnisch erforderlichen Arbeitskräfte. Wie sich der Bedarf an solchen, unter Voraussetzung gleichbleibender Produktionsrichtung — also, für die Hauptgebiete der Landnot, des fast ganz ausschliefslichen Getreidebaues — gestalten würde, ist schlechterdings mit dem vorhandenen Material nicht zu berechnen; für breite Gebiete würde, da die technische Optimalität des Betriebsausmafses aufserordentlich hoch über dem Durchschnittsumfang der bäuerlichen Betriebe liegt,

---

Steuerrückstände derselben (3 Rubel pro Seele) 1898 geringer waren als in der landreichen (3,40 Rubel), und zwar in den landärmsten am geringsten (Podolien und Poltawa 0,10 Rubel, dafs 3. der Schnapsverbrauch und die Zahl der Detailhandlungen pro Seele bei den landarmen Gebieten gröfser war, endlich 4. dafs die Schweinehaltung der landarmen Gebiete mit 32,6 Stück auf 100 Defsj. (109 Hektar) die der andern (mit 6,6) um das Fünffache, die gesamte Viehhaltung (157 Stück gegen 91) um 70 % übertraf. Es ist dabei immerhin das eine wohl zu beachten, dafs es fast durchweg auch hier die Gouvernements des Westens, namentlich das westliche Kleinrufsland, sind, welche bei diesen Zahlen den Ausschlag geben. Die Eigentümlichkeit der agrarpolitischen Lage Rufslands beruht zum Teil darin, dafs die in ihrer Agrarverfassung ökonomisch (vom kapitalistischen Standpunkt aus) »modernsten« und betriebstechnisch entwickeltsten Gebiete die nicht nationalgrofsrussischen sind. Das »Ostelbien« Rufslands ebenso wie die Gebiete mit (relativ) intensiv genutzten kleinbäuerlichen Privateigentum sind die westlichen Grenzländer mit polnischer Junker- und klein- bezw. weifsrussischer Bauernschicht, in bezug auf Volksbildung, Selbstverwaltung, politische Kultur das Aschenbrödel des Reichs. Anderseits stecken unter den als »landreich« zusammengefafsten 25 Gouvernements Gebiete wie die Astrachaner und Orenburger Steppe und die Nordgouvernements Perm, Olonetz, Wologda, sowie die Neusiedelungsgebiete Neurufslands. — Was die Zahlen trotzdem illustrieren, ist die unzweifelhafte Tatsache, dafs die Gröfse des Nadjel allein noch nichts über die Lage der Bauern besagt. Gegenüber den Versuchen (ebenfalls Bjechtjejews, vgl. Pestrzecki a. a. O. Nr. 10 877, 2), durch Vergleichung des Erntequantums mit der Zahl der Bauern das Mafs der Deckung ihres Lebensbedarfs in seiner Entwicklung zu verfolgen, ist — soweit es sich dabei nicht um lokale Untersuchungen, sondern um grofse Durchschnitte handelt — natürlich zu betonen, dafs nicht in dem jeweils geernteten Getreidequantum, sondern in der Umgestaltung der Art der bäuerlichen Bedarfsdeckung nach der geldwirtschaftlichen Seite hin (zum Teil erzwungen durch den mittelst Steuerdrucks forcierten Getreideexport) die wesentlichen Momente der Krisis beschlossen sind.

betriebstechnisch angesehen, eine gewaltige Übersättigung mit landwirtschaftlichen Arbeitskräften erst recht gerade dann vorliegen, wenn zum »kapitalintensiven« Betrieb übergegangen würde [187a]. Es käme also ferner 2. die Einschaltung neuer Produktionsrichtungen in die bäuerliche Fruchtfolge in Betracht, d. h. also Verlassen der heute gerade bei den Bauern der Notstandsgegenden ganz einseitigen (meist dreifelderwirtschaftlichen) Getreideproduktion. Kein Zweifel, dafs die Steigerung der Vielseitigkeit der Produktion den betriebstechnischen Bedarf an landwirtschaftlichen Arbeitskräften in ganz aufserordentlichem Mafse, jedenfalls über das jetzige Quantum von solchen, zu steigern geeignet wäre. Die betriebstechnische Voraussetzung für die Einschaltung neuer Produktionsrichtungen aber würde in einem nicht a priori zu bestimmenden Mafse doch auch wieder die Einschaltung neuer »produzierter Produktionsmittel«, besserer Arbeitswerkzeuge insbesondere, sein. Und weiterhin müfste auch gefragt werden a) ob die natürlichen Bodenqualitäten die Viel- oder doch Mehrseitigkeit der Produktion begünstigen, z. B. durch Vorhandensein von Wiesen[188], ferner b) ob die hiernach etwa möglichen, neu einzuschiebenden Produktionsrichtungen betriebstechnisch dem Ausmafs von Bauernwirtschaften adäquat sind (was z. B. für Zuckerrüben nur sehr bedingt zuträfe), endlich aber und namentlich c) an welche »volkswirtschaftlichen« Bedingungen jene »betriebstechnischen« Möglichkeiten gebunden sind. Für die Produktionsvermannigfaltigung wäre entscheidend, welches von den in den Produktionsprozefs neu aufzunehmenden Produkten Marktprodukt ist und sein kann, und dies wieder hinge zu einem Teil unter anderem auch mit der Frage zusammen, ob der Markt, für den produziert werden soll, ein lokaler, auf der Kaufkraft nicht landwirtschaftlicher Schichten an Ort und Stelle oder in der Nachbarschaft ruhender, ist oder ob es ein Fernmarkt sein mufs. Für alle Reform-Möglichkeiten aber ist ferner entscheidend, in welchem Mafs dem Bauern »Kapital« (im ökonomischen Sinne) entweder als Eigenbesitz zur Verfügung steht oder aber er über jene »geschäftlichen« Qualitäten und rechtlichen Voraussetzungen verfügt, welche ihn kreditwürdig machen. In den Hauptnotstandsgegenden fehlen nun teils aus natürlichen, teils aus historischen Gründen 1. kräftige Lokalmärkte sehr häufig. Diese Gebiete sind zum sehr grofsen Teil landwirtschaftliches Exportgebiet, und zwar speziell Getreideexportgebiet, und dies bedingt eine besonders starke, betriebs-

---

[187a] Die Bauern könnten alsdann an Ort und Stelle nur als Arbeitskräfte der vorhandenen Grofsbetriebe zunehmende Verwendung finden, wenn diese letzteren derart intensifiziert würden, dafs ein Plus von Arbeitsnachfrage entstünde. Bauernwirtschaft beim Export-Getreidebau bedeutet Arbeitsvergeudung.

[188] Was diese anlangt, so steht unzweifelhaft fest, dafs gerade an ihnen die Bauernwirtschaften vieler Notstandsdistrikte den äufsersten Mangel leiden.

technische sowohl wie ökonomische, Überlegenheit gröfserer Betriebe. Es fehlt ferner 2. der breiten Schicht der Bauern unstreitig sowohl das Kapital als die, nur im Wege eines »geschäftlichen« Erziehungsprozesses zu erwerbende Qualität' der »Kreditwürdigkeit«. Dabei spielt die bestehende Agrarverfassung teils direkt infolge Unveräufserlichkeit, Unverpfändbarkeit und Exekutionsfreiheit des bäuerlichen Bodens, teils und namentlich indirekt: zufolge der allgemeinen »Lebensstimmung«, die sie begünstigt, eine, wenn auch in ihrer Tragweite vielleicht oft überschätzte, so doch unverkennbare Rolle mindestens insofern, als sie den geschäftlichen »Erziehungsprozefs« immerhin hemmt. Hierüber später. Aber davon ganz abgesehen, fehlt gerade den Bauern mit der gröfsten Landnot eben wegen dieser Landnot unter den heutigen Bedingungen, generell gesprochen, auch die Möglichkeit, irgendwelche Kapitalbeträge zu ersparen[189]). Auch die — selbstverständlich aus anderen Gründen höchst wichtige — Einschränkung des Trunkes und die Erleichterung der Steuern könnte in dieser Hinsicht erst nach langen Jahren erhebliche Geldbeträge für die Masse der Einzelwirtschaften ergeben, die umfassendsten und verzweigtesten Personal-Kreditorganisationen einerseits, Absatzorganisationen für das Getreide anderseits, genossenschaftliche Erziehung des Bauern und alle ähnlichen Mittel würden erst in zwei bis drei Dezennien wirklich fühlbare Ergebnisse zeitigen können, und zwar für eine durch Differenzierung zu gewinnende Elite — in »geschäftlicher«, nicht etwa »ethischer«, Wertung gesprochen — aus der Bauernschaft. Inzwischen aber stiege die Not der sich stetig vermehrenden Masse derselben in unerhörtem Mafse, zumal der Bauer überdies durch das nicht zu hindernde Absterben des alten Hausfleifses in stetig zunehmendem Mafse auf geldwirtschaftliche Bedarfsdeckung angewiesen wird, zu der die Masse sich immer weniger imstande zeigt. Rechnet man nun mit den heute gegebenen geschäftlichen und ökonomischen Qualitäten des Bauern als mit einer jedenfalls nur höchst allmählich umzugestaltenden gegebenen Gröfse, dann allerdings erscheint die Vermehrung ihres Landbesitzes um jeden Preis als die für die Gegenwart schlechthin nicht zu umgehende Voraussetzung alles weiteren, insbesondere auch der Möglichkeit der »Selbsthilfe«.

Diese Vermehrung findet nun heute im Wege des freien oder durch die Bauernlandbank [189a]) vermittelten Verkehrs zwar in bedeutendem Um-

---

[189]) Die Kapitalien der »Kulaki« stammen regelmäfsig nicht direkt aus landwirtschaftlichen Überschüssen.

[189a]) Auf dies der Vermittlung des bäuerlichen Landerwerbes dienende Institut kommen wir erst später zu sprechen.

fang[190]), aber doch zu Preisen[191]) statt, welche die Herauswirtschaftung von »Mehrerträgen« aus dem gekauften oder gepachteten Land generell zweifellos ausschliefsen, weil 1. die Ertragsergebnisse der bäuerlichen

---

[190]) Es haben nach den oft zitierten Zahlen der »Materialien zur Statistik der Bodenbewegung", Band IV, welche auf den registrierten materiellen Urkunden fufsen, von 1863—1892 in 45 europäischen Gouvernements Grund und Boden:

	verkauft für 1000 Rubel	gekauft für 1000 Rubel	mehr (+) oder weniger (—) ge- als verkauft für 1000 Rubel
Adlige, Beamte, Offiziere	1 459 000	821 081	— 637 919
Die Geistlichkeit	6 901	12 141	+ 5 240
Ehrenbürger*)	20 075	90 367	+ 70 292
Leute bürgerlichen Berufs ohne festgestellten Stand	20 075	24 013	+ 3 938
Kaufleute	135 312	318 239	+ 112 927
Kleinbürger und Handwerker	58 799	82 435	+ 23 636
Bauern: Einzelne	66 537	158 414	+ 91 877
Genossenschaften**)	16 506	129 733	+ 113 227
Dörfer	9 750	46 976	+ 37 226
Bauern: Im ganzen	92 783	335 123	+ 242 340
Kosaken	14 022	27 799	+ 13 777
Andere Dorfbewohner	30 176	80 686	+ 50 510
Fremde	20 636	24 701	+ 4 065

*) D. h. Kommerzienräte, Inhaber bestimmter Grade und Tschins usw.
**) Für den Ankauf und die Übersiedlung kraft besonderer gesetzlicher Bestimmungen gebildet.

Man sieht: die grofsen Posten der Mehrkäufer werden dargestellt einerseits durch die Kaufleute mit Einschlufs der »Ehrenbürger«, anderseits durch die Bauern, während als Mehrverkäufer allein der Adel dasteht. Dieser verlor nach den Rechnungen Sswjätlowskijs in jenen 30 Jahren 24,2 Millionen Defsjätinen oder etwa ein Drittel der Landfläche, die er nach der Reform von 1861 befafs. Kaufleute erwarben davon 9,6 Millionen, »Ehrenbürger« und Kleinbürger 2,5 Millionen Defsjätinen. —

Das den drei Kategorien von Bauern, Staats-, gutsherrlichen und Apanagenbauern bei der Befreiung zugewiesene »Nadjel«-Land umfafste rund 112 Millionen Defsjätinen, Kolonisten, und früher freigelassene Bauern hatten zusammen 7½ Millionen Defsjätinen, ebensoviel betrug das Apanagenland, alle Arten anderer nicht bäuerlicher Besitzer, aufser dem Staat, hatten an 100 Millionen Defsjätinen, der Staat endlich 151½ Millionen (davon noch nicht 4 Millionen urbares Land). Zu ihren 112 Millionen Defsjätinen hatten nun die Bauern bis 1893 9½ Millionen, bis jetzt mindestens etwa 15 Millionen kaufweise dazuerworben. Bei dem Übergang des adligen Landes an nichtadlige Besitzer war für die Zeit von 1863 bis 1892 noch die entsprechende Erscheinung zu beobachten, wie neuerdings bei der

Wirtschaften schon an sich 20% unter derjenigen der Gutswirtschaft stehen, von der sie Land kaufen; der Bauer steht sich vielfach als Arbeiter des Grundherrn besser wie als Pächter [192]) oder Käufer, selbst wenn dabei

deutschen Parvenü-Fideikommifsbildung: das Kapital suchte den Rente tragenden Boden (Schwarzerde) mit Vorliebe auf: hier hatten die Bauern ihren Besitz am wenigsten vermehrt. Dagegen auf dem Nicht-Schwarzerde-Land stand der Erwerb durch Kaufleute hinter dem bäuerlichen zurück, der zumal in den industriellen Rayons ein relatives Maximum erreichte: die »rentenlose« Arbeitswirtschaft breitete sich hier aus, die Kauflust der Bauern für den Landerwerb aber ruhte auf industriellem Verdienst, der auf der schwarzen Erde fehlt, der Kleinbetrieb war durch die Kaufkraft der lokalen gewerblichen Märkte begünstigt, im Gegensatz zu den überall den Grofsbetrieb begünstigenden Exportgegenden des Südens. Eine Auseinandersetzung mit den vielfach höchst willkürlichen Bemerkungen von Masslow, Agrarnyj Wopross Rossii S. 221 f. (der approbierten marxistischen Erörterung der russischen Agrarfrage) über diese Fakta mufs für eine andere Gelegenheit verspart werden. Hinzugefügt seien dem Gesagten nur noch die Hauptergebnisse der jetzt von Lossitzkij vorzüglich bearbeiteten neuesten Bodenumsatzstatistik (für 1898, erschienen 1905). Für 1898 ist der Mehrerwerb an Land bei den Bauern (Einzelnen, Genossenschaften und Gemeinden) auf der schwarzen Erde 34,3 (Kauf) — 7,2 (Verkauf) = 27,1 % der umgesetzten Bodenfläche, aufserhalb der schwarzen Erde dagegen nur 13,7 (Kauf) — 6,2 (Verkauf) = 7,5 % der umgesetzten Bodenfläche. Das Verhältnis war also das umgekehrte wie in den Jahren 1863—1892, infolge des akut gewordenen Landhungers der Bauern, dem die Umgestaltung des Statuts der Bauernbank 1895 die Bahn geöffnet hatte, sich geltend zu machen. Der Erwerb der »Kaufleute und Ehrenbürger« ist innerhalb wie aufserhalb der schwarzen Erde in einen Verlust umgeschlagen, der freilich aufserhalb der schwarzen Erde (— 6,0 %) gröfser ist als im Schwarzerdegebiet (— 2,0 %), dort jedoch durch den sehr starken Bodenerwerb (13 %) »juristischer Personen« (hat hauptsächlich im Gouv. Perm im Norden stattgefunden) wieder wettgemacht wird. Das Steigen des bäuerlichen Bodenerwerbes ist, wie Lossitzkij nachweist, konstant, und ist ein starkes Stück, 1. dafs Masslow, a. a. O., diese neueren Statistiken ignoriert; 2. dafs er das von den bäuerlichen Gemeinden 1863—1892 erworbene Land allein dem gesamten Bodenumsatz, und zwar verkauftes Land und gekauftes Land addierend (!), gegenüberstellt, um so zu zeigen, dafs »weniger als 2 %« des Bodenumsatzes den Bauern (!) zugute gekommen sei. Der Anteil der Bauern an den Landkäufen stieg in 44 Gouvernements von 12,7 % im Jahrzehnt 1863—1872 auf 17,7 % 1873—1882, 29,2 % 1883—1892, 27,1 % 1893—1897, 34,9 % 1898. Von allem Land, welches zwischen den Ständen den Besitz wechselte, gingen an die Bauern 1863—1872 22,0 %, 1873—1882 32,7 %, 1883—1892 63,7 %, 1893—1897 52,2 %, 1898 66,4 % über. Es waren unter 19 Gouvernements mit dem gröfsten Zuwachs bäuerlichen Landes 1863—1897 nur 8 Schwarzerdegouvernements, in der 15jährigen Periode 1883—1897 10, 1898 aber 11.

[191]) In der Gegend von Kijew z. B. wurden selbst in diesem Frühjahr 450 Rubel pro Defsjätine gefordert, d. h. rund 1000 Mk. pro Hektar.

[192]) Die Pachten schwankten in den Gouvernements nach den Erhebungen der Kutlerschen Agrarkommission zwischen 60 Kopeken (Wologda) und 14½ Rubel pro Defsjätine.

nur der »Ertragswert« des Gutslandes zugrunde gelegt würde[193]), und vor allem weil 2. die ungeheure Konkurrenz der pacht- und kaufbedürftigen Bauern um das Land die Preise weit über den kapitalisierten Ertragswert selbst des Gutslandes, man kann sagen: ohne jede fixierbare Obergrenze, in die Höhe treibt. Überdies aber sind es natürlich keineswegs die Bedürftigsten, die bei diesem rasenden Wettlauf in den Besitz des ihnen nötigen Landes gelangen[193a]). Aus dieser Situation ist der

---

[193]) Dies pflegt den nach Landzuweisung verlangenden Bauern stets entgegengehalten zu werden, allerdings meist in Übertreibungen, — so vom Min.-Assist. Gurko in der Dumasitzung vom 19. Mai, der den Arbeitsverdienst der Bauern pro Defsjätine Gutsland auf 11 Rubel, den Reinertrag pro Defsjätine Bauernland auf 5 Rubel, den Verlust also auf 6 Rubel pro Defsjätine für den Fall der Verteilung des Privatbesitzes unter die Bauern berechnet. Dabei waren nun allerdings einige »Kleinigkeiten« vergessen. Aber Professor Herzensteins Erwiderung war auch kaum ganz stichhaltig, und der Satz, dafs die Verwendung der gleichen Quantität Arbeit im Kleinbetrieb (bei gleicher Produktionsrichtung), ökonomisch betrachtet, Arbeitsvergeudung bedeuten kann, wird dadurch nicht beseitigt. Beim russischen Bauernbetrieb liegt nach den Materialien der »Zentrumskommission« die Sache in der Tat so, dafs in 11 von 26 untersuchten Gouvernements der Arbeitsverdienst der Bauern von einer besäten Defsjätine Gutsland in Geld bedeutend höher steht als der in Geld veranschlagte Produktenertrag einer Defsjätine Nadjel-Land, — Folge der umfassenderen Kapitalverwendung und rationelleren Arbeitsnutzung der Grofsbetriebe.

[193a]) Welche Kategorien von »Bauern« es sind, die den Hauptanteil von dem Landerwerb im Wege des privaten Kaufes haben, will Lossitzkij, a. a. O. p. XXII aus der von ihm festgestellten Tatsache schliefsen, dafs die bäuerlichen Landkäufe im Jahre 1898 in denjenigen Gebieten am stärksten waren, welche 1897 die schwerste Mifsernte gehabt hatten. Die Mifsernte der »Schwarzen Erde« wurde auf — 23 % gegen das Mittel berechnet, der Prozentsatz der bäuerlichen Landerwerbungen betrug 262 % des Mittels. Innerhalb der Schwarzen Erde hatte die stärkste Mifsernte das »Zentrale Landwirtschaftsgebiet« mit — 34 % gegen Mittel, der Prozentsatz bäuerlicher Landerwerbungen betrug hier 485 % des mittleren. Es ist — so folgert er — die besitzende Schicht der Bauern, die »Dorfbourgeoisie«, welche von der Notlage des von der Mifsernte betroffenen Privatbesitzes Vorteil zieht, denn im Nicht-Schwarzerde-Gebiet wurde eine Mittelernte (100 %) verzeichnet: der ländliche Landkauf stand 30 % unter Mittel (Folge der Industriekrisis, welche auf den Kustarbauern lastete). Allein beachtenswert scheint, dafs innerhalb des »zentralen Industrierayons« sowohl wie des »zentralen Landwirtschaftsrayons« der Adel fast gleichmäfsig mit gegen ein Drittel des Gesamtumsatzes am Landverlust beteiligt war (30,1 bezw. 32,7 %), während sich für die Bauern die Zahlen wie folgt stellten: Gesamtumsatz des Industrierayons 480 000 Defsjätinen; davon erwarben (in runden Zahlen) die Bauern mehr, als sie verkauften: Einzelne: 11 600 Defsjätinen (5,2 % des Umsatzes), Genossenschaften 50 700 Defsjätinen (10,6 %), Dorfgemeinden 10 000 Defsjätinen (2,0 %). — Gesamtumsatz des Landwirtschaftsrayons: 291 000 Defsjätinen; davon erwarben die Bauern mehr, als sie verkauften: Einzelne: 10 400 Defsjätinen (3,6 % des Umsatzes), Genossenschaften 36 000 Defsjätinen (12,4 %), Gemeinden 25 500 Defsjätinen (8,8 %). Also war gerade in dem Mifs-

Gedanke, die Preise zwangsweise zu fixieren, dem Bodenwucher ein Ende zu machen und den bäuerlichen »Nadjel« der wirklich Landbedürftigen planmäſsig auf eine Höhe zu bringen, welche dem Bauern wenigstens den konstanten Druck des Hungers von den Schultern nimmt, der Expropriationsgedanke also, geboren. Sehen wir kurz die Probleme an, in die er sich verstrickt: 1. entsteht die Frage, welche Norm für die — soweit möglich — durch Landzuteilung zu erreichende Gröſse des bäuerlichen Nadjel gelten soll. An Vorschlägen und Forderungen standen sich gegenüber: a) das Verlangen, der Bodenbesitz jedes Bauern solle so groſs sein, daſs er seine Arbeitskräfte voll darauf verwerten könne. »Das Land ist Gottes, es muſs nur den selbst Arbeitenden überlassen werden, jedem aber so viel, als er bearbeiten kann.« Die Unmöglichkeit, dieses Ziel in Ruſsland zu erreichen, ist statistisch absolut auſser Zweifel gestellt[194]. Es ist so viel Land schlechthin nicht verfügbar; gleichwohl hat nicht nur die sozialrevolutionäre Bauern- und Arbeiterpartei auch in der Duma daran ausdrücklich festgehalten, sondern sind gelegentlich auch bekannte Agrarpolitiker für diese »trudowaja norma« eingetreten. b) Das »Bedarfsprinzip« (»potrebitjelnaja norma«): der Bauernwirtschaft ist so viel Land zuzuteilen, als sie für die Deckung der elementaren Lebensbedürfnisse (Essen, Wohnung, Kleidung) bedarf: es versteht sich dabei, daſs diese Norm nur unter Berücksichtigung aller konkreten Verhältnisse, also lokal verschieden, feststellbar wäre. Die »trudowaja norma« geht vom »Recht auf Arbeit«, die »potrebitjelnaja norma« vom »Recht auf Existenz« aus. Die erstere setzt, wie das »Recht auf Arbeit« selbst, den Gedanken voraus, daſs Zweck der Wirtschaft der Erwerb sei, sie ist ein revolutionäres Kind des Kapitalismus; die letztere behandelt als Zweck der Wirtschaft die Gewinnung des »Bedarfs«, ihre gedankliche Grundlage ist der »Nahrungs«standpunkt. Das Prinzip der »potrebitjelnaja norma« kann nun in der doppelten Formulierung auftreten: α) daſs maſsgebend sein solle ein Bodenausmaſs, welches bei Hebung der Technik

---

erntegebiet auch die Beteiligung der Gemeinden am Kauf besonders stark, woraus man geneigt sein könnte, im Gegensatz zu Lossitzkij, auf den Notcharakter wenigstens eines Teiles der Käufe zu schlieſsen: die Bauern kaufen, scheint es, auch deshalb Land (auf Kredit durch die Bank), weil gerade die Miſsernte sie zur Verbreiterung ihres Landbesitzes aufpeitscht.

[194]) Die Gröſse der »trudowaja norma« berechnet die Bauernbank auf die Familie: in der mittleren Schwarzen Erde auf 23—33 Deſsjätinen ($7^{1}/_{3}$ bis $10^{1}/_{3}$ Deſsjätinen pro männliche Seele), Poltawa 25 Deſsjätinen ($8^{1}/_{3}$ pro männliche Seele), Taurien 30—35 Deſsjätinen ($10-11^{2}/_{3}$ pro männliche Seele), Orenburg 67 Deſsjätinen ($22^{1}/_{3}$ Deſsjätinen pro Seele), auf reinen Wiesenländereien 3 Deſsjätinen (1 pro Seele). »Now. Wr.« 10 833, 2. (Über die Rechnung pro volle Arbeitskraft siehe weiter oben im Text). Mit diesen Ziffern sind die Angaben über die vorhandene Nutzfläche und die Zahl der landwirtschaftlichen Bevölkerung (Anm. 207) zu kombinieren.

des Bauern auf das für ihn normalerweise **erreichbare** Niveau moderner Bauernwirtschaften ausreicht[195]), oder β) dafs die **heutige** Technik des Bauern, also, da man die Faulen und Dummen nicht direkt **begünstigen** kann, die in den einzelnen Gegenden »ortsübliche« durchschnittliche Leistungsfähigkeit zugrunde gelegt wird[196]). Endlich c) hat man, da diese Normen, ganz besonders diejenige ad b β, die minutiösesten Erhebungen erfordern würden und der Schein der Willkür unvermeidlich wäre, eine »historische« Norm, und zwar entweder α) die des in den einzelnen Gegenden verschieden bemessenen bäuerlichen Maximallandanteils von 1861[197]) **oder** β) den heute vorhandenen **mittleren** Bodenanteil der einzelnen Landesgebiete[198]) als **Minimal-Nadjel** vorgeschlagen. Gegen α wurde geltend gemacht, dafs die ungeheueren Umwälzungen der Wirtschaft Rufslands seit 1861 die Anwendung dieser Norm heute zu einer höchst willkürlichen, ganz ungleichartig wirkenden[199]) machen müfsten. — Das von der Agrarkommission der k.-d. Partei ausgearbeitete Projekt[200]) hat das **Bedarfsprinzip** akzeptiert.

Es verlangt (Nr. 2), dafs für jedes in sich einheitliche Gebiet ein Normalumfang des Landbesitzes festgestellt werde, auf welchen, nach Mafsgabe der verfügbaren und durch freiwillige Umsiedlung zu gewinnenden Bodenvorräte, die effektive Landnutzung **aller** bäuerlichen Wirtschaften durch Neuzuteilung von Land gebracht werden soll. Dies soll prinzipiell jener Umfang sein, welcher nach Mafsgabe der örtlichen Bedingungen und unter Einrechnung von sicheren gewerblichen Nebenbezügen, wo solche vorhanden sind, die Deckung von Verpflegung und Kleidung und die Tragung der öffentlichen Lasten ermöglicht.

Nun entsteht aber zunächst die Frage, wer denn zum Anspruch auf diese Landanteil zugelassen werden soll? Sie ist deshalb nicht so einfach, weil ja die rechtliche Zugehörigkeit zur heutigen bäuerlichen Gemeinde **nicht** mit der ökonomischen Qualität eines Bauern, ja überhaupt eines irgendwie landwirtschaftlich Erwerbstätigen zusammenfällt. Wir sahen ja früher, dafs in der Zindlerschen Manufaktur nur ein Zehntel der Fabrikarbeiter **nicht** mehr einer Bauerngemeinde »zugeschrieben« waren und dafs man im Durchschnitt 50% der Arbeiter als noch mit dem Dorf verbunden schätzt. Es bedeutet jedenfalls einen ganz gewaltigen Unter-

---

[195]) In etwas sorgsamerer Formulierung als der hier gegebenen der Standpunkt A. A. Kaufmanns.
[196]) Standpunkt A. A. Tschuprows.
[197]) Standpunkt Manuilows.
[198]) Tugan-Baranowski. In höchst konfuser Form wollte auch das ursprüngliche sozialdemokratische Programm eine »historisch« definierte Norm: alles den Bauern 1861 abgenommene Land sollte zurückgegeben werden.
[199]) Von Tschuprow eingehend und überzeugend begründet »Russk. Wj.« Nr. 107, S. 3, Feuilleton.
[200]) Siehe dasselbe in »Russk. Wj.« in Nr. 107, und »Prawo« Nr. 18, S. 1686/87.

schied, ob man allen Bauern im Rechtssinn das »Recht auf Land« in dem nunmehr neu zu regulierenden Umfang zugesteht, oder nur den faktisch vorhandenen landwirtschaftlich Erwerbstätigen oder gar nur den vorhandenen »Hofbesitzern«. Und dazu kommt, daſs andrerseits ganz auſserhalb des rechtlichen Bauernstandes »landarme« Parzellenbesitzer (Eigentümer oder Pächter) bestehen. Das k.-d. Projekt schlug vor, das »Recht auf Erweiterung der Landnutzung» (Nr. 1) anzuerkennen für: »landarme landwirtschaftliche Familien, sei es, daſs sie auf Nadjelland[201]), sei es, daſs sie auf ihnen zu Eigentum gehörigem oder auf Pachtland die Wirtschaft führen — also alle heutigen landarmen Landwirten —, wozu in einer Anmerkung gesagt war, daſs da, wo »eine besondere Klasse landloser Landarbeiter« bestehe, sie den genannten Kategorien gleichgestellt werden sollten, und dann weiterhin sehr unbestimmt vermerkt wurde, daſs die Zuweisung von Land an »Familien, welche die Landwirtschaft infolge Landarmut (NB!) aufgegeben haben«, einer »besonderen Regelung« vorbehalten bleiben, auch den zu schaffenden örtlichen Kommissionen die Erweiterung »oder überhaupt Änderung« des berechtigten Kreises gestattet sein solle. Damit war die schwierige Frage im wesentlichen offen gelassen und nur festgestellt — was allerdings wichtig genug war —, daſs die Partei die spezifisch bäuerlichen Reformideale ablehnte, und zwar nicht nur die »trudowaja norma«, das Prinzip der Landzuweisung nach Maſsgabe der Arbeitskräfte, sondern auch das alte volkstümlerische Ideal des »Seelen-Nadjel«, d. h. der Feststellung eines Landquantums, welches, als Mindestmaſs, auf je ein lebendes männliches Mitglied einer Familie verfallen müsse. Demgegenüber war das Programm der K. D. P. bei allem Radikalismus lediglich auf eine den akuten Landmangel der untersten Schichten der Bauernschaft durch Landzuschüsse stillende Operation angelegt.

Es fragte sich nun weiter, woher das zu dieser Landzuteilungsoperation erforderliche Land zu gewinnen sei, oder einfacher, da ja die Wegnahme der Schatull-, Apanagen-, Domänen-, Kirchen- und Klostergüter längst Parole war, in welchem Umfange auch privater Besitz der Enteignung unterliegen sollte. Welche ungefähre ziffernmäſsige Bedeutung muſste dann eine Enteignungsoperation der vorgeschlagenen Art annehmen? Dieser Frage gegenüber befand sich nun die Partei in einem Zustand fast vollkommener Ratlosigkeit, da eine unmittelbar verwertbare Statistik fehlte[202]) und die Schätzung der vorzüglichen Ge-

---

[201]) D. h. auf dem bei der Bauernemanzipation für die Bauern zu unveräuſserlichem Besitz ausgeschiedenen, in Groſs- und Neurufsland meist in den feldgemeinschaftlichen Dorfgemeinschaften liegenden, im Westen in erblichem Hufenbesitz, meist mit Gemengelage, befindliches Land.

[202]) Es stehen lediglich zur Verfügung auf der einen Seite für die Bodenverteilung: die Erhebungen von 1877/78 und von 1887 über das Grundeigentum,

lehrten, über die sie verfügte, in geradezu grotesker Weise differierten. Dafs man bei jedem Versuch einer irgend erheblichen Erweiterung des Bauernlandes um eine Enteignung privaten Privatbesitzes nicht herumkam, war statistisch nicht im mindesten zweifelhaft. Die ungeheure Ausdehnung des Domänenareals bedeutete für die Zwecke der Landversorgung der Bauern teils seiner Lage wegen — die grofse Masse liegt in den vier Nordgouvernements —, teils deshalb nicht sehr viel, weil es ganz überwiegend Waldland ist; für die Schatullgüter und die Apanagegüter, soweit sie im europäischen Rufsland liegen, gilt das gleiche. Domänen- und Apanagenland könnten in denjenigen 44 Gouvernements des europäischen Rufsland, welche bei Ausschlufs des Nordgouvernements Archangel, Polens, der Ostseeprovinzen und der beiden Kosakengebiete (Gebiet des Donschen Heeres und Orenburg) übrig bleiben, zusammen etwa 5,3 Millionen Defsjätinen (à 1,1 ha), die Domänen allein 3,5, höchstens 4,17 Millionen Defsjätinen landwirtschaftlich nutzbare Fläche (mit Ausschlufs der Forsten) bieten. Die gewaltigen, zu diesen Gütern gehörigen Waldflächen, 58½ Millionen Defsjätinen, kämen nur zu einem sehr unbeträchtlichen Bruchteil in Betracht, wenn man die für eine Übersiedlung aus den Notstandsgebieten im Süden nicht in Betracht kommenden Nordgebiete beiseite läfst und die Erhaltung eines Waldbestandes von mindestens 25 % der Fläche als Mindestmafs festhält — ein Bestand, der in den spezifischen Landhungergebieten schon heute bei weitem nicht erreicht wird. Dagegen sollte das Areal des privaten Grundbesitzes nach Ausschlufs des Waldes nach Manuilows Annahme [203])

von denen die letztgenannte auch die Boden-Kulturverhältnisse umfafst. Die Erhebung von 1887, in 46 »Tetraden« in der Zeit bis 1901 (!!) erschienen, reicht an Exaktheit anerkanntermafsen an diejenige von 1877/78 (4 Bände, 1884—86) nicht heran. Aus der 1877—78er Erhebung ist die Gröfse des Nadjels in den Dörfern und also das Mafs der damaligen Landversorgung zu ermitteln. Über die Bevölkerung auf der anderen Seite steht jetzt die Publikation der (einzigen) Volkszählung von 1897 zur Verfügung, daneben die der Art ihrer Erhebung nach nicht kontrollierbaren Ziffern über die den Dörfern (rechtlich) »zugeschriebene« Bevölkerung, welche die Gouvernements der bekannten Kommission »ob oskudjenija zentr« (»über die Verarmung des Zentrums«, 1900) angaben, endlich das Meer der untereinander sehr verschiedenwertigen und verschiedenartigen Semstwostatistiken für die Gouvernements mit Semstwos. Die Zahl der nach dem Projekt das »Recht auf Land« Besitzenden ist statistisch nicht feststellbar, in wirklich einwandsfreier Weise auch weder der genaue Umfang des aufserhalb des Nadjellandes von Bauern besessenen Grundbesitzes, noch der Umfang und ökonomische Charakter des nicht bäuerlichen Grundbesitzes: ein wahrhaft haarsträubender Zustand angesichts des Ernstes des Problems. Ergänzt wird jenes Material teils durch die Zusammenstellungen des Steuerdepartements, teils durch diejenigen der Kriegspferdeverzeichnisse, mit denen die Regierung zurzeit argumentiert (mir hier unzugänglich).

[203]) Über die Schätzungen der Regierung siehe weiter unten.

im europäischen Rufsland 55 Millionen Defsjätinen betragen, während
Manuilow s. Z. auf dem ersten Agrarkongrefs (Mai 1905) den Zuschufs-
bedarf der Bauern behufs Erreichung der 1861 er Norm, die er vertrat,
auf insgesamt 32—33 Millionen Defsjätinen — bei einem Bestande des
Nadjellandes der Bauern von 112 Millionen Defsjätinen — bezifferte,
also auf etwa drei Fünftel des Gebietsumfanges Deutschlands, wobei
jedoch — wie er ausführte — zu beachten sei, dafs die Semstwostatistik
für 180 Ujesds eine Pachtfläche der Bauern von 10 Millionen Defsjätinen
angibt und auch von dem Areal, welches die Bauern durch die Landbank gekauft haben, noch ein Bruchteil den Landarmen zugute gekommen
sein möge, also den Bedarf vermindern würde. Allein diese Zahlen sind,
und zwar gerade auch innerhalb der zur Partei haltenden Gelehrten-
kreise, auf das leidenschaftlichste bestritten. A. A. Kaufmann suchte
im »Prawo« (1906, Nr. 1) vermittelst einer auf komplizierten Rechnungen
und Schätzungen ruhenden Zahlenkombination[204]) darzutun, dafs für
die Versorgung der heute vorhandenen Bauern nach der 1861 er Norm
73 Millionen Defsjätinen (80 Millionen Hektar, eine Fläche wie die
von Deutschland und Zisleithanien zusammen genommen) erforderlich
sein würden, wofür — wenn man das schon im Kaufbesitz von Bauern be-

---

[204]) Kaufmann sucht zunächst die Zahl der Landempfänger zu berechnen.
Er zieht aus den Materialien der »Kommission für das Zentrum« die Zahl der den
Dörfern zugeschriebenen, d. h. nicht der dort wohnenden, sondern der rechtlich
noch mit dem Dorfe verbunden gebliebenen männlichen Seelen und den Bevöl-
kerungszuwachs der einzelnen Gouvernements aus und zwar für die einzelnen Gruppen,
in welche, je nach dem Mafse der Landversorgung, die Besitzzählung von 1877/78
die Dorfgemeinschaften zerlegt hatte, und ermittelt so den jährlichen Volkszuwachs
in Prozent der landarmen bäuerlichen Bevölkerung für die 44 Gouvernements, die er
bearbeitet. Er berechnet danach den Gegenwartsstand dieser Bevölkerung und
daraus das gegenüber der 1861 er Norm bestehende Grundbesitzdefizit, ebenfalls
nach den Daten der genannten Besitzzählung, und ermittelt auf der anderen Seite —
hier unter Benutzung ministerieller (nicht unbestrittener) Daten — die vorhandene
landwirtschaftliche Nutzfläche des nicht bäuerlichen Grundbesitzes. Wo diese für
die Deckung des Defizits nicht ausreicht, zieht er die Waldfläche, jedoch nur bis
zum Verbleiben eines Minimums von 25 % Waldbestand, heran und gelangt so zu
dem Ergebnis, dafs von den 73 Millionen Grundbesitzdefizit der Bauern 5,4 Millionen
aus Staats- und Apanagenländereien, 39 Millionen aus nicht bäuerlichem, privatem
Grundbesitz, das danach verbleibende Defizit von 28 Millionen Defsjätinen aber,
da von den Wäldern nur 32,8 Millionen Defsjätinen aufserhalb der Gouvernements
des äufsersten Nordens gelegen und im Süden durchweg unter 25 % der Fläche
Waldbestand vorhanden sei, die südlichen Bauern aber in die nördlichen Wälder
nicht zu übersiedeln vermöchten, schlechthin nicht gedeckt werden könne. — Der
schwache Punkt dieser Rechnung liegt darin (cf. Dehn im »Prawo« Nr. 15, S. 1359),
dafs die Vermehrung der den Dörfern »zugeschriebenen« Bevölkerung —
welche keineswegs nur auf natürlichem Wege erfolgt und der eine »künstliche«
Verminderung gegenübersteht — tatsächlich gar nicht feststellbar ist.

findliche Land und das unbedingt aufrecht zu erhaltende Maſs von Waldfläche, sowie endlich die zur Kolonisation überhaupt nicht geeigneten Flächen in Abzug bringe — der ganze im europäischen Ruſsland vorhandene Landvorrat, der sich im Besitz von Staat, Krone, Kirche, Klöstern und privaten Grundbesitzern befinde, nicht ausreichen würde. — Was die pekuniäre Seite der Sache anlangt, so würde bei Zugrundelegung der von der Landbank gezahlten oder der bei der Expropriation zu Eisenbahnzwecken festgesetzten Preise die nach Kaufmann für die Durchführung der Absichten Manuilows erforderliche Expropriation des gesamten privaten Grundbesitzes wohl auf ca. 6 Milliarden Rubel[205]), also auf etwa 12 $1/2$ Milliarden Mark, zu stehen kommen, eine Expropriation in dem von Manuilow als genügend vorausgesetzten Umfang (38 Millionen Deſsjätinen im ganzen, einschlieſslich Pachtland) dagegen vielleicht nur etwa 2 $4/5$ Milliarden Rubel[206]) (ca 6 Milliarden Mark), wenn man die Expropriation zum »Ertragswert« voraussetzt. Das wäre also, nach der ersten Rechnung, nach dem Stande des jetzigen Zinsfuſses 360 Millionen Zinsen jährlich, nach der letzteren etwa 170 Millionen. Dabei wäre zu beachten, daſs die Bauern an Pacht an die Grundbesitzer wahrscheinlich zurzeit schon mindestens die Hälfte — nach Herzensteins Annahme mehr als das ganze (?) — dieses Betrages zahlen, also höchstens etwa 100 Millionen jährlicher Zinsen neu zugunsten der Grundbesitzer aufzubringen wären, von denen übrigens ein Teil auf die für den ganzen Grundbesitz etwa 1 $2/3$ Milliarden Kapital (auf 42 Millionen Deſsjätinen) betragende gegenwärtige Verschuldung entfiele. Dies sind die beiderseitigen Extreme. Kaufmann zog aus seiner Rechnung natürlich den Schluſs, daſs eine Landversorgung in dem von Manuilow vorgeschlagenen Umfang (Norm von 1861)[207]) unmöglich sei. Die Grundlagen der Be-

---

[205]) »6—10 Milliarden« rechnet Pestrzecki, ebenso der Minister (s. u.) in Anlehnung an Bjechtjejew in »Now. Wr.« Nr. 10 836, S. 2. In der Duma rechnet man 4 Milliarden. Der Steuerwert des (steuerpflichtigen) russischen Gesamtgrundbesitzes wurde bei Erörterung der neuen Steuerprojekte auf 16,8 Milliarden Rubel angegeben.

[206]) Manuilow selbst hat keine Geldrechnung vorgelegt.

[207]) Ganz im Rohen kann man sich die Tragweite dieser Forderung ungefähr an folgenden deutschen Zahlen vergegenwärtigen (von den russischen soll nachher die Rede sein): Deutschland hatte 1895 an männlichen hauptberuflich landwirtschaftlichen Erwerbstätigen männlichen Geschlechtes (Arbeitgeber und Arbeiter) nicht ganz 5 $1/2$ Millionen. Der mittlere Seelennadjel des Jahres 1861 in Ruſsland betrug nun, je nach der Rechnung 4,8 oder 5,2, im Mittel der Rechnungen 5 Deſsjätinen = 5 $1/2$ ha — bei Staatsbauern ca. 7, bei gutsherrliche ca. 3 Deſsjätinen. Wollte man alle hauptberuflich landwirtschaftlich Erwerbstätigen Deutschlands mit einem solchen Landausmaſs landwirtschaftlich nutzbarer Fläche ausstatten, so würde das etwas über 30 Millionen Hektar ausmachen, also nicht ganz die landwirtschaftliche Fläche Deutschlands mit 32 $1/2$ Millionen Hektar. Allein

rechnungen Kaufmanns, der seinerseits die »potrebitjelnaja norma« nach
Maſsgabe der ökonomisch möglichen Betriebsintensität vertritt, sind
von Tschuprow, dem Vertreter der »potrebitjelnaja norma« nach Maſsgabe der zurzeit durchschnittlich vorhandenen Betriebsintensität, in

nun soll nicht nur auf jeden männlichen Erwerbstätigen (sei er nun Arbeitgeber oder Arbeitnehmer), sondern auf jede männliche Seele, auch den männlichen Säugling der Bauernfamilie eine solche Minimalfläche kommen. Das
würde für Deutschland rund $10^{1}/_{2}$ Millionen männliche Seelen bedeuten, also
ca. 57 Millionen Hektar. Und hierzu müſsten, da die nebenberuflich landwirtschaftlich Erwerbstätigen an der Zuteilung — wenn sie wollen — ebenfalls
partizipieren, noch reichlich 10 Millionen Defsjätinen hinzugefügt werden, woraus
sich ein Bedarf von 67 Millionen Hektar, also etwas über das Doppelte der gesamten landwirtschaftlich nutzbaren Fläche Deutschlands, ergibt. — 1891 betrug für
die gesamten landwirtschaftlich Hauptberuflichen in Deutschland der faktische
»Seelennadjel« wohl etwa $3^{2}/_{3}$ Hektar, also allerdings mehr wie der bäuerliche
Seelennadjel in den europäischen Gouvernements Ruſslands, wo man ihn auf
2,6 Defsjätinen = 2,8 Hektar im Durchschnitt zu berechnen pflegt. Allein in dieser
Rechnung steckt der deutsche landwirtschaftliche Groſsbetrieb, der ja — russisch
gesprochen — nicht nach der »potrebitjelnaja norma«, sondern nach der »trudowaja
norma« (und zwar derjenigen, die für Groſsbetriebe gilt) seine Arbeitskräfte be-
miſst. Ein direkter Vergleich ist also nicht möglich. Die aus verschiedenen
Gründen mit der unsrigen nicht direkt vergleichbare russische Berufsstatistik für
1897 (erschienen 1905!), Bd. II, S. 264 gibt für die Landkreise des europäischen
Ruſslands (auſser Polen) 10,95 Millionen männlicher, 1,57 Millionen weiblicher landwirtschaftlich Erwerbstätiger, dazu 21,44 Millionen männliche, 33,6 Millionen weib-
liche Angehörige an, insgesamt 66,56 Millionen Seelen, davon 32,4 Millionen männliche. Die entsprechenden Zahlen für die Stadtgebiete, und die Viehzucht dazu gerechnet, ergibt ca. 33 Millionen männliche Seelen, und mit Polen $35^{1}/_{2}$ Millionen.
Für diese würde also 1897 ein Areal von $177^{1}/_{2}$ Millionen Defsjätinen ausgereicht
haben, wenn man jede männliche Seele mit 5 Defsjätinen hätte ausstatten wollen,
während die Gesamtnutzfläche Ruſslands von der Regierung auf 308 Mill. Defsj.,
auſserhalb der fünf Nordgouvernements 209 Mill. Defsj., wovon aber 56 Mill. Defsj.
Wald, angegeben wird. Allein dazu wäre nun noch eine unbestimmt groſse Anzahl anderer,
nicht hauptberuflich landwirtschaftlicher Familien zu zählen. — Man muſs, um Ver-
gleiche zwischen Deutschland und Ruſsland zu ziehen, fragen: bei welchem Landausmaſs
kann in Distrikten vorwiegend agrarischen Charakters in Deutschland eine Bauernfamilie — je nach der Bodenergiebigkeit — selbständig ohne dauernde Nebenarbeit
existieren. Dies ist, wie bekannt, auf den »mittleren« Sandböden des deutschen Ostens
bei etwa 5 Hektar, d. h. bei einem Besitzausmaſs von ca. $1^{3}/_{4}$—2 Hektar auf jede männliche Seele einer solchen Familie der Fall, also bei demselben Ausmaſs, bei welchem die
russische Bauernschaft — deren »Seelennadjel« (wohlgemerkt: alle landlosen Bauern
immer eingeschlossen) selbst auf der Schwarzen Erde heute etwa 1,8 Hektar
beträgt — hungernd verkommt, revoltiert und Wucherpreise für jeden Fetzen Land
zahlt, wenn sie irgend kann. Die ganze gewaltige Differenz der Arbeitsergiebig-
keit spricht sich darin aus, der Unterschied der Arbeitsintensität aber in dem
Umstand, daſs jene 5 Hektar pro Familie resp. 2 Hektar pro männliche Seele den
kleinen deutschen Bauern des Ostens und seine Familie auch annähernd vollständig be-

den »Russkija Wjedomosti« auf das schärfste kritisiert[208], von Kaufmann ebendort erneut verteidigt und die Ansichten beider alsdann im »Prawo« von W. E. Dehn einer, so viel ich urteilen kann, sehr sorgfältigen Kritik unterworfen worden: das Ergebnis bleibt eine sehr starke Unsicherheit, immerhin mit der Möglichkeit, daſs Tschuprows bei früherer Gelegenheit erwähnte Rechnung[209] über die vorhandenen Bodenwerte,

schäftigen, während der entsprechende Seelennadjel in Zentralruſsland nur 21—23 % der vorhandenen Arbeitskräfte in Anspruch nimmt. Die Einseitigkeit (nur Getreide) und die technische Rückständigkeit der zentralrussischen Bauernproduktion bedingen den Unterschied. Wenn überdies darauf hingewiesen wird, daſs das mittlere Landausmaſs des russischen »Hofs« (ca. 11 Deſsj.) über dem Betriebsumfang fast aller Länder der Welt, selbst der Vereinigten Staaten stehe, so ist immerhin zu bedenken, daſs 1. dabei die nördlichen und die Steppengebiete mitzählen, 2. der russische »Hof« gerade bei den Bauern eine wesentlich stärkere Familie zu tragen hat.

[208] »Russk. Wj.« 93 S. 8, Feuilleton. Für die 10 Gouvernements, die er seinerzeit durchgerechnet hatte, beziffert Tschaprow den Bedarf auf rund 10 Mill. Defsjätinen, Kaufmann auf 15,5 Mill. Die Polemik zog sich durch eine Anzahl Nummern der »Russk. Wj.« hin.

[209] Da das Sammelwerk »Agrarnyj Wopron« erst jetzt wieder in zweiter Auflage erscheint, und, bei den sehr langsamen Verbindungen, mir hier erst in einigen Wochen zugänglich sein wird, kenne ich von Tschuprows Rechnungen nur, was er selbst, Kritiker (Kaufmann, Dehn) oder Gesinnungsgenossen (Herzenstein im »Wjestnik sselskawo chasjaistwa« 1906, Nr. 25) an anderen Stellen wiedergegeben haben. Danach sollte für das Gouvernement Poltawa auſser dem nicht privaten (staatlichen, kirchlichen, Apanagen-) Eigentum 70 % des privaten Besitzes, für die Gouvernements Tula, Woronesh, Nishnij Nowgorod und Orjol dagegen nur ¹/₃—¹/₅ und für die Gouvernements Kaluga, Kursk, Nowgorod, Ssaratow zwischen ¹/₂ und ²/₃ desselben zur Erreichung der 1861er Norm erforderlich sein (diese letztere Norm nahm Tschuprow für seine Proberechnungen zum Ausgangspunkt, weil die von ihm vertretene »potrebitjelnaja norma« in ihrem Ausmaſs vorerst generell vollkommen unbekannt ist). — Tschuprow berechnet die Zahl der in Betracht kommenden Landempfänger (landlose und landarme Bauern) dergestalt, daſs er die Zahl der im Kreise (Ujesd) 1897 auſserhalb der Städte ortsanwesend gewesenen, dem Stande nach bäuerlichen männlichen Bevölkerung nimmt, und alsdann aus den Semstwostatistiken einer Anzahl von Kreisen herausrechnet, wie sich das Land innerhalb der Bauernschaft dort verteilt, da ja eine erhebliche Anzahl Bauern schon heute mehr als die 1861er Norm besitzen, und nach dem Agrarprogramm diesen Besitz auch behalten sollen, folglich das Ausmaſs des erforderlichen Landes für die Landlosen entsprechend verändert wird. Er kam zu dem Ergebnis, daſs in jenen Kreisen der erforderliche Zuschlag zu der durch Multiplikation der männlichen bäuerlichen Kreisbevölkerung mit den Normen von 1861 sich ergebenden Landfläche jedenfalls nicht über 10 % betrage und generalisiert dies für alle zehn von ihm in Betracht gezogenen Gouvernements. Durch Abzug der faktischen Nadjelfläche von der hiernach erforderlichen ergab sich ihm das Maſs der erforderlichen »dopolnjenije« (Ergänzung).

wonach im Maximum durchschnittlich nur etwa zwei Drittel des privaten Grundbesitzes zur Erreichung der 1861er Norm nach Maſsgabe des jetzigen Kulturstandes nötig seien, vielleicht doch zu günstig ist. Dies deshalb, weil die nicht zum Bauernstande gehörigen Kleinbesitzer ebenfalls in die Rechnung der Landbedürftigen einbezogen werden müssen, während andrerseits allerdings der heutige Besitz der Bauern an Kaufland das erforderliche Maſs der Expropriation nicht bäuerlicher Besitzer herabsetzt und der im Vergleich zu einer dem kapitalistischen »Reinertrag« des zu enteignenden Bodens entsprechenden Rente wohl mindestens drei- bis sechsmal — Herzenstein behauptete in der Duma: etwa siebenmal — höhere Pachtzins der Bauern weit mehr als den Gegenwert für den Kaufzins und die Amortisation des jetzt von ihnen gepachteten Landes darstellen würde. Alles in allem bleibt jedenfalls recht problematisch, ob und welcher Teil des privaten Grundbesitzes etwa nach Durchführung des Prinzipes der »potrebitjelnaja norma« noch übrig bliebe und wie stark die Vermehrung des bäuerlichen Besitzes bei Expropriation eines bestimmten Bruchteiles oder auch des ganzen Privatbesitzes sein würde[210]). Für das Gouvernement Wladimir hat man den

---

[210]) Nach den Zahlenangaben des Chefs des Landwirtschaftsministeriums, Stischinski, in der Dumasitzung vom 19. Mai berechnet die Regierung die Landvorräte, nach Ausschluſs der Wälder, folgendermaſsen:
Nutzfläche des Grundbesitzes von Privatpersonen: 22—35(!) Millionen Deſsjätinen, nach den verschiedenen Berechnungen, —

Maximum jedenfalls . . . . 35 Mill. Deſsj.
Nutzfläche der Staatsdomänen . . . . . . 4 „ „
„ „ Apanagengüter . . . . . . 1,6 „ „
„ „ Kirchen- und Klostergüter ca. 2 „ „
zusammen ca. 43 Mill. Deſsj.

Darin sind jedoch eingeschlossen auch alle privaten, von der Enteignung nach dem demokratischen Projekt, bis zur »trudowaja norma«, nicht erfaſsten Kleinbesitzer. Annähernd genau bekannt ist nur, daſs die Besitzungen unter 100 Deſsj. Umfang 6200000 Hektar umfassen. Danach schätzt der Minister das Areal der Besitzungen bis zur »trudowaja norma« auf 2 Millionen, so daſs zwischen 40 und 41 Mill. Deſsj. im Maximum zur Enteignung zur Verfügung ständen, welche etwa 4 Milliarden Rubel kosten würden. Demgegenüber steht die von der »Zentrumskommission« geschätzte Minimalfläche des Besitzes der Bauern mit 112 Mill. Deſsj. Die Minimalziffer des vorhandenen und die Maximalziffer des zu seiner Vermehrung eventuell verfügbaren Landes miteinander verglichen, ergeben, daſs die Expropriation alles die »trudowaja norma« übersteigenden privaten Landbesitzes eine Vermehrung des heutigen Bauernlandes um höchstens 35,7 %, oder, wenn man mit dem Minister den heutigen Seelennadjel auf 2,66 Deſsjätinen berechnet, um 0,95 Deſsjätinen pro männliche Seele herbeiführen würde, so daſs er alsdann 3,61 Deſsjätinen (3,94 Hektar statt fast 2,94) betrüge, was auf die Bauernfamilie mit 3 männlichen Seelen eine Landversorgung von 10,83 Deſsjätinen (11,92 Hektar) darstellen würde (die zentralrussische Bauernfamilie ist natürlich weit gröſser). Ministerialsekretär Gurko vom

durch Enteignung der gesamten landwirtschaftlich nutzbaren Fläche des nicht schon in der Hand von Bauern und Kleinbesitzern befindlichen Privatbesitzes zu erzielenden Zuwachs des örtlichen Bauern-

Ministerium des Innern rechnete (Dumasitzung vom 19. Mai) auf das europäische Rufsland nach Ausschlufs der für die Übersiedelung nicht in Betracht kommenden Nordgouvernements (Archangel, Olonetz, Wologda, Wjatka) 91 Mill. Defsj. Nadjelland, 19 Mill. Defsj. sonstigen Bauernbesitz, zusammen 110 Mill. Defsj. Bauernland, und, nach Ausschlufs der Wälder, 43 Millionen Nutzfläche im nicht bäuerlichen Besitz. Bei gleichmäfsiger Verteilung des gesamten nutzbaren Landes auf die bäuerliche Bevölkerung — es ist wohl auch hier die 1897 ortsanwesende (nalitschnoje) gemeint — würden 4 Defsjätinen auf die männliche Seele herauskommen. — Der frühere Landwirtschaftsminister Jermolow (in seinem soeben erschienenen Buch »Nasch semeljnyj wopross«) rechnet, ebenfalls nach den 1877er Daten und der Bodenumsatzstatistik, für alle 50 europäischen Gouvernements folgendermafsen: 142,6 Mill. Defsj. Nadjelland, 105,6 Mill. Defsj. Privatland, von denen schon damals 12,5 Mill. Defsj. den Bauern gehörten, weitere 9 Mill. Defsj. seitdem durch die Bauernbank erworben wurden, 38,3 Mill. Defsj. Wald, 11,3 Mill. Defsj. Ödland, 14,2 Mill. Defsj. im hohen Norden gelegen sind, — sodafs 35 Mill. Defsj. zur Expropriation in Frage kommen. Dazu 8 Mill. Defsj. hierfür brauchbares Staats-, Apanagen-, Kirchen- und Klosterland, gibt 43 Mill. Defsj., also eine Vermehrung des heutigen Bauernbesitzes um 30 %, des Seelennadjels von 2,6 auf 3,4 Defsjätinen, — ein dem Ergebnis des gegenwärtigen Chefs der Landwirtschaftsverwaltung ähnliches Resultat. Weitere Zahlen hat die Landwirtschaftsverwaltung, offenbar auf Grund von Erhebungen im militärischen Interesse (Kriegspferde), welche sich auf die Zahl der Höfe und das verfügbare Land beziehen, zusammengestellt, aus denen Auszüge in den Zeitungen zu finden waren. Danach berechnet sich der gesamte private Besitz in 44 europäischen Gouvernements auf 96 Mill. Defsj., wovon 12,5 Mill. den Bauern zu Privateigentum gehören, 32,5 Mill. Wald, 8,5 Mill. Ödland sind, so dafs ein Rest von 40,3 Mill. Defsj. verbleibt. Die Verteilung unter die bestehenden Bauernhöfe würde auf den Hof 3,9 Defsj. mehr ergeben, und zwar Vermehrungen von mehr als 5 Defsjätinen in 11 Gouvernements (Schwarze Erde: Taurien 14,9 Defsj., Cherson 10,5, Jekaterinoslaw 8,5, Ssaratow 6,5, Orenburg 6,3, Ssamara 6,2, Tula 5,3, aufserhalb der Schwarzen Erde: Kowno 7,4, Perm 6,0, Minsk 5,4, Wilna 5,3) 3$^{1}/_{2}$—5 in 11 (Schwarze Erde: Bessarabien 4,7, Wolhynien 4,5, Tambow 4,4, Poltawa 4,4, Charkow 4,1, Woronesch 4,0, Orjol 3,7, aufserhalb der Schwarzen Erde: Grodno 4,4, St. Petersburg 4,3, Witebsk 3,5), 2—3$^{1}/_{2}$ in 11 (Schwarze Erde: Kursk 3,4, Ssimbirsk 3,3, Tschernigow 3,3, Rjäsan 3,3, Kijew 3,3, Podolien 3,2, Ufa 2,4, Nishnij Nowgorod 2,0, aufserhalb der Schwarzen Erde: Smolensk 3,4, Mohiljew 3,1, Kaluga 2,1), im Rest von ebenfalls 11 Gouvernements unter 2 Defsjätinen. Die Domänen würden 4420000 Defsj. Nutzland, unter die Gouvernements sehr ungleich verteilt, ergeben, die Verteilung auf die Bauernhöfe ergäbe in Astrachan 14,8, in Ssamara 4,0, in Orenburg und Taurien 1,7 Defsjätinen, im Rest unter 1 Defsj. mehr per Hof. Die Apanagengüter haben 1650000 Defsjätinen Nutzfläche, sie könnten nur in Ssamara und Ssimbirsk mehr als 1 Defsj. per Hof hergeben. Nur ganz geringe Beträge per Hof ergäben die übrigen Kategorien. Die Kirchengüter umfassen 1,6 Mill., die Klostergüter 585600 Defsj., anderes Cooperationsland 5,84 Mill. Defsj., ferner 3,2 Mill.

landes auf 6 % berechnet[211]. Für andere Gebiete gab Tschupnow selbst das Bestehen eines Defizits gegenüber der Norm selbst bei Expropriation

Defsj. Militärland im Gouvernement Orenburg. Von der Waldfläche mit zusammen 149,17 Mill. Defsj. würden, bei 60jährigem Umtrieb, auf jeden Hof schon jetzt nur 0,1 Defsj. jährlicher Waldschlag kommen, so dafs sie als unverminderbar zu gelten hätte. Der heutige mittlere Nadjel eines Hofes in den 44 Gouvernements wird auf 8,7 Defsj. ($9^{1}/_{2}$ Hektar) der nach Mafsgabe der Landvorräte in maximo mögliche Zuschlag an Land auf 5,1 Defsj. (5,6 Hektar) angegeben. Auf die männliche Seele wird der mittlere Nadjel der 44 Gouvernements auf 2,6 Defsj. (2,8 Hektar) und der in maximo erreichbare Zuschlag auf 1,36 Defsj. (1,5 Hektar) berechnet, also eine Vermehrung um 58%. Der Seelennadjel könnte also in den 44 Gouvernements nur auf 3,96 Defsj. in maximo gebracht werden, gegen 4,7 Defsj. im Jahre 1861. Zur Hebung der unter dem Niveau des jetzigen Durchschnitts stehenden Höfe auf diesen (jetzigen) Durchschnitt würde alles Land in den Gouvernements Orenburg, Taurien, Ssamara und Cherson mehr als ausreichen, in Moskau, Jaroslawlj, Kostroma, Wladimir, Twer, Podolien nicht ausreichen, in den übrigen 28 Gouvernements knapp ausreichen. — Man darf auf die nähere Substanzierung der Quellen des Ministeriums für seine Zahlen gespannt sein. Wie man sieht, kommen sie A. A. Kaufmanns Rechnung im Ergebnis nahe. — Pestrzecki endlich will mit Hilfe der Kriegspferdeerhebungen folgende, von mir nicht nachprüfbare Zahlen errechnen (»Now. Wr.« 10852): Die Zahl der Höfe habe sich von (1878) 8,4 auf $10^{1}/_{2}$ Mill. gehoben. 1878 seien 240000 Höfe mit weniger als 3 Defsj., 651000 mit 3—5 Defsj. ausgestattet gewesen. Von der Landwirtschaft lebten 1858: 22,396 Mill., 1897: 29,99 Mill. Bauern(?). Das Nadjelland habe sich 1877—1900 um 9,68 Mill., das Kaufland der Bauern um 12,78 Mill. Defsj. vermehrt, so dafs die Bauern der 50 europäischen Gouvernements jetzt $141^{1}/_{2}$ Mill. Defsj., auf $10^{1}/_{2}$ Mill. Höfe verteilt, besäfsen, also $14^{1}/_{2}$ (?? soll heifsen $13^{1}/_{2}$, — hoffentlich stecken in den anderen Zahlen nicht ebensolche Rechenfehler!) Defsj. per Hof. »Wahrscheinlich« nur 11% der Höfe, etwa 1200000, haben weniger als 5 Defsj. Land, um deren Versorgung (durch vom Staat vermittelten Landzukauf) könne es sich allein handeln. Die — sehr optimistische — Rechnung steht natürlich insofern auf einer prinzipiell ganz anderen Grundlage als das k.-d. Projekt, als sie die bestehenden Höfe, nicht die vorhandenen Seelen, als Objekt der Versorgung in Betracht zieht. Da der »Hof« im Durchschnitt etwa 3,4 männliche Seelen enthält, wäre eine Ausstattung mit 5 Defsjätinen übrigens äufserst kümmerlich. — Man sieht: Zahlen genug, — aber von geringer Zuverlässigkeit.

[211]) S. die Untersuchung N. J. Worowjews im »Wjestnik sselskawo chasjaistwa« Nr. 8 und 9. Dabei würde (unter den dortigen Verhältnissen) natürlich zu beachten sein, dafs dieser Zuschufs sich eben auf die — zwischen 25 und 50% schwankende — Zahl der Höfe mit unter drei Defsjätinen besäten Landes verteilen würde. Das Beispiel dieses Gouvernements ist insofern sehr lehrreich, als es zeigt, wie wenig man Umfang des Nadjellandes mit Umfang des Bauernbesitzes identifizieren darf, und wie sehr die Gröfse der eventuell für die Bauern durch Enteignung verfügbar zu machenden Nutzfläche hinter derjenigen des nicht im Nadjelland enthaltenen Besitzungen zurücksteht. Diese letztere würden dort über ein Drittel des Nadjellandes ausmachen. Die erstere, wie gesagt, 6%.

des gesamten Privatbesitzes zu [212]). Eine ganz umfassende Umsiedlung der Bauern würde also, soll nicht der Zufall der gegenwärtigen lokalen Besitzverteilung die gröfsten Willkürlichkeiten schaffen, unvermeidlich sein [213]). Aber gegen diese Umsiedlung sträuben sich die Bauern der beteiligten Gebiete entschieden. Zunächst diejenigen, welche umgesiedelt werden sollen. Ferner aber, und erst recht, würde das gleiche von den Bauern der Gebiete gelten, welche die Umsiedler aufnehmen sollten. Die Wirtschaft der Bauern in den dünn besiedelten Gegenden ist eben durchaus dieser dünnen Besiedlung angepafst, und in sehr anschaulicher Weise wurde aus der Praxis der Übersiedlungsbehörden heraus [214]) geschildert, auf welche Schwierigkeiten die Einschiebung neuer Ansiedler selbst in äufserst dünn besiedelten und extensiv bewirtschafteten Gebieten stöfst, wenn sie z. B. den Weide- und Waldnutzungsgepflogenheiten der schon wohnenden Ansiedler widerspricht. Hier würde eben das Prinzip der »potrebitjelnaja norma« in dem Sinne, dafs die Ortsansässigen bei ihrer ortsüblichen Plunderwirtschaft bleiben dürfen, den Nachschub weiterer Ansiedler selbst bei der allerdünnsten

---

[212]) Das Landwirtschaftsministerium (Kutlers, s. u.) hatte im Januar die Befriedigung des bäuerlichen Landhungers aus dem anderweitigen »Landvorrat« in den Gouvernements: Moskau, Podolien, Jarosslawlj, Kasan, Rjäsan, Poltawa, Twer, Kijew, Wladimir für verhältnismäfsig leicht erklärt. In Nishnij Nowgorod, Kursk, Kostroma, Tula, Orjel, Kaluga, Ssimbirsk, Charkow, Pensa, Mohiljew, Tambow dagegen reichte der »Landvorrat« nicht, in Wolhynien, Nowgorod, Bessarabien, Smolensk, Grodno, Pskow, Petersburg sei ein Vorrat für die Ergänzung bis zur »mittleren« Norm vorhanden. Alle bisher angeführten Gebiete sind Gegenden mit heute unterdurchschnittlichem Nadjel. — Von den Gouvernements mit heute überdurchschnittlichem Nadjel haben Orenburg, Astrachan, Taurien überschüssiges Land, Chersson, Perm, Jekaterinoslaw, Kowno, Minsk, Ssaratow, Wjatka, Woronesh, Ufa, Ssamara, Witebsk, Wilna nicht. (»Wjestn. Ss. Chasj.« Nr. 3 S. 16. Nähere Zahlenangaben sind nicht bekannt geworden, auch ist die »Norm«, welche die Kommission zugrunde legte, nicht bekannt. Die jetzige Rechnung des Ministeriums s. in Anm. 210.)

[213]) Herzenstein, in der Dumasitzung vom 19. Mai, empfahl statt dessen die feldgemeinschaftliche Neuumteilung. Das würde der ganze Westen ablehnen, und H. gibt damit indirekt zu, dafs eben doch auch die über die Norm mit Land ausgestatteten Bauern würden bluten müssen.

[214]) N. Digo, Zur Frage der Umsiedelung innerhalb des Gebiets des europäischen Rufsland. »Wjestnik sselskawo chasjaistwa« 1906 Nr. 7. Vgl. insbesondere das. S. 10 die Beispiele von Bauern, die, mit 7, 5—9 Defsj. (8, 2—10 Hektar) pro männliche Seele (NB.!) ausgestattet, dennoch infolge ihrer extensiven Wirtschaft vom Staat Land dazu pachten und dadurch mit allen etwaigen Neusiedlern in Interessenkonflikt geraten müfsten. Ihre »potrebitjelnaja norma« auf Grund der bestehenden Technik ist vielleicht 12—15 Defsjätinen per Seele, während schon der erste Schritt einer Intensivierung — der sie aber entschieden abgeneigt sind — diese Norm auf die Hälfte und weniger herabdrücken würde.

Besiedlung geradezu ausschliefsen. Wenn vollends, nach dem Prinzip der Dezentralisation, welches die Demokratie aufstellt, die Landfrage Sache der lokalen Instanzen der einzelnen Rayons würde, dann würde — darauf hat A. A. Kaufmann in dieser Zeitschrift schon hingewiesen — es mit jeder Umsiedlung gröfseren Stiles wohl überhaupt bald ein Ende haben. — Das demokratische Projekt (Art. 8) wollte das enteignete Land zuerst zur Versorgung der örtlichen Bevölkerung und nur den Überschufs für etwaige in ihrem Heimatsort nicht zu versorgende Zusiedler verwenden. Unter der örtlichen Bevölkerung sollten wiederum die Landlosen und Landärmsten den Vortritt haben, — also, mag gleich hier eingeschaltet werden, diejenigen, welche weder nach ihrem Kapital- (Inventar-)besitz noch nach ihrer Übung zur Führung einer selbständigen Wirtschaft ökonomisch qualifiziert sind: das ist Folge des ethisch-sozialrevolutionären (naturrechtlichen) Prinzips, welches die »ökonomische Auslese« umkehrt. Ein sehr starker Rückgang der Kulturintensität, der auch bei umfassendster Aufbietung aller nur denkbaren Mittel, wie sie die Semstwos, trotz ihrer beschränkten Finanzkraft, zur Hebung der bäuerlichen Kultur mit bekanntlich höchst respektablen Erfolgen anwenden, doch erst in Jahrzehnten wieder eingeholt werden könnte, wäre schon aus diesem Grunde unausbleiblich, ebenso sorgsamste Schonung der Steuerkraft der Bauern, Verzicht auf das heute in der Handelsbilanz unentbehrliche Ausmafs der Getreideausfuhr, Rückgang der im Budget die ganze Rüstung Rufslands deckenden Schnapsbrennerei und wohl auch der Zuckerproduktion[215]). Ein starker zeitweiliger Rückgang der Geldwirtschaft wäre die, vom volkshygienischen Standpunkte aus ja nur erwünschte, aber für die ökonomische Machtstellung und Zahlungsfähigkeit Rufslands für die Zeit seiner Dauer natürlich immerhin präjudizierliche Folge. Geht alles glatt und gelingt die Erziehung der Bauern, dann mag nach einer Generation ein freies, mächtig blühendes Rufsland erstehen, auf wesentlich festerer Basis stehend als das heutige System. Aber damit dies denkbar sei, müfste das Land für etwa ein Menschenalter aufhören, Grofsmachtpolitik in der Welt spielen zu wollen, — und das wollen ja die Demokraten selbst nicht[216]).

Zu diesen sachlichen Schwierigkeiten und Unsicherheiten über die Tragweite des Problems, die bisher nur zum Teil in den Verhandlungen zur Sprache kamen, tritt nun für die Demokratie der für ihr politisches

---

[215]) Dies mufs, trotzdem das Projekt für Land, welches zu diesen Zwecken genützt wird, »besondere Bestimmungen« vorsah, welche, wie Herzenstein in der Duma annahm, die »allmähliche Anpassung« der Bauern an diese Produktionen ermöglichen würden, dennoch als höchst wahrscheinliches Ergebnis gelten. Was den Schnaps anlangt, so wäre, ethisch und hygienisch betrachtet, eine sehr starke Reduktion seines Konsums natürlich nichts Beklagenswertes.

[216]) S. oben Anm. 184.

Schicksal wichtige Umstand, daſs die Mehrheit ihrer Anhänger aus den Semstwokreisen überhaupt keinesfalls so weit gehen wollte, im Falle selbst des allerdringendsten Bedarfes wirklich das gesamte private Grundeigentum zu expropriieren. Zunächst hätten sie damit den gesamten privaten Kleingrundbesitz gegen sich in Harnisch gebracht. Aber auch die Kulturbedeutung der Groſsbetriebe und die zu befürchtende starke plötzliche Senkung der landwirtschaftlichen Produktion in einem Augenblick, wo man ein gewaltiges Kapital aufnehmen müſste, wurde in Betracht gezogen. Demgemäſs waren, unter dem Protest der Sozialrevolutionären, schon auf dem Agrarkongreſs im Mai 1905 die offiziellen Redner für Konservierung eines Teiles des Groſsbesitzes eingetreten. Tschuprow hatte seine Berechnungen auf Grund der Annahme aufgestellt, daſs ein Drittel des jetzigen Bestandes überall das Minimum des zu Erhaltenden darstellen werde. Die weitere Diskussion der Frage hatte zur Scheidung von verschiedenen Groſsbesitzkategorien je nach der verschiedenen **Kultur**bewertung geführt. Demgemäſs wurden in dem Projekt von der Expropriation **ausgeschlossen**, abgesehen von städtischem Besitz, gewerblichem Grundbesitz usw.: Gärten, Weinberge und ähnliche Anlagen (Art. 5, III d), Besitzungen »innerhalb der Grenzen der ‚trudowaja norma'«, deren Umfang für jedes Gebiet bestimmt werden sollte (das. litt. a), endlich Besitzungen, deren Erhaltung wegen ihres »besonders ausgeprägten Musterwirtschaftscharakters« als im öffentlichen Interesse liegend angesehen werden (das. litt. w)[217]. **Unbedingt** expropriiert werden sollten (Art. 5 Nr. I) andrerseits: 1. Besitzungen von einer, das für jeden Bezirk gesetzlich festzustellende Maximalmaſs des Privatbesitzes übersteigenden Gröſse, 2. verpachtete oder in Teilpacht oder Akkord vergebene Ländereien und solche, welche vorzugsweise mit gemietetem bäuerlichen Inventar bestellt werden[218], 3. un-

---

[217] Seit zehn Jahren sammelt das Landwirtschaftsministerium Daten über Wirtschaften (d. h. Groſsbetriebe), die auf der Höhe (wenigstens einer relativ erheblichen Höhe) der Kultur stehen. Nach neuesten Daten sind deren 2135 gezählt mit 7 810 000 Defsjätinen (8 60 000 Hektar) Fläche, die wenigsten (5) im Gouvernement Wologda, die meisten (69) im Gouvernement Smolensk. Es wird hervorgehoben, daſs ein sehr beträchtlicher Teil davon Adelsbesitz sei, — obwohl die Masse des Adels ökonomisch sehr niedrig qualifiziert ist. Die Zahl dieser Musterwirtschaften ist aber äuſserst bescheiden, wenn man bedenkt, daſs der Adel seit der Bauernbefreiung in Gestalt von Loskaufsgeldern und Kaufpreisen für verkauftes Land reichlich 3 Milliarden Rubel verschluckt hat, die ganz überwiegend zu »Luft« geworden sind.

[218] Dies ist infolge der Kapitalsarmut des Adels namentlich auf dessen Gütern der Fall und einer der Hauptgründe der technischen Rückständigkeit auch der »groſsbetrieblichen« Leistungen. Immerhin ist für die ökonomische Beurteilung der russischen Bauernwirtschaft bedeutsam, daſs **trotzdem** die Erzeugnisse dieser »Groſsbetriebe« pro Flächeneinheit, soweit Material darüber vorliegt, meist **höhere** sind als die, welche **dieselben** Bauern auf ihrem eigenen Lande erzielen.

bestelltes kulturfähiges Land. Expropriiert werden können aufserdem (das. litt. II) alle nicht laut litt. III (siehe oben) von der Expropriation unbedingt ausgeschlossenen Ländereien, wenn 1. dadurch schädliche Gemengelage beseitigt wird, 2. die Bedürfnisse der örtlichen landlosen oder landarmen Bevölkerung nicht anders befriedigt werden können [219]). Die Enteignung sollte (Art. 8) seitens des Staates »gegen Hingabe von zinstragenden Papieren an Zahlungsstatt zum Nennwert« erfolgen. Das enteignete Land geht in den Besitz des Staates als »Landfonds« (Art. 4) über und wird vom Staat gegen eine, »entsprechend dem Ertrag und dem allgemeinen Plan der Bodenbesteuerung« (Art. 7) zu bemessende Abgabe in langfristige und unübertragbare »Nutzung« (Art. 6) vergeben unter Zugeständnis des Ersatzes der Meliorationen an den abziehenden Nutzniefser[220]). Damit wäre sowohl neben dem erblichen Landbesitz der Bauern in den Gegenden seiner Herrschaft, wie neben dem feldgemeinschaftlichen Besitz der altrussischen Gemeinden eine dritte, nur für einen Teil der Bauern-Gemeinden (die landarmen), und bei diesem wiederum nur für einen Teil ihres Landes — das neu zugeteilte — geltende Form des Bodenbesitzes gesetzt[220a]). Nun aber geht die prinzipielle Frage: ob überhaupt Vergebung zu Pacht oder

---

[219]) Speziell für Wald wurde (Art. 11) vorgeschlagen, dafs in Gegenden mit »Waldüberflufs« auch der Wald zur Besiedlung enteignet werden dürfe, in Gegenden mit Landmangel aber sollte er zugunsten des Staatsbesitzes enteignet werden können in dem Umfang, als dies für die Bedürfnisse der örtlichen Bevölkerung an Holz erforderlich sei. In der Tat war mit Recht von Tschuprow sowohl wie von Dehn geltend gemacht worden, dafs nächst dem Mangel an Wiesen und Weiden gerade der Holzbedarf der bäuerlichen Bevölkerung im Schwarzerdegebiet am dringlichsten sei.

[220]) Dieser »staatliche Landfonds« ist naturgemäfs einer der umstrittensten Punkte des ganzen Projekts. Auch Professor Manuilow stand, im Gegensatz zu zahlreichen Mitgliedern der Partei und — mit wenigen Ausnahmen — dem ganzen Westen und Südwesten des Landes, auf dem Standpunkt (»Russk. Wj.« 1392), dafs nur Pacht, nicht Überweisung zu Eigentum, in Betracht komme, da sonst — wie die Parzellierung des Bodens in den Gegenden mit Erblichkeit der Bodenanteile (podwornoje semljewladjenige) trotz der bestehenden Teilungsgrenze beweise — Proletarisierung eines Teiles der Landbevölkerung unausbleibliche Folge sei. Dann habe man nur das »ôte-toi, que je m'y mette« erzielt. Der »ethische«, die ökonomische Differenzierung als das Übel an sich ansehende, Standpunkt der Reformer manifestiert sich eben überall wieder. — Demgegenüber hat Fürst Wolkonskij die Vergebung zu Erbpacht in einem, mir dem Wortlaut nach bisher unbekannten, Entwurf befürwortet, schon um der Notwendigkeit der Beschaffung der unerschwinglichen Kaufkapitalien zu entgehen. Immerhin müfste auch hier die Ausgabe von börsengängigen Rentenpapieren damit Hand in Hand gehen, denn — die preufsischen Erfahrungen zeigen es — ein Privatmann wird keine Rentengüter vergeben.

[220a]) S. die Bedenken, die A. N. Miklaschewskij im »Prawo« Nr. 26 gegen dies »moskowitische Projekt« erhebt.

zu (beschränktem) Eigentum, wie eben wieder die Dumaverhandlungen zeigen, als Riſs durch alle Reformparteien: noch die Agrarkommission der Duma spaltete sich mit 30 gegen 26 Stimmen, unter den letzteren (für Eigentum) ein Mitglied der äuſsersten Linken (»trudowaja gruppa«) und mehrere »Kadetten«. Der ganze Westen ist aus sehr begreiflichen nationalpolitischen Gründen gegen den staatlichen Landfonds: er fürchtet, daſs bei der Pacht die Groſsrussen bevorzugt und so die Boden- »Nationalisation« einfach russifikatorischen Bestrebungen dienen würde. Aus dem gleichen Grunde ist er überhaupt für die Reservierung des Landes für die örtliche Bevölkerung.

Die Verhandlungen über das ganze Projekt im Kongreſs [221]) waren eingehend und teilweise leidenschaftlich. Ein eigentlicher Beschluſs in der Sache selbst kam nicht zustande. Man befürchtete, daſs über diesen Entwurf keine Übereinstimmung mit den Bauern zu erzielen sein werde, und es wurde sogar der — mehr parteiopportunistische als charaktervolle — Grundsatz ausgesprochen, daſs man auf keinen Fall mit ihren Wünschen in Konflikt geraten dürfe (Gurjewitsch-Tula u. a.). Das Projekt selbst schon war ein Kompromiſs zwischen den Anhängern der »Nationalisation« des Landes und den behutsameren Sozialpolitikern: der Kommission hatten u. a. A. A. Kaufmann und der ausgezeichnete Agronom und Reformator der bäuerlichen Landwirtschaft im Wolokolamschen Kreise A. A. Subrilin angehört. Miljukow und Struve bezeichneten es als das »Maximum dessen, was im Wege der Gesetzgebung — d. h. also friedlich — überhaupt zu erreichen wäre«, und sahen in ihm für den Fall seiner Durchführung »die gröſste Reform, welche die Welt jemals gesehen hat«, während die Radikalen es ein »bureaukratisches Produkt« nannten. Private Grundbesitzer hatte man in die Kommission nicht gewählt, — aber es darf doch nicht vergessen werden, daſs die Partei auch mit ihren zahlreichen Anhängern unter diesen zu rechnen hatte. Schlieſslich wurde das Projekt mit einer Resolution, welche als »leitenden« Gesichtspunkt der Partei die Überführung des Bodens »in die Hände der Arbeitenden« feststellte, der künftigen Parlamentsfraktion zur Verwertung und eventuell Umarbeitung überwiesen [222]).

---

[221]) Siehe das Protokoll im »Prawo« Nr. 18. Das Projekt ist daselbst S. 1686 bis 1688 abgedruckt.

[222]) Es sei hier gleich hinzugefügt, daſs die von 42 Mitgliedern der »Partei der Volksfreiheit« in der Duma eingebrachte, zur Direktive für die zu wählende Kommission bestimmte »Erklärung« über die Richtlinien der Agrarpolitik (abgedruckt »Russk. Wj.« Nr. 123, S. 2) mit nicht sehr wesentlichen Modifikationen durchaus auf den Grundlagen dieses Projektes ruht. Im einzelnen ist folgendes bestimmter formuliert: 1. der Enteignungspreis soll sich nach den »ortsüblichen Erträgnissen« richten und die durch Landnot hervorgerufene Pachthöhe unberücksichtigt lassen

Die Projekte der systematischen Enteignung und Aufteilung des privaten Bodenbesitzes werden zweifellos nicht leicht zur Ruhe kommen[223]. — Aber es ist sehr ernstlich zu bezweifeln, ob schliefslich irgendeines von ihnen in einer den jetzigen Idealen in den entscheidenden

(Nr. I, Schlufs); 2. die »potrebitjelnaja norma« umfafst Deckung des »durchschnittlichen« Bedürfnisses an Nahrung, Wohnung, Kleidung und öffentlichen Lasten. Es soll, so heifst es, offenbar um den Bauern verständlicher zu sein, ausdrücklich, die Zahl der »Esser« (jedoki) zugrunde gelegt werden, nicht also, wie in den Gegenden mit hohen Bodenlasten früher, die Leistungsfähigkeit (Nr. II, Schlufs); 3. für die Zugehörigkeit zu den (unbeschränkt expropriierbaren) Pachtländereien (siehe oben) soll der 1. Januar 1906 der entscheidende Zeitpunkt sein (Nr. IVa); 4. das gesetzlich festzulegende Maximal-Betriebsausmafs (siehe oben) wird näher definiert als »bei Führung der Wirtschaft mit eigenem Vieh und eigenen Werkzeugen« (daselbst); 5. für Land, welches zu landwirtschaftlichen Verarbeitungsbetrieben (z. B. Zuckerfabriken) gehört, soll eine bestimmte Übergangsfrist festgesetzt werden (Nr. IV, W.); 6. »das Gesetz« soll bestimmen, wer zur »örtlichen« Bevölkerung gehört (Nr. VII).

[223]) Bei dieser Gelegenheit mag auch das Agrarprojekt, welches die »trudowaja gruppa« des Parlamentes, die sozialrevolutionäre Linke, am 23. Mai in der Duma einbrachte, registriert werden. Es verlangt Bildung eines »nationalen Landfonds« (§ 2), in welchen alle nicht zum Nadjelland gehörigen und die »trudowaja norma« überschreitenden Privatbesitzungen übergehen sollten; für das hiernach im Besitz der Bauern und Kleingrundbesitzer verbleibende Land — und das ist, da das Nadjelland 112 Millionen Defsjätinen beträgt und die »trudowaja norma« auf, je nachdem, 8—20 Defsjätinen pro Seele geschätzt wird, der weitaus gröfste Teil des Landes — wird jede Kommassation über die trudowaja norma hinaus verboten, auch soll es »stufenweise« (?) in »Volkseigentum« verwandelt werden (§ 3). Der Preis der Enteignung wird durch die im »viergliedrigen« Wahlrecht zu ernennenden örtlichen Komitees, welche auch die Feststellung des Landbedarfes und Landvorrates und die Verwaltung des Landfonds im Rahmen des Gesetzes, ferner, für die Übergangszeit, Normierung der Pacht- und Lohnpreise (§ 4) in Händen haben, festgesetzt. Alle privatrechtlichen Verfügungen über Grund und Boden hören sofort auf (§ 5) und existieren künftig gesetzlich nicht mehr (§ 13 a. E.). Der aus dem Landfonds zugeteile Nadjel fällt im Falle der Einstellung der Wirtschaft ganz, oder, wenn der Bewirtschaftende sie einzuschränken wünscht, zum entsprechenden Teil an den Landfonds, jedoch unter Vergütung der Meliorationen, zurück (§ 13). »Entgelt« wird für den Nadjel nicht geleistet, dagegen eine mit dem Umfang und der Ertragsfähigkeit des Nadjel steigende besondere Steuer von diesem Land erhoben (§ 14). Was das Recht auf Land nach Voraussetzung und Umfang anlangt, so besagt § 9, dafs aus dem Landfonds Land angewiesen wird allen, die es durch eigene Wirtschaft zu bearbeiten wünschen, den mit Kapital dazu nicht Versehenen unter Gewährung staatlicher Darlehen und Verpflegung (§ 15). Dabei geht die örtliche Bevölkerung der nicht ortsansässigen, die landwirtschaftliche der nicht landwirtschaftlichen vor (§ 9), jedenfalls hat aber jeder ohne Ausnahme 1. das Recht auf Ansiedlung in seinem Wohnort, 2. das Recht auf Nadjel da, wo freies Land vorhanden ist. Der Umfang des Nadjel soll (§ 10) der »trudowaja norma« als Ideal entsprechen (und, so lange sie für die Ortsbevölkerung nicht erreicht ist, soll also, nach § 9, kein Auswärtiger zur Ansiedlung zugelassen

Punkten auch nur annähernd entsprechenden Weise von irgendeiner russischen Regierung durchgeführt werden wird. Selbst das recht maſsvolle k.-demokratische Projekt ist der Antrag auf einer Art von Auto-Vivisektion; es macht Vorschläge, deren Ausführung einen »leidenschaftsleeren Raum« voraussetzen würde. Wenn man die furchtbaren Leidenschaften und vor allem das Chaos der Interessenkonflikte innerhalb der Bauernschaft, die jeder Versuch einer systematischen und allgemeinen Landzuteilung hervrufen würde, sich einen Augenblick vergegenwärtigt, so wird man sagen müssen: dies müſste eine zugleich von streng demokratischen Idealen beseelte und mit eiserner Autorität und Gewalt jeden Widerstand gegen ihre Anordnungen niederzwingende [224]) Regierung sein. Die Durchführung der Reformen selbst, ebenso aber die periodische Neuverpachtung so ungeheurer Areale an eine riesige Zahl von Einzelinteressenten ist, soweit wenigstens geschichtliche Erfahrung reicht, nur durch die Hand despotischer Regierungen unter stabilen ökonomischen Verhältnissen möglich. Die

werden, was wohl bedeuten würde, dafs alles Land auſser Ost- und Nordsibirien, Archangel, Wjatka, Perm, Olonetz als besetzt gilt); erhielt bei der Verteilung des Landes an die örtliche Bevölkerung jemand, infolge Landmangels, nicht einmal die prodowolstwennaja norma (bäuerliches Existenzminimum, = potrebitjelnaja norma), dann und nur dann hat er neben dem (jedermann zustehenden) Recht auf den Nadjel im Gebiete mit Landüberschufs auch das Recht, dorthin auf Staatskosten befördert zu werden (§ 11). Beide Landnormen werden örtlich festgesetzt und sind (§ 12) wandelbar mit wechselnden ökonomischen Bedingungen. Man merkt diesem Projekt einerseits die Skepsis an, welche die Verfasser in bezug auf das Vorhandensein unermeſslicher Landvorräte und der Durchführbarkeit der »trudowaja norma« erfaſst hat, andrerseits die ängstliche Scheu, die selbst diese Radikalen vor der Verletzung desjenigen Maſses von bäuerlichem Eigentumssinn, welcher immerhin auch in Ruſsland schon vorhanden ist, hegen. Der Entwurf ist schlecht und recht ein Kompromiſsprodukt zwischen Naturrecht (Recht eines jeden auf Land) und erworbenen Rechten (Vorzug der Einheimischen). In Wahrheit bliebe von dem Recht eines jeden auf Land nach der »trudowaja norma« durchaus nichts übrig, was nicht schon heute bestände. — Bezüglich der Fossilien und nutzbaren Wässer soll die Enteignung sofort stattfinden, wenn sie vom Besitzer nicht genutzt werden, sonst nach »besonderem« Gesetz. — Gegenüber dem k.-d. Projekt ist wesentlich nur die Beseitigung aller nicht rein kleinbäuerlichen Besitzungen und die (durch die Bestimmung des § 13, der unter »Einstellung« der Wirtschaft wohl Einstellung der Bewirtschaftung »mit eigenen Händen« verstehen will, offenbar beabsichtigte) Verhinderung der auch nur zeitweisen Entstehung gröſserer Betriebe eigenartig, daneben die (sicherlich von den zur Beratung zugezogenen Mitgliedern des »Russkoje Bogatstwoo«, speziell wohl von Pjeschechonow hineingebrachte) »Sonderbesteuerung mit wechselnder Höhe je nach den Wirtschafstbedingungen« (modifizierte H. Georgesche Gedanken). — Ein Teil der Gruppe brachte später — wie weiter unten zu erwähnen — ein strikt revolutionäres Gegenprojekt (Abschaffung jedes Privateigentums) ein.

[224]) So auch der Demokrat N. N. Ljwow in der Dumasitzung vom 19. Mai.

Millionen kleiner Staatspächter würden einen Kolonenstand bilden, wie ihn in dieser Art und diesem Umfang nur etwa das alte Ägypten und das Römerreich kannten. — Dem bureaukratischen Regiment fehlt jede Möglichkeit, jenen Idealen nachzugehen, überhaupt rücksichtslos gegen den Adel und die Grundbesitzerklasse zu regieren, einem demokratischen Ministerium würde dagegen die undemokratische »eiserne« Autorität und die Rücksichtslosigkeit gegen die Bauern fehlen. Eine Zwangsenteignung ganz grofsen Stiles also ist jedenfalls nicht sehr wahrscheinlich, was auch weiterhin in Rufsland geschehen möge. Freiwilliger Landaufkauf ist, so lange die Bauern politisch so unruhig bleiben wie jetzt, zu relativ billigem Preise möglich: die Kosakenwachen kosten den Gutsherren Geld, und ihre Lage ist äufserst unbehaglich, — aber der dazu erforderliche Kredit ist gerade dann für eine ganz grofse, eine Milliardenaktion, kaum erschwinglich, und die Bauern kaufen nicht [225]). Wenn aber das Land erst wieder »ruhig« ist, so wird der Landpreis bei konstanter Kaufnachfrage des Staates oder der Landbank noch ganz anders als bei uns in der Provinz Posen emporschnellen: eine Verfünf-, gelegentlich eine Verzehnfachung hat schon jetzt in einzelnen Gebieten im Laufe von etwa 15 Jahren (trotz sinkender Produktenpreise) stattgefunden.

Nicht weil die Idee des dopolnitjelnyj nadjel etwas in sich besonders »Unmögliches« enthielte — davon ist gar keine Rede! —, sondern weil nach der historisch gegebenen Lage der Dinge die Klippen, an denen ein ernstlicher Versuch, sie zur Tatsache werden zu lassen, scheitern kann, in so ungeheurer und ganz unübersehbarer Zahl sich dem — wie der skizzierte status controversiae zeigte — statistisch ins Dunkle steuernden Schiff in den Weg stellen würden, erscheint ihre Verwirklichung — leider! — sehr wenig wahrscheinlich. Denn zu jenen Schwierigkeiten gesellt sich vor allem noch der Umstand, dafs die Bauern auch politisch »erwacht« sind und starke revolutionäre Parteien, von den glühendsten Hoffnungen erfüllt, ihre Phantasie mit Beschlag belegen. Eine sachliche und unbefangene Arbeit, wie sie jede wirkliche »Lösung« dieser unerhört komplizierten Frage auf so breiter Basis, wie sie das k.-d. Programm will, erfordert, ist unter dem Temperaturgrad, den heute neben den sozialen auch die rein politischen Leidenschaften erreicht haben, in deren Dienst die Führer der äufsersten Linken die Hoffnungen der Bauern stellen, ganz ausgeschlossen: es ist dazu, wie zu so vielem, dank der Politik der letzten 20 Jahre, »zu spät« geworden. Und bei allem Respekt vor den intellektuellen Fähigkeiten der Bauern — von denen auch antidemokratische russische Beobachter einen für sie offenbar über-

---

[225]) Das Dumamitglied Schuwalow erhielt von Bauern seines Kreises die telegraphische Anfrage, ob sie (durch die Bank) kaufen sollten, — er antwortete verneinend, da die Duma schon für sie sorgen werde! (»Russk. Wj.« 133, S. 4.)

raschenden Eindruck gewonnen haben[226]) — wäre es eben doch eine verhängnisvolle Selbsttäuschung, ihnen heute die Fähigkeit zuzutrauen, selbst eine grofse Agrarreform zu machen. Ein genialer Parvenü wie Napoleon oder ein Bürger wie Washington könnten im sicheren Besitz der militärischen Gewalt und vom Vertrauen der Nation getragen, vielleicht ein neues Rufsland auf kleinbäuerlicher Basis aus dem Boden stampfen, — legitime Monarchien sind dazu ebenso wenig imstande, wie voraussichtlich eine mühsam nach rechts und links um ihre Existenz kämpfende blutjunge parlamentarische Körperschaft.

Würde die Agrarreform in der Art, wie die Partei sie vorschlägt, auch nur teilweise durchgeführt, so wäre — wie ich schon an früherer Stelle[226a]) ausführte — eine mächtige Steigerung des auf »kommunistischer« Grundlage ruhenden »naturrechtlichen« Geistes und eine auf längere Zeit hinaus höchst eigenartige, politische, soziale und geistige Physiognomie Rufslands die wahrscheinliche Folge, etwas wirklich »noch nicht Dagewesenes« — aber was? das scheint unmöglich im voraus zu deuten. Ein starker ökonomischer Kollaps aber auf die Dauer von 1—2 Jahrzehnten, bis dieses »neue«, kleinbürgerliche Rufsland wieder vom Kapitalismus durchtränkt wäre, scheint ganz sicher: man hat hier zwischen »materiellen« und »ethischen« Zielen zu wählen.

Schon wesentlich anders würde eine Enteignungsaktion unter Beschränkung auf das schon faktisch im Besitz von Bauern befindliche Pachtland wirken, etwa in der Form der obrigkeitlichen Pachtregulierung für das am 1. Januar 1896 verpachtete Land, dann der Pachtablösung und Überweisung an die Gemeinden oder (wie schon jetzt bei der Bauernbank) freigebildete Genossenschaften von Bauern, eine Verbindung also einer »Regulierungsgesetzgebung« mit der Arbeit der Bauernbank. Sie fügte sich ökonomisch durchaus ebenso und noch sehr viel leichter in das Fachwerk der »heutigen Gesellschaftsordnung« ein als etwa die irische Landgesetzgebung, aber sie würde eben — wie das starke Überwiegen des individuell und frei-genossenschaftlichen Landaufkaufs über den gemeindlichen bei der Bauernbank zeigt[227]) —

---

[226]) So Pestrzecki in seinem früher zitierten Bericht über den altgläubigen Bauernkongrefs im »Now. Wr.«

[226a]) Beilageheft zum »Archiv«, Bd. XXII, 1.

[227]) Siehe oben Anm. 191. Übrigens wechselt dies Verhältnis. Im Jahre 1898 waren nach der 1905 erschienenen, von Lossitzkij bearbeiteten Statistik auf dem Schwarzerdegebiet die einzelnen Bauern mit 6,7, die Genossenschaften mit 18,8, die Gemeinden mit 8,0 % der Fläche am Kauf von Boden beteiligt, aber auch der Verkauf war bei den beiden ersten Kategorien (5,2 bezw. 2,2 %) stärker als bei der letzten (0,2 %). Absolut betrachtet gewannen bei dem Umsatz Land: einzelne Bauern 30 400 Defsjätinen, Genossenschaften 384 700 Defsjätinen, Gemeinden 177 700 Defsjätinen (Materialien zur Statistik des Immobilienbesitzwechsels Heft XII, 1905), die beiden ersten also das $2^1/_2$ fache der letzteren.

auf »ökonomischer Auslese« ruhen, deshalb dem naturrechtlich-ethischen, von den Sozialrevolutionären herrührenden, Charakter, der — wenn auch verdünnt — auch dem Agrarprogramm der »Kadetten« zugrunde liegt, strikt zuwiderlaufen und daher von ihnen, erst recht aber von der Masse der Bauern und ihren Ideologen in der radikalen Intelligenz abgelehnt werden. Tatsächlich wäre eine solche Agrarpolitik, auch wenn man die skizzierte Maßregel ferner auf alles am 1. Januar 1906 nur mit Bauerninventar bearbeitete Gutsland erstreckte, in Form etwa der gesetzlichen Umgestaltung des Arbeitsverhältnisses zunächst in ein Arbeiterpachtverhältnis mit amtlich fixierten Gebührnissen, welches weiterhin abgelöst werden könnte — ebenso »konservativ«, wie der »Kadetten«-Gedanke der systematischen Versorgung der Landlosen und Landarmen als solcher mit Minimalland dem Wesen nach sozialrevolutionär ist (und auch sein will). — Allein vielleicht wird keiner von beiden Wegen beschritten, und der russische Bauer hat seinen Calvariengang in Qual und Zorn weiter zu gehen, bis teils der moderne Agrarkapitalismus, teils der moderne, an die gewerblichen Märkte sich anschmiegende Kleinbauernbetrieb auf erblich eigener Scholle auch in Rußland endgültig gesiegt hat und damit die letzte Zufluchtsstätte des Kommunismus und des ihm entsteigenden bäuerlichen revolutionären Naturrechts in Europa endgültig verschüttet ist. Die Politik derjenigen jedenfalls, welche heute die physische Macht in Händen haben, bewegt sich in dieser Richtung, trotz starker Konzessionen an die Gedankenkreise des Narodnitschestwo [227a]. —

[227a] Das vom Landwirtschaftsministerium ausgearbeitete Agrarprojekt ist jetzt endlich — 13. Juni — im »Prawit. Wjestnik« (Nr. 23) erschienen. Auf den ersten, die Feldgemeinschaften betreffenden Teil kommen wir noch im folgenden Abschnitt zu sprechen, ebenso auf den dritten, der die Bildung und Aufgaben der Agrarkommissionen in den Kreisen und Gouvernements (semljeustroitelnaja kommissija) und des zentralen Agrarkomitees (komitet po semljeustroitelnym djelam) betrifft. Der zweite Teil (Art. 40 ff.) befaßt sich mit der »Vergrößerung des bäuerlichen Grundbesitzes«. Für diesen Zweck sollen verwendet werden (Art. 40): 1. die Staatsländereien des europäischen Rußlands (die Übersiedlung nach Asien bleibt besonderer Gesetzgebung vorbehalten); 2. Land, welches die Bauernbank oder der Fiskus im Wege des freien Verkehrs erwirbt; 3. zur Rodung geeignete Staatswaldungen, soweit sie nicht als Schutzwälder oder aus hydrographischen oder gewerblichen Gründen erhalten werden müssen (Art. 42). Dieser Landfonds soll (Art. 43) verwendet werden im Interesse 1. der landarmen Bauern und Kleingrundbesitzer, »für welche Landwirtschaft die Hauptquelle des Lebensunterhaltes« ist; und 2. von den landlosen Bauern derjenigen, welche das zur selbständigen Wirtschaftsführung erforderliche Inventar besitzen. (Man erkennt sofort die Einschränkung gegenüber den naturrechtlichen Forderungen.) Diese Kategorien von Bauern sollen bis zu einem Maximalbesitzumfang (einschließlich des ihnen schon als Nadjel- oder als Kaufland gehörigen Besitzes) mit Land versorgt werden, welcher für jede Ortschaft durch die dafür eingesetzten Agrar-

Wie dem nun sei, jedenfalls war die Haltung der Partei in der wichtigsten praktischen Frage auch bei Eröffnung der Duma nicht end-

kommissionen (von denen später zu reden sein wird) festgestellt wird (Art. 69) und von dem Mafse des »tatsächlichen Bedarfs« abhängig sein soll. Das Land wird diesen Kategorien entweder 1. zu Eigentum (jedoch unter Festhaltung der später zu erwähnenden Schranken, die für das Bauernland auch weiterhin bestehen bleiben) oder 2. in Pacht auf nicht länger (warum?) als 12 Jahre übertragen (Art. 44), und zwar, je nach den örtlichen Bedingungen, den Gemeinden, den frei gebildeten Genossenschaften oder Einzelnen (Art. 47), im ersteren Falle eventuell unter der Bedingung einer Feldbereinigung oder Auseinandersiedlung der bestehenden Gemeinden (Art. 48). Im Falle des Verkaufs an Genossenschaften (Art. 49) wird der Anteil jedes Genossen festgestellt, und ist die Konzentration von mehr Land, als der gemäfs Art. 45 und 69 (siehe oben) festgestellte Maximalbesitzumfang beträgt, in den Händen eines Genossen unzulässig. Der Preis bezw. die Pachtrente soll (Art. 53) 1. für das vom Fiskus erworbene Land der Reinertragsfähigkeit gemäfs den örtlichen Bedingungen entsprechen; 2. bei Erwerb von der Landbank dem Preise, den diese hat zahlen müssen; jedoch sollen die Preise bezw. Renten »in wichtigen Fällen« (Art. 55) mit Genehmigung des zentralen Agrarkomitees auch unter das hiernach innezuhaltende Niveau heruntergehen dürfen. Gegenseitige Bürgschaft der gemeinsam Erwerbenden findet statt, sonst finden auf die Pacht die Regeln der staatlichen Obrok-Ländereien Anwendung, und es werden den Erwerbern alle Rechte und Vergünstigungen gewährt, welche die Umsiedlungsgesetzgebung den Kolonisten zur Verfügung stellt. Etwaige nach Deckung des Landbedarfs der in erster Reihe zu versorgenden Schichten übrig bleibende Bestandteile des Landfonds können anderen, den Minimalbesitzstand schon innehabenden Bauern, auf nicht mehr als 6 Jahre, in Pacht gegeben werden (Art. 60). Man sieht, vom Regierungsstandpunkt aus bedeutet dies Projekt, so weit es hinter den naturrechtlichen Postulaten des k.-d. Programms zurückbleibt, doch ein weitgehendes Entgegenkommen gegen dessen Gedankenkreis, namentlich in bezug auf das Prinzip des Vorzugsrechtes der landarmen Schichten der Bauernschaft auf den staatlichen Landfonds und auf die Festsetzung des Landpreises (wir werden sehr bald sehen, wie sehr gerade dieser Punkt mit den Klasseninteressen des Adels kollidiert). Nur die Expropriation hat man (von einzelnen Fällen der Gemengelage in Separationsfällen abgesehen) zu meiden gesucht. Aber die Frage ist dann eben, ob der Staat bei seiner Finanzlage etwas wirklich Erkleckliches zur Schaffung eines umfangreichen Landfonds in den inneren Gouvernements wird leisten können. Nach Zeitungsnachrichten soll die Apanagenverwaltung zum Verkauf von Teilen ihres landwirtschaftlichen Besitzes an den Fiskus bereit sein. Die Kirche dagegen — in Gestalt der Konferenz zur Vorbereitung des Konzils — hat eben jetzt dringend um Erhaltung ihres Landbesitzes petitioniert, während umgekehrt in der Dumakommission gegen eine Anregung zur Erhaltung wenigstens der Kirchenhufen alle Bauerndeputierten ohne Unterschied der Partei protestierten. Domänen- und Apanagenland ergibt zusammen erst 5,6 Millionen Defsjätinen Nutzfläche; über das Mafs von Waldland, dessen Abgabe der Forstfiskus für in maxima zulässig hält, liegen keine eindeutigen Angaben vor. Einige hunderttausend Defsjätinen hat der Fiskus, wie noch zu erwähnen, im Südosten erworben. Über die Chancen der Landbankkäufe wird noch zu sprechen sein. Sollte, wie in einem Teil der »bürgerlichen« Presse (»Now. Wr.«) gefordert wurde, der Land-

Rufslands Übergang zum Scheinkonstitutionalismus. 317

gültig und vollends bei Beginn der Wahlen noch gar nicht klargestellt. Bei den Erörterungen zeigte sich, dafs das Mafs von Expropriation, welches das Projekt voraussetzte, selbst bei Führern der Partei auf den entschiedensten Widerstand stiefs. Es war ferner offenbar, dafs sie mit dem von ihr akzeptierten Reformvorschlag, oder mit ähnlichen, die von den Sozialrevolutionären in die Lehre genommenen, zu politischem Selbstbewufstsein erwachten Schichten der Bauern keineswegs befriedigen würde. Anderseits mufste es bei Beginn der Wahlbewegung, wo das weniger durchdachte, aber ähnliche ältere Projekt vorlag, ganz unvermeidlich scheinen, dafs die dezidierte Neigung der Mehrheit der organisierten Partei, in dieser Frage die Rolle der Klassenvertretung der Bauernschaft zu übernehmen, sie die Anhängerschaft der grofsen Masse der gröfseren und mittleren Grundbesitzer kosten müsse. Und endlich schien nicht nur die damals — im Januar — zugestandenermafsen noch höchst ungenügende Organisation der Partei aufserhalb der ganz grofsen Städte, sondern vor allem die innere Unfertigkeit und Unsicherheit, die Neigung, rein theoretische Fragen in gröfster Breite zu diskutieren und bei der Formulierung der praktisch wichtigsten Programmpunkte schliefslich — wie in der Agrarfrage — alles offen zu lassen, unbedingt ihre Chancen tief herabdrücken zu müssen. Dazu trat der Austritt einiger der angesehensten Mitglieder des rechten Flügels, Fürst Eugen Trubezkoj an der Spitze, denen eben diese Schwächen, namentlich aber die zwecklose Erörterung der Frage der »Constituante« und ähnliches Anstofs gaben [228]). Auch Maxim Kowal-

fonds auf 20 Millionen Defsjätinen gebracht werden, wovon reichlich 12—15 Millionen zu kaufen wären, dann würde das, wenn das Land innerhalb oder doch in der Nähe der Notstandsgebiete liegen sollte, wohl 1¼ Million Rubel kosten (Landpreis pro Defsjätine 1899 nördliche schwarze Erde: Gouvernement Kursk 122,75 Rubel, Orjol 102,55 Rubel, Tula 114,98 Rubel, Tambow 114,98 Rubel, Rjäsan: 101,99 Rubel, im Wolgagebiet: Ssaratow 76,28 Rubel, Pensa 75,91 Rubel, Ssimbirsk 64,02 Rubel, Ssamara 38,07 Rubel, Astrachan 71,53 Rubel [allerdings abnorm hoch], Orenburg 15,81 Rubel, in Kleinrufsland: Tschernigow 74,57 Rubel, Charkow 121,89 Rubel, Poltawa 126,20 Rubel, Kijew 132,99 Rubel, Podolien 148,38 Rubel, seitdem überall gewaltig gestiegen, ohne dafs aber bisher offizielle Durchschnittszahlen vorliegen). Es ist tatsächlich — wie noch einmal wiederholt werden mag — gar nicht einzusehen, auch vom Standpunkt der »Staatsinteressen«, wie die Regierung sie auffafst, aus, warum die ca. 10 Millionen Defsjätinen an Bauern verpachteten Landes nicht der Expropriation unterworfen werden, wenn man etwas wirklich Erhebliches beginnen will. Die weitgehende Annäherung auch der Regierung an die sozialrevolutionären Gesichtspunkte durch das Verbot der Landanhäufung und die Art, wie dies mit der Privateigentumsordnung zu kombinieren gesucht wird, werden wir später, bei Betrachtung ihres Gesetzentwurfs über das Nadjelland (Anm. 272a) kennen lernen.

[228]) Es knüpfte sich daran eine eingehende Polemik mit Miljukow in den »Russk. Wj.«, Trubezkoj und andere gründeten einen »Klub der Unabhängigen« zur parteilosen Vertretung demokratischer Ansichten. Die Registrierung auf Grund

jewskij hatte sich einer mehr rechts stehenden Gruppe, der »Partei der demokratischen Reform«, angeschlossen. So schienen sich die Schwierigkeiten zu häufen. Die Mängel der Organisation hatte die Partei zwar durch hingebende Arbeit ihrer Mitglieder bis zum Beginn der Wahlen glänzend wett gemacht, – aber die inneren Disharmonien waren nicht eigentlich beseitigt, und es waren ihr inzwischen Parteiorganisationen gegenübergetreten, welche, angesichts des den Besitz, speziell den Grundbesitz, stark begünstigenden Wahlrechts als höchst gefährliche Gegner gelten mußten. Werfen wir einen kurzen Blick auf sie.

Die nach ihren intellektuellen und materiellen Kräften bedeutendste Gegnerin der »Kadetten«, die Partei des »Bundes des 17. Oktober«, entwickelte sich zuerst als Sondergruppe aus den Meinungsverschiedenheiten, die der Septemberkongreß 1905 der Semstwos und Städte über die nationalen Fragen zutage treten ließ. Er entstand, wie sein Name zeigt, formell unmittelbar nach dem Manifest, nach welchem er sich nennt, in Moskau durch Zerfall der alten »nationalen Fortschrittspartei« D. N. Schipows, welche bis dahin das Prinzip einer aus den — ihres ständischen Charakters zu entkleidenden — Selbstverwaltungskörpern hervorgehenden, die Gesetze und das Budget nur beratenden Volksvertretung festgehalten hatte. Schipow und A. J. Gutschkow übernahmen die Führung. Auf dem Novemberkongreß der Semstwos und Städte, auf welchem die konstitutionell-demokratische Partei die überwältigende Mehrheit hatte — nur gerade ein Dutzend Mitglieder standen mit Gutschkow abseits —, trat der Gegensatz gelegentlich der Beratung über die Verfügung des Kriegszustandes in Polen, die Gutschkow verteidigte, in besonders scharfer Form zutage, aber auch in der Frage der »konstituierenden Funktion« der Duma, des Wahlrechtes (G. war für das »zweistufige« Wahlsystem) und der Autonomie der Grenzländer (speziell Polens), stimmten die Mitglieder des eben in diesen Tagen sich bildenden Bundes gegen die konstitutionellen Demokraten. Am 4. Dezember konstituierte sich die Partei unter Führung von Schipow, Gutschkow, Stachowitsch, Graf Heyden und den gemäßigten Semstwomitgliedern. Weit überwiegend aus den Kreisen der liberalen ländlichen Bourgeoisie[229]), daneben der städtischen (speziell Petersburger) bemittelten Klasse, eines Teiles der akademischen Intelligenz (Miljutin, Piljenko) und liberalen Beamten, Geistlichen und Offizieren[230]) rekrutierten sich ihre leitenden Elemente. Die Deutschen traten sowohl in Moskau als in Petersburg (Baron Meyendorf) dem Bunde bei, die »baltische konstitutionelle Partei«, unter rein deutscher Führung, mit geringer Beimischung lettischer Bourgeoisie, rechnete sich als mit ihr solidarisch. Die Beziehungen zu Witte waren anfangs ausgezeichnet; Gutschkow hätte zweifellos ein Ministerportefeuille jederzeit erlangen können; der Zar ersuchte ihn noch im April, die Ernennung zum Reichs-

---

des neuen Vereinsgesetzes stieß auf Schwierigkeiten. — Nach der Eröffnung der Duma scheint sich der Klub mit dem k.-d. Klub wieder vereinigt zu haben (»Now. Wr.« 10 841).

[229]) Einige Kreissemstwos treten geschlossen dem Bunde bei (vgl. z. B. »Now. Wr.« 10 723 S. 1).

[230]) Der ernannte Kosakenataman, General Koljubakin, z. B. stellte sich direkt zum Vertrieb der Literatur des Bundes zur Verfügung (»Now. Wr.« 10 713, 2).

ratsmitglied von ihm anzunehmen, was er ablehnte. Gegen Ende Januar, nachdem Wittes zweideutige Äufserungen über den Fortbestand der Selbstherrschaft bekannt geworden waren, kühlten sich die Beziehungen ab[231]: die vereinigten Moskauer und Petersburger Komitees sprachen unter Schipows Vorsitz die Überzeugung aus, dafs der Kaiser aus eigenem Willen seine Macht beschränkt habe, dafs die Grundlage einer »Konstitution« damit gegeben sei und der Bund die Aufgabe habe, diese Grundlage weiter zu entwickeln. Ähnlich sprach sich, unter scharfen persönlichen Angriffen auf Witte, eine glänzend verlaufene Versammlung in Petersburg am 29. Januar aus. Der Bund begann sich als Macht zu fühlen, er zählte nach seiner Angabe gegen Ende Januar in Moskau ca. 10 000 Mitglieder; der »Bauernbund auf dem Boden des Manifestes vom 17. Oktober«, der sich als Gegengewicht gegen den radikalen Bund einerseits, die »schwarze Hundert« anderseits gebildet hatte, lehnte den Beitritt zur monarchistischen und zur Rechtsordnungspartei ab und knüpfte Beziehungen zum »Bunde des 17. Oktober« an[232]. Das spezifische Organ der Dividendenkonsumenten in Petersburg, »Nowoje Wremja«, gerierte sich völlig als sein Organ, ebenso »Sslowo«. »Moralisch« war die Unterstützung der ersteren Zeitung, so ziemlich des — wenn nicht Geldinteressen auf dem Spiel stehen — gesinnungslosesten Prefsprodukts, welches Rufsland aufzuweisen hat, und selbst von Blättern wie der »Schlesischen Zeitung« oder den »Hamburger Nachrichten« an ordinärem Protzenzynismus nicht »übertroffen«, kein Gewinn[232a], aber es gehört zu den gelesensten Organen des Landes. Den Höhepunkt der Entwicklung bildete der allrussische Parteikongrefs in Moskau, welcher am 8. Februar mit gegen 600 (anfangs 464) Delegierten aus 78 Abteilungen eröffnet wurde. Der Bund zählte damals 38 Gouvernements- und 86 Kreiskomitees, er verfügte in der Provinz über 16 Zeitungen, 18 Einzelparteien im Lande hatten sich ihm angeschlossen[233]. Im ganzen waren Broschüren und Aufrufe in 4½ Millionen Exemplaren verteilt worden. Als Aufgaben des Kongresses galten besonders: Frage der Stellung zum Kabinett Witte, zum Prinzip des Konstitutionalismus, der Ausnahmegesetze und der Todesstrafe, zur nationalen Frage, Kirchenfrage, Agrarfrage, Arbeiterfrage. Die ersten Fragen zeigten sofort, dafs die unter Schipows Einflufs stehende Moskauer

---

[231]) Vgl. »Now. Wr.« vom 21. Januar.

[232]) »Russk. Wj.«, 29. Januar, S. 3. Freilich konnte dabei nicht allzuviel herauskommen, da auch dieser Bauernbund auf dem Boden der Expropriation stand, im »Now. Wr.« aber nur Menschikow gelegentlich Seitensprünge nach dieser Richtung machen durfte, im übrigen die »Unverletzlichkeit des Privateigentums« zu den Grundthesen dieses Hauptorgans des Bundes gehörte.

[232a]) Es hat es u. a. fertig gebracht, in Nr. 10744 sich eingehend »berichten zu lassen«, Kaiser Wilhelm habe Herrn Kokowzew gegenüber, als er ihn auf der Durchreise durch Berlin empfing, sein Bedauern ausgesprochen, als dieser die Frage, ob ein Expropriationsprojekt vorbereitet werde, verneinte: »Schade, das hätte mir die Hände freigemacht. Ihr in Rufsland vergefst, dafs das eine Frage von internationaler Bedeutung ist.« Das Blatt vertritt nur Coupon- und Dividendeninteressen. Augenblicklich (Juni) druckt es mit Wonne die Äufserungen deutscher Sykophantenblätter ab, dafs Rufsland »nicht reif« für eine Verfassung sei.

[233]) Am ersten März wurden 63 Gouvernements-, 150 Kreiskomitees und 20 Parteizeitungen gezählt.

Gruppe die am weitesten »links« stehende war [233a]), demnächst Petersburg; die Provinzabteilungen waren fast alle nur in der Negation der Grundsätze der »Kadetten« einerseits, der administrativen Willkür anderseits einig, aber vielfach weit davon entfernt, auf die konstitutionelle Frage so entscheidendes Gewicht zu legen, wie die Komitees der Hauptstädte. Die vorgelegten Resolutionen verlangten: sofortige Schaffung von Habeas-corpus-Garantien, Abschaffung der Ausnahmegesetze, Zulässigkeit des Kriegszustandes nur bei bewaffnetem Aufstand und der Todesstrafe nur nach gerichtlichem Urteil, Feststellung, dafs das Ministerium das Manifest vom 17. Oktober nicht ausführt [234]), Verlangen sofortiger Feststellung des Termins zur Einberufung der Duma auf Ende April. Zur Frage der Beseitigung der Todesstrafe äufserten sich verschiedene Provinzredner skeptisch. Die von Stachowitsch vorgelegte Resolution, welche alle eben erwähnten Punkte umfafste, erlangte nur 16 Stimmen Mehrheit. Man zerlegte darauf die Resolution in einzelne Teile, und es wurde das Verlangen nach Einberufung der Duma — welches ja tatsächlich zwei Tage später erfüllt wurde — einstimmig, nach Habeas-corpus-Garantien und Beseitigung der Ausnahmegesetze nach eingehenden »Erläuterungen« Schipows ebenfalls einstimmig angenommen, das Verlangen nach Verhängung des Kriegszustandes nur im Falle von Revolten und der unbedingten Beseitigung der Todesstrafe ohne Gericht aber erst, nachdem ein besonders scharfer Passus besonders ballotiert und »mit Mehrheit« angenommen war, gegen zwei Stimmen, und auch dann in offenbarem Widerspruch mit der Stimmung vieler Mitglieder [235]). Die Behandlung der wichtigsten aller Fragen, der **Agrarfrage**, wurde gar mit 155 gegen 113 Stimmen von der Tagesordnung abgesetzt, worauf das Bureau eine Beratung wenigstens zum »Meinungsaustausch« einsetzte. Bezüglich der nationalen Frage schlug das Bureau vor: in den staatlichen Volksschulen im ersten Jahre ausschliefslich die Ortssprache, schon im dritten aber (mit Ausschlufs des Religionsunterrichts) die »Staatssprache« als Unterrichtssprache zu verwenden, in allen anderen Staatsunterrichtsanstalten, einschliefslich der Universitäten, **nur** die Staatssprache zuzulassen, die polnische Sprache in Polen als Unterrichts**objekt**, in den Privatschulen sollte der Gebrauch der örtlichen Sprache »im weiteren Umfang« frei sein. Scharfe Konflikte entstanden über die Forderung der russischen Delegierten der Grenzrayons, ihnen gesonderte nationale Vertretung zuzubilligen. Die Deutschen (Baron Meyendorf) widersprachen entschieden, und der Kongrefs formulierte schliefslich seine Ansicht dahin, dafs 1. die Frage der örtlichen Schulsprache der Duma überlassen werden müsse, 2. eine nationale Minoritätenvertretung durch die Billigkeit gefordert werde. Die Resolution über die Arbeiterfrage bewegte sich, abgesehen von der Forderung der Anerkennung der Gewerkschaften, in ziemlich vagen Allgemeinheiten (Ausdehnung des Arbeiter-

---

[233a]) Dies trat in den Komiteeberatungen über die betreffende Resolution zutage. Aus Petersburg war nur Privatdozent Dr. Piljenko ein wirklich unbedingter Konstitutionalist.

[234]) Auch weiter rechtsstehende Redner geifselten den Schwindel der massenhaften, meist von Beamten ausgehenden Ergebenheitstelegramme an Witte. »Now. Wr.« 10 744, 2.

[235]) Die beantragte Entsendung einer Deputation an den Zaren wurde aus dem »korrekt« konstitutionellen Grunde abgelehnt, weil der Zar jetzt über den Parteien stehen müsse und nur die Partei mit ihm verkehren dürfe, die in der Duma die Mehrheit habe.

schutzes auf die Handwerker, Ausdehnung der Arbeiterversicherung, Fachschulen, Reform der Fabrikinspektion durch Verwendung fachlich geprüfter Beamten[236]). Charakteristisch war, dafs, als dabei vorgeschlagen wurde, in die Resolution einen Passus hineinzubringen, der die Hebung der Arbeiter als von der Hebung der Existenzbedingungen der Industrie selbst abhängig bezeichnete, der Kongrefs in seiner Mehrheit dahinter eine Empfehlung des Protektionismus witterte und sich ablehnend verhielt, bis Schipow ausdrücklich erklärte, dafs damit keine Forderung von Zollerhöhungen gemeint sei. Für die Kirchenfrage sollte eine besondere Kommission gebildet werden. — Als Vorbedingungen der Aufnahme anderer Parteigruppen in den Bund und also als »Grundprinzipien« wurden statutenmäfsig festgestellt, dafs dieselben 1. das Prinzip der Teilnahme der Duma an der gesetzgebenden Gewalt annehmen, 2. der Verwirklichung der »Freiheiten« des Oktobermanifestes »nicht widerstreben«, 3. bei Gleichstellung aller Nationalitäten des Reiches die Einheit und Unteilbarkeit Rufslands festhalten, 4. nicht die Forderung einer konstituierenden Versammlung erheben. Obligatorische Parteibeiträge von Vereinswegen festzusetzen hielt der Kongrefs für »verfrüht«, die Lokalkomitees sollten durch freiwillige Zuschüsse das Zentralkomitee unterstützen. Die für die Agrarfrage eingesetzte Kommission formulierte im April das Programm im wesentlichen dahin (»N. W.« 10810, 2): Aufhebung der ständischen Sonderstellung der Bauern, Verwendung der Apanagen- und Domänenländereien zur Landausstattung, Übersiedlung stets auf Staatskosten.

Alles in allem mufste auch dieser Kongrefs — wie der demokratische — auf Aufsenstehende den Eindruck machen, dafs in den Grundzügen ziemlich verschieden gesinnte Elemente mit einiger Mühe unter einen Hut gebracht worden waren. Die Front aber wurde in den Debatten wesentlich gegen die »Kadetten« genommen. Aufser zahlreichen Provinzialen war namentlich auch das Petersburger Komitee — mit Ausnahme von Dr. Piljenko —, weil es wohl schon damals die Unterstützung durch die Rechte in der Wahl für sich für unentbehrlich ansah, derart gestimmt, wie Tschistiakows Reden zeigten; in Moskau blieb Gutschkow trotz gelegentlicher scharfer Reden ein politisch ganz unzuverlässiger »Durchgänger«, und nur Schipow, der sich nach dem Oktobermanifest sofort endgültig auf den Boden des einmal gegeben Wortes gestellt und seine slawophilen Reminiszenzen über Bord geworfen hatte, garantierte hier durch seine charaktervolle Persönlichkeit eine klare Haltung der Partei in der konstitutionellen Frage. Im übrigen trat nur das tiefe Mifstrauen gegen die Regierung Wittes hervor, dessen Enttäuschung denn auch in der offiziösen Presse deutlich zum Ausdruck kam. In der Provinz kam sogar an einer Stelle ein Versammlungsverbot gegen den »Bund« vor. Immerhin blieb ein Ministerium, welches die »Unverletzlichkeit des Privateigenteims« zu einer der entscheidenden Wahlparolen machte, auf ein leidliches Verhältnis zum »Bunde« angewiesen, und auch umgekehrt. Denn bei dem Fehlen eines entschlossenen Agrarprogramms konnte der »Bund« auf Bauernstimmen unbedingt nicht zählen. Dagegen

---

[236]) Den heutigen »Geist« der Handhabung der Fabrikinspektion da, wo sie den »Intentionen« der Regierung entspricht, kennzeichnet es, dafs einem auch als Schriftsteller hervorgetretenen Fabrikinspektor durch Publikation von Aktenstücken im »Rjetsch« nachgewiesen wurde, dafs er sich nicht nur als Polizeiagent der Regierung verwenden liefs, sondern sogar dazu hergab, bei Vernehmung von Arbeitern durch ein Loch in der Tür zu ihrer Identifikation zu helfen, da man eine offene Konfrontation mit ihnen als für seine »Wirksamkeit« schädlich ansah.

mufste man erwarten, dafs alle »klassenbewufsten« privaten Grundbesitzer, mindestens die grofsen, für ihn eintreten würden, und ebenso in den Städten das gesamte »klassenbewufste« Bürgertum, soweit es nicht der, mit dem »Bunde« eng verbündeten »Handels- und Industriepartei« angehörte. Angesichts der grofsen Indifferenz der unteren Massen, wie sie im Januar und Februar von fast überallher gemeldet wurde, schien daher seine Lage eine überaus günstige zu sein.

Der »Bund des 17. Oktober« war im wesentlichen die Partei der konstitutionellen Semstwo-Rechten. Aufserhalb desselben standen daher von Anfang an diejenigen ökonomischen Gruppen, welche in den Semstwos überhaupt nach Mafsgabe der Art der Zusammensetzung dieser letzteren sich nicht vertreten fanden. Dies galt besonders für die spezifisch modernen Klassen des beweglichen Besitzes, welche der Kapitalismus geschaffen hatte, und die in den 80er und 90er Jahren entschieden auf seiten der Bureaukratie standen, weil nur diese ihre Interessen gegen die liberalen Grundbesitzerinteressen gestützt hatte. Die Handels- und Industriepartei entwickelte sich aus dem im Juli 1905 geschaffenen »Handels- und Industriebund«, dessen geistiger Leiter der Vorsitzende des Moskauer Börsenkomitees, G. A. Krestownikow, war und blieb. Sie war die eigentliche und spezifische Vertreterin der »Bourgeoisie« im strikt ökonomischen Sinne dieses Wortes. Grofsindustrielle und Händler gaben das Geld für ihre ziemlich lebhafte Agitation, und benutzten mit rücksichtslosem Eifer ihre Machtstellung, um ihre Handlungsgehilfen, Beamten, überhaupt das von ihnen abhängige Proletariat der geistigen Arbeiter mit sanfter Gewalt zum Eintritt in den Verband zu veranlassen[237]: der Erfolg zeigte, dafs diese Mitglieder wider Willen bei den Wahlen der Partei zwar ihre Unterschriften und Geldbeiträge, nicht aber ihre Stimme gaben. Die Partei fühlte sich als Klassenvertretung, und ihre Mitglieder, welche Marx ebensoviel (und auch ebensowenig) studiert und begriffen hatten wie ihre sozialistischen Gegner, hatten die Aufrichtigkeit, dies auch offen in einer Moskauer Versammlung auszusprechen: jede Partei müsse »Klasseninteressen« vertreten, alles andere sei Illusion. Immerhin gelang es ihr, auch unter den Kleinbürgern — nachdem der Versuch, eine besondere »Handwerkerpartei« zu gründen, gescheitert war[238]) — Rekruten zu

---

[237]) S. z. B. »Russk. Wj.«, 5./1., S. 4.

[238]) Der Versuch wurde im Januar zunächst in Petersburg gemacht. Einer ersten Vorversammlung am 23. Januar, unter Vorsitz T. A. Sagrebins, wurde ein Aufruf vorgelegt, den sie aber als »zu radikal« verwarf (»Now. Wr.«, 25./1., S. 3) und ein Komitee einsetzte, um ihn umzuredigieren. Die Moskauer Handwerker hatten unterdessen sich zusammengeschlossen und (»Now. Wr.«, 27./1., S. 2) der Handels- und Industriepartei eine Serie von Forderungen: »Abgrenzung« der Fabrikindustrie von Handwerk und »Handwerkergesetzgebung« mit Umbildung der ständischen Institutionen der Handwerker in Zünfte, Handwerksgericht, Normalarbeitstag, Handwerkerbank, Fachschulen, Ausstellungen usw. — vorgelegt, während die Petersburger Handwerker einstweilen ein »Heim« ankauften und einrichteten. Indessen ein ökonomisch einheitliches »Handwerk« gibt es auch in Rufsland teils nicht mehr, teils war es nie vorhanden. Schon Mitte Februar zeigte sich, dafs die Interessen der Meister und Gesellen nicht unter einen Hut zu bringen waren. In Moskau spaltete sich aus diesem Grunde der Verein. Anderseits weichen die Interessen der Hausindustriellen, welche an die Schaffung eines »allrussischen Bundes« dachten (Vorschlag der »Handwerker« von Woronesh an die von Orjol, »Now. Wr.« 10 762, 2), von denen der wirklicher Handwerker ab.

Rufslands Übergang zum Scheinkonstitutionalismus. 323

werben, und ebenso wirkten gewisse protektionistische Interessen, die in einzelnen Arbeiterverbänden[239]) und unter den Hausindustriellen hier und da hervortraten, auch in den unteren Schichten zu ihren Gunsten. Ein allrussischer Kongrefs der Partei fand am 5. Februar 1906 und den folgenden Tagen statt. Damals besafs, nach dem Bericht des Komitees, die Partei 60 Abteilungen und verfügte über 30 Zeitungen mit einer Auflage von 3 Millionen. In den Debatten zeigte sich die wesentliche Übereinstimmung der Partei mit dem »Bunde des 17. Oktober«, — nur dafs die konstitutionelle Frage wesentlich vorsichtiger behandelt, die Ausführung der Persönlichkeitsgarantien des Manifestes vom 17. Oktober mehr in den Vordergrund gestellt wurde, das allgemeine gleiche Wahlrecht, als zurzeit rein »theoretische« Frage beiseite geschoben und der zentralistische Einheitsgedanke noch schärfer betont wurde. Die Partei sprach sich auf das entschiedenste gegen die »Regulierung der Arbeit«, also für die Beseitigung der bureaukratischen Kontrolle des Kapitals, aus und betrachtete die Sozialisten, aufserdem aber, wegen ihrer dezentralistischen (und natürlich auch ihrer antiprotektionistischen) Tendenzen, die konstitutionelle Demokratie, als ihre spezifischen Feinde. Obwohl der anfängliche Versuch (März und Juli 1905), die Gesamtheit der Grofsindustrie politisch und ökonomisch zu verbinden, sich als nicht ausführbar erwiesen und man also die ökonomische Interessenvertretung von der politischen Parteibildung getrennt hatte, bildeten dennoch den eigentlichen Rückhalt auch der politischen Bourgeoisparteien die starken Unternehmerverbände, welche im Lauf des letzten Jahres in Rufsland entstanden sind. So ist, nach anfänglichem Sträuben der Lodzer Industrie einerseits, der Moskauer Industrie andererseits, gegen die zentralistische Leitung von Petersburg aus [240]) eine

---

[239]) So namentlich unter den Arbeitern der Leinenindustrie, welche — ebenso wie übrigens auch die Arbeiter mancher Metallbranchen — die Beschränkung der staatlichen Aufträge auf den inneren Markt forderten.

[240]) Die erste konstituierende Versammlung des rein ökonomische Forderungen verfolgenden »Handels- und Industriebundes« fand in Petersburg am 12. Januar statt. Die bestehenden Interessenvertretungen — 52 »Börsen«, von denen nur 5—6 diesen Namen verdienten, 12 »Handels- und Manufakturkomitees«, 14 beratende Organisationen — wurden für ganz ungenügend angesehen, um politischen Einflufs zu gewinnen. Man wollte ganz Rufsland mit einem Netze scharf zentralisierter Ortsgruppen des Bundes überziehen. Die Moskauer sowohl als die polnische Industrie — beide oft in scharfem Interessenkampf liegend — lehnten den Beitritt unter diesen Bedingungen ab. Der Bund solle nur eine Föderation von Einzelverbänden sein und namentlich nicht über deren Kopf hinweg bei der Regierung Eingaben machen dürfen, die Zentralleitung dürfe überhaupt nur ausführendes Komitee sein (Erklärung von 26 grofsen Moskauer Firmen »Now. Wr.« 10716 S. 3). Der Kongrefs vertagte darauf die Organisationsfrage unter Übertragung der Ausarbeitung eines Entwurfes an ein besonderes Komitee, und die Moskauer gründeten inzwischen ihren eignen Verband mit Tschetwerikow an der Spitze. Der spezifisch grofsindustrielle Charakter geht aus dem Programm für den Kongrefs in Moskau, Mitte März, hervor, welches nur Unternehmungen mit 500 Arbeitern mindestens zuliefs. — Am 20. Februar fand, unter Ljebjedjews Vorsitz, abermals eine Versammlung des »Allrussischen Bundes« in Petersburg statt. Es wurde, in ökonomischer Beziehung, scharf gegen die Konkurrenz, welche die Privatindustrie durch die, auch bei Verlusten, weiterbetriebenen Staatsbetriebe erfahre, gesprochen, ebenso allgemeine Volksbildung, Arbeits-

Vereinigung der Großindustriellen des ganzen Reiches vorbereitet, welche einerseits dafür zu sorgen hat, daß der Regierung gegenüber bei den bereits geführten und noch bevorstehenden Verhandlungen über die Umgestaltung der Sozialgesetzgebung die Ansichten der Unternehmer geschlossen zur Geltung kommen, anderseits den Import der modernsten Kampfmittel gegen die Arbeiter in die Wege leitet. Ein Streikversicherungsverband der Unternehmer für den Moskauer Rayon ist konstituiert und dürfte in kurzem das ganze Land überziehen [241]); die Schaffung der verschiedenen »Wohlfahrtseinrichtungen« zu sozialen Herrschaftszwecken hat hier und da ebenfalls begonnen. Man sieht, das Land springt auch hier mit einem Satz mitten in die modernsten Formen des ökonomischen Kampfes, ohne irgendwelche Übergangsglieder der westlichen Entwicklung zu wiederholen. Der erste große Lockout als Gegenschlag gegen einen Typographenstreik schien in Moskau bevorzustehen. — Ökonomisch stand die Großindustrie mächtig gerüstet da, die Frage war nur, ob dies bei der Art der Gestaltung des Wahlrechts auch bei den Wahlen sich würde äußern können.

Die sogenannte »Rechtsordnungspartei« (Partija prawowowo porjadka) war im Gegensatz zur Handels- und Industriepartei nicht durch Unterschiede in der ökonomischen Unterlage der von ihr vertretenen Schichten, sondern durch den Zufall ihrer frühzeitigeren Entstehung von dem »Bunde des 17. Oktober« geschieden. Sie trat mit einer prinzipiellen Kundgebung zuerst nach den Beratungen des Septemberkongresses der Semstwos und Städte über die nationale Frage an die Öffentlichkeit. Sie trennte sich, wie es in dem betreffenden Aufruf [242]) hieß, von den übrigen Semstwovertretern, trotzdem sie den Hauptanstoßspunkt anderer Gruppen von Gemäßigten, ihr radikales

---

versicherung, Verkürzung des Arbeitstags verlangt, im übrigen aber führte der politische Druck der Durnowoschen Verwaltung auch hier zu einer politischen Resolution gegen die Verwaltungswillkür und für die Durchführung des Manifestes vom 17. Oktober. — Die Scheidung ökonomischer und politischer Organisation ließ sich nicht scharf durchführen.

[241]) Finanzielle Basis angeblich: Einzahlung des zwanzigfachen(?) Betrages des zu versichernden täglichen Verlusts und feste Jahresbeiträge (»Now. Wr.« 10 817, 3). Der Arbeitgeberverband der Fabrikanten Mittelrußlands soll nach den Absichten seiner Stifter, insbesondere Tschetwerikows, im Oktober dieses Jahres seine Tätigkeit beginnen, falls bis dahin das Kapital von 1½ Mill. Rubel beisammen ist. Aussperrungen sollen nach den am 27. Juni (»N. Wr.« 10 880) angenommenen Satzungen mit einfacher Stimmenmehrheit der eventuell beteiligten Betriebe beschlossen werden können. Ein erheblicher Teil der Fabrikanten scheint, wie der Bericht a. a. O. ergibt, Bedenken gegen die Teilnahme am Verbande zu haben, denn in der Sitzung vom 28. Juni erschienen von 102 Teilnehmern nur noch 31. Als Grund wurde die Besorgnis vor einer starken Gegenbewegung der Arbeiterschaft angegeben, welche, nachdem das Land eine Konstitution erhalten habe, nun auch der Ansicht sei, daß die wichtigsten Angelegenheiten der Fabrikleitung nur unter Zuziehung ihrer Deputierten geregelt werden dürfen (Bericht in der »Torg. prom. Gasjeta« vom 30. Juni). Der Bund — der übrigens sich als Nachahmung deutscher Muster bezeichnete — wird also wohl »ruhigere« Zeiten abwarten, ehe er gegen die Arbeiterschaft vorgeht.

[242]). Liegt mir im Original nicht vor. Vgl. Pichno, wossadje, S. 13 f. und M. Kowaljewskij in der Revue de Paris, Februar 1901.

Agrarprogramm, nicht unbedingt ablehnte[243]), wesentlich weil sie 1. auch das geringste Experimentieren mit dem Gedanken der Autonomie der »Kraj's« für höchst gefährlich ansah: sie selbst war nur zur unbedingten Gleichstellung aller Nationalitäten in bezug auf bürgerliche Rechte und Staatsdienst, Konzessionen in der Schulsprache und voller Durchführung der religiösen Toleranz geneigt; 2. weil sie die unbedingte Aufrechterhaltung einer »starken Staatsgewalt« für unumgänglich, aber durch das liberale Programm für gefährdet hielt. Im übrigen forderte jene erste Kundgebung: Gleichheit aller vor dem Gesetz, Beseitigung der semskije natschalniki; »zweistufiges« Wahlrecht auf dem Lande (über die Frage der Allgemeinheit und Gleichheit wird nichts gesagt); Erhaltung der Einheit und Macht Rufslands und der Stärke der Armee, über deren Hebung mancherlei ziemlich allgemeine Bemerkungen gemacht werden. Der Zentralismus, Militarismus und ökonomische Individualismus läfst die Gruppe als das agrarische Pendant zu der »Handels- und Industriepartei« erscheinen. Ihrem Zentralkomitee gehörten seit dem im Dezember abgehaltenen Kongrefs[244]) u. a. N. L. Kleda, Prof. Janshul, F. R. Rajljow, W. W. Eggert, A. A. Tarassow, später D. J. Pestrzecki u. a. an. M. W. Krassowskij, der Leiter der »freikonservativen« Partei in der Petersburger Duma, war ihr leitender Geist. Im Lande schlossen sich ihr erhebliche Teile des Adels, dann auch Bauern[245]), besonders die begüterten, an, ebenso agitierte sie überall unter den Arbeitern[246]). Ihre antidezentralistische und — namentlich gegenüber den Streiks — stark autoritäre Haltung drängte sie, gegenüber den Dezembervorgängen, unwillkürlich immer weiter nach rechts, und diese auf dem Dezemberkongrefs deutlich zutage getretene Haltung[247]) führte schon Mitte Januar zu einem Schisma. Es traten eine Anzahl von angesehenen Mitgliedern (Graf Tusenhausen, A. W. Bobrischtschew-Puschkin u. a.) aus und gründeten den »konstitutionell-monarchischen Rechtsbund«, welcher alsbald Fühlung mit dem »Bund des 17. Oktober« nahm.

Die drei, in gemeinsamem Gegensatz gegen die national-dezentralistische Demokratie befindlichen, konstitutionellen Parteien wichen im Grunde in ihren Programmen

---

[243]) Ihr Kongrefs nahm vielmehr (»Now. Wr.«, 13./2., S. 4) die »Nadjel«-ergänzung durch Enteignung, auch von Privatland, im Prinzip an, bekannte sich dabei übrigens als Gegner der Obschtschina und Anhänger des »chutorskoje chasjaistwo«.

[244]) »Now. Wr.«, 1./1., S. 6.

[245]) So in Wjatka, wo sie mit scheinbarem Erfolg agitierte, ebenso in Poltawa.

[246]) Ihr »sozialpolitisches Programm« wich wesentlich nur durch weniger präzise Formulierung und Vorbehalt des Streikverbots für öffentliche Bedienstete und Eisenbahner von dem der K. D. P. ab.

[247]) Namentlich wurde sowohl zu der bedenklichen Judenfrage wie zu dem von den Bauern aufgestellten Agrarprogramm keine klare Stellung genommen, die Vertreter der konstitutionell-monarchischen Arbeiterpartei aber und des »Bauernbundes der Rechtsordnung« — beides Gründungen von Mitgliedern der Partei — vom Stimmrecht ausgeschlossen, auch die Schulfrage im Sinn des ancien régime behandelt. Vor allem aber war die Stellung zur konstitutionellen Frage ziemlich unklar. Wie S. W. Lawrow in der Sitzung der Petersburger Parteigruppe hervorhob, entsprach die — nach seiner Meinung nur scheinbare — geringere Bestimmtheit der Ausdrucksweise in bezug auf den Begriff der »Selbstherrschaft« dem »Wunsch der Provinz, d. h. der Mehrheit des Volkes«. Auch hier waren die Mitglieder aufserhalb der Hauptstädte die in ihrer Stellung unsichereren.

so wenig voneinander ab²⁴⁸), dafs eine Einigung selbstverständlich schien. Anfang Februar bildeten sich, zuerst in Petersburg²⁴⁹), dann auch in der Provinz, zuerst lokale Kartelle für die Agitation, aus denen dann das allgemeine Kartell der »vereinigten konstitutionell-monarchischen Parteien« hervorging, in welches aufser den drei Hauptparteien noch ein Rest kleinerer Parteibildungen, so die »ökonomische Fortschrittspartei« (Professor Oserow), der »demokratische Bund der Konstitutionellen«, der »Bund der friedlichen Erneuerung« u. a. m., aufgingen, während andre Gruppen, so die »Partei der demokratischen Reform« (Maxim Kowaljewskij u. a.), weil der nationalen Dezentralisation geneigter, draufsen blieben und mit den »Kadetten« gemeinsame Sache machten. Die kartellierten Mittelparteien versprachen gemeinsames Vorgehen und haben auch tatsächlich an vielen Orten, darunter fast alle gröfseren Städte, die Wahlmännerlisten gemeinsam aufgestellt.

Da ihre Hauptfront, wie immer wieder betont wurde, nach links gerichtet war, hätte ein Abkommen mit den Konservativen nahe gelegen. Tatsächlich hat auch, stillschweigend wenigstens, an manchen Orten eine gegenseitige Unterstützung dieser Gruppen stattgefunden. Allein dies blieb die Ausnahme, da jene zahlreichen konservativen Verbände, welche sich in der »Versammlung der russischen Leute« zusammenfanden und schliefslich eine Art Kartell der »monarchischen« Parteien schlossen, gerade auch die Mittelparteien als Verräter an der »Selbstherrschaft« auf das denkbar schärfste befehdeten. Man konnte zweifeln, wie stark die konservativen Parteien selbst im Lande seien. Auch nach der Angabe der Gegner waren die zahlreichen Versammlungen, die sie veranstalteten, sehr stark besucht und herrschte dort die leidenschaftlichste Begeisterung, obwohl an positiven Zielen eigentlich nur die Ausschliefsung der Juden vom Wahlrecht und die Erhaltung der herrschenden Stellung des russischen Volkes im Reiche wiederzukehren pflegten²⁵⁰). Sie hatten, ebenso wie die andern Parteien, ihre »Bauernbünde«, die mit dem im Auftrage von Durnowo offiziös bestätigten »Norodnyj Mir« Hand in Hand gingen. Der letztere, welcher von Geistlichen geleitet wurde und Bauern durch feierliche Eidesformeln, die, vorgedruckt auf einem Blankett(!), von jedem Eintretenden zu unter-

---

²⁴⁸) Die Unterschiede bestanden im wesentlichen darin, dafs die Parteien der Rechtsordnung und die Handels- und Industriepartei sich betreffs des Wahlrechts in Schweigen hüllten, während der »Bund des 17. Oktober« das allgemeine gleiche indirekte Wahlrecht verlangte, dafs ferner der »Bund des 17. Oktober« der Obschtschina freundlicher als die beiden anderen Parteien gegenüberstand und ebenso in der Frage der eventuellen Bodenenteignung sich dem demokratischen Programm näherte. In bezug auf die »Gleichstellung aller Nationalitäten« machte die Rechtsordnungspartei bezüglich der Juden Vorbehalte; die Beseitigung der ständischen Differenzen forderten sie alle; in bezug auf die Persönlichkeitsgarantien war das Programm des »Bundes des 17. Oktober« präziser formuliert, das der Handels- und Industriepartei liefs namentlich jede Forderung in bezug auf die Verantwortlichkeit der Beamten bei illegalen Handlungen vermissen.

²⁴⁹) Hier wurde das Kartell zwischen der Handels- und Industriepartei, dem »Bunde des 17. Oktober« und der »progressiv-ökonomischen Partei« abgeschlossen: je 40 Wahlmänner von jeder sollten auf die Liste gesetzt werden (»Now. Wr.« 10 768, 4).

²⁵⁰) So auch auf dem gegen Mitte Februar abgehaltenen monarchistischen Kongrefs in Moskau (cf. »Now. Wr.«, 14./2).

zeichnen waren [251]), zu binden suchte, — ebenso suchte sie unter den Arbeitern, namentlich den »arbeitswilligen« Eisenbahnern, Fuſs zu fassen und in Moskau die Kleinbürgerorganisationen für sich zu gewinnen. Da ihnen die volle Gnade des Zaren immer wieder bezeugt wurde, glaubten sie, die sehr dezidierte Zurückhaltung Wittes verschmerzen zu können, ebenso das gelentliche Einschreiten des Synods (unter Oboljenskijs Regime) gegen allzu rabiate Äuſserungen von Popen.

Nicht zu verkennen war die nicht überall straffe Organisation aller dieser rechts von den »Kadetten« stehenden Gruppen, ihre geringere »Technik« in der Wahlagitation und das geringere Maſs von agitatorisch begabten und zugieich wissenschaftlich gebildeten, rücksichtslos opferfähigen Kräften. Die geistigen Kosten der Agitation des »Bundes des 17. Oktober« haben zu einem sehr erheblichen Teil Dr. Piljenko, die der progressiv-ökonomischen Partei Prof. Oserow allein bestritten, die vornehmen Politiker des »Zentrums«, wie Schipow, hielten sich zurück, und vollends die Handels- und Industriepartei und die Rechtsordnungspartei glaubten sich auf die soziale und ökonomische Machtstellung ihrer Mitglieder, die Rechte auf ihre nationalistisch-antisemitische Demagogie verlassen zu können. Gleichwohl muſste ihre Lage im Wahlkampf den äuſseren Anzeichen nach als günstig gelten gegenüber den endlosen Hemmungen, mit denen die Demokratie zu kämpfen hatte und die so stark waren, daſs das Zentralkomitee der »Kadetten« noch unmittelbar vor den Wahlen in Erwägungen darüber eintrat, ob nicht angesichts derselben der Boykott der Duma für sie rätlicher sei.

Schwerer als alle diese Hemmungen von seiten der Verwaltungsbehörden schien nun aber gegen die Demokratie und zugunsten der Mittelparteien und Konservativen der Umschwung in der Stimmung derjenigen Kreise ins Gewicht fallen zu müssen, welche durch das Wahlgesetz besonders begünstigt waren: der privaten Grundbesitzer.

Nach Niederwerfung des Moskauer Aufstandes und unter dem Eindruck der Bauernunruhen begann die Reaktion aus der Sphäre der Bureaukratie in die »Gesellschaft«, d. h. in erster Linie in die Semstwos einzudringen. Es versteht sich, daſs hierbei die Bauernunruhen und die schwere Bedrohung der ökonomischen Unterlagen des privaten Grundbesitzes, dessen Vertreter ja die besten Köpfe des Semstwoliberalismus stellten, die ausschlaggebende Rolle spielten. Der Vorgang ist ein gutes Beispiel für die Bedingungen ideologischer Arbeit seitens einer besitzenden Klasse und für das Maſs von Tragfähigkeit humanitärer Ideale

---

[251]) Das Blankett ist in den »Russk. Wj.« 85,3 abgedruckt. Es wurde an die Starosten verschickt mit dem Ersuchen, im Fall des Nichteintritts von Bauern über die Gründe Auskunft zu geben. Freier Verkehr mit allen Behörden, bis zum Ministerium hinauf, direkt und ohne Vermittlung, war der Bundesleitung (Kurjenew) gestattet. — Welche Frucht die Regierung von dieser Gründung erntete, davon unten Abschnitt IV.

gegenüber den ökonomischen Interessen. Solange die ökonomische Unterlage der in den Semstwos herrschenden Grundbesitzer im wesentlichen unerschüttert stand, fügten sie sich der Führung der zahlreichen, aus ihrer Mitte hervorgegangenen politischen und sozialen Ideologen[252]. Nun aber drohte ihr unmittelbar physischer und ökonomischer Untergang, die ganze Wucht der latent gebliebenen Interessengegensätze stürmte auf sie ein, und es konnte nicht ausbleiben, dafs, aus ihrem Alltagsdasein herausgerissen und an die materiellen Grundlagen der eigenen Position empfindlich erinnert, sie ihre Stellung nicht unerheblich modifizierten. Und es darf nicht vergessen werden: auch ganz abgesehen von der Vernichtung privaten Eigentums hatten die stürmischen Forderungen der Bauern die Semstwobehörden in die schwierigste Lage gebracht. In zahlreichen Gouvernements hatten z. B. die desparaten Bauern im Dezember die Herausgabe der für die Fälle von Hungersnot zur Verfügung stehenden »Verpflegungs«kapitalien[253]) seitens der Semstwos verlangt. Die eingeschüchterten Uprawas hatten zumeist versprochen, dem Verlangen zu willfahren, die erforderliche Zustimmung der Gouvernements-Prissutstwije war aber meist verweigert worden. Die drohende Haltung der Bauern hatte jedoch nicht wenige Uprawas veranlafst, eigenmächtig die Gelder ganz oder teilweise herauszuzahlen. Damit war zwar in vielen Fällen Beruhigung erzielt worden, die betreffenden Uprawas aber wurden nun vom Gouverneur wegen unbefugter Verfügung über öffentliche Gelder zur Verantwortung gezogen[254]).

Nachdem nun Mitte Januar die Flut im wesentlichen abgelaufen war, zeigte sich die veränderte Stimmung der von ihr Betroffenen: Der Wirkungsspielraum für die Ideologen hatte sich bedeutend verengt. Diejenigen Kreise des Adels und der privaten Grofsgrundbesitzer, welche sich bis dahin entweder der Führung der fortgeschrittenen Liberalen untergeordnet oder sich einfach der politischen Betätigung enthalten hatten, begannen die Semstwoversammlungen des Januar zu überfluten und während infolge jener Zurückhaltung der »Gemäfsigten« die von Gutschkow geführte Minderheit auf dem Oktoberkongrefs geradezu verschwindend gewesen war — 15—20 Köpfe —, gingen die materiellen »Klasseninteressen« jetzt auf der ganzen Linie zur Offensive über.

[252]) Nicht etwa restlos, versteht sich. Es ist nicht im mindesten zu bezweifeln und wird weiterhin noch an Beispielen sich zeigen, dafs natürlich die »Klasseninteressen« immer eine nicht unerhebliche Rolle in den Semstwos gespielt haben, wie dies in der russischen Literatur gerade neuerdings scharf beleuchtet worden ist.

[253]) Das System dieser »Verpflegungsgelder« mit seiner Prämiierung der zur Führung ihrer Wirtschaft technisch und ökonomisch am wenigsten Fähigen wirkt seinem ganzen Gedanken nach revolutionierend, so unentbehrlich es selbstredend heute ist.

[254]) S. z. B. in einer Reihe von Fällen im Gouvernement Kaluga (»Russk. Wj.« 30. Januar, S. 2).

Es lohnt immerhin, diese Bewegung etwas näher zu verfolgen, zu diesem Zweck aber in Kürze auf gewisse innerpolitische Wandlungen in der Regierung einzugehen. Anlaſs zur Mobilmachung der antidemokratischen Gesellschaftsschichten gaben nämlich wesentlich die in den ersten Tagen des Januar in die Presse gelangenden Nachrichten über radikale agrarpolitische Absichten des Landwirtschaftsministeriums, welches damals unter Kutlers Leitung stand.

Nach der Ankündigung der Konstitution durch das Manifest vom 17. (30.) Oktober hatte ein weiteres Manifest vom 3. (16.) November neben der Erweiterung der Tätigkeit der Bauernbank [255]) in ziemlich

---

[255]) Zur flüchtigen Orientierung über dies schon mehrfach erwähnte Institut nur folgendes: Die Bauernlandbank (Krestjanskij posemelnyj bank) ist seit der Revision ihres Statuts vom 27. November 1895 befugt, den Übergang von Gutsbesitzerland in die Hände der Bauern nicht nur — wie schon vorher — durch Kreditunterstützung des kaufenden Bauern im Falle direkten Abschlusses des Vertrages mit dem Gutsherrn zu fördern, sondern zu diesem Zweck auch selbst auf eigenen Namen Land zu kaufen, es zu parzellieren und alsdann den einzelnen Bauern oder den gemäſs dem Gesetz vom 30. Mai 1888 behufs Ankauf von Land gebildeten Genossenschaften oder (gemäſs dem Reglement vom 29. Juni 1889) den Dorfgemeinden gegen bar oder unter Kreditierung von bis zu 90 % des Kaufpreises zu verkaufen. Sie gibt dafür Pfandbriefe aus, und es sollten ihr, neben anderen Einkünften, 1 % des effektiven Eingangs der bäuerlichen Loskaufsgelder, bei einem Eingang von mehr als 9/10 derselben aber 33 % des letzten Zehntels zuflieſsen. Die Amortisationsrate der Darlehen sollte sich nach den Bestimmungen von 1895 zwischen 1/2 und 6 % bewegen, die Tilgungsfrist demgemäſs zwischen 13 und 51 Jahren (Gesamtzinspflicht inkl. Amortisation im letzteren Falle 6 %). Das Maximalmaſs dessen, was die Bank pro Kopf des einzelnen Bauern an Land verkaufen darf, wurde für jede Ortschaft festgesetzt unter Zugrundelegung der »trudowaja norma«, d. h. nach den Arbeitskräften der Familie; in den Semstwoprovinzen war es die zur Teilnahme an den Semstwowahlen berechtigende Landfläche bei Individualkauf, ein viertel davon bei gemeinsamem Kauf. Die Repartierung und Eintreibung der Rückstände geht durch die Hände der Dorfgemeinden. — Es kann hier nicht die Einzelmodifikation der Banktätigkeit und der Bankstatuten näher verfolgt werden. Festzustellen ist nur, daſs, auch von jenem verdünnt-sozialrevolutionären Standpunkt aus, den die russische Demokratie in der Agrarfrage vertritt, der Bank zum Vorwurf zu machen war: 1. die indirekte Mitwirkung an der ungeheuren Preishausse des Bodens durch »künstliche« Schaffung von Kaufkraft für die Bauern, s. u.; 2. die geschäftliche Notwendigkeit für die Bank, die Kreditwürdigkeit des Käufers zu prüfen und also eine anti-ethisch wirkende »Auslese« zu vollziehen, was sich bei den Landumsätzen der Bank im wesentlichen in dem Überwiegen der Einzelkäufer und frei gebildeten »Genossenschaften« (towarischtschestwo) vor den Dorfgemeinden als Käufer äuſserte: ihre Tätigkeit kam so — wie der private Bodenumsatz überhaupt — nicht den bedürftigsten und landärmsten, sondern den ökonomisch kräftigsten Elementen der Bauernschaft zugute: das gerade Gegenteil einer »Lösung« der Agrarfrage im Sinne nicht nur der Masse

unbestimmten Worten ein den Interessen der Bauern ebenso wie derjenigen der privaten Grundbesitzer in Aussicht gestellt. Zu Anfang Januar wurde dann bekannt, daſs der Chef des Departements für Landwirtschaft, Kutler, einen Entwurf ausgearbeitet und der unter seinem Vorsitz tagenden Kommission zur Beratung der Bauernfrage vorgelegt habe, in welcher tatsächlich eine partielle Expropriation des privaten Grundbesitzes vorgesehen sei. Sicheres über den Inhalt ist nicht bekannt geworden, denn diejenigen Exemplare des Entwurfs, welche zur Verteilung gelangt waren, wurden alsbald zurückgefordert.

Soviel bekannt, wollte das Projekt für die verschiedenen Gebiete des Reiches Normalgröſsen für drei Typen von Landwirtschaftsbetrieben ermitteln: kleine, die ohne Lohnarbeit existieren, mittlere, bei denen der Leiter neben Lohnarbeitern persönlich mitarbeitet, und groſse. Der die Normalgröſse der Klasse, in welche der Betrieb eingereiht ist, überschreitende Landbesitz sollte expropriiert und aus dem daraus mit Zuziehung der staatlichen und Apanageländereien gebildeten »Landfonds« die landlosen und landarmen Bauern ausgestattet werden. Die auf den 7. (20.) Januar angesetzte Beratung des Projektes im Ministerrat unterblieb jedoch, weil inzwischen der Sturm der bedrohten Interessenten begonnen hatte: der in aller Eile zusammengetretene Adelskongreſs[256]) in Moskau (4./17. bis 11./24. Januar) protestierte gegen jede Expro-

---

der Bauern selbst, sondern auch der Demokratie. Den Grundbesitzern, dem allmählich sein Land abtretenden Adel einerseits, den Landspekulanten andrerseits, war sie höchst lästig wegen ihrer im konkreten Fall immerhin den Bodenwucher und die volle Ausbeutung des bäuerlichen Landhungers kreuzenden Wirksamkeit. — Erworben sind bis 1903 durch die Landbank seitens der Bauern 7,3 Millionen Defsjätinen (8 Millionen Hektar) für 537 Millionen Rubel, wovon 4ʼ5 Millionen Darlehen. Der Anteil der Vermittlung der Landbank an dem gesamten Erwerb von Land durch die Bauern betrug im Schwarzerdegebiet 1883—97 45 %, im Nichtschwarzerdegebiet 32 %, stieg aber seitdem bedeutend (für 1898 auf 70 und 67 %, die späteren Zahlen kenne ich nicht). Die Angebote an die Landbank beziffern sich vom 3. November 1905 (Agrarmanifest) bis 10. April 1906 auf 3^{1}/$_{2}$ Millionen Defsjätinen für 446^{1}/$_{2}$ Millionen Rubel (à 127 Rubel), vom 10. April bis 10. Mai auf 376 000 Defsjätinen für 44,2 Millionen Rubel (à 132 Rubel) und 9,87 Millionen Defsjätinen für 490 Millionen Rubel (à 49,8 Rubel). Abschlüsse hat die Landbank (nach den Notizen im »Wjestn. ss. chas.« Nr. 23) in letzter Zeit gemacht: vom 3. November bis 10. April 1394 über 206 000 Defsjätinen zum Preise von 24^{1}/$_{2}$ Millionen Rubel (119 Rubel pro Defsjätine), vom 10. April bis 10. Mai 215 über 55 800 Defsjätinen für 6,85 Millionen Rubel (122 Rubel pro Defsjätine). — Ihr Gesuch, das erworbene Land künftig auch in langfristige Pacht geben zu dürfen, steht mit dem Regierungsprojekt, welches nur Eigentum und kurzfristige Pacht zulassen will (siehe oben Anm. 227a), im auffallenden Widerspruch.

[256]) Offizieller Bericht im »Now. Wr.« Nr. 10 720, S. 4. Es waren 120 Adelsmarschälle aus 34 Gouvernements anwesend.

priation[257]) aufser für Eisenbahnzwecke und gegen jeden Erlafs irgendeines Agrargesetzes vor Zusammentritt der Duma, lehnte ebenso auch die Einsetzung einer besonderen Kommission aus Vertretern des Adels, der Semstwos und Bauern zur Ausarbeitung eines Agrargesetzentwurfs ab, und sein Vorsitzender Fürst P. N. Trubezkoj, Adelsmarschall von Moskau, eilte (15. Januar) nach Petersburg, um die Ansichten des Adels dort zu vertreten. Gleichzeitig läuteten »Nowoje Wremja« und ähnliche Blätter Sturm gegen die Regierung wegen eines Zirkulars[258]) des Finanzministers, welches im Interesse der Durchführung des durch die Bauernbank zu vermittelnden Landankaufs unter Hinweis auf die Unumgänglichkeit der Beruhigung der Bauern den Gouverneuren anempfahl, einen Druck auf die privaten Grundbesitzer auszuüben, um sie zur Ermäfsigung ihrer Preisansprüche zu veranlassen, da andernfalls die Verhältnisse sich so verschärfen könnten, dafs sie »kaum noch durch die Vermittlung der Bauernbank zu lösen sein würden«. Diese allerdings ziemlich unverhüllte Drohung mit der Zwangsenteignung wurde von den Interessenten als »Subatowschtschina«[259]) auf dem Gebiet der Agrarpolitik mit Entrüstung aufgenommen. Der Adelskongrefs griff überdies in einer Resolution (10. Januar) die Bauernbank wegen ihrer Landpreispolitik heftig an: trotzdem der von der Bank entsandte Vertreter, K. N. Nardow, eingehend darlegte, dafs die Bank nach ihrer Bestimmung Land nur kaufen dürfe, wenn es für die Bauern nötig und brauchbar sei, dafs sie den Bauern nur einen der Ertragsfähigkeit und der Leistungsfähigkeit bäuerlicher Wirtschaften entsprechenden Preis anrechnen könne, nicht aber die Rente eines kapitalistischen Betriebs, blieb der Kongrefs dabei, die Bank wirke — ein vorher wie nachher von seiten der Interessenten immer wieder erhobener Vorwurf — durchweg im Sinne künstlicher Baisse[259a]) der Bodenpreise[260]), sie müsse sich auf den Boden der »faktischen« örtlichen Bodenpreise stellen und möglichst viel Land vorläufig

---

[257]) Das Land für die Bauern sollte eventuell aus den Staatsdomänen beschafft werden. Ein Teil des Kongresses war, unter Protest der Mehrheit, der Ansicht, dafs auch die Apanagengüter (des kaiserlichen Hauses) hinzugezogen werden sollten.

[258]) Abgedruckt z. B. im »Wjestnik sselsk. chas.« Nr. 5, S. 17.

[259]) Über diesen Begriff siehe Anm. 102.

[259a]) In Wahrheit steht es damit folgendermafsen: Der Erwerbspreis pro Defsjätine hat sich für die Bauern bei der Bauernbank gestellt 1890 für Dorfgemeinden auf 32,4 Rubel, Genossenschaften 37,6 Rubel, einzelne 52,9 Rubel, 1897 auf bezw. 56—76,9—68,7 Rubel, 1900 auf bezw. 81,7—82,7—90,4 Rubel, 1903 auf 103,6—108,4—134,9 Rubel. (Die Unterschiede der Preise für die drei Kategorien erklären sich dadurch, dafs die Dörfer die wenigst kaufkräftigen sind, der teurere Boden daher an die eine »ökonomische Auslese« bildenden Einzelbauern oder frei gebildete Genossenschaften überging). Überdies wird von demokratischer Seite die Tatsache hervorgehoben, dafs in 18 von den 23 Gouvernements, auf welche sich die Tätigkeit der Bank besonders stark konzentrierte, die Preissteigerung das Mittelmafs

auf ihre eigene Rechnung zur Verfügung der Menge der Landlosen und Landarmen erwerben (Resolution XVII a), und die Regierung solle den Bauern mindestens 1% der Kapitalamortisation abnehmen (Resolution XVII b), — was eine Erweiterung der Nachfrage und also für die verkaufenden Adligen eine entsprechende Verbesserung der Verkaufschancen im Gefolge haben müfste, — und endlich (Resolution XVII w) möge man den Bauern gesetzlich den Austritt aus der Obschtschina erleichtern, den Austretenden den Verkauf ihres Landes an die Bank, allen aber, auch den nicht Austretenden, die Verpfändung ihres Anteils (Nadjel) in den Feldgemeinschaften bei der Bank gestatten, — damit sie Geld zum Bezahlen der vom Adel geforderten Preise aufbringen könnten. Diese Erlaubnis wäre mit der gewaltsamen Sprengung der Obschtschina gleichbedeutend gewesen, da sie auch für die formell in der Gemeinschaft Bleibenden die Möglichkeit des Zwangsverkaufs der Anteile aus der Obschtschina heraus mit sich führen mufste.

Man sieht, diesen Hütern der nationalen Traditionen stand — wie bei uns — die Erzielung einer Hausse der Bodenpreise über alle anderen Rücksichten[261]). Und in der Hauptsache siegten die Interessen des Agrarkapitalismus: das Schicksal der Expropriationsidee im Ministerium entschied sich schnell. In der zur Beratung eingesetzten »besonderen Kommission« sprachen sich die Vertreter sämtlicher anderen Ressorts kategorisch gegen jeden Gedanken einer Expropriation aus, das Projekt wurde nur von Kutlers eigenen Beamten sowie von dem Vertreter des Kolonisationsdepartements, A. W. Glinka, und der Domänenverwaltung, A. A. Rittich, sowie dem »in besonderem Auftrag« zugezogenen A. A. Kaufmann und einigen anderen unterstützt[262]). Kutler trat zurück, er

übertraf, und dafs ferner in 29 von 43 Gouvernements, in denen sie überhaupt tätig war, sie zu teuereren Preisen kaufte bezw. vermittelte als sonst gezahlt wurden.

[260]) Im Kasanschen Semstwo (»Now. Wr.« 10 772, 13) wurde die Ungleichmäfsigkeit der von der Bank gezahlten Landpreise in den einander benachbarten Bezirken gerügt (für gleiches Land im Kreise Stawropol 125—130, in einem Nachbarkreise 100 Rubel, Privatpreise 175 Rubel), welche die Folge der Kombination finanzieller mit agrarpolitischen Zwecken sei.

[261]) Das Jelissawetgrader Semstwo verlangte Herabsetzung des Zinsfufses der Bank auf $3^{1}/_{2}$ % (! das Bankdiskont stand auf 9 %, die Regierung erhielt damals Geld für $5^{1}/_{2}$—6 %), im Interesse der Erhöhung des bei der Kapitalisierung der Erträge der Güter zu berechnenden Preises. Zahlreich waren die Adligen, welche im Laufe des Winters, ohne irgend ökonomisch dazu genötigt zu sein, ihre Güter bei der Adelsbank hoch verpfändeten und das so erlangte bare Geld (Fürst W. L. Naryschkin angeblich 2 Millionen Mark) über die Grenze brachten. Die Gesetzgebung, welche für die Adels- ebenso wie für die Bauernbank (s. u.) Beleihungen mit Obligationen statt in bar vorschreibt, sollte u. a. auch diesem Treiben ein Ende machen.

[262]) »Now. Wr.« 10 724 vom 21. Jan. (3. Febr.).

Rufslands Übergang zum Scheinkonstitutionalismus. 333

wurde bald darauf Mitglied der konstitutionell-demokratischen Partei;
seine sämtlichen Zirkulare und Verfügungen wurden den unterstellten
Instanzen wieder abgefordert und für nichtig erklärt, eine neue Kommission zur abermaligen Beratung der Kutlerschen und fünf weiterer inzwischen eingelaufener Projekte, darunter angeblich je eines solchen
von den Professoren Migulin und Issajew, eingesetzt. Der Zar legte sich
in wiederholten Äufserungen, besonders scharf (18./31. Januar) in einer
Ansprache an die Bauerndeputation aus dem Kurskschen Gouvernement,
die dann offiziell im ganzen Reiche bekannt gegeben wurde, in längerer
Ausführung für die absolute Unverletzlichkeit des Eigentums[263]) fest.

Die Klassengegensätze zwischen Adel und Bauern traten nun mit
grofser Schärfe hervor. Der Schreck war dem grundbesitzenden Adel
so in die Glieder gefahren, dafs alsbald umfassende Vorbereitungen für
einen Zusammenschlufs womöglich des ganzen Standes getroffen wurden,
um dauernd im Sinn schärfster Bekämpfung der sozialen wie der politischen Demokratisierung des Landes zu wirken. Die Bewegung wurde
durch die Wahlkampagne verzögert, und erst am 21. Mai trat unter den
Auspizien der hochreaktionären Führer: Fürst Kassatkin-Rostowskij,
Graf Bobrinskij (als Präsident) ein Kongrefs in Moskau, besucht von
150 Delegierten aus 34 Gouvernements, zusammen, um eine dauernde
geschlossene Vertretung des konservativen Adels mit jährlichen Versammlungen und breiten Agitationsmitteln zu schaffen. Ebenso bereiteten die gleichen Kreise einen »Bund der Eigentümer« vor, der
ebenfalls erst nach den Wahlen (2. Juli) sich endgültig konstituierte[263a]).

In höchst charakteristischer Weise zeigte sich dabei auch bezüglich
der Obschtschina der gewaltige Umschwung der Stellungnahme der
herrschenden Klassen gegenüber der Zeit Alexanders III. Einst der
Liebling der slawophilen und reaktionären Romantiker und die vermeintliche Stütze der »Autorität«, galt sie jetzt den Adelskongressen ebenso wie
schon seit Jahren der Witteschen Bureaukratie als eigentlicher Herd der
revolutionären Stimmung der Massen. Der (erste) Adelskongrefs hatte,
aufser der schon erwähnten Resolution, die zwangsweise Feldbereinigung

---

[263]) Die Erklärung des Ministerpräsidenten Goremykin vom 13. Mai ergab
später, dafs unter »Privateigentum« auch der Besitz der kaiserlichen Familie,
der Kirchen und Klöster einbegriffen war.

[263a]) Führer: A. S. Jermolow, Graf A. P. Ignatiew, Fürst Schtscherbatow,
A. J. Neidhardt, Präsident: Fürst Kassatkin-Rostowskij. Erstmaliger Mitgliedsbeitrag: $1/10\,^0/_0$ des Besitzes, Jahresbeitrag $1/100\,^0/_0$: offenbare Analogie der erwähnten
industriellen »Streikversicherungsverbände«. (Torg.-prom. Gasj. 151, 5). In Polen
besteht bereits ein Antistreikverband der Grundbesitzer, der den Mitgliedern private
Verhandlungen mit den Arbeitern verwehrt (T. ps. g. 152, 2). In Kleinrufsland
steigert sich die Entwicklung und Autorität der ländlichen Streikkomitees trotzdem
zunehmend (das.).

und Servitutablösung (Resolution XV), ferner aber auch besonders (Resolution XVI) die Erleichterung des Übergangs zum System des Hoferbrechts (podwornoje wladjenije) und zur Einzelhofsiedlung (chutorskoje semljedjelije) empfohlen, mit dem Recht des freien Verkaufs des Bodens im Fall des Fortwanderns [264]. Und tatsächlich gewann auch diese Anschauung nunmehr Boden im Ministerium. Der 1. Januar 1907 mußte ja ohnedies ein Wendepunkt in dem Schicksal der Obschtschina werden, weil die Loskaufszahlungen, deren Nichtabtragung die Bindung des Einzelnen an die Obschtschina — seit 1893 auch dann, wenn er selbst seinen eigenen Anteil daran voll abzahlte — bedingte, mit diesem Datum nach dem Manifest vom 3. November 1905 in Wegfall kommen [265]. Die Frage war, ob wirklich und eventuell unter welchen Bedingungen die

---

[264] Auf dem zweiten Adelskongreſs (23. Mai) standen sich nach einem Vortrag Pestrzeckis, eines Vertreters der »Vereinödung«, als des allein in Betracht kommenden Mittels zur Sanierung der Agrarfrage, Anhänger dieser Lösung und eine andere Partei gegenüber, die jede Notwendigkeit staatlichen Eingreifens und jede Landnot leugnete.

[265] Dieser einfache Erlaſs der 90 Millionen Rubel jährlich — die Zinsen von (unter normalen Verhältnissen) 2 Milliarden Rubel — betragenden Loskaufsgelder durch das kaiserliche Manifest gehört — wenn man, wohlgemerkt, sich einmal in den, ja weiſs Gott nicht sentimentalen, Standpunkt der Regierung versetzt — zu den Unbegreiflichkeiten dieses in der Demagogie doch sonst hinlänglich erfahrenen Regimes. Kein Mensch sagte auch nur »danke!« dafür, und es gehörte doch sehr wenig »Massenpsychologie« dazu, um das vorauszusehen. So billig lassen sich die Bauern nicht kaufen. Wenn man statt dessen diese — bei den Bauern allerdings in gewaltigen, stets zunehmenden Summen rückständig gebliebenen — Verpflichtungen dazu benutzt hätte, um sie als Gegenwert gegen eine Expropriation wenigstens des derzeit verpachteten Gutslandes und der Kirchen- und Klosterländereien, die schließlich doch anderwärts mit dem sogenannten Prinzip der »Unantastbarkeit des Eigentums« sich verträglich erwiesen hat, zugunsten der Bauern zu benutzen, so wäre das eine agrarpolitische Maßregel gewesen, um wenigstens einen Teil der fassungslosen Verlegenheit zu beseitigen, in der sich die Regierung jetzt befindet, wo sie gar kein Kompensationsobjekt mehr besitzt, welches sie gegen Konzessionen »in Kauf geben« könnte, und wo sie außerdem, durch jene einfache Kassierung dieser im Gefolge von Tauschakten »erworbenen Rechte« des Staates jede mit Vergebung des Landes an die Bauern gegen Rente verknüpfte Agrarreform in den Augen der Bauern selbst alsbald mit dem Makel belastet hat: daſs es sich hier wiederum um »Loskaufsgelder« handle, die der Zar irgend wann, wenn man sie einfach nicht zahle, erlassen müsse, weil er ja — wie sich bei jenen anderen gezeigt habe — selbst nicht an ihre Rechtmäßigkeit glaube. Wie gesagt: dies sind nur Bedenken, die vom Standpunkt einer Regierung aus hätten auftauchen müssen, welche den Forderungen der Bauern jetzt »die Unverletzbarkeit des Privateigentums« entgegenhalten will. — Ökonomisch betrachtet waren die Loskaufsgelder natürlich schon durch die unglaublichen Zahlen ihrer »Rückstände«, die einfach, in steigendem Maße, ungetilgt blieben, als auf die Dauer unmögliche Belastungen erwiesen.

Regierung von diesem Datum an den Austritt aus der Obschtschina gestatten werde²⁶⁶). Am 25. Januar (7. Februar) trat eine »besondere Kommission« zur Beratung hierüber zusammen und gemäfs ihren Beschlüssen brachte das Ministerium des Innern die Frage am 19. März (1. April) vor den Reichsrat²⁶⁷). Graf Witte gab — wie übrigens schon in früheren Jahren — der Überzeugung Ausdruck, dafs vor Beseitigung der Sonderstellung der Bauern keine Ruhe eintreten werde, A. P. Nikolskij, der Nachfolger Kutlers, fügte hinzu, je schneller die Obschtschina zerfalle, desto schneller würden auch alle Projekte irgendeiner Zwangsenteignung von Land verschwinden, und ein Mitglied des Reichsrats zog die Konsequenz, indem es empfahl, den Bauern generell das Recht zu geben, beim Austritt die Zuteilung des Landes in einem Stück zu

---

²⁶⁶) Die Frage der Bedingungen des Austrittes ist um deswillen so kompliziert, weil, infolge der periodischen Umteilungen, das Ausmafs der von dem Bauer und seinen privatrechtlichen »Rechtsvorgängern« (seinen Erblassern resp. seiner und deren Hausgemeinschaften) geleisteten Loskaufsgelder mit dem Ausmafs seines Nadjels im Augenblick des Wegfalles der Verpflichtung in gar keiner Korrelation steht und überhaupt kein Prinzip der individuellen erworbenen Rechte eruierbar ist, aus welchem ein Teilungsschlüssel für die Abfindung des Austretenden ableitbar wäre, weil eben die Zuteilung des Nadjel an den einzelnen ein Akt der — im Prinzip — darin durchaus souveränen Gemeinschaft ist, die zwar nach einer »Regel«, aber nicht einmal nach einer notwendig konstant bleibenden Regel erfolgt. Eine Konstruktion der Rechte des einzelnen in der Obschtschina nach dem Prinzip der »erworbenen Rechte« ist, mag man die Gierkesche Genossenschaftstheorie zu Hilfe nehmen (Pobjedonoszew) oder individualrechtliche Formeln suchen (Isgojew), stets lückenhaft. A. A. Tschuprow (Artikel »Obschtschinnoje semljewladjenije« in dem Sammelwerk »Nushdy djerewni« — einer Bearbeitung der Materialien der bekannten Komitees »o nushdach ss.-ch. promychl.« — von N. N. Ljwow und A. A. Stachowitsch Bd. II, S. 116 f.) hat mit gewohntem Scharfsinn die Konstruktion der Obschtschina als einer spezifisch geregelten Naturversicherung gegen Kinderreichtum durchzuführen gesucht (obwohl übrigens doch die Verteilung nach »jedoki« — Essern — erst neuerdings das unbedingt herrschende System zu werden im Begriff steht) und sucht daraus auch Schlüsse auf die Art, wie der Austritt zu regeln wäre, zu ziehen. Ich hoffe bei anderer Gelegenheit auszuführen, inwiefern mir seine Vorschläge praktisch nicht akzeptabel scheinen wollen und warum die, übrigens heuristisch, für die Aufhellung vieler Einzelbestandteile der Obschtschina höchst wertvolle, Hineintragung des Versicherungsgedankens als alleinigen Konstruktionsmittels nicht das Leben der Obschtschina erschöpfen kann. Der Hauptgrund ist: in ihr waltet bäuerliches »Naturrecht«, welches durch keine Formel aus dem Gebiet der »erworbenen« Rechte oder der privatwirtschaftlich-ökonomischen Pragmatik erfafsbar ist. — F. Ssamarin wandte sich (Referat im »Now. Wr.« 10 779,3) entschieden gegen die Auffassung, dafs der Nadjel durch Beseitigung der Loskaufsgelder überhaupt »Privateigentum« werden könne, weil er ja »nicht durch Privatvertrag erworben sei«. Das trifft in der Tat die Sache. — Wie sich die Regierung jetzt zu der Frage gestellt hat, darüber vergl. Anm. 272ᵃ.

²⁶⁷) Protokollauszug »Now. Wr.« 10 781, S. 1.

verlangen: damit werde die Obschtschina für immer vernichtet[268]). Indes der Reichsrat lehnte entschieden ab, ohne Zustimmung der Bauern selbst so weit zu gehen, und gab dem Projekt des Ministers des Innern seine Zustimmung, wonach die Landabteilung nur periodisch, einmal alle vier Jahre, und nur von je mindestens fünf Bauern gleichzeitig solle verlangt werden können. Die Größe des Landanteils sollte sich nach dem faktischen Besitzstand richten; nur wo seit 25 Jahren keine Umteilung stattgefunden hat, sollte ein Gemeindebeschluß ihn feststellen.

Neben diesem letzteren Gedanken, der gewissermaßen eine Abschiedsreverenz vor dem alten »Recht auf Land« enthielt, war an dem ganzen Vorgang politisch charakteristisch die Hast, mit welcher man unmittelbar vor Toresschluß vor der Duma die Propaganda des bäuerlichen Privatbesitzes in den Hafen zu bringen trachtete; den Vorwand mußte die Behauptung abgeben, daß es sich ja lediglich um die »Interpretation« der Folgen eines Aktes der Autokratie: des Novembermanifestes, handle. Nicht nur die Presse der Linken protestierte, sondern auch Wetterfahnen, wie »Nowoje Wremja«[269]), mißbilligten, wenigstens für den Augenblick, den bureaukratischen Angriff auf die »nationale« Institution, und so unterblieb die Sanktion, und das Projekt wurde zu den der Duma zu unterbreitenden Entwürfen gelegt[270]). Es ist klar, daß ganz ähnliche Erwägungen, wie sie für die Regierung maßgebend waren, auch, je schärfer die sozialen Gegensätze sich zuspitzen, desto mehr die privaten Grundbesitzerklassen auf die Seite der Gegner der Obschtschina treiben müssen. Die Stimmen ihrer Vertreter in den bekannten Witteschen Komitees »über die Bedürfnisse der Landwirtschaft« waren gespalten, zum Teil aus einander widersprechenden Erwägungen des eigenen Klasseninteresses heraus (Arbeitskräfte für die Güter), zum Teil aus entgegengesetzten sozial- und allgemeinpolitischen Gesichtspunkten. Es dürfte inzwischen wohl nicht eine plötzliche Einmütigkeit, sondern nur eine allmähliche Verschiebung des Schwergewichts der Meinungen nach der Seite der Gegner der Obschtschina stattgefunden haben. Das Gouvernements-Semstwo von Kasan z. B. faßte in diesem Frühjahr eine scharfe Resolution gegen die Obschtschina, jedoch nicht ohne ebenso entschiedenen Protest einer Minderheit dagegen. Was die Bauern anlangt, so pflegt ihre Stellung zur Obschtschina ebenfalls keine einhellige zu sein; von denjenigen, die jeweils durch eine Neuumteilung erheblich zu verlieren hätten — also im allgemeinen von den Leuten mit viel

---

[268]) Überhaupt würde natürlich die Gestattung des jederzeitigen Austrittes mit dem jeweiligen faktischen Besitzstand die Folge haben, daß die jeweilig im Verhältnis zur Norm zu stark mit Land versehenen Höfe austreten, die anderen schließlich das Nachsehen haben würden.

[269]) Nr. 10779.

[270]) Über ihr weiteres Schicksal s. unten Anm. 272a.

Land, aber kleiner, kinderarmer Familie — pflegt stets ein Teil, wenn ausdrücklich befragt, sich gegen die Obschtschina auszusprechen. Ferner ist natürlich stets eine kleine Schicht von Bauern vorhanden, welche so weit ökonomisch entwickelt ist, um die Obschtschina als Fessel zu empfinden. Allein die ziffernmäfsig überwältigende Mehrheit der Bauern in den Gegenden, wo sie besteht, ist ihrem Grundprinzip: dem Recht auf Land nach Mafsgabe des Bedarfs und also ihrer fundamentalen Institution, der Neuaufteilung des Bodens im Fall der Verschiebung der »richtigen« Relation zwischen Familiengröfse und Landanteil, unbedingt zugetan. Die früher oft gehörte Meinung, dafs nach Beseitigung der Solidarhaftung der Gemeinde für die Steuern, die ja mit der Feldgemeinschaft eng verknüpft war, ein allgemeines Auseinanderstreben der Bauern eintreten würde, hat sich — nachdem jene Beseitigung 1904 eingetreten ist — bisher nicht bewahrheitet, und der Wegfall der Loskaufsgelder hat das Anrecht auf Neuumteilung des Landbesitzes für die besitzlosen oder besitzarmen Massen natürlich nur verlockender gestaltet. Wo immer die Bauern in letzter Zeit öffentlich zu Worte kamen, haben sie sich für die Erhaltung der Obschtschina ausgesprochen. Und endlich ist bekannt, dafs gerade unter den tüchtigsten, auch den in deutscher Schule gebildeten »bürgerlichen« Gelehrten Rufslands der Gedanke an eine Gesetzgebung, welche die Obschtschina direkt zerstörte oder ihren Zerfall indirekt begünstigte, auch heute meist sehr entschieden abgelehnt zu werden pflegt[271]). Man wird bei uns — wo übrigens auch das technische Wesen der Obschtschina, die zwar, am Agrarkapitalismus gemessen, ein »archaistisches«, aber ganz und gar nicht ein »primitives« oder roh-kommunistisches Institut bildet, oft nicht genügend bekannt ist — sich bemühen müssen, diese Tatsache zunächst in ihren Motiven zu verstehen, ehe man sie beurteilt, und dann weiter sich verdeutlichen müssen, dafs eben auch hier »Wert gegen Wert steht«[272]). Eine nähere Auseinandersetzung des Standpunktes der russi-

---

[271]) Ich verweise hier nur beispielsweise auf die Erörterungen in Issajews »Grundlagen der politischen Ökonomie« und auf die Ansichten A. A. Tschuprows, ganz besonders klar in dem Sammelwerk »Nushdy Djerewni« entwickelt. Auch die bedeutendsten der agronomischen Praktiker stehen so.

[272]) Dies kann hier unmöglich eingehend entwickelt werden. Es ist Tschuprow, der am nachdrücklichsten darauf hingewiesen hat, dafs das eigentliche Wesentliche an der Obschtschina: die periodische Neuzuteilung von Land gemäfs der veränderten Zusammensetzung der berechtigten Familien, weder mit Gemengelage und Flurzwang, noch mit der zur Beseitigung der Schäden dieser vorgenommenen Neuumteilung (Feldbereinigung), noch mit einem Verlust der Meliorationen im notwendigen Zusammenhang steht und auch nicht — wie man bei uns es sich vorstellt — eine spezifische stete Unsicherheit des Wirts, ob ihm die Früchte seiner Arbeit zugute kommen, mit sich führen mufs, durchaus zuzugeben, dafs die Obschtschina mit jedem Grade der Intensität der Kultur an sich vereinbar ist. Die auf den Arbeiten

schen Wissenschaft möge für eine andere Gelegenheit verspart werden;

der Semstwos ruhenden Untersuchungen auch anderer haben, wie die seinigen, die erhebliche Anpassungsfähigkeit der Feldgemeinschaft, ihre Brauchbarkeit gerade zur Beseitigung der Schäden der Bodenzersplitterung und Gemengelage und zur planmäfsigen Durchführung technischer Fortschritte in den Gemeinden betont. (Das bekannteste Beispiel ist die vielfache Durchführung des Kleeanbaues. Die Obschtschina reifst in solchen Fällen die Widerwilligen in ihrer Mitte mit auf die Bahn des Fortschritts.) Anderseits schätzt Tschuprow selbst ihre sozialpolitischen Leistungen (Hemmung der Proletarisierung, Absorption der »Reservearmee«, Rückhalt in Streikfällen usw.) weit vorsichtiger ein, als es früher geschah und läfst auch die Frage der Zukunft der Obschtschina offen. Die Frage bleibt 1. ob die Form der Obschtschina dem »ökonomischen Fortschritt« im üblichen Sinne des Wortes ähnlich »adäquat« sein kann, wie die Privateigentumsordnung, ob nicht umgekehrt ihr eine Art der Lebensführung »adäquat« ist, welche sich im entgegengesetzten Sinne orientiert (eine Frage, die Tschuprow, als keiner exakten Beantwortung fähig, beiseite läfst): die Leistungen der Obschtschina sind doch bisher weit überwiegend teils auf sehr einfache Fruchtwechselverbesserungen, teils auf in der Nähe grofser Städte belegene Ländereien beschränkt und über die früher (Anm. 187) erwähnten Zahlen, welche ökonomisch immerhin »zugunsten« des Hoferbsystems sprachen, ist nicht ganz leicht hinwegzukommen. Es fragt sich ferner: 2. ob die Umgestaltung der Obschtschina in eine rein privatrechtliche Genossenschaft »fortschrittlichen« Charakters generell anders möglich sein wird, als unter Voraussetzung der Differenzierung innerhalb ihrer und so, dafs die ökonomisch »Starken« und nicht, wie es die »Idee« der Obschtschina postuliert, alle, die in die Gemeinschaft hineingeboren werden, Träger der Genossenschaft sind, und ob also nicht jene Schranken der Auflösung der Obschtschina, welche immerhin auch Tschuprow für wünschenswert hält, den ökonomischen Prozefs, der doch mit überwiegender Wahrscheinlichkeit eintreten wird, zwecklos zu hemmen suchen.

Für die Gegenwart allerdings verdient Beachtung, dafs, nach den Zahlen der Bodenumsatzstatistik, das Mafs der Beteiligung der Obschtschina am käuflichen Landerwerb z. B. im Wolgagebiet (Kasanj, Pensa, Ssaratow, Ssimbirsk) am stärksten (1898: 29,6 % des Umsatzes) und überhaupt gerade in den landwirtschaftlichen Rayons fast durchweg nicht unbedeutend ist. Auf der andern Seite ist bekannt, dafs in den altbesiedelten Schwarzerderayons die Neuumteilungen des Landes seltener geworden sind und, wenn überhaupt, dann in weit längeren Zwischenräumen erfolgen als im Industrierayon. In diesem letzteren ist eben das Nadjelland an sich weniger wertvoll und überhaupt die Landwirtschaft nicht einzige, sehr oft nicht einmal Hauptquelle des Unterhalts seines Besitzers. Es spielt dort etwa nur die Rolle, wie, wenigstens zuweilen, unsere Allmendäcker in Baden auch. Es ist natürlich ein erheblicher Unterschied, ob die feldgemeinschaftliche Nutzung die Grundlage der ganzen ökonomischen Existenz des Bauern sind oder eine Nebeneinnahme oder Altersversorgung garantieren. Und auch wo bei uns — was vereinzelt vorkommt — die Allmend die Hälfte und mehr der Flur ausmacht, prägt die vom Privatbesitz durchtränkte Atmosphäre der ganzen Umgebung die Eigenart des Bauern. — Weideallmenden oder Allmendwiesen wirken schon deshalb ganz anders als Feldgemeinschaft am Ackerland, weil hier nicht das Land, sondern das Vieh in erster Linie das Objekt der Arbeitsverwertung des Bauern ist.

es genüge hier, zu bemerken, dafs die Obschtschina unter der Einwirkung des Kapitalismus wahrscheinlich derartige Wandlungen durchzumachen haben wird, dafs bei den Nichtinteressenten vielleicht sowohl der heute in Rufsland häufige (übrigens keineswegs alleinherrschende), der Obschtschina günstige als der in Deutschland herrschende, ihr ungünstige »Wert«-Gesichtspunkt ihr gegenüber sich verschieben wird. Hier kam es vorerst nur darauf an, die charakteristische Wandlung der Stellungnahme der Regierung festzustellen [272a]. Fast im selben Atemzuge

---

[272a] Das im Juni fertiggestellte Projekt will im Anschlufs an die Reform der örtlichen Selbstverwaltung die Obschtschina als eine dem Wesen nach private Genossenschaft unter gänzlicher Beseitigung ihres Charakters als einer öffentlichrechtlichen Verwaltungseinheit fortbestehen lassen. Es soll also die Tätigkeit der Sschods jetzt rein auf die Wirtschaftsführung begrenzt, ihre Beschlüsse von der administrativen Bestätigung und der gewählte Starost von jeder Unterordnung unter die Verwaltungsbehörde befreit und nur als Geschäftsführer der Gemeinschaft behandelt werden. Die Anfechtung der Beschlüsse des Sschods aus Rechtsgründen soll zur Zuständigkeit der bald zu erwähnenden Agrarkommissionen gehören. Man sieht, die Verwandlung des administrativen Zwangsverbandes in eine freie Genossenschaft ist im Gange. Die ständische Sonderung der Bauernschaft ganz zu beseitigen, hat man dagegen nicht gewagt; die Starrheit der Agrarverfassung bleibt bestehen, wie die nachfolgende Skizze des Inhalts des Entwurfs ergibt:
In seinen materiellen Bestimmungen bezieht sich das vom Ministerium des Innern der Duma vorgelegte »Projekt einer Verordnung über die Landgemeinden, welche Nadjelland besitzen« (§ 1) auf solche Gemeinden, welche auf Grund der Bauernbefreiung und der an sie anschliefsenden Gesetzgebung mit Land ausgestattet sind. Sie haben Rechtspersönlichkeit (§ 18) und sollen registriert werden (§ 19). Der Eintritt in eine solche Landgemeinde erfolgt (§ 9) nur entweder durch Beschlufs der Gemeinde oder, ohne solchen, durch Erwerb von Land von einem Dorfgenossen, in Fällen, wo dies rechtlich möglich ist (es ist aber ein Erwerb nur möglich für Personen bäuerlichen Standes — § 10 — und nur von solchem Land, welches persönliches Eigentum des Dorfgenossen, also nicht feldgemeinschaftlich ist). Austritt (unter Verlust des Rechtes auf Land) ist jederzeit, auch trotz Steuerrückständen (§ 15) zulässig. Der Eintritt in einen anderen Stand (z. B. infolge von Graduierung) hat ihn an sich nicht zur Folge (§ 17), dagegen ist bei den feldgemeinschaftlichen Dorfgemeinden (s. gleich) zehnjährige Abwesenheit, unter Nichtbewirtschaftung des Landes und Nichtteilnahme an den Steuern, ein Grund des Ausschlusses aus der Gemeinde (§ 16). Die Gemeinden können, nach ihrer Eigentumsordnung, 1. Gemeinden mit erblichen Hufen (Utschastkowoje Obschtschestwo) oder 2. Gemeinden mit Feldgemeinschaft (Obschtschinnoje O.) oder 3. gemischte sein (§ 4). Gemeinden, welche seit 24 Jahren keine Neuumteilung (Pjeredjel) vorgenommen haben, gelten als zur Kategorie 1 gehörig. Das Nadjelland befindet sich entweder 1. im Eigentum der einzelnen Dorfgenossen; — dies ist der Fall: a) für »vereinödete« Hufen (Einzelhöfe, Chutorskije Utschastky § 58), b) für Garten- und Hofland, c) für zu erblichem Recht erworbene Waldanteile des einzelnen, endlich und vor allem d) für erblich, nach der bisherigen Terminologie: in podwornoje, nach der jetzigen: in utschastkowoje semljewlad-

übrigens, in welchem sie den Zerfall der Herrschaft der Dorfgemeinschaft über den einzelnen Bauern auf ihr Programm setzte, desavouierte

jenije) besessene Hufen der einzelnen Wirte. Oder 2. sie stehen im Eigentum der Gemeinde; dies ist der Fall: a) bei Land, welches die Gemeinde selbst gemeinsam nutzt oder auf gemeinsame Rechnung verpachtet, b) bei dem feldgemeinschaftlichen, d. h. demjenigen Lande, welches auf Grund der von der einzelnen Gemeinde angenommenen Regeln den einzelnen Wirten zur Nutzung »bis zur Neuumteilung« zugewiesen ist.

Dieser gesamte jetzige Bestand bäuerlichen Landes nun, gleichviel welchem Rechte er unterliegt, bleibt besonderen, von den allgemeinen Regeln des bürgerlichen Rechts abweichenden Bestimmungen unterworfen. Die Motive führen aus, daſs nach den »Erfahrungen der westlichen Länder« bei freiem Verkehr des Bodens »der kleine Grundbesitz keinen Bestand habe« (?) (das gerade Gegenteil steht fest), daſs dabei vielmehr das Bauerntum Landwirten eines »anderen Typus«, den die Motive »Farmertyp« nennen, weichen müsse. Um dies zu verhindern, wird vorgeschlagen, folgendes zu bestimmen: für das Nadjelland soll nach wie vor gelten 1. das **Verbot der Verpfändung** (§ 86) an Private, einschlieſslich privater Banken, 2. das Verbot jeder **Veräuſserung** (freiwillig oder durch Subhastation) an **Nichtbauern** (§ 72), nur die Gemeinde kann mit ²/₃ Mehrheit und Zustimmung der Agrarkommission Nadjelland abveräuſsern (§ 78); sonst ist nur im Erbgang, durch Enteignung, durch Tausch zwecks Feldbereinigung und, mit Zustimmung der Agrarkommission, durch Veräuſserung für Eisenbahn- und Industriezwecke ein Erwerb bäuerlichen Landes durch Nichtbauern rechtlich möglich, 3. soll neu eingeführt werden ein **Verbot des Besitzes von mehr Nadjelland seitens einer und derselben Person** innerhalb einer und derselben Gemeinde, **als durch das Gouvernementssemstwo für die betreffende Örtlichkeit für zulässig erklärt worden ist** (§ 75, 76). Aller dies **Bodenbesitzmaximum** übertreibende Nadjelbesitz eines Bauern ist von ihm, gleichviel wie er ihn erworben hat, innerhalb von drei Jahren zu veräuſsern (§ 77). Diesen Schranken würde nach den Bestimmungen des Anm. 227a exzerpierten Projektes für die Vermehrung des bäuerlichen Landbesitzes auch alles von jetzt an durch Vermittlung des Staats oder der Landbank von den Bauern gekaufte Land unterliegen. Das Besitzmaximum findet eine (freilich nur schwache) Anknüpfung in den Anm. 255 erwähnten Bestimmungen über den Landerwerb durch die Bauernbank. — Die Motive bezeichnen zur Begründung dieser Vorschläge den jetzigen Bestand des Nadjelbesitzes als den »Landfonds« zur Versorgung der Masse der Bauern, der daher diesem Zweck nicht im Interesse einzelner entzogen werden dürfe. Wie man sieht, handelt es sich um ein Entgegenkommen gegenüber den Gedanken des Narodnitschestwo, nur im Rahmen der Privateigentumsordnung. Für das »historische« Nadjelland soll mithin, im Gegensatz zum sonstigen Grundbesitz, »Parzellierungszwang« behufs künstlicher Erhaltung des kleinbäuerlichen Charakters der Agrarverfassung in bezug auf die Besitzverteilung bestehen. Die vom Narodnitschestwo fernerhin erstrebte Sicherung der Betriebe der Bauern gegen Ausbeutung ist dagegen nicht versucht: die **Verpachtung** von Nadjelland bleibt zulässig, das Hauptmittel ökonomischer Differenzierung innerhalb der Gemeinden bleibt also bestehen. Anderseits ist, wenn solche Vorschriften wie das Besitzmaximum eingeführt werden, kein Grund für das Verbot der Veräuſserung an Nichtbauern einzusehen: das »Kulatschwestwo« geht dem Schwerpunkte nach

sie sich — wie schon früher kurz erwähnt — selbst wieder, indem sie eben
diese Machtstellung des Mir, und zwar gerade diejenige ihrer Äufse-

ja gerade aus der Bauernschaft selbst hervor, und für die Zwecke des Gesetzgebers
würde die zünftige Abschliefsung des Bauernstandes, wie sie seinerzeit Schiffles
»Incorporation des Hypothekarkredits« vorschlug, in Verbindung mit jenem Besitzmaximum, durchaus genügen. — 4. Die Erbfolge im Nadjelland soll sich nach ört-
lichem Gewohnheitsrecht richten. Das Prinzip des **Familieneigentums** soll aber,
weil es der freien Bewegung und **Autorität** (NB!) des Familienhauptes sowohl als
»**der Entwicklung richtiger Vorstellungen von der Heiligkeit des
Eigentums abträglich**« sei, auch die Kreditwürdigkeit des Wirts beschränke,
beseitigt werden. Dahin zielt sowohl die absichtsvolle Konstruktion des Bodenbesitzes als: entweder »Eigentum« der juristischen Person des Dorfs oder der physischen des Einzelwirts, wie die Bestimmung, dafs eine Abschichtung aus dem gemeinsamen Haushalt der Deszendent bei Lebzeiten des Aszendenten nie (§ 93),
Seitenverwandte dagegen, die in gemeinschaftlicher Wirtschaft leben, jederzeit (§ 94)
verlangen können. — Zu erblichem Eigentum besessenes vereinödetes und ver-
koppeltes (§ 97, 100) Land, ferner Gärten und Hofländereien unterliegen keinerlei
Einmischung der Gemeinde in die Wirtschaft; für anderes Land mufs, bei Gemengelage, wenn die Gemeinde vom Flurzwang nicht dispensiert, dieser innegehalten
werden (§ 101). — Für die Obschtschina speziell werden folgende Bestimmungen
vorgeschlagen: Neuumteilung feldgemeinschaftlichen Landes findet durch einen mit
zwei Drittel Mehrheit zu fassenden Gemeindebeschlufs statt. Den dabei in der
Gemeinde bisher üblichen Teilungsschlüssel kann diese zwar ändern, jedoch mufs
er 1. für alle Wirte der gleiche sein (§ 108) und 2. darf durch die Änderung kein
bisher mit Land ausgestatteter Wirt auf weniger als mindestens ein Landloos
herabgedrückt werden (§ 190). Recht auf Landzuteilung haben alle Gemeindemitglieder, welche in der Gemeinde eine Hofstätte besitzen (§ 111). Seitenverwandte
eines Wirts dürfen nicht aus der Anteilnahme am Besitz gestofsen werden, wenn
bei der letzten Landzuweisung an den Wirt sie bezw. ihre Vorfahren in Rechnung
gestellt waren (§ 70), — darin äufsert sich der Rückstand, welcher von dem zum
Untergang verurteilten Familieneigentum bleibt. Dagegen sind Gemeindeglieder,
die nicht auf Grund der Bodenregulierungsakte, durch Rechtsnachfolge oder durch
Gemeindebeschlufs in die Feldgemeinschaftsrechte aufgenommen sind, nicht anteil-
berechtigt, ebensowenig natürlich die wegen zehnjähriger Abwesenheit aus der Gemeinde ausgeschlossenen (s. o.). Die Gültigkeitsdauer der Umteilung, welche im
Umteilungsbeschlufs zu bestimmen ist, mufs mindestens eine Fruchtwechselperiode
betragen, vor ihrem Ablauf kann eine Neuumteilung nur bei Übergang zu einem
vollkommeneren Fruchtwechselsystem (§ 114, 3) oder zu einem anderen Besitzrecht
stattfinden. Der Nadjel verfällt der Gemeinde im Falle des Todes des Wirts in
Ermangelung von Erbberechtigten oder bei Verzicht desselben (§ 122). **Jeder
Wirt kann aus der Obschtschina austreten und zum erblichen Besitz
seiner Hufe übergehen** (§ 125), nur mufs er, wenn sein derzeitiger Landanteil
mehr beträgt, als ihm bei einer Neuumteilung auf Grund des bisherigen Teilungs-
schlüssels zustünde, den Überschufs an Land vergüten oder herausgeben (§ 126).
Die Gemeinde kann einen Austretenden zu einem von der Agrarkommission festzustellenden Preise auskaufen. Gegen den Willen einzelner kann die Gemeinde als
solche (§ 138) mit zwei Drittel Mehrheit zum erblichen Hufenbesitz, und zwar mit

rungen, welche die weitaus gehässigste ist, für ihre Polizeizwecke auszunutzen suchte: das Recht des Mir, sich lästiger Mitglieder unter be-

oder ohne neue Landumteilung (§ 139) übergehen. Der Übergang vom erblichen Hufenbesitz zum feldgemeinschaftlichen Besitz dagegen ist nur bei Einstimmigkeit möglich. — Dies, in bezug auf den Fortbestand der Obschtschina wenigstens formal »neutrale« Projekt wird nun ergänzt durch die gleichzeitig ausgearbeiteten Vorschläge einer Verkoppelungs- und Separationsgesetzgebung, welche, in Gemeinschaft mit der Absage an das Familieneigentum, den individualistischen Zug dieser dabei doch, unter dem Druck der populären Ideale, spezifisch antiagrarkapitalistischen Vorschläge verstärken.

Das inzwischen ebenfalls im »Praw. Wjestn.« veröffentlichte und der Duma zugegangene, vom Landwirtschaftsministerium ausgearbeitete »Projekt einer Verordnung über die Verbesserung und Vermehrung des Landbesitzes«, dessen zweiter, die Landversorgung der Bauern betreffender Teil schon oben exzerpiert wurde (Anm. 227a) regelt eingehend die Rechte der an Feldgemeinschaften Beteiligten auf Verkoppelung. Kap. II (§ 8—10) stellt das Recht jeder an einer mehreren Dörfern gemeinsamen Feldgemeinschaft beteiligten »Ansiedelung« (ssjelenija) durch einfachen Mehrheitsbeschluſs ihrer Mitglieder die Zuteilung einer besonderen Dorfflur zu verlangen, fest. Kap. III bestimmt in § 12, daſs je 10 »Wirte« eines Dorfes oder, wenn das Dorf weniger als 50 Wirte zählt, ⅕ derselben die Zuteilung des Anteils am Ackerland an einer Stelle am Rande der Dorfflur verlangen können, wenn sie bereit sind, dorthin zu übersiedeln, und Kap. IV in §§ 18 und 19, daſs 1. im Fall einer Neuumteilung des Landes der Obschtschina jeder, der seinen Anteil zu persönlichem Eigentum bereits besitzt oder empfangen zu wollen erklärt, verlangen kann, daſs ihm das auf ihn entfallende Land in einem Stück ausgewiesen werde, 2. auſserhalb einer Neuumteilung aber ⅕ der Wirte oder mindestens 15 von ihnen, welche ihren Anteil zu persönlichem Eigentum besitzen, die gleiche Forderung stellen können. Die Dorfgemeinde kann durch Mehrheitsbeschluſs derjenigen Wirte, welche beim feldgemeinschaftlichen Besitz bleiben wollen, für die persönlichen Eigentümer im Fall einer Neuumteilung auch gegen deren Willen ein Stück an einem Platz ausscheiden (§ 20). Kap. V bestimmt in § 23, daſs die vollständige Separation und Verkoppelung (raswjerstanije) einer Dorfgemeinschaft, sei es, daſs das Land Privateigentum der Wirte oder feldgemeinschaftlich ist, auf Verlangen von zwei Dritteln der »Wirte« zu erfolgen hat, und zwar auf Verlangen der Antragsteller in Verbindung mit »Vereinödung« (Auseinandersiedelung auch der Hofstätten, § 24). Der Umfang der bei der Verkoppelung dem einzelnen im Fall bestehender Feldgemeinschaft auszuweisenden Anteile bestimmt sich entweder nach besonderem Zweidrittelmehrheitsbeschluſs oder, falls ein solcher nicht zustande kommt, nach dem bei der letzten Neuumteilung zu Grunde gelegten Teilungsschlüssel (§ 25). Die einmal erfolgte Totalverkoppelung ist endgültig, Partialverkoppelungen — die unter den gleichen Voraussetzungen zulässig sind — dürfen nicht vor 12 Jahren wiederholt werden. Kap. VI handelt von der Beseitigung der Gemengelage durch Parzellenaustausch, welche im Fall nachgewiesener Schädlichkeit derselben von jedem Beteiligten gefordert werden kann. —

Man erkennt die starke Neigung zur Bevorzugung des chutorskoje chasjaistwo (Einzelhofsystem), welche ebenfalls nicht nur wirtschaftlichen Erwägungen, sondern

stimmten Voraussetzungen durch Verschickung nach Sibirien zu entledigen, wurde dadurch gegen die Revolutionäre nutzbar gemacht, daſs man die Bauerngemeinden anregte, Leute, welche »Parteigänger oder Veranlasser von Agrarunruhen« seien, durch Resolution als solche bei der staatlichen Verwaltungsbehörde zu denunzieren, worauf der Minister »diskretionär« die alsbaldige Verschickung veranlassen konnte und die Transportkosten in solchen Fällen ganz auf die Staatskasse nahm [273]), ähnlich wie man seinerzeit die Aufhebung der Solidarhaft für die Steuern (1904) alsbald durch Einführung der Solidarhaft für Schäden, die bei Agrarunruhen entstanden waren, wieder wett machte. Unmittelbar vor seinem Rücktritt im April brachte dann der Minister des Innern noch ein Gesetz ein, welches die zivilrechtliche Haftung der Bauern für Schäden im Fall von Unruhen dadurch »wirksamer« machen wollte, daſs in diesen Fällen auch die bisher gesetzlich pfändungsfreien Teile ihres Inventars der Zwangsvollstreckung unterliegen sollten. Allein diese von der Wut eingegebene Maſsregel stieſs sowohl beim Justizminister wie bei Witte auf Bedenken und wurde abgelehnt.

Dagegen suchte die Regierung den Klasseninteressen der Landwirte wenigstens dadurch etwas zugute zu tun, daſs sie, gegenüber der im übrigen in der Richtung auf Beseitigung der Streikstrafen sich bewegenden Gesetzgebung, nach dem Muster Preuſsens, ein spezielles Antistreikgesetz für Landarbeiter schuf, in einer Formulierung, welche auch die Einbeziehung der gutsherrliches Land bearbeitenden Bauern möglich machte, und sie nahm es damit so ernst, daſs sie dieses Gesetz am Tage vor der Dumaeröffnung, 26. April, datiert vom 15. April, publizierte unter der rätselhaften, die Hast der Schluſsredaktion deutlich

---

auch dem Wunsch der Regierung (und, wie wir sahen, des Adels) entspringt, den individualistischen Eigentumssinn zu stärken: ein gewaltiger Umschwung gegen die Stimmung noch vor 13 Jahren! Eine nähere Würdigung der Bedeutung des Projekts muſs bis zu seiner eventuellen Verabschiedung aufgeschoben bleiben. Wie man sieht, soll die ständische Absonderung der Bauern in bezug auf ihren Landbesitz perpetuiert werden und hofft die Regierung nunmehr, auf dem Boden eines zunehmend individualistischen Kleinbauerntums, für welches in der gesetzlichen Festlegung der Besitzverteilung ein festes Gehäuse geschaffen wird, die autoritätsgläubige ländliche Schicht zu finden, welche die Obschtschina ihr nicht mehr sichert. Man kann die hier vorgeschlagene Agrarpolitik am bequemsten sich als eine voluntaristisch-individualistische Abwandlung des Narodnitschestwo in ihrem Charakter verdeutlichen. (Über das genuine Narodnitschestwo s. Beilageheft zu Bd. XII Heft 1 des »Archiv«.)

[273]) Der Humor der Sache war dann, daſs die katholischen Bauern des West-Kraj sich dieser Gelegenheit bedienten, um zahlreiche russische Bauern, die ihnen in ihrer Mitte »lästig« schienen, brevi mana »verschicken« zu lassen, — wie wenigstens »Nowoje Wremja« (Nr. 10 803) behauptete. Den Inhalt des Ministerialreskripts selbst s. »Wjestnik sselsk. chaj.« Nr. 11 S. 19.

verratenden Überschrift: »Betreffend das Projekt (!) eines Reglements gegen den Ausbruch von Streiks unter Landarbeitern.« Der kontraktbrüchige Streik landwirtschaftlicher Arbeiter und jede, auch erfolglose, Aufforderung dazu wird hier unter Kriminalstrafe gestellt, auch wenn keinerlei gewaltsame Mittel verwendet werden [272a]).

Gegenüber all diesen Leistungen [273b]) zur Erhaltung der »Unantastbarkeit des Privateigentums« blieb — wenn man von pekuniären Erleichterungen der Übersiedlung nach Sibirien [274]) und einer Anzahl Beratungen der verschiedenen Ressorts der Domänen- und Forstverwaltung über Verpachtung von Land an die Bauern absieht — der einzige in irgendeinem Sinne »positive« agrarpolitische Schritt, nach dem mifsglückten Anlauf Kutlers, die Ausgestaltung der Bauernbank geblieben. Da ihre Tätigkeit in dieser Zeitschrift von seiten einer russischen Autorität analysiert werden wird [274a]), fasse ich mich hier sehr kurz, wesentlich kürzer, als das Interesse an dem Gegenstande an sich rechtfertigen würde. Ein in Begleitung des Manifestes vom 3. November 1905 herausgegebener Ukas vom selben Datum verfügte, 1. dafs die Mittel der Bank zum Ankauf von Land durch Erlaubnis zur Ausgabe

---

[272a]) Die Löhne der Landarbeiter waren (Torg.-Prom. Gasj. 129) trotz der infolge schlechter Heuernte sinkenden Nachfrage um 10—100 % (je nach den Gegenden) gestiegen, — lediglich eine Folge des gestiegenen Selbstgefühls und der mehrfach entstandenen, wenn auch nur temporären, Organisation der Leute. Die Zahl der »Landarbeiter« betrug nach der 1897er Zählung 2 722 000. Unsicher bleibt dabei die Abgrenzung des Begriffs. — Im Juni häuften sich die Nachrichten, wonach die Bauern die Arbeit bei den Gutsbesitzern gemeinsam einstellten, die Gutsbesitzer Militär verlangten, Verhaftungen u. dergl. erfolgten, ohne dafs doch der Widerstand der Bauern gebrochen wurde. (S. auch die »Nachträge« hinten.)

[273b]) Die zarte Rücksicht auf die Interessen der Grofsgrundbesitzer blieb dabei nicht stehen: Weil die besitzenden(!) Klassen »eine schwierige Lage durchzumachen hätten«, wendete sich der Landwirtschaftsminister gegen die Einführung der Einkommensteuer (»Russk. Wj. 165, 1).

[274]) Die Einzelheiten interessieren hier nicht. Gestattet ist die Entsendung von »Kundschaftern« (chodoki) behufs Besichtigung der z. Z. (nach offiziöser Mitteilung) 28 945 in Sibirien zur Ansiedelung fertigen »Seelenanteile«, so viel ich sehen konnte, nur aus sieben Gouvernements. Für die Dumamitglieder stellte das Ministerium Tabellen über den Umfang der Umsiedelungsbewegung zusammen, welche folgendes ergeben: Hauptfortwanderungsgebiete sind die Departements Poltawa und Tschernigew mit jährlicher Fortsiedelung von 6,5 bezw. 5,4 pro Mille der Dorfbevölkerung. In beiden bilden die grofsen Besitzungen (über 1000 Defsj.) fast die Hälfte (42,9 bezw. 49,9 %) der Fläche des Privatbesitzes, ein Drittel des Umfangs des Nadjellandes in jedem. Eine derartige Grundbesitzverteilung besteht jedoch nur in diesen beiden Gouvernements. Die alljährliche Fortsiedelung aus den 50 europäischen Gouvernements beträgt jetzt 114 000 Seelen im Durchschnitt, d. h. 1,4 pro Mille der Dorfbevölkerung.

[274a]) Vorläufig vgl. oben Anm. 255.

von Schuldverschreibungen erhöht werden sollten; 2. dafs in denjenigen Fällen, wo eine Kreditierung des veräufserten Landes bis zu 90% zulässig war, sie fortan zum vollen Werte zugelassen werden sollten; 3. dafs die der Bank noch (aus Rückständen) zufliefsenden Anteile von den Loskaufsgeldern[275]) zur Tilgung der ad 1 erwähnten Schuldverschreibung dienen sollten. — Die Beschaffung neuer Mittel für die Bank war schon dadurch unumgänglich geworden, dafs die unter Nr. 3 erwähnten Loskaufsgelder, an denen sie nach dem Gesetz vom 14. November 1894 Anteil hatte, mit dem 1. Januar 1907 in Wegfall kamen. Die Durchführung der praktisch wichtigsten Bestimmung des Ukas: die Art der Ausgabe der Schuldverschreibungen, zog sich aufserordentlich in die Länge. Da die Bank bei Barzahlung an die Verkäufer und Ausgabe von 300 Millionen Rubel Schuldverschreibungen zu (wie bisher) $4^{1}/_{2}$% etwa 60 Millionen verloren hätte, sollte von nun an in unkündbaren 5%igen Papieren, die der Staat garantierte, nicht mehr in bar, gezahlt werden. Über den Zinsfufs und die Amortisationsfristen konnte man sich jedoch längere Zeit nicht einigen[276]); andrerseits war es nötig, in betreff der bei Übernahme von Gütern, die bei privaten Hypothekenbanken verschuldet waren, eintretenden Verhältnisse mit diesen letzteren zu einem Einvernehmen zu gelangen, damit die verschuldeten Güter trotz der Hypotheken durch die Bank parzelliert werden könnten[277]). Das nach lebhaften Debatten über die ersteren Punkte im Reichsrat zustande-gekommene allerhöchst bestätigte Reichsratsgutachten vom 21. März verfügte alsdann im wesentlichen: die Bauernbank (und ebenso die uns hier nicht näher interessierende, unseren Landschaften entsprechende Adelsbank) gibt Darlehen (bei Vermittlung von Landkauf) und zahlt (bei eigenem Erwerb) nur noch in Obligationen, nicht mehr in bar. Die staatlich garantierten Obligationen der Bauernbank (Nr. III) tragen 5%, doch hat jeder, der Land an die Bank verkauft, das Recht für sich, statt dessen eine ebenso garantierte 6%ige steuerfreie (III, 4) Schuld in den Büchern der Bank eintragen zu

---

[275]) S. oben Anm. 255.

[276]) Der Reichsrat teilte sich mit 35 gegen 36 Stimmen. Ich gehe hier auf diese Dinge nicht ein, die hoffentlich bald eingehender in dieser Zeitschrift besprochen werden.

[277]) Bisher löste die Bank, wenn ein übernommenes Gut bei einer Privatbank verschuldet war, bei dieser die Hypothek ab, mufste dafür Obligationen ausgeben und liefs dann den Unterschied gegenüber dem Nominalwert der Schuld dem Verkäufer zugute kommen. Bei sinkenden Kursen der Papiere war dies ein erheblicher Anreiz zum Verkauf durch die Bank, aber ebendeshalb für sie eine Quelle erheblicher Verluste. Das fällt jetzt, wo die Bank die Schuld auf ihren Namen übernehmen — aber nicht notwendig gleich tilgen — soll, fort. Die Folgen der Neuerung bleiben abzuwarten. Einzelne Grundbesitzer baten, sie lieber als mit Obligationen der Bank mit Grundbesitz an der sibirischen Bahn zu entschädigen.

lassen (III, 3), deren Tilgung vom 5. Jahre an beginnend mit dem 15. vollzogen sein soll, und welche (III, 8) nur im Erbgang die Hand wechseln kann. Die jährlichen Gesamtzahlungen der Darlehensempfänger betragen mindestens $5^3/4\%$ (bei Tilgung in $45^1/2$ Jahren), höchstens $11.\%$ (bei Tilgung in 13 Jahren). Nachdem dann der oben erwähnte zweite Punkt durch entsprechende Beschlüsse der in Betracht kommenden Aktienbanken geregelt war, erschien am 12. April der Allerhöchst genehmigte Ministerialvortrag vom 10. April 1906, welcher der Bank die Ausgabe von 100 Millionen Rubel 5%iger Schuldscheine gestattete, unter Garantie des Staates, verwendbar als Kautionsmittel zum Nennwert bei bestimmten Kredit- und Lieferungsgeschäften des Staates, zu tilgen nach Mafsgabe der Fristen, auf welche die Darlehen gegeben sind, und der eingehenden Amortisationszahlungen [277a]).

Schon vorher hatte der Ukas vom 4. März 1906 [278]) die Art der Verwaltung der Bankgeschäfte auf eine neue Unterlage zu stellen gesucht. Er verfügte die Bildung von »Agrarpolitischen Kommissionen« (semljeustroitjeluya kommissii), bestehend 1. in den Ujesds aus: dem Adelsmarschall, dem Vorsitzenden der Semstwo-Uprawa, einem vom Landwirtschaftsdepartement ernannten Gliede, einem Mitglied des Kreisgerichts oder dem Vorsitzenden des Friedensrichterkongresses, einem Mitglied der Apanagenverwaltung, dem Steuerinspektor, dem Landhauptmann, drei aus dem Semstwo zu wählenden und drei aus einer von den Wolost-Sschods zusammenzustellenden Liste zu erlosenden Bauernvertretern. 2. Für das Gouvernement besteht eine gleichartige Kommission, die entsprechend aus den Gouvernementsbehörden zusammengesetzt war, unter Zuziehung je eines Vertreters der Landbank und der Gouvernements-Prissutswije (des in der Mehrheit bureaukratischen Gouvernementsrats). Der Kreis- (Ujesd-) Kommission sollte (Nr. I, 4) die Begutachtung der Ankaufs- und Parzellierungspläne der

---

[277a]) Das Gesamtangebot und der Gesamtankauf seitens der Bauernbank seit 5. November 1905 bis 1. Juni 1906 wird — was zu Anm. 255 nachzutragen ist — in der Beilage zum »Praw. W.« (Nr. 43) jetzt wie folgt angegeben: Angebot: 4148000 Defsjätinen für zusammen 523676523 Rubel (= 126 Rubel Defsjätinen) und 284700 ohne Preisangabe. Endgültig gekauft sind: 815709 Defsjätinen (= ca. 890000 Hektar) in 404 Stücken zum Preise von rund 93 Millionen Rubel, also 113 Rubel für die Defsjätine (gegen durchschnittlich 70 Rubel für die Defsjätine bei den Ankäufen der Bank für eigene Rechnung während des Jahrzehnts vom November 1895—1905, welche 935513 Defsjätinen umfafsten), bei Schwankungen von 8 Rubel (Perm, Orenburg) bis 200 Rubel (Poltawa, Chersson, Bessarabien, Charkow). Die meisten Käufe liegen in den Gouvernements Poltawa, Charkow, Chersson, Bessarabien, Ssaratow, Pensa, Ssamara. (S. ferner »Nachträge«.)

[278]) Abgedruckt z. B. im »Now. Wr.« vom 8. März S. 2, »Prawo« Nr. 10. Die entsprechende Zirkularverfügung des Ministeriums s. in »Prawit. Wjestn.« Nr. 134).

Landbank, Beihilfe bei der Feststellung des Maſses der Landnot der Bauern und des »reellen Wertes« (djestwitjelnaja stojmostj) des Landes und die Vermittlung zwischen Verkaufs- und Kauflustigen obliegen. Die Gouvernementskommissionen sollten sie darin beaufsichtigen und für die nötige »Einheit« Sorge tragen. Beim Landwirtschaftsministerium endlich wird ein aus Vertretern der verschiedenen in Betracht kommenden Ressorts (darunter des Ministeriums des kaiserlichen Hofes), der Adels- und Landbank und des Reichskontrolleurs bestehendes ständiges Agrarkomitee gebildet (Nr. II). Dies Komitee hat 1. über die Notwendigkeit der Errichtung der oben (ad 1 und 2) erwähnten Kommissionen in den einzelnen Kreisen zu befinden, 2. ihnen gegebenenfalls Aufgaben zuzuweisen, insbesondere: Aufklärung des Landbedarfes, ferner Mitwirkung bei der Verpachtung der Domänen an Bauern, Verbesserung des Betriebes der Bauernwirtschaften, Vermittlung zwischen Gutsherrn und Bauern über Beseitigung der Gemengelage. Es fällt bei der Betrachtung dieses Schemas sofort auf, daſs gar kein Instanzenzug festgestellt, die Art der Betätigung in der denkbar unbestimmtesten Weise umgrenzt, endlich und vor allem — wie sofort in der Presse betont wurde [279]) — gar nicht angedeutet ist, ob die Beschlüsse dieser Kommissionen für die Landbank irgendwie bindend sein sollen, oder ob es sich nur um eine Begutachtung handelt, welche den ohnehin für eine erfolgreiche Arbeit oft schon jetzt zu langsamen Geschäftsgang der Landbank noch weiter mit der Produktion von nutzlosem »schätzenswertem Material« belastet. Erst die Praxis wird zeigen können, ob die Kommissionen daneben irgendwelchen positiven Wert gewinnen, oder ob sie im wesentlichen teils Vertretungen der Bureaukratie, teils den gegenüber den Bauern (3) in der Majorität (6) befindlichen Interessen des Adels und des in den Semstwos überwiegenden Grundbesitzes sind, welche an der Hochhaltung der Bodenpreise interessiert sind [279a]). Davon

---

[279]) »Now. Wr.« 10 709 S. 14.

[279a]) Inzwischen hat das Gesetzprojekt über die Verbesserung und Vermehrung des Bauernbesitzes, dessen übrige Teile früher (Anm. 227a und 272a) exzerpiert wurden, diese Lücke ausgefüllt. Der Instanzenzug geht von den Kreiskommissionen durch die Gouvernementskommission an das Agrarkomitee. Den Kommissionen ist nunmehr vor allem die Durchführung der staatlichen Landzuweisung, wie sie jenes Projekt vorsieht, unterstellt. Sie haben über die Ausführung der in diesem Projekt vorgeschlagenen Maſsregeln, insbesondere also: über den Umfang der, als Maximum, zu bewirkenden Landausstattung (§ 45 des Ges.), ebenso über den Maximalumfang der Enteignung bei der Verkoppelung (§ 32), über die eventuell zu gewährende Herabsetzung des Kauf- oder Pachtpreises, über den Inhalt der Pachtverträge der Domänenverwaltung mit den Domänenpächtern, ferner aber auch über die Frage des Ankaufs und der Kaufvermittlung von Besitzungen durch die Landbank, endlich überhaupt (§ 62) über alle Gesuche um Vergröſserung des Landbesitzes zu beschlieſsen. Jedoch soll in allen wichtigen Fällen ihr Beschluſs durch den Widerspruch der

wird insbesondere auch abhängen, welche Haltung die Bauern einnehmen gegenüber der Landbank und dem im Laufe des letzten Jahres dringlich gewordenen Landangebot. Je länger die Unsicherheit und die Einschüchterung der Gutsbesitzer dauert, desto mehr wird der auf dem gutsherrlichen Boden liegende Preisdruck die günstigen Kaufchancen der Bauern erhalten, die durch das massenhafte Niederbrennen der sonst stets für jede Bauernkolonisation auf Gutsland ein »psychisches« Hemmnis bildenden Gutsgebäude und durch die Unkosten der Kosakenwachen für die Besitzer noch gesteigert werden[280]. »Socialpolitisch« gewertet sind diese »Vernichtungen von Werten« in concreto im allgemeinen nur von Nutzen gewesen. Fraglich ist nur, inwieweit die Bauern die gegebene günstige Gelegenheit benutzen und sie nicht etwa in Erwartung gröfserer Dinge seitens der Duma verpassen. — Auf jeden Fall wird der nunmehr in so greller Deutlichkeit zu jedermanns Bewufstsein gekommene Interessengegensatz bezüglich der Preispolitik der Landbank nicht verfehlen, seine politischen Wirkungen auch innerhalb jener Selbstverwaltungskörperschaften zu äufsern, denen beide Teile: Grundbesitzer und Bauern, angehören. Tatsächlich hat die Verschärfung der Klasseninteressen innerhalb ihrer schon im letzten Winter die erheblichsten Fortschritte gemacht; sie bereitete den am Beginn der Umwälzungsperiode in der Front stehenden Semstwokongressen ein Ende und drohte die politische Physiognomie der Semstwos selbst nachhaltig zuungunsten der Demokratie zu ändern.

Zwar die Parteigänger der erzreaktionären Grundbesitzerkongresse, wie deren einer unter Fürst Schtscherbatows Vorsitz am 16. und 17. Februar in Moskau stattfand, um für das »nationale« Papiergeld, für Freiheit, die Landbank auch beim Parzellenverkauf in Anspruch zu nehmen, für Überführung der Bauern zum privaten Grundbesitz, nur unter Verbot des Erwerbes von Bauernland durch Nichtbauern, für die absolute Leugung irgendwelcher Landnot und die Erhaltung der Unverletzlichkeit des Grundeigentums einzutreten[281]), waren in fast allen Semstwos in der entschiedenen Minderheit. Gleichwohl war innerhalb ihrer der Einflufs der Interessen der Grundrente im augenfälligen Steigen.

Vertreter der Finanz- bezw. Domänenverwaltung bezw. der Landbank an die höchste Instanz: das rein bureaukratisch, aus Vertretern den beteiligten Ministerialressorts, zusammengesetzte zentrale Agrarkomitee gezogen werden, so dafs ihnen faktisch eine wesentlich vorbereitende und beratende Tätigkeit zufällt, die vermutlich oft mehr zur Verlangsamung des Geschäftsgangs als zur sachlichen Förderung dienen wird.

[280]) Auch der Staat hat übrigens von der ihm durch die Einschüchterung der Besitzer gegebenen Gelegenheit zum Bodenerwerb in recht bedeutsamer Weise Gebrauch gemacht. Er hat u. a. am Kaspischen Meer und im Wolgagebiet Latifundiëü von mehreren hunderttausende zur Parzellierung gekauft.

[281]) Bericht im »Now. Wr.« 17. u. 18. Februar. S. im übrigen über die »Eigentümer«- und »Antistreik«verbände der Grundbesitzer Anm. 273 a und »Nachträge«.

Gleichzeitig mit dem Umschwung in der Frage des Bodeneigentums im Ministerium äußerte sich die hereinbrechende Reaktion in den Semstwoversammlungen. Wo, wie in Ssimbirsk und Kaluga, Semstwoneuwahlen stattfanden, siegten die Konservativen oder, wie in Charkow, die Mittelparteien, die übrigens schon im Herbst, zur Zeit des Novemberkongresses der Semstwos und Städte, eine große Anzahl von Kreissemstwos — im Gegensatz zu den meist radikalen Gouvernementssemstwos — beherrscht und damals an Witte zahlreiche »Vertrauens«kundgebungen geschickt hatten. Aber auch wo keine Neuwahlen erfolgten, änderte sich die Physiognomie der Selbstverwaltungskörper. In einer Reihe von Semstwos — zuerst in Twer (15./28. Januar) — suchten die nach dem Gesetz präsidierenden Adelsmarschälle die Öffentlichkeit der Verhandlungen einzuschränken, weil das Tribünenpublikum stets der radikalen Richtung Rückhalt gab, und es bedurfte nachhaltiger Proteste, um den alten Zustand herzustellen. Maxim Kowaljewskij suchte in Charkow die Rechte von der Teilnahme auszuschließen, weil er im Frack (statt in der Uniform) erschien [282]! Weiterhin begann der Kampf gegen die Buchläden der Semstwos, welche die faktisch zensurfreie Periode nach dem Manifest des 17. (30.) Oktober ebenso wie andere Buchhändler zur reichlichen Verstärkung ihres Büchervorrats benutzt hatten. Nicht nur die Regierung schritt jetzt überall rücksichtslos gegen die Semstwoläden ein — so in Wladimir [283]) am 6. (19.) Januar, in Jarosslawj am 21. Januar usw. —, sondern mehrfach auch die Semstwos aus eigener Initiative. So wurde in Ssaratow der Vertrieb des besten der bestehenden Semstwoblätter, der »Ssaratowskaja Semskaja Njedjela« [284]) einfach eingestellt, anderwärts (in Kostroma) die begonnene Herausgabe eines Semstwoblattes gegenüber den von der Verwaltung erhobenen Schwierigkeiten [285]) wieder sistiert. — Von dem Gebiet der buchhändlerischen und publizistischen Tätigkeit der Semstwos schlug die Welle hinüber auf die oft erörterten Verhältnisse der Semstwoangestellten, des sogenannten »dritten Elementes« [285 a]), dieser spezifischsten Vertreter des russischen Typus der radikalen Intelligenz. Kraft der Befugnisse, welche der Kriegszustand bezw. der Zustand des außerordentlichen Schutzes verleiht, hatten die Behörden, von den massenhaften Verhaftungen und administrativen Verschickungen von Semstwo-

---

[282]) Die Erörterung dauerte, wie es scheint, zwei Sitzungen! Schließlich entschuldigte er sich: er habe für seinen stattlichen Körper so schnell keine »Montierung« auftreiben können, und damit beruhigte man sich.

[283]) Der dortige Buchladen des Semstwo hatte — wie zur Illustration dieser Institutionen angeführt sein mag — laut Jahresbericht 1903 für 29 000 Rubel Bücher und Zeitungen, für 11 000 Rubel Schreibmaterialien verkauft, 1904 für 35 000 bezw. 15 000, 1905 schon bis 1. Oktober mehr als dies — infolge der Demokratisierung des Leserkreises, in welchen jetzt Geistliche, Lehrer, Bauern und andere kleine Subskribenten mit 3—4 Rubel Zeichnungsbetrag überwogen (1904 in der Stadt 8000, 1905 bis 1. Oktober 12 000 Käufer). Der Laden brachte dem Semstwo 5—800 Rubel Reinertrag.

[284]) Namentlich auch in den wissenschaftlichen Beiheften finden sich eine Anzahl der wertvollsten agrarstatistischen und agrarpolitischen Arbeiten.

[285]) Der Gouverneur beanstandete die erste Nummer. Auf die Bitte, die beanstandeten Stellen zu bezeichnen, erklärte er schließlich: »Die ganze Nummer passe ihm nicht« (»Russk. Wj.« 71 S. 2).

[285a]) Über den Begriff s. Beilageheft zu Band XXII, 1.

angestellten abgesehen, die neben den Mafsregelungen von Semstwomitgliedern[286]) parallel gingen, in fast allen Gebieten des Reiches die Entlassung von solchen, namentlich von Ärzten, aus dem Semstwodienst verfügt — ein Vorgehen, wie es in diesem Umfang seit dem Bestehen der Semstwos noch niemals sich ereignet hatte. In Kasanj hatte der Gouverneur jede Anstellung im Semstwodienst von seiner jedesmal einzuholenden Zustimmung abhängig gemacht. Beschlüsse einzelner Semstwos (so des Moskauer), den Entlassenen das Gehalt zeitweise weiterzuzahlen, wurden kassiert. Aber in zahlreichen Semstwos ergriffen die reaktionär gewordenen Semstwomitglieder selbst die Partei der Repression. Die sämtlichen Ärzte des Moskauer Kreissemstwos kündigten am 9. (22.) Februar, weil der Vorsitzende der Uprawa, Richter, die bis dahin in diesem Semstwo bestehende Gewohnheit, wonach bei Entlassung und Neuanstellung von Ärzten der von den Angestellten gewählte »Sanitätsrat« angehört zu werden pflegte, nicht beachtet hatte. Erst nach $1^{1}/_{2}$ monatlichem Streit und unmittelbar vor Ablauf der Kündigungsfrist wurde der Konflikt beigelegt. Die Uprawa in Ssaratow erhielt am 6. Februar ein Mifstrauensvotum, in welchem zugleich die Mifsbilligung der politischen Agitation der Semstwobeamten (im vorliegenden Falle speziell der Ärzte) ausgedrückt wurde. Da die Uprawa unter stürmischem 'Beifall des Tribünenpublikums erklärte, auf ihrem Posten bis zum Ablauf des Trienniums zu verharren, verweigerte die Versammlung die Vornahme der Steuerrepartierung[287]). Bei dieser, freilich nicht gerade der eigenen »parlamentarischen« Theorie entsprechenden Haltung der Uprawa verlief der Anlauf hier, von den schon früher erwähnten empfindlichen Abstrichen vom Budget abgesehen, im Sande[288]). Sehr viel bedenklicher für die Liberalen liefs sich der Konflikt zwischen der radikalen Uprawa und den »gemäfsigt« und reaktionär gewordenen Mitgliedern der Semstwoversammlung gegen Ende Februar im Moskauer Gouvernementssemstwo an. Die Uprawa, vertreten durch F. A. Golowin, hatte hier eine Resolution eingebracht, welche die behördlichen Eingriffe in die Verhältnisse der Semstwoangestellten zum Anlafs nahm, um alsbaldige Aufhebung des Ausnahmezustandes zu petitionieren[289]). Unter der Führung A. J. Gutschkows nahm jedoch die Mehrheit (32 gegen 26) eine Resolution an, welche zwar die behördliche Willkür verurteilte, aber in »besonderen« Fällen die Anwendung des »verstärkten Schutzes« für gerechtfertigt erklärte und vor allem die politischen Streiks unbedingt verurteilte, die Teilnahme von Semstwobeamten daran für unvereinbar mit ihren Pflichten erachtete und die Uprawa beauftragte, demgemäfs zu handeln. Die Uprawa reichte alsbald beim Gouverneur, der Vorsitzende beim Minister des Innern, ihre Entlassung ein (22. Februar a. St.).

---

[286]) So wurde in Nowgorod der Uprawavorsitzende Koljubakin entlassen, im Kalugaschen Gouvernement Kaschkarow wegen eines im Oktober 1905 geschriebenen »offenen Briefs« an den Gouverneur im März 1906 gemafsregelt. Kokoschkin trat wegen des willkürlichen Eingreifens der Verwaltung aus dem Swenigrodschen Semstwo aus.

[287]) »Now. Wr.«, 7./20. und 8./21. Februar, »Russk. Wj.«, 11./24. Februar.

[288]) Auch in den städtischen Dumas ging es vielfach ähnlich zu. In Moskau gaben konservative Bürger den liberalen Dumamitgliedern öffentliche Mifstrauensvoten, die dann entgegengesetzte Kundgebungen hervorriefen usw.

[289]) Ähnliche Resolutionen gaben auch anderwärts zu den lebhaftesten Auseinandersetzungen Anlafs, so in Smolensk, wo schliefslich ebenfalls die ganze Aktion fehlschlug, »Now. Wr.«, 13. Februar S. 5.

»Now. Wr.« jubilierte und das offiziöse »Russkoje Gossudarstwo« sah in dieser Tat seines bewährten »Staatsmannes« A. J. Gutschkow den Anfang einer »Reinigung« der Semstwos von »Elementen, welche durch Mifsverständnis der Wähler« in sie gekommen seien, eines Prozesses, dessen volle Durchführung, wie dabei versichert wurde, die Regierung durch Zurücknahme aller Repressivmafsregeln quittieren werde. Graf Witte glaubte jetzt die Früchte seiner zuwartenden, auf die »peur de la bourgeoisie« berechneten Politik zu ernten. Und in der Tat: der Zusammenbruch des alten Zentrums der frondierenden Semstwoorganisation und die Herstellung eines Einverständnisses zwischen der Regierung und der Mehrheit des bisher führenden Semstwos hätte weittragende Folgen haben können. Indessen es zeigte sich alsbald, dafs das Mifstrauen gegen die Regierung selbst bei den »Gemäfsigten« doch noch erheblich gröfser war als sogar der Hafs gegen die Revolution. Schon die nächste Sitzung zeigte ein anderes Bild, zum Teil — aber nicht nur — infolge des schleunigen Aufgebots der liberalen Mitglieder — es waren nur 58 von 92 Glassnyje (ordentliche Mitglieder) anwesend gewesen —, vor allem aber infolge der Erwägung der Konsequenzen des Rücktrittes der Uprawa: da kein volles Jahr mehr bis zum Amtsablaufe bevorstand, war gesetzlich die Regierung befugt, die betreffenden Stellen kommissarisch zu besetzen. Einer eindrucksvollen Rede D. N. Schipows, des Vorgängers Golowins und Vaters der konstitutionellen Semstwobewegung, zugleich Parteigenossen Gutschkows im »Bunde des 17. Oktober«, gelang es, vermutlich durch die Drohung mit seinem Austritt aus der Partei, zunächst einen einstimmigen Beschlufs des Semstwo, die Uprawa um Rücknahme ihres Abschiedsgesuches zu bitten, herbeizuführen, in dessen Gefolge Gutschkow auf Verlangen Golowins die anstöfsige Resolution in einem der Uprawa akzeptablen Sinn »interpretierte«[290](27. Februar a. N.). Und obwohl der Gouverneur die Abschiedsgesuche der Beisitzer bereits genehmigt hatte, dasjenige des Vorsitzenden aber dem Minister des Innern schon vorlag, wagte die Regierung charakteristischerweise doch nicht, die telegraphische Rücknahme der Gesuche als verspätet abzuweisen. Ähnlich schwankte die Wage in anderen Semstwos zwischen dem Mifstrauen nach unten und nach oben hin und her. In Tula z. B. gelangte im März durch Abschwenkung zahlreicher Mitglieder von der Linken zur Rechten diese zur Majorität. Dreifsig »Glassnyje« protestierten unter Führung des Grafen W. A. Bobrinskij in einer Erklärung dagegen, dafs das Semstwo Politik treibe, es sei eine rein ökonomische Institution und solle es bleiben. Demgemäfs wurde das Sanitätsbureau geschlossen, die Sanitätschronik eingestellt, die bevölkerungsstatistische Tätigkeit des Semstwo der Staatsverwaltung übertragen (!) — alles, um unbequeme Glieder des »dritten Elements« kalt zu stellen. Aber als der Gouverneur, »um das heifse Eisen zu schmieden«, nun auch die Schliefsung der Landwirtschaftsschule, des Buchverlages und der Abteilung für Volksbildung, ferner die Bewilligung von 100 000 Rubel für eine Kosakenmiliz zum Schutze der Gutsbesitzer und endlich die Einführung eines Reverses bezüglich Nichtbeteiligung an politischer Propaganda für die Angestellten anregte, wurde dies abgelehnt[291]. Die letztgenannte Repressivmafsregel wurde auch sonst vielfach erörtert, scheint aber, so viel mir bekannt, nur von relativ wenigen Semstwos durchgeführt worden zu sein. Häufiger war es, dafs man, gelegentlich

---

[290] Die ganze Charakterlosigkeit dieses zerfahrenen Politikers trat darin abstofsend zutage. Vgl. den Bericht »Now. Wr.« 10 762 S. 2.
[291] »Russk. Wj.« 71 S. 2.

der allgemeinen Einschränkung des Budgets der Semstwos, auch die Beamtenzahl einschränkte — so in Poltawa und vielfach — und dabei dann auch politisch purifizierte. Die Budgeteinschränkung an sich war freilich durch die Finanzlage der Semstwos und Städte zwingend bedingt. Nicht wenige Städte und Semstwos standen infolge des Nichteinganges der Steuern — an dem übrigens die grofsen Besitzer überall mindestens ebenso stark, meist aber wesentlich stärker beteiligt waren wie die Bauern: die letzteren obstruierten mehrfach auf Aufforderung des Bauernbundes [292]), die ersteren zahlten nicht, weil die Bauern (angeblich oder wirklich) nicht zahlten und »weil die Regierung keine Ordnung schaffe« [293]) — direkt vor dem Bankerott. Man sprach schätzungsweise von im ganzen etwa 80 Millionen rückständiger Städte- und Semstwoeinkünfte; die Versuche, von der Regierung Vorschüsse zu erhalten, blieben natürlich vergeblich, und selbst für die Aufnahme von Anleihen war ihre Zustimmung, da sie sich selbst den Geldmarkt nicht verderben wollte, kaum zu gewinnen. Die Bedingungen, zu denen Geld vom Ausland her erhältlich war, waren die denkbar ungünstigsten: sogar die Stadt Moskau z. B. erhielt im März für 4 %ige Obligationen nur 71 % geboten, während sie 83 % verlangte und ihre 5%igen Anleihen auf 93 % standen [294]). Bei der demgemäfs unvermeidlichen Einschränkung der Semstwotätigkeit spielten die Bauern eine charakteristische Rolle. Wo immer Neuwahlen der bäuerlichen Beamten in den Dörfern und Wolosts stattfanden, suchten sie Herabsetzung der Gehälter und Abkürzung der Amtszeit auf ein Jahr durchzusetzen [295]), zuweilen weigerten sie sich schlechthin, überhaupt Gehälter zu bewilligen. Ganz ebenso verhielten sich ihre Vertreter in den Semstwos. Überall suchten sie die Etats herabzudrücken [296]). Ganz überflüssig erschien ihnen die Semstwostatistik, und sie verlangten, wo immer sie zu Worte kamen, direkt deren Streichung. Ebenso hinderte die radikale Bauernfreundschaft des »dritten Elements« die Bauern nicht, ziemlich oft die Kürzung der Gehälter der Semstwobeamten angesichts der allgemeinen Notlage zu verlangen: ein kleines Vorspiel

---

[292]) Aus den allerverschiedensten Gouvernements wurde gleichmäfsig über die schweigende Obstruktion der Bauern gegenüber der Steuerpflicht berichtet. (Vgl. z. B. f. Nowgorod »Russk. Wj.« 56 S. 3, ferner »Russk. Wj.«, 11. Februar, S. 2.) Diese immer wiederkehrende Neigung zum »Steuerboykott« als Kampfmittel gegen die Regierung bedeutet, da das Staatsbudget zu reichlich vier Fünftel auf indirekten Abgaben ruht, für die Schwächung der Staatsgewalt fast nichts, vernichtet dagegen die finanzielle Grundlage der Semstwos, welche von den direkten Steuern leben. Gegen die Regierung hülfe nur ein allgemeiner Boykott des — Schnapses!

[293]) Vgl. z. B. die Aufzählung der privaten (bes. der Hochadligen) Grofsbesitzer (2—3000 Defsj.) mit teilweise kolossalen Rückständen (»Now. Wr..« 10764 S. 5.

[294]) »Now. Wr.« 10 779.

[295]) Beispiele: Die Notizen im »Now. Wr.«, 3. Februar, S. 2 Sp. 4, S. 4 Sp. 5, 21. Februar, S. 5.

[296]) Gegen die Bauernstimmen wurden die Anleihen zahlreicher Semstwos aufgenommen. In Nowoarchangelsk (»Russk. Wj.«, 10. Jan.) wollten die Bauern nur 38 000 Rubel bewilligen, die Gutsbesitzer setzten 102 000 durch. Die Bauern waren um so mehr im Rechte, als auch hier die Rückstände der Gutsbesitzer an Semstwosteuern 160 000 Rubel(!) betrugen, einige von ihnen seit Bestehen des Semstwo tatsächlich noch keine Kopeke Steuer bezahlt hatten.

dessen, was geschehen würde, wenn heute die Semstwos den Bauern allein ausgeliefert würden. Die alten Kämpfe um die Steuerrepartierung, derjenige Punkt, an dem der »Klassen«standpunkt der in den Semstwos herrschenden Grundbesitzer am leichtesten zum Ausdruck kam, schliefen, wo immer sich Anlaſs dazu bot, natürlich auch jetzt nicht ein. Nur gegen den Widerspruch des reaktionären Fürsten Meschtscherskij gelang es Prof. Herzenstein, im Moskauer Semstwo die von den Liberalen längst verlangten Reformen des Bodenabschätzungsverfahrens durchzusetzen [297]).

Der schärfer zum Bewuſstsein gekommene Klassengegensatz gegen die Bauern und die Angst vor ihnen zog sich durch die Debatten zahlreicher Semstwos. Die Schaffung von Schutzmilizen für die Grundbesitzer auf Kosten der Semstwos, welche, wie wir sahen, in Tula abgelehnt wurde, wurde von manchen andern Semstwos angenommen, im Jekaterinoslawer Gouvernements-Semstwo gegen den Protest der Minderheit, welche diese Subventionierung von Privatinteressen aus der Kasse der Gesamtheit ablehnte, an eine Kommission verwiesen [298]) Strittig war innerhalb der Semstwos die Frage des Verhältnisses zur Bauernlandbank. Auch hier spielten die Klasseninteressen eine zunehmende Rolle. Die Beteiligung von Semstwomitgliedern an der Verwaltung und den von der Regierung geschaffenen örtlichen »Kommissionen« wurde aus zwei einander entgegengesetzten Gründen angefochten: die Konservativen und alle Interessenten an hohen Grundrenten fochten im Prinzip die gegenwärtige Art der Tätigkeit der Landbank, als künstliche Baisse der Bodenpreise erzeugend, an [299]) — wie wir schon sahen, die sozialreformerische Linke dagegen im Bunde mit den Bauernmitgliedern [300]) sah die Landbank als rein kommerzielles, für die Preishausse des Bodens verantwortliches Institut an und wollte deshalb von einer Beteiligung der Semstwos an ihrer Tätigkeit nichts wissen [301]). Über die Agrar-

---

[297]) »Russk. Wj.«, 26. Februar, S. 4.

[298]) »Now. Wr.«, 31. Januar, S. 6. (Der endgültige Beschluſs ist mir unbekannt.)

[299]) So z. B. im »Pensa Russk. Wj.«, 10. Januar, S. 2. Über diesen Punkt s. oben Anm. 259a.

[300]) Die Haltung der Bauern gegenüber der Landbank und zur privaten Regelung der Landverhältnisse mit den Gutsbesitzern war nach dem Manifest vom 3. November verschieden und hat gewechselt. Während des Aufstiegs der Revolution wollten sie nicht kaufen, nach ihrer Niederwerfung lieſsen sie sich vielfach auf Verhandlungen ein, die Eröffnung der Duma erweckte ihnen wieder Hoffnungen, die sie hier und da zum Abbruch der Kaufverhandlungen veranlaſsten (vgl. oben Anm. 225). — Die Bauernmitglieder des Ssysraner Semstwo verlieſsen am 1. Dezember demonstrativ den Saal, als, trotzdem die Uprawa die Ablehnung der Beteiligung an der Landbank und an der Kaufvermittlung zwischen Gutsherrn und Bauern, deren Tätigkeit nur »den verfügbaren Besitz für eine gerechte Regelung der Landfrage einenge«, beantragt hatte, das Semstwo beschloſs, dem Vorschlag des Ministers entsprechend Kommissionen für den Zweck jener Vermittlung, halb und halb aus Gutsbesitzern und Bauern, zu bilden. Ähnliches wiederholte sich vielfach, obwohl auch zahlreiche Einzelfälle von Verständigung zwischen bäuerlichen und gutsbesitzerlichen Semstwomitgliedern in den Zeitungen gemeldet wurden.

[301]) Vgl. die eingehenden Verhandlungen im Tschernigower Semstwo Ende Januar (kurzer Bericht »Russk. Wj.«, 31. Januar, S. 3).

politik der Regierung bezüglich der Bank und das Verhalten der Bauern ist schon oben gesprochen wurden. So zahlreiche Einzelfälle von Verständigung der Bodenverkaufs- und Kaufinteressenten auch zu verzeichnen sind, so steht doch das Eine fest: eine weitere und sehr starke Verschärfung des bewufsten Klassengegensatzes zwischen Grundherren und Bauern hat gerade jetzt teils schon stattgefunden, teils steht sie mit Sicherheit zu erwarten. Dies mufs auch die Parteigegensätze in den Semstwos stetig verschärfen, und schon das Verlangen, den Zustand von vor 1890 bezüglich der Semstwos wiederherzustellen, wird daher vielleicht bei den Grundrenteninteressenten auf steigenden Widerstand stofsen. Die Bauern selbst aber verlangen, da sie als Wähler überall in der überwältigenden Mehrheit sind, prinzipiell — soweit sie überhaupt politisch denken — unbedingt, dafs jedenfalls die Mehrzahl der Semstwomitglieder aus den Bauern gewählt werden müsse und in letzter Instanz das gleiche allgemeine Wahlrecht. Es unterliegt objektiv keinem Zweifel, dafs Bauernmajoritäten in den Semstwos in der ganz überwiegenden Mehrzahl der Fälle eine sehr radikale, massiv egoistische Bauernpolitik betreiben würden: so stark z. B. die Begeisterung für die obligatorische Volksschule zurzeit bei den Bauern ist, so wahrscheinlich ist es, dafs sie, gegenüber dem furchtbaren Druck, den die rein ökonomischen, elementarsten Lebensbedürfnisse heute ausüben, ebenso versagen würde wie alle andern, auf weiter aussehende Kulturziele abgestellten Interessen, denen die Semstwos heute dienen, — nicht wegen der angeblichen »Dummheit« der Bauern, von der man sich, nach den Eindrücken sehr unbefangener, weil strikt »bürgerlicher« Beobachter, leicht sehr übertriebene Vorstellungen macht, sondern weil die über alle Begriffe entsetzliche Lage ihrer breiten Masse es zurzeit direkt ausschliefst, dafs sie ihre Ziele überhaupt auf eine Zukunft, die nicht mehr ihnen selbst zugute kommt, abstellen. Denkt man sich den ungeheuren Druck, den die Polizeiwillkür, welche die nackte Existenz und die elementarste Menschenwürde antastet und alles gegen sich in gemeinsamer Gegnerschaft zusammengeschweifst hat, einen Augenblick fort, so scheint es ganz unausweichlich, dafs in den Semstwos sich die Klassengegensätze so steigern, dafs die Interessenten des privaten Grundbesitzes als eine nahezu geschlossene Masse den Bauern gegenüberstehen. — Zu diesen Klasseninteressen, welche den Grundbesitz mit voller Macht auf die Seite der Reaktion drängen, tritt nun aber noch das Interesse des ständisch privilegierten Adels, dem die Semstwoordnung von 1890 innerhalb der Semstwos zu einer mit seiner rein ökonomischen Bedeutung und Position im ärgsten Mifsverhältnis stehenden Machtstellung verholfen hat. Der soeben beginnende Zusammenschlufs des Adels zu einer Gemeinschaft behufs Beeinflussung der Politik wurde schon erwähnt. Er bleibt bedeutungsvoll genug, so wenig er ein geschlossenes Auftreten des gesamten Standes ist. Denn der Adel ist ökonomisch in sich so differenziert, wie nur irgend möglich [301a]. Er ist ferner auch in seinen politischen Traditionen höchst divergierend. Alte Dekabristenfamilien, die heute demokratisch sind, wie die meisten Schachowskoj und andere, stehen neben den Trägern so »historischer« siawophiler Namen wie Ssamarin u. a. Auch entscheidet das Alter des Adels hier in nichts, im Gegenteil: gerade auch die Namen von Parvenus und von Nachkommen jener Liebhaber, die Katharina II. sich aushielt, finden sich auf der Seite der »Monarchisten«. Aber die Versorgungsinteressen breiter Schichten des Adels sind allzu

---

[301a]) Der Adel macht einen inneren Differenzierungsprozefs durch: Landverlust der schwachen Hände auf der einen Seite, Landkonzentration in den stärksten

eng mit der heutigen Art des Avancements in der Bureaukratie verbunden, als dafs dies nicht auf die politische Stellung der Masse seiner Mitglieder zum heutigen System von entscheidendem Einflufs sein sollte. Dieser Umstand machte sich hier und da in extrem reaktionären Kundgebungen geltend. Ein Moskauer Adelsklub war die erste Stelle, an welcher nach den Wahlen der wilde Hafs gegen die Demokratie sich offen in einer Resolution, welche die Militärdiktatur forderte, entlud. Auch als Ganzes zusammengefafst nimmt der Adel — wie schon die früher gegebenen Notizen über den Moskauer Adelskongrefs zeigen — eine entschieden konservative Stellung ein. Sehr prägnante Ausnahmen davon finden sich immerhin gerade in den altrussischen Gouvernements. In der Adelsversammlung von Jarosslawlj setzte Fürst Schachowskoj nach einer scharf oppositionellen Rede eine Resolution gegen die Willkür der Verwaltung durch. Meist freilich wehte der Wind umgekehrt. Der Tulaer Adel z. B. erklärte sich gegen die Opportunität der Schulen [302], der Nishnij Nowgoroder bewilligte 50 000 Rubel für die Anwerbung von Milizen gegen die Revolution [303]. Wo neue Adelsmarschälle gewählt wurden — so in Ssaratow — fielen die Wahlen konservativ aus. Anderseits: der kecke Antrag de Robertis in der Twerschen Adelsversammlung: zu beschliefsen, dafs die Vertreter des Adels im Reichsrat für Abschaffung der Adelsrechte einzutreten hätten, wurde unter stürmischen Protesten abgelehnt, — aber bemerkenswerterweise gegen eine Minderheit von mehr als ⅓ (28 unter 79 Anwesenden). Die sämtlichen Adelsmarschälle des Moskauer Gouvernements — mit einer Ausnahme — richteten, Fürst P. N. Trubezkoj an der Spitze, an den Fürsten Dolgorukow, Kreisadelsmarschall in Rusa und Vorstand der konstitutionell demokratischen Partei, unmittelbar vor den Wahlen ein Kollektivschreiben [304], worin ihm die Mifsbilligung für sein politisches Verhalten ausgedrückt wurde, welches sich ebensowenig wie sein zugegebenermafsen auch jetzt noch fortgesetzter persönlicher Verkehr mit notorischen Revolutionären mit seiner Stellung vertrage. Dolgorukow wies den Brief scharf ab (und wurde von der Grundbesitzerkurie gegen den Vorstand der Monarchisten, Fürst Schtscherbatow, zum Wahlmann gewählt). In Kostromà wurde sogar der Vorschlag gemacht (aber abgelehnt), die Wahl der Reichsratsdeputierten seitens des Adels zu verweigern [305].

Alles in allem: Die Verschärfung der Klassengegensätze ebenso wie die Formen des revolutionären Kampfes (Steuerboykott) schwächen in erster Linie die Semstwos in ihrer bisherigen Machtstellung und streben zugleich ihre politische und sozialpolitische Haltung »nach rechts« zu verschieben.

Händen auf der andern. Sehr hübsch hat dies Sswjätlowskij im »Vorwort zur Frage der Grundbesitzbewegung in Rufsland« S. XXVIII an der Hand der Durchschnittsziffern der adligen Bodenkäufe und -verkäufe illustriert: Der Umfang der von Adligen gekauften Besitzungen steht durchschnittlich um etwa 40% über dem Umfang der von ihnen verkauften. Allmähliche Latifundienbildung auf der einen Seite, allmähliche Deklassierung auf der andern.

[302] »Russk. Wj.«, 10. Februar.
[303] »Now. Wr.«, 19. Februar.
[304] Wortlaut im »Now. Wr.« 10 776, 2.
[305] Der Adel von Kostromà war es seinerzeit gewesen, der in einer Eingabe den Zaren daran erinnert hatte, dafs das Haus Romanow durch Wahl aus seiner Mitte hervorgegangen sei.

In der Wahl der Mitglieder des aus dem alten Speranskijschen Reichsrat geschaffenen ›Oberhauses« trat die seit den Dezembertagen erwachsene Stimmung der privilegierten Klassen, den Adel an der Spitze, am deutlichsten zutage. Sehen wir uns daher zunächst diese Wahlen an.

Nach dem Gesetz über die Begründung des Reichsrates vom 20. Februar 1901 und der definitiven Reichsratsordnung vom 24. April 1906 soll der Reichsrat aus auf 9 Jahre, mit Drittelserneuerung alle 3 Jahre, gewählten und ferner aus vom Zaren auf Lebenszeit ernannten (Art. 9 der definitiven Reichsratsordnung, Schluſs) Mitgliedern bestehen, welch letztere »die Gesamtzahl der gewählten Mitglieder nicht übersteigen« sollen (Art. 2). Der Kaiser kann Neuwahlen der gewählten Reichsratshälfte jederzeit anordnen. Es werden gewählt: 1. 6 aus »der Geistlichkeit der rechtgläubigen russischen Kirche; 2. je 1 aus den Gouvernements-Semstwoversammlungen und entsprechenden Korporationen, wo Semstwos fehlen, darunter 6 aus Polen; 3. 18 aus den Adelskorporationen; 4. 6 von der Akademie und den Universitäten; 5. 12 aus Handels- und Industrieverbänden [306]). Die Mitglieder aus der Geistlichkeit ernennt der Synod, und zwar 3 aus der schwarzen, 3 aus Kandidaten, welche Eparchien-weise von der weiſsen Geistlichkeit gewählt werden. Über die Persönlichkeiten, die von der weiſsen Geistlichkeit vorgeschlagen wurden, vermag ich etwas Näheres, was für die darin zum Ausdruck gekommene Stimmung charakteristisch wäre, nicht anzugeben. Die Adelsdelegierten sind so zu wählen, daſs 2 aus jedem Gouvernement bezw. Territorium, ᴀwo Adelswahlen stattfinden[307]), von den Adelskorporationen gewählte

---

[306]) Das passive Wahlrecht zum Reichsrat erfordert 1. die Vollendung des 40. Lebensjahres, 2. Vollendung der Mittelschul- (Gymnasial- und gleichwertige) Bildung. Für die Wahl aus den Semstwos sind passiv qualifiziert: 1. Leute, die entweder seit drei Jahren Grundbesitz im dreifachen Umfang des zur persönlichen Teilnahme an den Semstwowahlen berechtigenden Besitzzensus, oder 2. die den einfachen Semstwobesitzzensus haben, aber seit zwei Wahlperioden die Würde eines Adelsmarschalls, Vorsitzenden einer Semstwouprawa, eines Bürgermeisters oder eines gewählten Ehrenfriedensrichters bekleidet haben, endlich 3. für die Petersburger und Moskauer Gouvernementssemstwos, in den Städten Petersburg oder Moskau auf 50 000 Rubel eingeschätztes unbewegliches Eigentum oder solches im Werte von 15 000 Rubel und die ad 2 erwähnten Dienstqualifikationen besitzen. In den Bezirken ohne Semstwo tritt an die Stelle des Semstwozensus der entsprechende Zensus für Wahlen zu den als Surrogate der Semstwos dienenden Grundbesitzerkongressen. Nach diesem Zensus waren z. B. im Gouvernement Jaroslawlj nur 55 Personen, im Landkreis Moskau nur 10 zur Wahl passiv qualifiziert.

[307]) Dadurch war der ganze Westrayon (die neun klein- und weiſsrussischen Gouvernements) von der Vertretung ausgeschlossen. Dem baltischen Adel, dem Kasaken- und dem Kaukasusgebiet wurde vom Wahlkongreſs des Adels je ein Vertreter zugebilligt.

Wahlmänner in Petersburg gemeinsam 18 Mitglieder des Reichsrates ernennen. Die Wahlen fielen fast ausnahmslos — trotz der grofsen sozialen Differenzierung des Adels[307a]) — »staatserhaltend« aus. Mit Mühe setzten in Moskau die Liberalen den weit rechts, etwa auf dem Boden der Rechtsordnungspartei stehenden Fürsten P. N. Trubezkoj als Wahlmann mit durch. Zu Deputierten gewählt wurden nach zweitägiger Verhandlung 4 streng Konservative (darunter F. D. Ssamarin), und 14[308]) Mitglieder des äufsersten rechten Flügels der Mittelparteien (darunter P. Trubezkoj, Ssuchomlinow).

Die Wahl der Reichsratswahlmänner aus Handel und Industrie, die in gemeinsamer Sitzung die 12 Deputierten zu ernennen haben, ist in einer hier nicht weiter interessierenden Weise auf die bestehenden Börsenkomitees und Handelsuprawas verteilt[309]). Die Wahl der 12 Deputierten für den Reichsrat vollzog sich sehr glatt: an der Spitze wurde der zurückgetretene Handelsminister Timirjasjew, im übrigen die Vertreter der grofsen kapitalistischen Verbände und Unternehmungen, Krestownikow von der Moskauer Börse, Awdakow von der südlichen Bergwerksindustrie usw. gewählt, alle politisch der mit der spezifisch Witteschen modern-kapitalistisch gesinnten Bureaukratie gut befreundeten spezifischen Klassenvertretung der Bourgeoisie, der »Handels- und Industriepartei« angehörig. Die Bitterkeit, mit welcher die viel zu geringe Zahl der Vertreter im Verhältnis zum Adel und den Semstwos

---

[307a]) In den Adelskorporationen ist stimmberechtigt, wer einen bestimmten Bildungszensus oder Tschin hat, wahlberechtigt nur, wer über einen bestimmten Grundbesitzzensus verfügt.

[308]) Nach der Rechnung der »Russk. Wj.« Nr. 96, 3.

[309]) Die Organisation dieser veralteten Handels- und Industrieverbände hier näher zu erörtern, hat kein Interesse. Sie sollen nach einem in die Presse gelangten Projekt jetzt durch Handelskammern ersetzt werden, denen jedoch die korporativ organisierten Börsen nicht unterstellt werden sollen. Vorgeschlagen wurde, die Errichtung von Handelskammern an einem Platz von einem Referendum der Kaufmannschaft abhängig zum machen, welches bei Antrag von 50 Firmen veranstaltet werden müfste. Die Handelskammern sollten dann einen Verband bilden, der zur Beihilfe des Handelsministers einen »Handelsrat« wählt. (»Now. Wr.« 10782, 5.) Ihnen und den Börsen würde dann wohl auch die Wahl der Reichsratsmitglieder übertragen werden. Wie es um das Projekt jetzt steht, ist mir unbekannt. Das Moskauer Börsenkomitee jedenfalls zeigte wenig Sympathie für ein Aufgehen der freiwilligen Organisationen in der ökonomisch ziemlich heterogenen Masse, welche heute dort eine »Handelskammer« umfassen würde. Dieselbe würde »nur fiktiven Bestand haben«. Man solle die Grofsindustrie mit in die Börsenkomitees aufnehmen. Gelänge dann das mittlere und kleinere Gewerbe und Händlertum dazu, sich zu organisieren, so könnten auch Bevollmächtigte aus ihrer Mitte eintreten. »Now. Wr.« 10820, 1.

beklagt wurde³¹⁰), ist begreiflich: in der Tat war hier ebenso wie bei der schliefslichen Gestaltung des Duma-Wahlrechts gerade die »Bourgeoisie« im eigentlichen Sinne dieses Wortes sehr schlecht weggekommem: die Zähigkeit ständisch-politischer Traditionen in Monarchien bewährte auch hier ihre Macht, — sie kann dem »Bürgertum« nur »Hoffähigkeit zweiter Klasse« konzedieren, in Rufsland wie bei uns. Daher fehlt in diesem russischen Oberhaus jedwede Vertretung der Städte, wogegen namentlich Petersburg und Moskau lebhaft protestierten.

Die Wahlen der privilegierten Intelligenz: der Akademie und der 9 Universitäten — je 3 Wahlmänner, die zur Wahl des Deputierten zusammentreten — ergaben ein beinahe genaues Gleichgewicht der Rechten und der Linken: die 6 gewählten Mitglieder gehörten sämtlich der konstitutionell-demokratischen Partei an, wurden aber nur mit 16 gegen 14 Stimmen gewählt.

Im Gegensatz zu den bisher erwähnten Körperschaften haben die Gouvernements-Semstwoversammlungen je einen Deputierten selbständig, nicht in gemeinsamer Sitzung durch Wahlmänner, zu ernennen. Ihre Wahlen sind diejenigen, an denen der »Bund des 17. Oktober« am meisten Freude erlebte. In Moskau wurde D. N. Schipow, nachdem er vergebens für die Duma kandidiert hatte, in den Reichsrat gewählt und nahm die Wahl an mit dem Programm: Umwandlung des Reichsrates möglichst in eine reine Semstwovertretung unter gleichzeitiger Beseitigung seiner Gleichstellung mit der Duma in der Gesetzgebung und Beschränkung auf die Funktion eines Kronrates³¹⁰ᵃ). Anhänger des Bundes des 17. Oktober wählten ferner Wladimir, Riga (baltische konstitutionelle Partei), während z. B. die Semstwos der agrarischen Gebiete Kasanj, Kaluga, Pensa, Charkow ganz konservativ wählten, ebenso Nischni Nowgorod. Konstitutionelle Demokraten entsandten meines Wissens nur vereinzelte Semstwos (Wjatka z. B.), dagegen wurde eine gröfsere Anzahl von »Progressisten«, d. h. gemäfsigt Konstitutionellen, gewählt (so im Dongebiet, in Simferopol, Jaroslawlj, Perm, Nowgorod). Im West-»Kraj« wurden (Kiew, Wolhynien, Podolien, Wilna) Polen oder Gemäfsigte gewählt.

Das Ergebnis war für die Zusammensetzung des Reichsrates, dafs nur eine Gruppe von 12 Demokraten (Vertreter der Universitäten und einiger Semstwos) vorhanden war. Auf der anderen Seite — und das hat zunächst etwas Überraschendes — zählte aber auch die Gruppe der

---

³¹⁰) Das offiziöse »Russk. Gossudarstwo (3. März) bemühte sich vergebens, den Industriellen die Ansicht auszureden, die Agrarier (aus Adel und Semstwo) würden es »mit der Industrie machen, wie der Bauer mit der Henne, welche die goldenen Eier legte«.

³¹⁰ᵃ) Darüber s. oben S. 230 f.

entschiedenen, slawophil-absolutistischen, Konservativen mit Ssamarin an der Spitze nur wenig über 40 erklärte Mitglieder, was bedeutet, dafs von den vom Zaren ernannten Mitgliedern nur etwa 20 dieser Gruppe zugehörten. Die 12 von Handel und Industrie gewählten Vertreter, mit Timirjasjew an der Spitze, schlossen sich, da sie sich isoliert fühlten, anfangs zu einer eigenen Gruppe zusammen. Die zahlenmäfsig erheblichste Gruppe, schon anfangs etwa 80—90 Mitglieder zählend, stand auf dem Boden der konstitutionell-monarchischen Parteien und fand in Schipow ihren Führer. Sowohl die meisten Semstwovertreter wie ein immerhin bedeutender Teil der ernannten Mitglieder gehörte ihr an; es bewahrheitete sich wieder, dafs die politische Physiognomie des Exbeamten nicht selten oppositionell ist. Diese Physionomie verschärfte sich im Lauf der ersten parlamentarischen Campagne. Unter Leitung N. S. Taganzews, A. S. Jermolows (des früheren Landwirtschaftsministers), ferner der Mitglieder Baron Korf, Graf Olsufjew, P. P. Durnowo (senior), des Grafen Ssolskij und anderer (»Now. Wr.« 10 869 S. 3) bildete sich die »Gruppe des Zentrums«, welche die Schaffung eines mit der Duma und dem Reichsrat arbeitenden Ministeriums forderte und, wie wir sehen werden, dem Kabinett Goremkin eine empfindliche Niederlage, im Bunde mit der Duma, bereitete.

Es hätte trotzdem »a priori« scheinen müssen, als würde die Einigung der Regierung mit den rechtlich oder faktisch privilegierten Klassen, insbesondere also, da der Adel eine allzu dünne Basis geboten hätte, mit den Kreisen des »gemäfsigteren« Semstwo-Konstitutionalismus, für die erstere der gewiesene Weg und auch leicht durchzuführen gewesen sein. Allein dem war keineswegs so. Wie bei den Semstwos — das angeführte Beispiel von Moskau zeigt es — die Furcht vor der Revolution doch durch das Mifstrauen gegen die Regierung im entscheidenden Moment überwogen wurde, ebenso der Wunsch nach einer Stütze gegen die Revolution durch den alten Hafs gegen die Semstwos bei der Regierung. Wirklich weitgehende Opfer an ihrer arbiträren administrativen Gewalt zu bringen — das absolute und erste Erfordernis einer Verständigung mit den besitzenden Klassen — war die Bureaukratie eben schlechthin nicht bereit.

Die leidenschaftliche Eifersucht gegen die Semstwos, die sich in der Zeit des Krieges in dem geradezu unglaublichen Verhalten des »Roten Kreuzes« zu den von den Semstwos für dessen Zwecke zur Verfügung gestellten Organisationen zeigte, blieb die alte. Die zugunsten der Hungerbezirke geschaffene rein karitative gemeinsame Semstwoorganisation z. B. wurde auch jetzt wieder ganz ebenso kleinlich schikaniert, überwacht, gehindert, wie alle anderen aus Semstwokreisen hervorgehenden karitativen Aktionen, seien es auch blofse Freitische: sie unterlagen trotz der schreienden Not massenhaft dem Verbot. Anstatt dem »Klasseninteresse« der besitzenden Schichten, welches, wie wir sahen, immerhin prompt genug im »staatserhaltenden« Sinn funktionierte, die Repression gegen das ›dritte Element‹ zu überlassen, drängte sich die Verwaltung der Gouverneure und Generalgouverneure more solito überall ein in einer schon durch die brüske Form das Selbstgefühl der Semstwos schwer verletzenden Weise; sie konnte sich eben schlechterdings nicht an den Gedanken, überhaupt etwas von ihrer Allmacht, es sei zu wessen Gunsten immer, preiszugeben, nicht gewöhnen. Die Antwort der Gegenseite blieb nicht aus. Die von Witte Ende Oktober angebotenen Portefeuilles hatten auch die gemäſsigtsten Semstwomitglieder (Schipow) abgelehnt, weil ein Zusammenarbeiten mit Trepow oder Durnowo für sie undenkbar war. Im Januar verschickte Witte ein Rundschreiben an die Semstwos, mit der Einladung, ihm zu seiner regelmäſsigen Beratung in politischen Fragen geeignete Vertrauensleute aus ihrer Mitte zu senden. Die Semstwos lehnten fast sämtlich ab und Witte blieb nichts übrig, als nach einiger Zeit offiziös erklären zu lassen, die beabsichtigten Beratungen hätten sich als »überflüssig« erwiesen[311]). Beide Teile konnten, wie sie waren, nicht zusammenkommen, und da die Wittesche ökonomisch liberale Bureaukratie ihre intimsten Freunde, die Unternehmer-Bourgeoisie, durch die Art der Gestaltung des Wahlrechts und der Vertretung im Reichsrat zur Bedeutungslosigkeit verurteilt, auch ihren charaktervollsten Vertrauensmann im Ministerium, Timirjosjew, in schnödester Weise behandelt hatte und endlich immer wieder sich der Neigung zur »Subatowschtschina« verdächtig machte, so waren für sie auch diese Kreise politisch nicht fruktifizierbar[312]).

VII.

Unter solchen Verhältnissen begannen die Dumawahlen. Die ersten Wahlergebnisse (Wolostwahlen und Wahlen der kleinen Grundbesitzer von »Bevollmächtigten« für die Wahlmännerwahlen) liefen vom 21. Febr. an ein und zeigten zunächst allgemeine Apathie und anscheinend vollkommen zufällige Resultate. Aber schon mit der ersten und zweiten

---

[311]) »Now. Wr.«, 1. Februar, S. 1. — Worauf ihn die Presse an die Fabel vom Fuchs und den Trauben erinnerte.

[312]) Die einzige Erweiterung der Semstworechte brachte das am 31. Januar bestätigte Reichsratgutachten, welches sie zur Schaffung von Semstwoverbänden mit dem Recht der Prozeſsfähigkeit ausstattet zum Zweck gemeinsamen Einkaufs landwirtschaftlicher Produktionsmittel. — Die Anträge aus dem Westkraj auf Einführung der Semstwoverfassung dort wurden abgelehnt »bis zur allgemeinen Durchsicht der Semstwoordnung«. — Erst das früher erwähnte Projekt der Umgestaltung der Lokalgerichtsbarkeit: Die Wiederherstellung der von den Semstwos zu wählenden Friedensgerichte und die Beseitigung der richterlichen — aber damit freilich noch nicht der administrativen — Befugnisse der Semskije Natschalniki bedeutete einen wirklichen Schritt entgegen: — nach den Wahlen!

Märzwoche ergaben zahlreiche Wahlen in den Landstädten Siege der demokratischen Wahlmännerlisten. Mit grofser Spannung sah man daher den Wahlmännerwahlen in Petersburg (20. März) und Moskau (26. März) entgegen. In beiden Städten hatte der »Bund des 17. Oktober« sich mit den anderen konstitutionell-monarchischen Parteien geeinigt, auch die Bureaukratie trat für seine Liste ein und man erwartete ihren Sieg mindestens in der Mehrzahl der städtischen Wahldistrikte. Allein zur Überraschung von Freund und Feind siegte in beiden Hauptstädten [313]) die konstitutionelle Demokratie in ausnahmslos allen Distrikten, selbst in den von der Bureaukratie [314]), den Banken und der reichen Rentnerklasse okkupierten, mit ganz unerwarteten Majoritäten ($^2/_3$—$^3/_4$) bei einer ebenfalls, angesichts des »Boykottes«, unerwartet starken Wahlbeteiligung. Es folgte Kiew, ein Hauptzentrum rücksichtslosester monarchistischer Agitation, wo selbst Prof. Pichno, der Redakteur des »Kijewljanin«, nicht zum Wahlmann gewählt wurde, und, mit der einzigen Ausnahme von Jekaterinosslaw, wo der »Bund des 17. Oktober«, Minsk, wo ein Zionist, und Riga, wo ein bürgerlicher Lette siegte, alle selbständig wählenden Städte des europäischen Rufslands aufser Polen) nacheinander. Die Wahlbeteiligung zeigte, dafs die Boykottparole der äufsersten Linken von der Mehrzahl der als Quartier-

---

[313]) In Petersburg traten die Deutschen in letzter Stunde vom Bund des 17. Oktober zu den Demokraten über, weil der erstere ihnen zumutete, für den Russifikator der Universität Dorpat, Prof. Budilowitsch, als Wahlmann zu stimmen. (In Moskau stimmten sie antidemokratisch.) Der Petersburger Vorgang beleuchtet die ganze Furchtbarkeit der Situation für die baltischen Deutschen. Denn nicht in dem Niederbrennen von Schlössern und dem Verlust von Eigentum und Menschenleben liegt sie, sondern in dem innerlichen Moment der Unmöglichkeit, — bei der gegebenen nationalen Interessenkonstellation — zu den Idealen der Nation, mit der sie zusammengekettet sind, ein positives Verhältnis zu gewinnen, und anderseits dem kalten Hohn, dem sie von seiten der herrschenden Schichten bei dem Versuch, mit ihnen zu paktieren, begegnen. Nirgends ist der rabiateste Deutschenhafs so sehr gepflegt worden wie auf den konservativen Kongressen und in den Spalten der »gemäfsigten« Blätter: »Nowoje Wremja«, das Bureaukratenblatt, die sonst jede Repression gegen die Bauern forderte, besafs die Gemeinheit, die Greueltaten, mit denen die russische Verwaltung auf die Greuel der rasenden Bauern antwortete, den »deutschen feudalen Baronen« in die Schuhe zu schieben. — An diese Lage der Dinge sollten doch auch jene denken, welche bei uns geneigt sind, die Hauptfeinde der Balten in den Reihen der Demokraten zu suchen. — Dafs ich auf die Lage der Deutschen in dieser Chronik näher einzugehen vermeide, hat die Gründe, welche ich im Beilageheft zu Band XXII Heft 1 darlegte: Es ist unmöglich, dabei »objektiv« zu bleiben.

[314]) Eine, allerdings übertriebene, Schätzung behauptete, dafs unter der Petersburger Wahlberechtigten 70—85 000 Tschinowniki seien. In Moskau stimmten von 66 000 Wählern 27 000 für die Kadetten, 12 000 für die Mittelparteien, 2000(!) für die Monarchisten.

inhaber (s. o.) wahlberechtigten Arbeiterschaft, auch von den vielfach ausschlaggebenden Juden und dem radikalen Kleinbürgertum, meist einfach nicht befolgt worden war[315]). Dafs Massen sozialdemokratischer Wähler für den Demokraten gestimmt hatten, ist nicht nur direkt be-

---

[315]) Die Wirkung des Boykotts trat am stärksten bei den städtischen Arbeiterwahlen in den Fabriken hervor. In der Stadt Moskau wurden statt 334 Bevollmächtigten 260 gewählt — vor der Wahl aber hatten alle Arbeiterversammlungen in den grofsen Fabriken für Boykott gestimmt, die Gasfabrikarbeiter dagegen erklärt, sie wollten lieber in ihrem Heimatdorf (als Bauern) wählen. (»N. Wr.« 10 762, 2, 10 764, 4.) 7 % aller Fabriken hatten nach dem ersten Wahltermine die Wahl einmütig abgelehnt, für 10 % hatte die Wahl vertagt werden müssen, 65 % hatten gewählt, für 18 % waren noch keine Protokolle zustande gekommen. In Odessa lehnten von 70 Fabriken 17 ab, darunter (wie fast überall) alle Buchdruckereien, in Kostroma die drei gröfsten Fabriken, in Charkow 11 von 38 Fabriken, in Nishnij Nowgorod eine mechanische Fabrik, eine Mühle, eine Tischlerei. Im Zartum Polen brachen erhebliche Unruhen in Form gewaltsamer Wahlstörungen aus. Auch von den gewählten Bevollmächtigten lehnten alsdann ein Teil die Wahl ab und noch die vom Rest gewählten Wahlmänner stimmten z. B. in Moskau teilweise (3 von 14) für Wahlboykott. Wo die Wahlen zustande kamen, waren natürlich die sozialdemokratischen Elemente — und das waren in diesem Falle fast ausnahmslos die obersten Schichten der Arbeiterschaft, welche ziemlich strikte Disziplin hielten — ausgeschaltet. Daher waren z. B. in Petersburg von 8 Arbeiter-Wahlmännern 4 Monarchisten, in Smolensk wurde ein Antisemit gewählt, dagegen in Moskau 8 Sozialdemokraten, 6 »Kadetten«, 1 Mitglied der Handels- und Industriepartei, 2 Unparteiische; in Kijew 2 Sozialdemokraten, 1 Radikaler. Die Wahlen, namentlich der Wahlmänner, waren, da die Arbeiter in Ermangelung einer schon eingeschulten professionellen und politischen Bewegung sich gar nicht persönlich kannten, auch, nach früheren Erfahrungen, die Verhaftung auf Grund der Wahl fürchteten, ein hartes Stück Arbeit (s. o.). In Petersburg wurden zweimal nacheinander sämtliche Bevollmächtigte durchballotiert und keiner erlangte die Mehrheit, bis der »offiziöse Sozialist« Uschakow sich mit seinem Anhang unter Protest entfernt hatte. In Moskau wurden 178 Kandidaten ballotiert und am ersten Wahltage 1(!) gewählt (von 18 zu wählenden). — Wie im übrigen (wenigstens teilweise) die Arbeiter die Wahlen auffafsten, geht daraus hervor, dafs der Moskauer Gouverneur es für nötig hielt, am 22. März durch Anschlag in allen Fabriken gegen die Behauptung der gewählten Bevollmächtigten zu protestieren, dafs sie für die 5 Jahre der Legislaturperiode zur Vertretung aller Arbeiterangelegenheiten berufen seien und überdies von der Direktion nicht aus dem Dienst entlassen werden dürften (»N. Wr.« 10 785, 2). — Der in den Fabriken noch relativ erfolgreiche Boykott versagte aber noch stärker, als die allgemeine Zettelwahl für die städtischen Wahlmänner begann. Die allgemeine Erregung rifs alles mit sich fort, und die sozialdemokratischen, als »Quartierinhaber« (s. o.) wahlberechtigten Arbeiter salvierten ihr Gewissen damit, dafs sie ja die Parteiparole — die übrigens verschieden gedeutet wurde (man nahm teilweise an, dafs nur die Teilnahme an der Duma oder nur die Wahl der Deputierten, nicht der Wahlmänner, verboten sei) — wenigstens in ihrer Klassenqualität als Arbeiterwähler in den Fabriken befolgt hätten.

zeugt³¹⁶), sondern ergab sich auch, als unter dem Eindruck dieser Wahlergebnisse die Sozialdemokratie den Boykott aufgab und bei den nachher noch stattfindenden Wahlen eigene Kandidaten aufstellte; in Tiflis unterlag alsbald die Demokratie der sozialistischen Liste, die ⁹/₁₀ aller ihrer Wahlmänner durchsetzte. Es zeigt dies zugleich, dafs der demokratische Wahlsieg auf nicht sehr festen Füfsen steht: im Fall starker Wahlbeteiligung der äufsersten Linken wurde in einem sehr grofsen Teil der grofsen Städte diese der Demokratie wahrscheinlich so stark Abbruch tun, dafs — wie bei uns — die Wagschale nur noch zwischen Sozialisten und bürgerlichen Klassenparteien schwanken, die ideologische Demokratie aber ausgeschaltet werden würde.

Nicht minder zeigte sich sehr bald, dafs mit zunehmender Wahlagitation die Boykottparole auch **auf dem Lande** vollkommen ins Wasser fiel. Denn die vielfach erbärmlich schlechte Wahlbeteiligung der kleinen Privatgrundbesitzer³¹⁷) ist — wie früher erwähnt — nicht auf sie zurückzuführen. Die Bauern aber boykottierten nur ganz vereinzelt, im Beginn der Wahlbewegung. Die Demokratie gewann auch hier in der überwiegenden Mehrheit der grofs- und kleinrussischen, baltischen und kaukasischen Gouvernements das entschiedenste Übergewicht, in den Neusiedelungsgebieten des Südostens und in Teilen der schwarzen Erde siegte die äufserste Linke. Fast überall waren es hier die **Bauern**, welche gegen die »gemäfsigten« Kandidaten, entschieden und unerwarteterweise, mit den »Städtern« gemeinsame Sache machten.

An dem Wahlergebnis der Gouvernementsversammlungen ist zunächst der Unterschied zwischen Gebieten mit und ohne **Semstwo**, und das heifst so ziemlich: mit und ohne Volksschule und mit und ohne sozialpolitische Arbeit der »Gesellschaft«, offensichtlich. 28 von den 34 Semstwogouvernements der ersten Wahlkampagne ergaben leidlich glatte **Parteiresultate**, nur in 6 (= 17 %) war das Ergebnis ein gemischtes. Dagegen war in nicht weniger als 6 (= 46 %) von den nur 13 Nicht-Semstwogouvernements das Ergebnis im Parteisinne zweifelhaft. In diesen letzteren wurde teils nach vorwiegend ständischen Gruppen, teils nach persönlichen Rücksichten gewählt resp. um die Wahl gefeilscht und die Mandate geteilt. So vereinigten sich in Minsk, Witebsk und Podolien die Grundbesitzer mit den Städtern gegen die Bauern (= Russen und Ruthenen), in Wilna, Mohilew und Wolhynien umgekehrt mit den Bauern gegen die Städter (hier gleich Juden), in Grodno Städter (= Juden) und Bauern gegen die Grundbesitzer. In diesem West-Rayon ragten eben — das erklärt allerdings auch zu einem erheblichen Teil die Eigenart der dortigen Wahlen — die nationale Frage und der konfessionelle Gegensatz in ihrer Kompliziertheit in die Wahlen hinein, und die Art der Gliederung

---

³¹⁶) Auch z. B. für Moskau von den lokalen Führern der »Kadetten« alsbald selbst hervorgehoben, »Russk. Wj.« 95, 4. Die **Mehrzahl** der 27000 Kadettenwähler gehörte der Partei nicht an.

³¹⁷) Diese kam in allen, mir aus den Zeitungen bekannten Fällen der Wahl entweder von Geistlichen oder von Reaktionären zugute. Wo immer der Kleingrundbesitz zahlreich erschien, war er kaum minder radikal als die Bauern.

des Wahlrechtes machte die Wahlmänner der drei verschiedenen Gruppen teilweise zu Vertretern verschiedener Rassen und Konfessionen.

Fast durchweg aber hatte das starke Vorwiegen des nationalen Gesichtspunktes eine gewisse Zurückdrängung der demokratischen Färbung zur Folge: es überwogen, ebenso wie im »Zartum Polen« so auch in vielen Bezirken der 7 nördlichen Westgouvernements (also aufser Kijew und Poltawa), die gemäfsigten, teilweise geradezu reaktionäre Elemente[317a]). Im »Zartum Polen« unterlagen die progressiven Demokraten den bürgerlichen Nationalisten, in einem Wahlkreise zufolge der Einigung der Polen mit den Deutschen gegen die Juden und die Demokratie. In Wolhynien konzedierten die polnischen Grundbesitzer lieber einem chauvinistisch-antipolnischen Popen ein Mandat, als dafs sie sich mit den radikalen, städtischen Wahlmännern (Juden) verbunden hätten. Die Genugtuung der bürgerlichen, russischen Zeitungen über die Niederlage der zur dauernden Verständigung mit Rufsland bereiten Demokratie zugunsten der polnischen, bürgerlichen Chauvinisten schien wirklich — es läfst sich das nicht leugnen — zu besagen: Nationalisten aller Völker, vereinigt euch — gegen die Demokratie[318])! Allein der teilweise Sieg der gemäfsigten Elemente beruhte in jenen Bezirken im wesentlichen doch auf der ökonomischen Abhängigkeit, der politischen Unerfahrenheit und Unorganisiertheit der Massen in diesem russischen Irland. Im Ergebnis waren die Wahlen, so weit nicht Nationalisten (Litauer, Polen, Ukrainophilen) siegten, ziemlich gleichmäfsig zwischen der Demokratie und den »Gemäfsigten« geteilt, die letzteren waren zum nicht unerheblichen Teil ganz oder fast ganz schreib- und leseunkundige Bauern.

Anders im Süden des »West-Kraj« (Kijew, Poltawa) und in dem mächtigen Gürtel des Gebietes der »schwarzen Erde«, welches sich von der rumänischen Grenze zwischen dem Meer, den Vorländern des Kaukasus und einer südlich von Kijew, Tschernigow, Tula, Rjäsanj, Kasanj vorüberführenden Linie nach dem Ural und der

---

[317a]) Von den Vertretern der Westgouvernements waren die polnischen meist noch konservativer als die Vertreter des Zartums Polen. Die letzteren z. B. waren im Gegensatz zu jenen Anhänger der Zwangsenteignung, wenigstens falls sie nach Beseitigung der Gemengelage, Verkoppelung, Servitutenableitung noch nötig sei, nur waren sie Gegner des staatlichen Landfonds und der Übergabe des Landes zur Pacht. — Merkwürdig genug, hatte die Regierungspolitik der »Heiligkeit des Eigentums« ihre Hauptstütze in den Vertretern des Aschenbrödels unter den russischen Gebieten: des »Westkraj«. — Die Stellungnahme der Polen aus dem Zartum gegen die radikale Agrarreform hatte teils, wie früher erwähnt, in national-politischen Befürchtungen, teils in der ganz anderen Agrarverfassung: hohe Entwicklung der landwirtschaftlichen Technik, Vorherrschen der mittleren Bauern, geringe Entwicklung der Pacht (zumal der Bauernpacht), geringerer Absentismus, andere Arbeitsverfassung der grofsen Güter, (Instverfassung nach Art unserer östlichen Provinzen) ihren Grund. Für die Vertreter des »Westkraj« waren dagegen reine Klassenmotive mafsgebend. — Die Polen aus dem »Zartum« entwickelten ihr Programm übrigens bisher nur skizziert und stellten in den Vordergrund desselben ausschliefslich und allein die Lösung der Landfrage durch den polnischen Landtag.

[318]) Auch in Riga siegte der gemäfsigte Lette. Allein dies war Folge der weit älteren und besseren Organisation und der frischen Erinnerung an die Jakobinerherrschaft der Radikalen.

östlichen Steppe zu erstreckt. In diesen Gebieten des landwirtschaftlichen Exports und der Landnot der Bauern sind nur die Gouvernements Tambow und Rjäsanj, das erstere in die Hände der Monarchisten, das letztere in diejenigen der »gemäfsigten« Elemente, speziell des Bundes des 17. Oktober, gefallen, während in Bessarabien, dem klassischen Gebiet des Antisemitismus, und in Orjol das Ergebnis ein geteiltes, in beiden Fällen aber mit entschiedenem Überwiegen der »gemäfsigten« Parteien war. Sonst ist das ganze Gebiet der Demokratie anheimgefallen, überwiegend der konstitutionellen, aber teilweise auch der sozialrevolutionären. In den kleinrussischen Departements Poltawa und Tschernigow und in Kursk im Westen, und ebenso in Ssaratow, Ssamara, Ssimbirsk, Kasanj im Wolgagebiet, ebenso in Taurien im Süden wurde kein einziger, in den Gouvernements Kijew, Charkow, Jekaterinoslaw, Woronesh, Cherson, Taurien nur ganz vereinzelte rechts von der Kadetten-Partei stehende Deputierte gewählt, nur das Gebiet des Donschen Heeres war geteilt, jedoch ebenfalls unter Überwiegen der Demokratie, von den spezifischen Steppengouvernements war Orenburg fast rein demokratisch, Astrachan geteilt. In den nördlichen Schwarzerdgebieten und im südlichen Zentralrayon waren Pensa, Tula, Kaluga zwischen der Linken und den »Progressisten«, mit nur vereinzelten Vertretern der Gemäfsigten, geteilt. Smolensk im Westen, Ufa im Osten, die ungeheuren nördlichen Kolonisationsgebiete Wjatka und Archangelsk schickten rein oder (Smolensk) fast rein demokratische Vertretung. Nur für Perm im Osten, Wologda im Norden, Nowgorod, Pskow, Olonetz im Nordwesten hatten die Gemäfsigten das Übergewicht behauptet, dagegen waren im Nordwesten das Twersche Gouvernement demokratisch, das Petersburger demokratisch-»progressistisch«. Im zentralen Industrierayon hatten Jarosslawlj und Kostroma im Norden ein unbedingtes und, wie schon gesagt, die südlichen Kustar-Gebiete (Tula, Kaluga usw.) ein immerhin erhebliches Überwiegen der Demokratie gezeigt, während in Nishnij-Nowgorod die Reaktionäre (Monarchisten, Rechtsordnungspartei) den Demokraten mindestens das Gleichgewicht hielten. Von den eigentlichen Brutstätten des Kapitalismus waren in Wladimir die Erfolge der Mittelpartei (Bund des 17. Oktober) schon erheblicher, im Gouvernement Moskau überwogen sie unbedingt und setzten direkt reaktionäre Kanditaten durch. Man mufs sich dabei erinnern, dafs in Moskau und Wladimir die »städtische«, d. h. die in Stadt oder Land ansässige nicht landwirtschaftliche Wählerschaft die Mehrheit der Wahlmänner zu stellen hatte. Dazu trat in diesen Gebieten des nördlichen Zentrums, dafs die privaten Kleingrundbesitzer hier, durch die Expropriationsprojekte erschreckt, für die Mittelpartei eintraten, im Gegensatz zu den sozialrevolutionären Bauern der Feldgemeinschaften (so z. B. Nishnij Nowgorod: Wjestn. Sselsk. Chasj.«, Nr. 9, S. 18). Diese Erscheinung ist, wie ausdrücklich bemerkt sei, keineswegs allgemein: die privaten Kleinbesitzer sind zwar sehr selten sozialrevolutionär, aber ganz überwiegend politisch radikal und auch für den »Dopolnitjelnyj nadjel«; — fast durchweg antidemokratisch sind nur die von jeder Umwälzung im Grundbesitz bedrohten deutschen Kolonisten. Da es durchaus feststeht, dafs die Erfolge der Reaktionäre in Tambow, der Gemäfsigten in Orjol, Rjäsanj und Perm nur dem rücksichtslosesten Druck der Verwaltungsbehörden zu danken sind, so ergibt sich schon aus dieser Übersicht, dafs die Demokratie ihre glänzendsten Chancen in denjenigen Gebieten hatte, wo der industrielle Kapitalismus am wenigsten, dagegen der auf Bauernarbeit oder Bauernpachtgeldern aufgebaute agrarische Rentenkapitalismus entwickelt war. Die radikalsten von allen Wahlen — der Mehrheit nach sozialrevolutionäre — hat Ssaratow und überhaupt die nördlichere Wolgasteppe gebracht, mit ihrem Nebeneinander von mächtigen Grundkomplexen, welche die Adeligen seinerzeit mit verpflanzten Leibeigenen bewirtschafteten, und an denen jetzt gewaltige Spekulationsgewinne gemacht werden, und bäuerlichen Kolonisation, wie sie ja auch das Zentrum der Bauernkriege des letzten Winters war, demnächst die kleinrussischen Gouvernements Kijew, Tschernigow und Wjatka im Norden. — Den Monarchisten, welche nur 8 offizielle Mitglieder und keinen einzigen ihrer bekannteren Führer in die Duma gebracht haben, ist dies in Tambow und Perm nur durch die Indifferenz der Bauern und den Druck der Behörde, in Bessarabien durch den dort seit alters eingebürgerten Antisemitismus, im Gouvernement Moskau und in Nishnij Nowgorod nur durch den Bund mit dem industriellen Kapitalismus gelungen, nicht anders der Partei der Rechtsordnung (3—4 Deputierte) in Nishnij Nowgorod; in Cherson dürfte die letztere die Unterstützung deutscher Kolonisten genossen haben. Aus eigener Kraft zeigten sich diese Parteien in einem ganz erstaunlichen Mafse schwach und unbedeutend, während die gänzliche Niederlage der Bourgeoisie, d. h. der mit gewaltigen Geldmitteln arbeitenden Handels- und Industriepartei (ein einziger Deputierter aus dem Gouvernement Moskau) nach der geschilderten Gestaltung des Wahlrechts weniger erstaunlich ist. Die als »gemäfsigt« bezeichneten und nicht dem Bunde des 17. Oktober zugezählten Deputierten (22 bei Eröffnung der Duma) stammten überwiegend aus Gegenden mit schwacher Wahlagitation, 8 aus dem ungeheuer ausgedehnten Departement Perm (Ural), 8 fernere aus dem West-Kraj (Wolhynien und Minsk: in letzterem hat der Grofsgrundbesitz die absolute Mehrheit, in ersterem fast die Mehrheit). Diese Wahlen sind im wesentlichen Fabrikate der Bureaukratie, des Adels und der Geistlichkeit.

Am überraschendsten war, ihm selbst ebensowohl wie seinen Gegnern, die Niederlage des Bundes des 17. Oktober, der nur 13 Deputierte, darunter Graf Heyden und Stachowitsch, in die Duma brachte[319]), welche teils aus einigen Nordwestgouvernements: Pskow, Olonetz, teils aus den beiden zentralrussischen Gouvernements Orjol und Rjäsanj, teils aus dem Moskauer Gouvernement, wo ein Kartell mit der Handels- und Industriepartei und der Rechten bestand, der Rest aus einzelnen verstreuten Gebieten stammten, darunter der einzigen (russischen) nicht demokratischen Stadt Jekaterinoslaw. Die drei »konstitutionell-monarchischen« Parteien, wenn man ihnen die als »gemäfsigt« gewählten Deputierten zurechnet, hatten 44 Deputierte, mit den 8 Monarchisten zusammen 52, von 441 bis zur Dumaeröffnung gewählten; Versuche, für sie entweder als »parteilos« gewählte Bauern zu werben, — z. B. zu Protesten gegen die Antwortsadresse der Duma — führten immer nur zu etwa 1—2 Dutzend Unterschriften. Demgegenüber hatte die Linke zunächst 140 offizielle Mitglieder der »Partei der Volksfreiheit« aufzuweisen, und überdies die noch zu erwähnende äufserste Linke (trudowaja gruppa) von zwischen 60 und 100 Mitgliedern, darunter 12—14 Sozialdemokraten. Schon diese beiden Gruppen bildeten also fast die Mehrheit. Es traten dazu etwa 40 als »Progressisten« gewählte, — sie stammten z. B. aus den Gouvernements Nowgorod (5), Kostroma (2), Pensa, Kaluga (je 2), Petersburg (1) und überhaupt aus einer grofsen Zahl von Gouvernements, in welchen die Demokraten nur die relative Mehrheit hatten und deshalb sich veranlafst sahen, mit dem linken Flügel der weiter rechts stehenden Elemente zu paktieren. Sie waren daher (aufser in Nowgorod) fast durchweg neben

---

[319]) Also nicht soviel, als zur Stellung eigner Anträge und Interpellationen erforderlich sind.

einer Majorität von demokratischen Deputierten gewählt. Der Rest waren entweder Nationalisten (Polen, Letten, Esthen, Litauer, Kleinrussen, Muhammedaner, Zionisten) oder überhaupt ohne bestimmte Parteirichtung [320]. Dies letztere traf besonders auf einen erheblichen Teil der 204 »Bauern« — im ständischen, nicht ökonomischen Sinne des Wortes (s. o.) — zu [321]), welche sich unter den bis 27.4 gewählten Abgeordneten befanden [322]). Vergleicht man das Wahlergebnis mit der Verteilung der Wahl-

---

[320]) Die Gruppe der »Autonomisten« umfaßte mit anfangs über 100 Mitgliedern auch die Nationalitäten dieser Westkreise. Allein die Ukrainische Gruppe spaltete sich nach kurzem Bestehen wieder infolge der inneren sozialen Gegensätze: ein Teil der kleinrussischen Vertreter wollte mit den Bourgoisiepolen nicht im Autonomistenklub zusammensitzen und beschlossen ihrerseits, unter Wahrung ihrer Selbständigkeit sich der trudowaja gruppa anzugliedern (»Russk. Wj.« 146, 3). Die »Gruppe der westlichen Grenzgebiete« spaltete sich, weil ein Teil der dazu gehörigen Polen (Graf Potocki) — die Deputierten des »Zartum Polen« bildeten ihr eigenes davon verschiedenes »Kolo« — gegen die Enteignung von Privatbesitz und gegen die sofortige Einführung des »viergliedrigen« Wahlrechts war, ein anderer (mit Bischof von Ropp) für beides eintrat.

[321]) Die Bauern haben im Nordwesten und den Zentralgouvernements fast regelmäßig strikt ständisch gewählt, d. h. a priori gegen jeden Nichtbauer gestimmt. Konnten sie sich alsdann unter sich nicht einigen, so dauerten, wie in Olonetz und noch mehr in Orjol (wo Stachowitsch der einzige gewählte Nichtbauer ist), die Wahlen oft drei und mehr Tage. In Orjol wurden 36 Kandidaten nacheinander niederballotiert, weil die Bauern sich untereinander die zehn Rubel Diäten nicht gönnten und sich über ihre Kandidaten nicht einigen konnten. Die Wahlen waren in diesem Fall meist reine Zufallswahlen. Die Deputierten hatten — außer den massiven Klassenforderungen — politische Ansichten teils nicht, teils weigerten sie sich, über dieselben Auskunft zu geben (entweder aus Furcht vor der Polizei oder, weil sie in dieser Hinsicht eben — nichts zu verraten hatten). In einem Fall hatte man, da absolut kein Resultat zu erzielen war, zum Lose gegriffen, was freilich die Kassierung der »Wahl« zur Folge haben mußte. In vielen Wahlbezirken aber ballotierten die Bauern solange mit der größten Geduld alles nieder, bis man ihnen den Willen tat und ihre Kandidaten durchdrangen.

[322]) Über die persönlichen Verhältnisse von 448 Dumamitgliedern gibt das »Wirtschaftskomitee« der Duma folgende Zahlen (es fehlen die sibirischen, mittelasiatischen und die Kaukasus-Deputierten).
1. Alter: älter als 60 Jahre: 11, 50—60: 55, 40—50: 167, 30—40: 181, unter 30: 34. Mittleres Alter der »Kadetten«: 41, der »trudowaja gruppa«: 35 Jahre.
2. Bildungsgrad: 189 höchste, 62 mittlere, 111 Volksschulbildung, 84 häusliche und autodidaktische Bildung, 2 Analphabeten.
3. Konfession: 339 Orthodoxe, 4 Altgläubige, 63 Katholiken, 14 Lutheraner, 11 Juden, 14 Mohammedaner, 1 Buddhist, 1 Bantist, 1 »Freidenker«.
4. Nationalität: Großrussen 265 (59 %), Kleinrussen 62, Weißrussen 12 (Russen zusammen: 74 %), Polen 51, Litauer, Esthen, Letten 20, Deutsche 4, Tataren 8, Baschkiren, Kirgisen, Kalmücken, Tschetschenzen, Mordwinen, Wotjaken zusammen 9, Juden 13, Bulgaren 7, Tschuwaschen, Moldauer 3.

männerzahlen zwischen Bauern und anderen, speziell privatgrundbesitzerlichen Wählern, so haben von den Gouvernements mit Bauernmajorität (oder annähernder Bauernmajorität) Tambow[223]) und Wologda konservativ resp. mittelparteilich, dagegen Woronesh, Kursk, Ssamara, Ssimbirsk, Pensa, Ufa und Stawropol demokratisch oder doch entschieden liberal gewählt. Aber auch das Gouvernement Poltawa mit einer absoluten Majorität von Wahlmännern des privaten Grundbesitzes[324]) wählte demokratisch, während die anderen, durchweg im »Westkraj« belegenen derartigen Gouvernements (Mohilew, Wilna, Minsk, Wolhynien) autonomistisch und konfessionell wählten. Von den Gouvernements mit überwiegender oder stark vorwiegender Zahl nicht landwirtschaftlicher Wahlmänner wählten Jarosslawlj und Jekaterinoslaw demokratisch (die Stadt Jekaterinoslaw, wie erwähnt, mittelparteilich), das grofse Zentral-

5. Stand: 164 Adlige, 9 Ehrenbürger, 14 Geistliche, 11 Kaufleute, 12 Kosaken, 24 Kleinbürger, 204 Bauern, 14 unbestimmt (von den »Kadetten« waren 60 % Adlige, dagegen 2,8 % bei der trudowaja gruppa, von den »Kadetten« waren Bauern: 23,5 %, dagegen 81 % der trudowaja gruppa).

6. Beruf: Grundbesitzer und Landwirte 176, Viehbesitzer 1, Fabrikanten 2, Händler 24, Arbeiter 25; — Geistliche 14, Staatsdienst 15, Semstwo- und anderer »gesellschaftlicher« Dienst 61, Professoren 10, Privatdozenten 4, Lehrer 23, Semstwoärzte 19, Advokaten 38, Ingenieure 5, Feldmesser 1, Planzeichner 1, Student 1; — Redakteure 6, Literaten 7. — Die Hauptposten bilden: 24,3 % Landwirte, 14,4 % (gröfsere) private Grundbesitzer, 13,3 % Angestellte im Semstwo- und städtischen Dienst, 8,5 % Advokaten, 6,5 % Arbeiter, 5,4 % Händler, 5,1 % Lehrer, 4,2 % Ärzte. — Nach Gesellschaftsschichten geordnet: Gröfsere Gutsbesitzer, Industrielle, Händler, Gutsbesitzer 92, — Ingenieure, Ärzte, Advokaten, Geistliche, Professoren, Literatoren 105, — kleine Landwirte und Arbeiter 136, — Volksschullehrer, Semstwo- nnd Stadtbedienstete 99. — Von den mit Grundbesitz angesessenen Mitgliedern der Duma (im ganzen 276 = 62 %) hatte 1 über 100 000 Defsjätinen, 7 von 5—60 000, 33 von 1—5000, 72 von 100—1000, 58 von 10—100 und 81 unter 10 Defsjätinen. Ganz landlos: 162. Neben der starken Vertretung des bäuerlichen und Arbeiterproletariats (über 100), aber auch des mittleren und gröfseren Grundbesitzes (113 über 100 Defsjätinen) und der etwa ein Drittel aller Abgeordneten umfassenden »Intelligenz« — davon als Spezifikum dieses Parlamentes über 100 Vertreter der radikalen »proletarischen« Intelligenz des »dritten Elements« und ähnlicher Angestellter (Ärzte usw.) — fällt das fast völlige Fehlen des staatlichen Beamtentums (durch das Wahlgesetz erzwungen) und der »Bourgeoisie« um so deutlicher in die Augen: die Stützen des alten Regimes fehlen fast völlig.

[323]) In Tambow waren am Tage vor der Wahl fünf demokratische Wahlmännerwahlen kassiert worden.

[324]) Der »private Grundbesitz« zeigte sich übrigens keineswegs als eine Einheit in sich. Schon bei den Wahlmännerwahlen dieser Kurie fanden vielmehr die hartnäckigsten Kämpfe zwischen grofsen und kleinen Besitzern statt, so in Pskow und Nowgorod, wo die kleinen privaten Grundbesitzer siegten und nun mit den Bauern zusammen die Wahlen beherrschten (daher wurde in Pskow als einziger Nichtbauer nur Graf Heyden gewählt). In den meisten Fällen hatte aber der grofse Besitz in der Besitzerkurie die entschiedene Oberhand (s. o.).

gouvernement Moskau dagegen reaktionär[325]). Die überwiegende Mehrzahl der nicht landwirtschaftlichen Wähler in den Gouvernements hatte in den Bezirken ohne bedeutende Industrie, wo die Juden stets einen sehr bedeutenden Bruchteil der Wähler stellten, demokratisch, in den zentralen Industriegebieten (z. B. Moskau) sehr häufig antidemokratisch gewählt, die Grundbesitzerkurie war fast immer geteilt. Der Sieg der Demokratie wurde regelmäfsig durch ein Bündnis der städtischen Wähler mit einem Teil der Grundbesitzer und vor allem mit den Bauern herbeigeführt, denen das radikale Landprogramm und die scharfe Gegnerschaft gegen die administrative Willkür in die Augen stach[326]). Denn nachdem die Wahl-

---

[325]) Die Wahlmännerwahlen ergaben in diesem immerhin interessanten Fall bei 109 Wahlmännern:
1. Städtische Kurie: 9 Monarchisten, 22 Industriepartei, 9 Bund des 17./X., 20 Kad., — Soz.-D., 4 unbek.
2. Grundbesitzerkurie: 5 Monarchisten, 1 Industriepartei, 4 Bund des 17./X., 2 Kad., — Soz.-D., — unbek.
3. Bauernkurie: 6 Monarchisten, — Industriepartei, 6 Bund des 17./X., 3 Kad., — Soz.-D., — unbek.
4. Arbeiterkurie: — Monarchisten, 1 Industriepartei, — Bund des 17./10., 3 Kad., 10 Soz.-D., 3 unbek.

Von den 20 »Kadetten« aus der Städtekurie stammten 9 aus dem Kreise Moskau, also dessen Vorstädten. In der Bauernkurie sind hier zahlreiche industriell beschäftigte Wähler, unter den grofsen Grundbesitzern zahlreiche an der Industrie interessierte. Man sieht sofort, wie die intensive kapitalistische Entwicklung dieses Rayons die bürgerliche demokratische Ideologie sozusagen zerdrückt. Zu berücksichtigen ist freilich, dafs der Bezirk keine erheblichen, sondern nur Landstädte umfafst, die »städtischen« Wähler des platten Landes, auch der grofsen Industriedörfer, aber ausschliefslich der Bourgeoisie angehören, da ja die blofsen »Wohnungsinhaber« auf dem platten Lande der Stimme beraubt sind. Die »Handels- und Industriepartei« wählte einen (von den Arbeitern präsentierten) Arbeiter, ohne dafs die Sozialdemokraten ihr Gegendienste geleistet hätten. Eine Verständignng mit den »Kadetten« wiesen ebenso sie wie der »Bund des 17. Oktober« zurück, vielmehr verständigte sich die Handels- und Industriepartei zunächst mit den Monarchisten, die Mandate erhielten, dann mit dem »Bund des 17. Oktober«, dem sie, ebenso wie sich selbst, je zwei Mandate zuwendete, dergestalt jedoch, dafs nicht die eigentlichen Semstwoleute, darunter Schipow, sondern zwei weit rechts stehende Mitglieder des »Bundes« zur Wahl gelangten. Der »Bund des 17. Oktober« selbst spielte dabei, indem er, nur um eine Verständigung mit den verhafsten »Kadetten« zu vermeiden, seinem eigenen glänzendsten Führer die Duma versperrte, im Grunde eine recht dürftige Rolle. — Auch in Wladimir und Jarosslawlj waren, wie in Moskau, die Bauern antidemokratisch. Schon auf dem sozialrevolutionären Bauernkongresse 1905 war die ökonomische Interessendifferenzierung der Bauern des zentralen Industrierayons als Grund der Erschwerung der radikalen Agitation unter ihnen betont worden. Die Bauerndemokratie ist also Demokratie des agrarischen Proletariats in agrarischen Gebieten.

[326]) Die Bauern hatten in sehr zahlreichen Fällen vollständige »cahiers« für ihre Deputierten ausgearbeitet. So forderten im Gouvernement Poltawa die Prigoworse einiger Wolosts: 1. gleiches Wahlrecht, 2. Garantien gegen administrative Willkür,

bewegung in Fluſs gekommen war, zerstoben die reaktionären und mittelparteilichen »Bauernbünde«, welche der Winter gezeitigt hatte, wie Spreu vor dem Winde. Gegen den von der Regierung und Geistlichkeit gegründeten und mit dem Rechte des direkten Verkehrs mit allen Behörden ausgestatteten Bund »Narodnyj Mir« muſste das Ministerium selbst einschreiten, weil er die Bauernstarosten auf Grund dieser Ermächtigung zur Sammlung aller Klagen über die Gouverneure aufgefordert hatte [327]. Der »Bauernbund des 17. Oktober« erklärte anfangs, er gehe mit den »Kadetten«, sobald diese ihre polenfreundliche Haltung aufgeben würden [328], schliefslich aber schwenkte er ohne allen Vorbehalt ins radikale Lager ab, der Bauernbund der Rechtsordnung tat, in sich zerfallend, desgleichen. Bei den Wahlen selbst wurde zwar [329] beobachtet, daſs die Bauern sich gegen zugereiste Redner skeptischer verhielten als im Oktober 1905, aber die eigene, aus ihrer Mitte hervorgegangene »Intelligenz« wählten sie mit Vorliebe, keineswegs aber gaben sie den Land bewirtschaftenden Standesgenossen an sich den Vorzug. Alle »Kulaki« stimmten sie nieder, während sie Eisenbahnarbeiter und Semstwobedienstete bäuerlichen Standes, zumal gemaſsregelte oder administrativ verschickte, wie Uljanow, mit Vorliebe wählten. Wählten sie bäuerliche Wirte, dann wie früher schon erwähnt, am liebsten die landärmsten [330]), da diese dem Zaren die beste Information über die Landarmut geben könnten, sehr ungern Leute, die auſser dem Nadjelland noch etwa aus Ersparnissen gekauften Privatbesitz innehatten [331]. Die Verhaftung mancher ihrer Bevollmächtigten [332]) gleich nach der Wahl machte sie nicht wankend: sie schwiegen und versprachen dem Landhauptmann in den »vorbereitenden Versammlungen« alles Gute, aber bei der geheimen Wahl stimmten sie radikal, wo immer sie überhaupt »frei« wählten. Die erhebliche Zahl der zu Wahlmännern gewählten Bauernintelligenten erleichterte den »Kadetten« natürlich die politische Verständigung mit den Bauern, obwohl deren Eigensinn, womöglich niemand anders als Bauern gewählt zu sehen, fast überall Schwierigkeiten veranlaſste. Deshalb ist es, obgleich, wie oben bemerkt, die Semstwogouvernements im allgemeinen weit strenger »parteimäſsig« wählten als die Gebiete ohne Semstwos, doch nur ausnahmsweise glatt abgegangen, da nämlich, wo die Demokratie durch gründliche agitatorische Arbeit die

---

3. Beseitigung der Ausnahmegesetze, 4. Beseitigung der Todesstrafe, 5. allgemeine unentgeltliche Volksschule, 6. Regelung aller Löhne und Pachten durch Gesetz, 7. Herabsetzung der Gehälter aller Beamten auf das Niveau der japanischen Beamtengehälter (»Russk. Wj.« 76, 3). Im Gouvernement Charkow wurde gefordert: 1. allgemeine Volksschule, 2. Separation, 3. Pachtregulierung (die Pachten sind in den letzten zehn Jahren von 8½ auf 17—18 Rubel pro Deſsjätine gestiegen), 4. und namentlich: Minimalnadjel pro Seele von 5—10(!) Deſsjätinen je nach Fruchtbarkeit. Die Demagogie zeitigte bei der Umwerbung der Bauern bedenkliche Erscheinungen. Miljukow sah sich z. B. (1. Februar) genötigt, einen Wahlaufruf der Kadetten«, der unentgeltliche Landzuteilung versprach, als »versehentlich« verbreitet zu bezeichnen (»Now. Wr.« 10762, 3)

[327]) So z. B. in Kaluga »Russk. Wj.« 85, 3.
[328]) »Now. Wr.« 10786, 2
[329]) »Now. Wr.« 10775, 6, aus Ssmara.
[330]) »Now. Wr.« 10766, 6.
[331]) »Russk. Wj.« 56,4 aus Rusa.
[332]) So in der Tumaschen Wolost, Gouvernement Moskau, und öfter.

Bauern schon vor der Wahl zu einer Einigung auf dem Boden ihres Programms gebracht hatte. Sonst safsen die Wahlmänner sehr oft 3, zuweilen 4 Tage, bis schliefslich eventuell, infolge der geschlossenen Organisation der »Kadetten«, das vom zweiten Wahltage ab (s. o.) geltende Prinzip der relativen Mehrheit ihnen zum Siege verhalf. Diese Umstände wollen bei Prüfung der Position der bürgerlichen Demokratie ebenfalls erwogen werden. So stark, wie sie äufserlich scheint, ist sie nicht: wenn die Sozialdemokratie in den Städten sich an der Wahl beteiligt, wird auch dort das Wahlergebnis sich verschieben, und nicht minder wird das Klasseninteresse der privaten Grundbesitzer alsdann sich zuungunsten der Demokratie steigern. Wieweit die Wege der städtischen Sozialdemokraten und der sozialrevolutionären Bauern zusammenlaufen würden, ist gleichfalls unsicher, ebenso, wie die zweifellos bevorstehende Enttäuschung auf die Bauern wirken wird. Und schon eine gar nicht allzu erhebliche Verschiebung in den Wahlkörperschaften kann die konstitutionelle Demokratie aus ihrer jetzigen Machtstellung werfen.

Das diesmalige Wahlergebnis [333]) ist in erster Linie Folge der bis zur Raserei getriebenen Willkür des Durnowoschen Regimes, gegen welches sich alles, was überhaupt Herr seiner politischen Entschliefsung war, unter der Fahne der Demokratie zum Protest zusammenschlofs. Ohne feste Rechtsgarantien, wie sie dies Regime seiner Natur nach nicht gewähren konnte, war ein Bündnis mit breiteren bürgerlichen Schichten nicht möglich und nur die äufserste politische Ermattung könnte die durch diesen, in der Tat kaum zu überbietenden, Druck, der alle Gegensätze der »Klasseninteressen« zum Schweigen brachte, zusammengeschweifste Masse sprengen. Insbesondere die Mittelparteien waren durchaus im Recht, als sie dem Ministerium vorwarfen, sein Verhalten sei der beste Agitator für die Demokratie gewesen. —

VIII.

Obwohl das Wahlgeschäft sich in eine Reihe einzelner Gefechte zersplitterte und nur die Wahl der Deputierten selbst an einigen für Gruppen von Gouvernements gemeinsam festgesetzten Tagen stattfand, liefs sich doch in der letzten Märzwoche ziemlich genau erkennen, welches das Resultat sein werde. Die nächsten Folgen zeigten sich im Parteileben. Die »Kadetten« waren, obwohl sie formell zuerst nur ein Drittel der Deputiertenzahl zählten, doch schon kraft ihrer taktischen Ge-

---

[333]) Mitte Juni — vor dem Eintreffen der überwiegend radikalen, kaukasischen, sibirischen und zentralasiatischen Deputierten — zählte man nach den Rechnungen des »Wirtschaftskomitees« der Duma: 105 Parteilose, und an Vertretern der einzelnen Parteien (wobei ich in Klammern die Zahl setze, welche durch Hinzurechnung der regelmäfsig mit der betreffenden Fraktion stimmenden »Parteilosen« sich ergibt): 153 (178) »Kadetten«, 107 (116) radikale Linke (etwa 12 Sozialdemokraten), 63 »Autonomisten«, 4 (18) Mitglieder der »Partei der demokratischen Reform«, 1 Handels- und Industrie-Partei, 13 (25) Bund des 17. Oktober, 2 (47) »Gemäfsigte« und »Monarchisten«. Kurz vor der Auflösung war der Bestand der Parteien: »Kadetten« 178, »demokratische Reform« 16, Sozialdemokraten 24, die in Bildung beffriffene »Partei der friedlichen Erneuerung« (= Bund des 17. Oktober und andere Gemäfsigte) 40, nach der Torg.-prom. Gasj. 62 (?), die radikale »Arbeitsgruppe« 101. Die Organisation der noch verbliebenen »Parteilosen« als eigene Gruppe, d. h. in Wahrheit ihre Angliederung an die »Partei der friedlichen Erneuerung» unter den Auspizien des Grafen Heyden, hatte eben begonnen, als die Auflösung dazwischen kam.

schlossenheit die führende Partei, und die Folge war, dafs auf ihrem dritten Kongrefs[333a]) — 24.—26. April — von der »konstituierenden« Versammlung kein Sterbenswort mehr geredet[334]), die Frage, ob man sich an »organischer« Arbeit beteiligen solle oder nicht, gar nicht ernstlich aufgeworfen wurde. Das Agrarprogramm der Partei wurde fertiggestellt, wobei die alten Gegensätze abermals auftauchten und zu einer sehr allgemein gehaltenen, das Projekt nur als provisorischen »Entwurf« bezeichnenden Resolution führten, welche die Fühlung mit den Bauern wahren sollte, ferner eine Kommission für die Arbeiterfrage eingesetzt und die Rangfolge, in welcher die Partei die einzelnen Reformvorschläge auf die Tagesordnung zu setzen beabsichtigt, erörtert. Über die Taktik im allgemeinen wurde kundgegeben, dafs die Partei einem Zusammenstofs mit der Regierung nicht ausweichen, aber darauf bedacht sein werde, dafs im Falle eines solchen die letztere allein die Verantwortung zu tragen habe. Taktisch betrachtet, immerhin ein starker »Ruck nach rechts«, jedoch bei Aufrechterhaltung alles sachlichen Radikalismus. Anders war die Wirkung auf der gegnerischen Seite. Die »Rechtsordnungspartei« zwar machte sich durch einen »Kongrefs« von 23 Leuten lächerlich (24. April)[335]). Dagegen die Handels- und Industriepartei liquidierte[336]) und zog sich auf die rein ökonomische Interessenvertretung zurück. Der »Bund des 17. Oktober« hatte schon während der Wahlen an manchen Orten (Charkow) den Bund mit ihr gelöst, da offenkundig die Wählerschaft durchaus nicht zu bewegen sei, für »Kapitalisten« zu stimmen. Die »Bourgeoisie« also verzichtete formell auf parlamentarische Vertretung. Die allgemeine Stimmung der Fabrikantenkreise einerseits, der Regierung andrerseits trat deutlich hervor, als — es geschah dies gleich nach den Wahlen — die Verwaltung des Handelsministers Fedorow mit ihrem sozialpolitischen Programm hervortrat[337]) und sie zur Beratung darüber einlud. Das Programm selbst war das denkbar umfassendste. Aber was das wesentlich Neue daran war und den Fabrikanten offenbar am meisten in die Augen stach, war die Freigebung der Industrie von administrativer Kontrolle und Beaufsichtigung, bei gesetzlicher Festlegung bestimmter Rechte der Arbeiter und, dem ersten Anschein nach, relativ weitgehenden gesetzgeberischen Mafsnahmen im Sinne der westeuropäischen, speziell der deutschen, Arbeitergesetzgebung. Die Industrie fühlte sich, auf die mächtigen Interessenvertretungen und Arbeitgeberverbände gestützt, die sie zu schaffen im Werke war,

---

[333a]) Bericht im »Now. Wr.« 10813, 3, Protokoll im »Prawo« Nr. 18.
[334]) Das wurde vom »Rjetsch« selber zugestanden. cf. auch »Russk. Wj.« III S. 2 Sp. 6.
[335]) cf. »Now. Wr.« 10816, 4.
[336]) »Now. Wr.« 10806, S. 2.
[337]) Dasselbe nahm sich ganz leidlich aus: 1. Arbeiterschutz: sechs- (statt acht-) stündiger Arbeitstag für 12—15jährige, zehnstündiger für 15—17jährige Arbeiter und für alle Frauen, Ausschlufs der Nachtarbeit für die 15—17jährigen (mit Ausnahmen); 2. Durchführung der allgemeinen Unfall- und Krankenversicherung durch Fabrikkassen bei Betrieben mit 50 und mehr Arbeitern, andere Betriebe werden zu Kassen vereinigt, Altersversicherung bis zu 1500 Rubel Einnahme durch Beiträge von 1—3 % des Lohnes unter Mitbeteiligung der Unternehmer; 3. Bildung örtlicher Komitees zur Lösung der Wohnungsfrage unter Gewährung von Darlehen aus öffentlichen Mitteln; 4. Gewerbegerichte nach deutschem Muster; 5. Zwangssparkassen bei jeder Fabrik.

stark genug, dem Kampf mit der Arbeiterschaft beruhigt entgegenzugehen [338]). Sie war — wenn auch keineswegs einstimmig — bereit, das wenige in Kauf zu nehmen, was man ihr an »Sozialpolitik« zumutete, wenn nur der Arbeitsvertrag der Kontrolle der Fabrikinspektoren endgültig entrückt und überhaupt die Einmischung des Staates in ihre Betriebsführung in gesetzliche Schranken gewiesen wurde. Und dies stellte, im Gegensatz noch zu dem Verhalten der Regierung im Laufe des Winters, das »konstitutionelle« Ministerium in Aussicht [339]). Taktisch war der Schritt, vom Standpunkt der Bureaukratie aus, unbedingt richtig: die russische »Bourgeoisie« in der Verfolgung ihrer ökonomischen Interessen vom Staate befreit, wird eine um so zuverlässigere Stütze der »starken Staatsgewalt« zu sein geneigt sein werden — aber freilich nicht innerhalb des Parlaments [339a]).

Der »Bund des 17. Oktober« selbst beabsichtigte, nach den hauptstädtischen Wahlen anfangs ebenfalls zu liquidieren [340]): selbst »Now. Wr.« sprach sich dafür aus. Allein nach weiteren Erwägungen sprach sich das Zentralkomitee nur für Umorganisation und »Abstofsung unliebsamer Elemente« [341]) aus. Man brach jede Beziehung zu den Parteien der Rechten ab, und auf einer Parteikonferenz in Petersburg wurde das Verlangen, dafs der Zar die »Grundgesetze« revidieren lassen müsse, einstimmig angenommen, der weitere Antrag, dafs das Ministerium aus der

---

[338]) Das Moskauer Börsenkomitee z. B. protestierte unter Führung Krestownikows »Now. Wr.« 10 807, S. 2.

[339]) Beseitigt werden sollte nach Übereinkunft der Kommission, in welcher die Regierung mit den Industriellen verhandelte: 1. die Bestätigung der Fabrikordnung durch den Fabrikinspektor; 2. die Intervention bei Streiks, aufser wenn beide Teile es verlangen; 3. die obligatorische 14 tägige Kündigungsfrist (statt dessen obligatorisch 3 Tage, dispositiv 14 Tage), die Arbeitgeber sollten ferner — besonders wichtig! — 4. im Falle des Streiks Aussperrungsrecht erhalten, jeder aktiv Streikende (d. h. den Streik positiv mit Herbeiführende) sollte sofort entlassen werden, den »passiv« Streikenden der Lohn für die Nichtarbeitstage abgezogen werden dürfen. 5. Vorgeschrieben sollte, aufser den schon erwähnten Schutzbestimmungen, bleiben: Listenführung über Eintritt und Austritt von Arbeitern, Notwendigkeit elterlicher Zustimmung bei Annahme von unter 15 jährigen Arbeitern, Verbot des Ausschlusses des Rechtsweges, Lohnzahlung spätestens jeden 16. Tag; sonst sollte jede Einmischung in den Arbeitsvertrag aufhören. Streitig blieb, für welche Schulden Lohnabzüge sollten gemacht werden dürfen (in Fabrikläden und -konsumvereinen bis zu $1/2$). Eine eingehende Erörterung würde die Darstellung der ganzen geltenden Fabrikgesetzgebung voraussetzen und unterbleibt hier in Erwartung der Publikation der Gesetzentwürfe (die Verhandlungen s. »Now. Wr.« 10 807, S. 1; 10 810, 4; 10,811, 4; 10 812, 4). — Der Reichsrat des ancien régime hatte im Winter konsequent alle »sozialpolitischen« Anträge der Ministerien abgelehnt (ein Sonntagsruheprojekt, den zwölfstündigen Arbeitstag mit zwei Stunden Unterbrechung im Handwerk und Handel u. a. m.).

[339a]) Die Interessen der Syndikate fahren aber dabei — wie schon Anm. 115 dargelegt — sicherlich nicht schlechter. Zur Charakteristik der russischen Fabrikanten ist der oben Anm. 116 wiedergegebene Vorgang aus den Beratungen über den Zehnstundentag wohl genügend.

[340]) »Now. Wr.« 10 789.

[341]) Damit war die Handels- und Industriepartei gemeint.

Mehrheit zu bilden sei, zwar abgelehnt — was Piljenkos Austritt zur Folge hatte —, aber, wie erklärt wurde, nicht aus prinzipieller Gegnerschaft dagegen. Jedenfalls revidierte die Partei de facto ihr Programm nach links und milderte — wie namentlich Graf Heydens Verhalten in der Duma zeigte — unverkennbar den Gegensatz gegen die »Kadetten«[842]). Ihr nunmehr fertig redigiertes Nationalitätprogramm näherte sich sichtbar dem demokratischen, mit Ausnahme nur der politischen Autonomie Polens: in der Selbstverwaltungs- und Sprachenfrage waren beide fast identisch[843]). Schon in den Wahlen waren ferner einige Abteilungen des »Bundes« auch für eventuelle Bodenenteignung eingetreten — jetzt geschah dies in der Duma seitens des Führers, Grafen Heyden, selbst, der erklärte, daſs hinter den Rücksichten der »Staatswohls« selbst der Grundsatz der Heiligkeit des Eigentums — allerdings nur, soweit dies unumgänglich nötig sei — zurücktreten müsse[843a]), also ein scharfer

---

[842]) Auf die Presse freilich trifft dies nur bedingt zu. Aber ein ähnlich charakterloses Organ, wie die »Now. Wr.«, ist eben überhaupt selbst in der »unparteiischen« deutschen Presse schwer zu finden.

[843]) Siehe das Programm »Now. Wr.« 10 817, 3. Andrerseits war die Haltung nicht weniger »Kadetten«-Deputierten gegenüber den politischen polnischen Ansprüchen recht zweifelhaft, trotzdem auf eine Anzapfung des »Now. Wr.« das Sekretariat des Zentralkomitees scharf gegen die Unterstellung einer Änderung in der Haltung der Partei als solcher protestiert hatte (s. »Russk. Wj.« 91,4).

[843a]) Das Agrarprojekt, welches die »Progressistengruppe« — im wesentlichen die Vertreter der rechten Seite des alten Semstwoliberalismus (Graf Heyden, N. N. Ljwow u. a.) — in der Duma einbrachte, unterscheidet sich nur in einzelnen (allerdings wichtigen) Punkten von dem k.-d. Projekt: 1. Die Enteignung des Bodens (erforderlichenfalls auch privaten Besitzes) soll folgende Kategorien von Land umfassen: Land in Gemengelage, zum Verkauf (bereits jetzt) ausgebotenes Land, ferner Land, welches »gewöhnlich« zur Pacht an Bauern vergeben wird, unbearbeitetes kulturfähiges Land, Latifundien bei Überschreitung einer gesetzlich für jede Gegend festzustellenden Grenze, — nicht dagegen: Land im Besitze von Institutionen mit gemeinnützigem Zweck, Gartenland, Hofland, Hopfenfelder, Weinland, Waldschonungen, Fabrikland und das zu ihrem Betrieb erforderliche Gelände (es ist an Zuckerfabriken gedacht), Schutz- und Wasserhaltungswald, Besitz, der das festzustellende Maximum überschreitet, dann, wenn die Verwaltung seine Erhaltung für gemeinnützig hält. 2. Der Preis soll der »gerechte«, d. h. der Ertragswert sein ohne Berücksichtigung der künstlichen Steigerung durch die Notpacht der Bauern. 3. Alles enteignete Land dient den Bedürfnissen der örtlichen Bevölkerung. Übersiedlungsrayons werden nur durch Gesetz festgestellt. 4. Gesetzlich ist sowohl die Bodenkonzentration für das Nadjelland wie die Entstehung gröſserer Besitzungen, als (s. Nr. 1) für örtlich zulässig erklärt worden sind, zu verbieten. 5. Das Land kann im übrigen, je nach den örtlichen Bedingungen, sowohl zu feldgemeinschaftlichem Besitz wie zu persönlichem Eigentum (aber nicht zu Pacht, wie das k.-d. Programm vorsah) vergeben werden. 6. Die Ausführungsorgane sind Kommissionen, zusammengesetzt aus Grundbesitzern, Bauern und Deputierten der Regierung. 7. Ein Teil des Preises wird auf die Regierungskassen übernommen, den Rest zahlen die Bauern ab. Gleichzeitig soll eine Regulierung der Pachtpreise und eine Verkoppelungsgesetzgebung durchgeführt werden. — Man sieht, der prinzipielle Unterschied liegt nur in der strikten Ablehnung des an die

Rußlands Übergang zum Scheinkonstitutionalismus.

»Ruck nach links«. Nur die Monarchisten blieben auch nach ihren kläglichen Erfolgen »unentwegt« und hielten einen Kongreß genau mit den alten Reden und Resolutionen [344]). Aber selbst in ihren Reihen gab es keinen Freund der »Bureaukratie«. Die Mittelparteien vollends hatten im »konstitutionell-monarchischen Rechtsbund« am Vorabend der Duma-Eröffnung Reden von Arbeitern angehört, welche für den Fall der Nichtrevision [345]) der Grundgesetze, welche die Duma »zu einer rein beratenden Versammlung degradierten«, mit dem möglichen Ausbruch der »Revolution« drohten. — Endlich auf die äußerste Linke wirkte der Wahlerfolg des Radikalismus, wie zu erwarten, dahin, daß von den Sozialdemokraten, die sich, wie früher erwähnt, nunmehr wieder zu einer einzigen Partei zusammenschlossen, der seinerzeit nur mit den Stimmen von 1168 Urversammlungen gegen 928 [346]) gefaßte Boykottbeschluß aufgehoben wurde, und die Partei sich an den Kaukasuswahlen, die noch bevorstanden, mit bedeutenden Erfolgen beteiligte. Während bei den »Kadetten« die Besorgnis, die Parlamentspartei könne der Herrschaft des außerparlamentarischen »Clubismus« anheimfallen, sofort zu Erwägungen Anlaß gab, wie man dies vermeiden könne [347]), suchte die Sozialdemokratie die parlamentarische Vertretung, die sie vorerst wider Willen erhalten hatte und deren Vermehrung bevorstand, auf das engste an das Leitseil zu nehmen und an die Direktiven der neugeschaffenen Zentralinstanz strikt zu binden [348]). Im übrigen aber hatte mit der Stockholmer Einigung der Streit zwischen »Mjenschewiki« (Plechanow) und Bolschewiki (Ljenin), der alte Streit in der Partei, der während der ganzen Wahlperiode angehalten hatte, keineswegs

---

Bodennationalisation erinnernden »Landfonds« des k.-d. Projekts und in der entschiedeneren Richtung auf das individualistische Bodeneigentum; ferner in der Festhaltung des Grundsatzes, daß, soweit nicht ein anderes ausdrücklich festgestellt wird, das Land für die Versorgung der örtlichen Bevölkerung und nur für sie da ist. — Man sollte meinen, gerade die Regierung müßte sich mit diesem, dem von ihr selbst eingebrachten (s. Anm. 272a) so nahe verwandten Projekt befreunden können, — wenn eben nicht die Angst vor der Einschränkung der »Heiligkeit« des Eigentums bei ihr alles andere überwöge.

[344]) »Now. Wr.« stellt aus den 43 Resolutionen des Moskauer Kongresses vom 11. April u. a. folgende zusammen: 1. Kirchenkongreß, »verständlichere« Redaktion der Liturgie; 2. national gesonderte Vertretung der Russen in den Grenzprovinzen; 3. russische Staatssprache, auch für alle öffentlichen Schulen; 4. gegen jede Autonomie der Grenzländer; 5. gegen die »gefährliche deutsche Kolonisation« (!) in den Ostseeprovinzen; 6. Ausschluß der Juden vom Wahlrecht; 7. Behandlung Finlands als Teil Rußlands und namentlich 8. »absolute Unverletzlichkeit des Eigentums«. — Die »russischen Leute« verlangten in einer Versammlung »Rußland für die Russen« in dem Sinne, daß der Ausbeutung russischer Arbeit durch fremdes Kapital ein Ende gemacht werden solle. Dies wäre wenigstens konsequentes »Slawophilentum« à la moderne.

[345]) »Russk. Wj.« 113, 3.
[346]) »Russk. Wj.« 66, 4.
[347]) Auf Struves Anregung.
[348]) Auf die organisatorischen Einzelheiten gehe ich hier nicht ein. Man kann — zumal der alte Streit um die Frage des »Zentralismus« ja nicht geschlichtet ist — noch nicht sagen, wie sie funktionieren werden. Das radikale Petersburger Komitee begann alsbald Politik auf eigne Faust.

sein Ende erreicht. Die Taktik des antiparlamentarischen Sindakalismus — ein freilich wohl zu schmeichelhafter Name für ihr blödsinniges Treiben — setzte die letztgenannte Gruppe, offenbar sehr zur Freude der Regierung, die bei dieser Gelegenheit die allerextremsten Reden gern duldete, auch gegen die Duma fort. Als Plechanow mit einem »Aufruf an die russische Arbeiterschaft« zur Unterstützung der Duma mahnte, begannen die Bolschewiki auch die Versammlungen der Mjenschewiki zu sprengen. Man mufs angesichts dessen die weitere Entwicklung der offiziellen Parteiverhältnisse abwarten, über die wohl erst der nächstjährige Kongrefs Aufschlufs geben wird. — Die Sozialrevolutionären hatten, ebenfalls wider Willen, in den B a u e r n eine Parteivertretung von relativ mafsvoller Richtung, aber erheblicher Stärke erlangt. Vergebens hatte die Regierung die bäuerlichen Deputierten in ein eigens für sie hergerichtetes erstaunlich billiges Logierhaus mit Pension eingeladen und ihnen die Fahrkarten schon geraume Zeit vor der Dumaeröffnung zugestellt. Es ereignete sich, dafs die Polizei den Koffer eines Bauerndeputierten auf dem Bahnhof auf geheime Schriften hin untersuchte, dann plauderte ein Bediensteter des Logierhauses aus, dafs ihm aufgetragen sei, etwas auf das Tun und Lassen der Deputierten zu »passen«, — entrüstet zog (21. April) die überwältigende Mehrheit der Bauern aus und hielt von nun an gemäfs einer schon vorher an sie verschickten Aufforderung private Zusammenkünfte unter Vorsitz des scharf radikalen F. M. Onipko ab, denen anfangs etwa 80, später 122 und gelegentlich mehr Deputierte beiwohnten. Alsbald gewannen die altgeschulten Agitatoren des radikalen »Narodnitschestwo« — Aladjin, Anikin, Bondyrew, Nasarenko, Onipko, Shilkin u. a. — die Oberhand. Unter den Teilnehmern befanden sich auch diejenige nicht geringe Zahl Anhänger der »Kadetten«, welche dem Bauernstande angehörten. Ihrem Wunsche entsprechend wurden zwei Mitglieder des Parteivorstands zeitweise zu den Beratungen zugezogen, auch besuchte man auf Einladung anfangs regelmäfsig die Sitzungen der »Kadetten« als Zuhörer. Aber zu einem Anschlufs an die Partei kam es nicht. Die Bauern fanden das k.-d.Programm »nicht populär genug«, es wehe darin der »dworjanskij duch« (Adelsluft); man entnahm aus dem Vorbehalt der Erhaltung eines Teiles der privaten Grofsbetriebe, dafs auch die Kadetten an »hoher Pacht und niedrigen Löhnen« interessiert seien [349]), — das Land aber sei Gottes, und es müsse jedem nach der »trudowaja norma« — so viel also als der Bauer »mit seinen Händen bearbeiten« könne (s. o.) — zugeteilt werden. Scharfe Proteste gegen die Ausweisung von Arbeitern aus Petersburg, die unbedingte Verurteilung der Todesstrafe — »jeder kann sich noch bessern« — schlossen sich an; die radikale Stimmung steigerte sich und der sehr bald feststehende Entschlufs, sich keiner anderen Partei anzuschliefsen, führte weiterhin zur Bildung der »trudowaja gruppa«, der anfangs 60—70, schliefslich 107 »Bauern« (auch Arbeiter und radikale Intelligente[349a]) beitraten, während die konstitutionell-demokratischen Teilnehmer nun in ihre Partei zurückkehrten, ein Teil der Bauern aber, durch die Schärfe des Tones erschreckt, beiseite blieb und nur faktisch mit der Gruppe stimmte. Auch die »trudowaja gruppa« war (mit ihren 107 Mitgliedern) innerlich nicht so stark wie sie zu sein schien. Aber ihre drei Bestandteile: sozialrevolutionäre Intelligente, radikale Bauern, sozialistische Arbeiter, konnten unmöglich dauernd zusammenhalten. Die Sozialdemokratie erklärte im Juni, dafs jetzt, nach Aufhebung des Boykotts der Duma, ihre Anhänger eine Sonderfraktion zu bilden haben (was inzwischen geschehen

---

[349]) »Now. Wr.« 10816 (Sitzung vom 24. April).
[349a]) Auch ein Universitätsprofessor (Lofot).

Rufslands Übergang zum Scheinkonstitutionalismus.

ist). Den Bauern ferner waren alle über die Landfrage und die Beseitigung der speziell sie betreffenden Polizeiwillkür hinausgehenden politischen Probleme ziemlich gleichgültig; die Gleichberechtigung der Juden, wenigstens in bezug auf das »Recht auf Land«, und das Frauenstimmrecht höchst antipathisch [349b]), und das Mifstrauen gegen die »intelligenten« Leiter blieb unaufhörlich rege: schon wenn es sich z. B. um Miete eines Parteilokales handelt, war ihnen die Provenienz des dafür von den »intelligenten« Leitern vorgeschossenen Geldes verdächtig [349c]). Nur die »Landnot» der Bauern und der unerhörte Druck der administrativen Willkür hielten diese Gruppe zusammen. Der Einflufs der Strafse und des »Klubismus« [349d]) auf sie war naturgemäfs ziemlich fühlbar, an rednerischer Leistungsfähigkeit standen einige ihrer Führer auf ziemlicher Höhe, während allerdings der Erfolg mancher eitlen Schwätzer (Aladjin, Anikin) die Wirkung der Wahlpolitik der Regierung in der Richtung einer Senkung des geistigen Niveaus der Diskussionen in der Duma nur zu sehr verspüren liefs. Alle Parteien hatten eben, um in den Wahlen sich zu behaupten, stets so zahlreiche Bauern mit in ihr Ticket aufnehmen müssen, dafs für einen grofsen Teil ihrer begabtesten Führer kein Raum blieb [350]), zumal ja die Regierung einen bedeutenden Teil derselben behufs Ausschlusses von der Kandidatur unter Anklage gestellt hatte, andere durch die Vorschrift: »Wahl aus der eignen Mitte«, vom Kandidieren ausgeschlossen waren (s. o.).

So sah sich die Regierung in allen ihren Erwartungen hinsichtlich des Ausfalles der Wahlen und der Haltung der Bauern enttäuscht und

---

[349b]) J. N. Jeserskij in den »Russk. Wj. 146 S. 2.

[349c]) A. a. O.

[349d]) Die Kreise der »legalen« Sozialrevolutionären, des Narodnidschestwo also, wie es im »Russkoje Bogatstwo« vertreten war (s. darüber Beilageheft zu Bd. XXII, 1) haben inzwischen (Juni) das Programm einer »volkstümlich sozialistischen Arbeiterpartei« (trudowaja narodno-ssocialistitscheskaja partija) entworfen. Die Gruppe hält das Prinzip der Volkssouveränität fest, legt aber auf die Staatsformen (Republik oder parlamentarische Monarchie) keinen entscheidenden Wert, sofern die weitgehendste örtliche Selbstverwaltung, wenn möglich der politische Föderalismus, die »Volkstümlichkeit« der Regierung garantieren. Sie lehnt die Bildung einer »Kampforganisation« nach dem Vorbilde der regulären Sozialrevolutionäre ab, da der bewaffnete Aufstand »taktische« Frage sei und betrachtet die »Nationalisation des Lande« als Übergangsstufe zum »Sozialstaat« (»Strana« vom 1. Juni). Näheres ist mir über diese »Partei« seither nicht bekannt geworden. Auch W. Woronzow hat im Winter im »Jeshenedjelnyj shurnal dlja wssjech« wieder ganz die alten Gedanken des »Narodnitschestwo« (einschliefslich der Übernahme der Fabriken durch Arbeitergenossenschaften) vertreten. Die Gruppe hat wenig Chancen, eine breite eigene Bewegung zu schaffen. Dagegen beeinflufste sie, wie wir sahen, den »rechten Flügel« der »Trudowiki«.

[350]) Für die »Kadetten« hatten bei der Diskussion des Agrarprogramms Petrazycki und namentlich Herzenstein fast allein die Kosten der Debatte zu tragen. Fürst Paul Dolgorukow, Peter Struve, Miljukow, Hessen fehlten — um nur einige zu nennen — in der Duma, mit ihnen die nicht geringe Zahl tüchtiger älterer und jüngerer wissenschaftlicher Kräfte, über welche die Partei verfügte. Ebenso stand es bei der Gruppe der Gemäfsigten, wo nur Graf Heyden und Stachowitch etwas bedeuteten.

— das ließ sich schon Ende März übersehen — einer überwältigenden Mehrheit schlechthin antibureaukratischer und sozial wie politisch gleich radikaler Elemente gegenübergestellt. Das erste, was sie unter diesem Eindruck tat, war die schleunige Aufnahme einer »Kriegsanleihe« gegen den »inneren Feind« zu denjenigen Bedingungen, die ihr von den Banken diktiert wurden. Diese hatten nun das Spiel in der Hand. Sie hatten zuerst beharrlich die Einberufung der Duma gefordert, nun, da diese bevorstand, hatten auch sie das dringendste Interesse daran, die Anleihe vor ihrem Zusammentritt unter Dach zu bringen, denn daß die Duma ihnen die Bedingungen, zu denen die hilflos in ihre Hände gegebene Regierung abzuschließen geneigt war, niemals konzedieren würde, stand fest, und ein Zusammenbruch der Bureaukratie oder ihre Unterwerfung unter die Duma mußte alle Russenfonds alsbald unabsehbaren Schicksalen aussetzen und das Geschäft gründlich verderben. Jammernd hatte »Nowoje Wremja« fast Nummer für Nummer darauf hingewiesen, daß schon der Wahlsieg der »Kadetten« in Petersburg einen Kurssturz der Rente um 1 %, also, nach ihrer Ansicht, einen Verlust für die russische Volkswirtschaft, herbeigeführt habe. Die finanzielle Lage der Regierung aber war derart, daß sie sich entweder der Duma oder den Banken unterwerfen mußte und, das letztere vorziehend, auf schlechthin jede Bedingung einging: trotz eines zeitweise 9 % betragenden, Ende Januar jeden Augenblick zum Sprung auf 10 % bereiten Diskontes sank der Barvorrat der Bank, der Steuerboykott der Bauern war immerhin fühlbar, gewaltige Verschiebungen im Etat durch Erhöhung der Bezüge der Eisenbahn- und Postbediensteten, Besserung der Armeeverpflegung, Donative an die Kosaken, Umgarnisonierungen, erhöhte Polizeikosten, hohen »Verpflegungs«-Etat gegen die Hungersnot, durch Erlaß der Loskaufsgelder, endlich durch die direkten Verluste an Staatseigentum und Steuerkraft waren teils schon in Gestalt des vorjährigen Defizits verrechnet, teils standen sie noch bevor. Mit kurzfristigen Schatzwechseln war nicht weiter zu wirtschaften. So nahm man denn Bedingungen an, welche in fast groteskem Kontrast zu den Kursen standen, welche — zufolge einer allerdings geradezu bewundernswürdigen Taktik in der Behandlung der Börsen durch die großen Finanzinstitute — die russischen Fonds selbst in den ungünstigsten Augenblicken des japanischen Krieges gehabt hatten, und zu den härtesten gehören, die Rußland oder überhaupt eine bisher »unbescholtene« Großmacht sich je hat gefallen lassen; ein, bei Berücksichtigung der Bedingungen, effektiver Zinsfuß von wohl noch etwas über 6 %, 682 Mill. Rubel effektiver Ertrag für den Staat bei einer Übernahme einer Nominalschuld von 843 Millionen zu 5 %, bei langfristiger Unkündbarkeit. Immerhin: die Anleihe war »im Hafen«, — und Graf Witte daher ein vorerst entbehrlicher Mann, ja, — da er das ganze Odium der Wirtschaft des Ministers des Innern mitzutragen hatte, mußte auch den fremden Banken es eher bedenklich scheinen, ihn mit dieser Duma in Berührung kommen zu sehen, und daher genügte der erste Anlaſs — welcher Art er war, ist vorerst wohl schwerlich eindeutig feststellbar —, um ihn und sein Kabinett ehr- und ruhmlos verschwinden zu lassen und ein Assortiment von korrekten, auch gegenüber der ›Gesellschaft‹ noch wenig »kompromittierten [351])« konservativen Beamten an die Stelle zu setzen. Das neue Ministerium »milderte« das durch Indiskretion in die Presse gelangte früher besprochene Projekt der »Grundgesetze« an einzelnen Stellen in konstitutionellem Sinne (s o.), veranlaſste aber den Zaren doch, es zu unterfertigen und damit den alsbaldigen zornigen Protest nicht nur der Demokratie, sondern auch der Mittelparteien hervorzurufen. Im übrigen ging der Taktschritt der bureaukratischen Maschine nach den Wahlen weiter wie vorher. Ein Projekt einer umfassenden Sozialgesetzgebung wurde — wie erwähnt — in den Grundzügen bekannt und zeigte unter anderem, daſs von seiten der Regierung nunmehr die Reglementierung der kapitalistischen Entwicklung als aussichtslos aufgegeben, die »Freiheit des Eigentums« gegen Eingriffe von oben also dem »Kapital« nunmehr — mit einigen sozialpolitischen Restriktionen — in den Schoſs fallen sollte. Ebenso verlauteten Grundzüge einer Lokalverwaltungsreform, welche, in einer teilweise an die preuſsische Kreisordnung erinnernden Weise, Landgemeinden und Gutsbezirke nebeneinander, und die längst — freilich in etwas anderer Form — erstrebte »allständische Wolost« als unterste Einheit der Verwaltung festlegen, die Semskije Natschalniki voraussichtlich ganz beseitigen und die Verwaltungskontrolle auf dieser untersten Instanz auf die Rechtskontrolle beschränken sollte, — eine Vernichtung des Werkes Alexanders III., die vor 10 Jahren das Land sicher in hellen Jubel versetzt hätte. Auf der anderen Seite sahen wir, wie das Eigentum, speziell das Grundeigentum, gegen Angriffe von unten verstärkten Schutz erhielt. — Der 26. April — der Tag der Dumaeröffnung, juristisch also der letzte Tag des ancien régime — muſs für den Zaren ein Tag harter »Arbeit« gewesen sein: nicht nur das Landarbeitergesetz, sondern auch verschiedene Ukase betreffend die Bauernbank, finanzielle Verfügungen usw., die erst 10—12 Tage nach Eröffnung erschienen, sind von diesem Tage datiert.

Der Tag der Eröffnung kam, und unter dem mit Feierlichkeit überladenen Gepränge des höfischen Aufzuges stieg der Zar »unsicheren Schrittes« (nach Zeitungsangaben) die Stufen zum Throne hinauf und verlas

---

[351]) Der neue Premierminister Goremykin speziell galt seinerzeit als eine Art bureaukratischen Orakels über Agrarverhältnisse und war wegen seiner (natürlich nur sehr relativen) Vorliebe für die »Selbstverwaltung« der Semstwos von Witte seinerzeit durch die früher im Beilageheft zu Band XII, 1 zitierte »konfidentionelle Denkschrift« gestürzt worden. Den Minister des Innern Stolypin interpellierte die Duma alsbald wegen gesetzwidriger Handlungen in seiner Stellung als Gouverneur.

seine gänzlich inhaltsleere »Begrüfsung«; die allseitig sicher erwartete »Thronrede« soll angeblich unter »unverantwortlichen« Einflüssen zurückgelegt worden sein, wahrscheinlich aber einfach deswegen, — weil man sich keines Rates wufste und nicht einigen konnte, was sie enthalten solle. Den stärksten — negativen — Effekt erzielte die Ansprache dadurch, dafs in ihr mit keinem Wort von der in allen Gefängnissen des Landes und in all jenen Zehntausenden von Dörfern, in denen Verschickungen und Verhaftungen vollzogen worden waren, erwarteten Amnestie als einem Symbol, dafs es mit der Praxis der ohne Rechtspruch erfolgenden Bestrafung ein Ende haben werde, die Rede war, — nachdem die Regierung soeben wohl oder übel eine Anzahl Verschickter aus Sibirien und Archangelsk hatte zurücktransportieren lassen müssen, weil sie in die Duma gewählt waren. Ein seinerzeit abgesetzter Professor (Muromzew) wurde zum Präsidenten, ein soeben verschickter aus dem Zwangsdomizil in Archangelsk in die Duma gewählter Professor (Gredeskul) zum Vizepräsidenten der Duma gewählt. Augenblicklich und aufserhalb der Geschäftsordnung rollte einer der Veteranen der Befreiungsbewegung, der gewesene Präsident des »Befreiungsbundes« bei seiner konspirativen Konstituierung im deutschen Schwarzwald, Petrunkjewitsch, unter stürmischen Kundgebungen die Amnestieforderung auf. Und nun begann das eigentümliche Schauspiel: keiner von beiden Teilen glaubte, dafs etwas anderes als »Pulver und Blei« das Ende vom Liede sein werde[352]). Der offizielle »Prawitjelstwjennyj Wjestnik« hatte die Begrüfsungsansprache des Kaisers gebracht. Aber die Existenz der Duma ignorierte er fortan: er schien im Zweifel zu sein, meinte die Petersburger Presse, ob er sie als eine staatliche Institution und nicht vielmehr als einen revolutionären Klub anzusehen habe. Ebenso die »Spitzen« des bisherigen Rufsland. Muromzew war, ehe die Sitzungen begannen, der Vorschrift des Gesetzes gemäfs vom Zaren empfangen und brachte »gute Eindrücke« mit zurück. Als nun in der stürmischen Amnestiedebatte sich der ganze aufgespeicherte Zorn — übrigens in mafsvollen Formen[353]) — entlud und die nach Form und Inhalt scharfe Antwortadresse angenommen worden war, hatte Muromzew wiederum zum Geburtstag des Zaren bei Hofe zu erscheinen. Mit ausgesuchter Höflichkeit auf einen Ehrenplatz gesetzt, wurde er von niemandem, der etwas zu sagen gehabt hätte, angesprochen. Die persönliche Entgegennahme der Adresse lehnte der Zar ab und ersuchte die Adresse an den Hofminister zu senden, — sicherlich ein Vorgang, der im Lande bei den Bauern, welche ja am einmütigsten »direkten Verkehr« ihrer Vertreter mit dem Zaren ver-

---

[352]) Nach Privatbriefen mufs ich das auch für die Dumadeputierten annehmen. Für die Regierung zeigt es ihr sonst unbegreifliches Verhalten deutlich genug.

[353]) Alle direkten oder indirekten Angriffe auf den Zaren und die Dynastie sind stets unter Protesten erstickt worden.

langen, den tiefsten Eindruck machen mufste, — wie denn überhaupt die Zerbröckelung der Zarenromantik bei der Masse der Bauern wohl das bleibendste Ergebnis all dieser Vorgänge bleiben wird.

Aber nicht nur äufserlich blieben die Ministerbänke in der Duma 16 Tage lang leer, sondern bis Ende Mai hatte die Regierung, welche seit Dezember die Hinausschiebung der Einberufung stets u. a. auch mit der Notwendigkeit begründet hatte, ihr »vorbereitet« gegenüberzutreten, noch nicht einen einzigen sachlichen Gesetzentwurf bei ihr eingebracht[352a]. Ihre ganze Tätigkeit bestand bis dahin in der Beantwortung der Adresse. Diese Adresse, welche die Duma nach langen Beratungen einstimmig — Graf Heyden hatte erklärt, dafs er und seine Anhänger, da sie nur mit der Fassung der Adresse nicht einverstanden seien und die Einstimmigkeit nicht zu gefährden wünschten, den Saal verlassen würden — annahm, hatte als Programmpunkte enthalten: die »viergliedrige« Wahlrechtsformel, Beseitigung der den Zaren vom Volk trennenden Willkür der Beamten durch parlamentarische Kontrolle der Exekutive, Verantwortlichkeit der Minister, parlamentarisches Regime, Beseitigung des Reichsrates, Persönlichkeitsgarantien, Freiheit des Wortes, der Presse, der Vereine, Versammlungen und Streiks, Petitionsrecht, Gleichheit aller vor dem Gesetz, Abschaffung der Todesstrafe, Bodenenteignung zur Landausstattung der Bauern, Arbeitergesetzgebung, unentgeltliche Volksschule, Steuerreform, Umgestaltung der Selbstverwaltung »auf der Basis des allgemeinen Wahlrechts«, Gerechtigkeit und Recht in der Armee, »Kulturselbständigkeit« der Nationalitäten, Amnestie für alle religiösen, politischen und Agrarverbrechen. — Die Antwort sagte zu: Änderung des Wahlrechts, jedoch nicht schon jetzt, wo die Duma eben erst zu arbeiten beginne, Arbeitergesetzgebung, allgemeine Volksschule, gerechtere Steuerverteilung, insbesondere Einkommensteuer und Erbschaftssteuer, Reform der Selbstverwaltung unter Berücksichtigung der Eigenart der Grenzländer, Persönlichkeits- und Freiheitsgarantie, jedoch unter Erhaltung »wirksamer« Mittel gegen »Mifsbrauch« der Freiheiten, gerichtliche Verantwortlichkeit der Beamten, Abschaffung der Inlandspässe, Aufhebung der ständischen Sonderstellung der Bauern und Mittel für ihre Landausstattung durch die Bauernbank und ferner aus Staatsdomänen und durch Umsiedelung, jedoch unter Ablehnung jeder Expropriation; — alle anderen Forderungen wurden mehr oder minder bestimmt abgelehnt, insbesondere die Amnestie; es wurde nur »sorgsame Prüfung« der Ver-

---

[352a] Bis 29. Mai (russ. Stils) lagen der Duma vor: ein Entwurf betreffend die Verhältnisse einer Orangerie und die Waschanstalt der Dorpater Universität und ein solcher über die Zulassung gewisser Kurse für Damen. Eine zynischere Verhöhnung einer »Volksvertretung« ist in der Geschichte schwerlich irgendwo zu finden.

hältnisse der noch nicht unter Anklage gestellten Inhaftierten[353 b]) zuzugesagt.

Erst um diese Antwort auf die Dumaadresse zu verlesen, am 17. Tage nach der Dumaeröffnung, ergriff der Premierminister zum erstenmal in der Duma das Wort[354]), und nunmehr tauchten die Dumaverhandlungen auch in den Spalten der Abendbeilage zum »Prawit. Wjestnik«, welche an Stelle von Wittes »Russkoje Gossudarstwo« trat, auf. Aber freilich: Publikation der Stenogramme war in Aussicht gestellt, indessen, vielleicht weil die Reden Aladjins, Nasarenkos und anderer doch zu »wild« erschienen, schrumpften sie wieder zu sachlich inhaltsleeren Aufzählungen der Redner zusammen[355]); die Duma selbst beschloß demgegenüber Massenverbreitung ihrer Verhandlungen durch das Land hin und warf einen Geldbetrag dafür aus. Während die Adresse und mit ihr, vor allem, die Amnestiefrage unter stürmischer Erregung des ganzen Landes in der Duma verhandelt wurde, füllten sich die Spalten des offiziellen Organes mit langen Telegrammen aus allen Enden Rußlands, die gegen die Amnestie protestierten, meist von einer — wie die Zeitungen feststellten — recht verdächtigen Identität des Wortlautes untereinander[355a]), und arbeitete der polizeiliche

---

[353b]) Im Mai begannen die Petersburger Friedensrichter sich ihrer längst vergessenen Befugnis, die Gefängnisse zu revidieren, zu erinnern, verlangten von den Gefängnisverwaltungen Einlaß und Vorlegung der Papiere über die Gefangenen und verfügten die Freilassung von Gefangenen, über die kein Ausweis vorlag. Sofort schritt der Staatsanwalt ein und verlangte, daß die Friedensrichter vor allem Einschreiten und vor der Revision die Person, um die es sich in concreto handele, schriftlich bezeichnen solle. Allein der Sjesd (Kongreß) der Friedensrichter gab dem Vorgehen derselben recht, und die Staatsanwaltschaft mußte wohl oder übel nachgeben. Alsbald begann ein geschäftiges Treiben in den Gefängnissen, um unliebsamen Enthüllungen vorzubeugen (s. über die Vorgänge die »Strana« vom 1., 3, 4., 10. Juni). Der charakteristische Vorgang wird nicht wenig zur Erhöhung der Popularität dieser von den Selbstverwaltungskörpern gewählten Richter beigetragen haben, deren Stellung der früher erwähnte Gesetzentwurf der Regierung wieder in integrum restituieren will.

[354]) Vorher hatte nur einmal ein Beamter des Ministers des Innern dessen Abwesenheit bei einer Interpellation über gesetzwidrige Amtshandlungen der Polizei entschuldigt und deren Beantwortung innerhalb der gesetzlichen Frist (1 Monat!) in Aussicht gestellt.

[355]) Erst in der Nummer vom 20. Mai (2. Juni) begann die Publikation der Stenogramme mit der am 27. April stattgehabten Sitzung, wohl als »historischer« Dokumente. Bald ist auch das wieder fortgefallen.

[355a]) Die Interpellation über die Provenienz lehnte der Ministerpräsident ab. — Ergötzlich war, daß unter den Telegrammen sich (im Juni!) auch solche befanden, welche um »baldige Zusammenberufung der Duma« petitionierten: offenbar stammten sie aus dem Januar. Auf wen mit diesen Publikationen — die ja das Publikum nicht zu Gesicht bekam — gewirkt werden sollte, ist klar. — Die ganze Ver-

»Verschickungsapparat« unentwegt weiter. Erst aus der vorletzten Maiwoche liegen stellenweise Meldungen über Einstellung der Verschickungen vor, dem Versprechen der ministeriellen Antwort entsprechend, dafs nunmehr die, zum erheblichen Teil seit etwa November, ohne Erhebung einer Anklage im Gefängnis sitzenden administrativ Verhafteten endlich »nach genauer Untersuchung« entweder freigelassen oder — vor Gericht gestellt werden sollten. Der Reichsrat seinerseits hatte inzwischen zwar die radikale Adresse der 12 »Kadetten«, der »akademischen« Gruppe, abgelehnt, ebenso aber den reaktionären Adrefsentwurf Ssamarins und mit überraschend starker Mehrheit eine Adresse angenommen, welche — unter Ausschlufs der Verbrechen gegen Leben und Eigentum — ebenfalls Amnestie erbat. Eine Antwort auf diese Adresse ist nicht verlesen worden, denn der Reichsrat verstummte alsdann zunächst völlig: der altersschwache (ernannte) Präsident vermochte die Verhandlungen nicht zu leiten und trat zurück, der Vizepräsident wurde mit seiner Vertretung beauftragt, — aber wochenlang verlautete nichts von Einberufung einer Sitzung[355b]). Die Duma ihrerseits beantwortete die Erklärung des Ministeriums mit dem nahezu einmütigen Ausdruck »unbedingten Mifstrauens«. Eine Antwort hierauf erfolgte nicht. Die Ministerbänke blieben leer. Die Regierung befolgte also der Duma gegenüber zunächst das Rezept der Türkei gegen unbequeme Forderungen: passive Ignorierung. Da nun in der Tat die Gefahr, dafs die Duma sich in endloses Reden verstricke und den Rückhalt an den realen Interessen der Masse verliere, vorlag, — im Gouvernement Kostroma sollte, nach Mitteilungen der Deputierten, die Polizei die Nachricht verbreiten, die Dumaabgeordneten seien mit je 2000 Rubel bestochen, deshalb redeten sie nur und täten nichts[356])—, begegneten dieser die Demokraten durch die schleunige Einbringung formulierter Gesetzgebungsdirektiven. Dem setzte nun die Regierung ihr gemäfs § 55 f. der Dumaordnung bestehendes Recht, die Initiative zunächst ihrerseits zu beanspruchen und zur Erwägung, ob sie dazu geneigt sei oder nicht, einen Monat Frist gewährt zu erhalten, entgegen (so bei dem Antrag

---

wirrung in den »leitenden« Kreisen illustriert sich z. B. auch dadurch, dafs Anfang Juni der offizielle »Prawit. Wjestn.« die Vertagung der Duma ankündigte, die offiziöse »Agentur« aber diese Nachricht gleichzeitig dementierte (»Now. Wr.«, 10. Juni).

[355b]) Die oben erwähnte »Gruppe des Zentrums« im Reichsrat, welche aus durchaus konservativen Elementen (darunter auch die Grofsindustriellen wie Awdakow) bestand, erklärte Mitte Juni (»Now. Wr.« 10869) den Zustand, dafs die Regierung der Duma erst nach sechs Wochen und dem Reichsrat überhaupt keine Vorlagen mache, für unerträglich.

[356]) »Russk. Wj.« Nr. 133, 4. Ebenso wurde ein geheimes Zirkular bekannt, welches die Polizeibehörde anwies, alle tätigen Mitglieder der »Kadetten«-Partei im Lande — deren Tätigkeit die Regierung »vorläufig noch nicht« zu hindern beabsichtige — zu registrieren.

auf Abschaffung der Todesstrafe). Aber die konstitutionell-demokratische Partei hatte die Einsetzung einer Parlamentskommission zur Beratung über die entscheidende Zentralfrage: das **Agrarproblem**, erwirkt und ihr, früher analysiertes, Projekt vorgelegt. Das aber brachte die Vertreter des Ministeriums auf den Plan, und da nunmehr bei den Debatten innerhalb der Demokratie die Gegensätze der Agrarverfassung auch in sehr bedeutenden Meinungsdifferenzen über die Agrarprobleme sich äußerten, wäre die Gelegenheit für die Regierung, die Geschlossenheit der Duma in dieser Frage zu sprengen, nicht ungünstig gewesen, falls sie irgendein **prinzipielles** Entgegenkommen hätte in Aussicht stellen können. Aber das Festhalten an der unbedingten »Heiligkeit« des privaten Bodenbesitzes und dann die höhnische Form, deren sich Gurko, der Vertreter des Ministers des Innern, in seiner etwas »ad hominem« gesprochenen Rede bediente, und auf die Herzenstein noch höhnischer erwiderte, spitzte die Gegensätze zwischen Volksvertretung und Regierung weiter zu. Die Deputierten der »trudowaja gruppa« verließen ohnedies fast jedesmal ostentativ den Saal, wenn ein Vertreter des Ministeriums zu sprechen begann [357]. Sie hatten ihrerseits den Antrag auf eine parlamentarische Enquete über die Gesetzwidrigkeiten der Verwaltung und die dafür verantwortlich zu machenden Beamten eingebracht, den die Duma an eine Kommission verwies, welche ihn zu befürworten beschloß. Sie versuchten ferner, als bei Beratung des demokratischen Agrarprogramms die Haltung der Regierungsvertreter die gleiche, ablehnende, blieb, die Duma zur Konstituierung von lokalen Ausschüssen für die Agrarreform, hervorgehend aus »viergliedrigem« Wahlrecht, hinzureißen. Das wurde abgelehnt [357a], ebenso ohne Debatte die Beratung des rein agitatorischen zweiten [357b] Agrarprogramms, welches 33 Mitglieder der Gruppe einbrachten und in dem in ganz allgemeinen Ausdrücken die »Abschaffung jeder Art von Bodeneigentum innerhalb des russischen Reiches«, das »**Recht jedes Einzelnen**, so viel Land zu verlangen, als nach Bezahlung der Bodenabgabe zur Bestreitung gesunden Lebens für seine Familie nötig ist«, die Kontrolle der örtlichen Verwaltung über die ordnungsmäßige Wirtschaftsführung usw. verlangt war. In diesem Projekt sprach sich deutlich der steigende Einfluß der außerhalb des Parlaments stehenden sozialrevolutionären Organisationen auf die Partei der Linken aus. Die sachliche Arbeit trat — als aussichtslos — für sie ganz zurück und die Benutzung der Duma als

---

[357] Sie verlangte sogar, der Präsident solle »nicht dazu gehörigen Leuten« nicht das Wort geben.

[357a] Mit der zutreffenden Begründung seitens der »Kadetten«: daß für sie die Agrarreform eine Regulierung zwischen **privaten Interessenten** sei, kein Akt des souveränen Volkes.

[357b] Das erste s. oben Anm. 223.

Zentrum revolutionärer Propaganda in den Vordergrund. Als sich 15 Mitglieder der Gruppe mit einem Aufruf an die Bevölkerung wendeten, in welchem das Verhalten der Regierung gegenüber der Duma als Obstruktion kritisiert wurde, erhob die Regierung Anklage gegen sie wegen Aufreizung, und die Gouverneure versuchten sich in öffentlichen »Widerlegungen« dieser Behauptung, — wobei nicht wenige in ihrem Eifer die Duma selbst ziemlich lebhaft kritisierten [357c]. Die immer ungeduldigere Stimmung im Lande wirkte auf die Temperatur der Duma, und diese wieder — da die Abgeordneten begannen, ihre Wahlkreise behufs Rücksprache mit den Wählern zu bereisen, — auf das Land zurück. — Inzwischen kursierten über die Intrigen behufs Herbeiführung einer Militärdiktatur, über die angeblichen Cliquenkämpfe in Peterhof und die Machenschaften der in der Presse sogen. »Sternkammer« die unkontrollierbarsten Gerüchte. Die Bjelostoker Judenmetzelei zeigte dann die Duma auf der Höhe ihrer Autorität: ihre zur Berichterstattung entsendeten Deputierten schafften sofort Beruhigung, verschärften aber das Verhältnis zur Regierung. Den natürlich ganz einseitigen Berichten der kommandierenden Militärs setzte die Duma den ebenso einseitigen Bericht ihrer Delegierten, die ja zu einem Kreuzverhör der Beamten keine gesetzliche Vollmacht hatten, entgegen. Die Interpellationen wegen gesetzwidrigen Verhaltens von Beamten häuften sich zu Hunderten auf, sie wurden gänzlich stereotyp beantwortet. Sobald die Minister und ihre Beamten dabei über streng tatsächliche Angaben hinaus politische Ausführungen machen wollten, wurden sie von der Linken stürmisch unterbrochen und denjenigen von ihnen, »an deren Händen Blut klebte« (General Pawlow), das Sprechen direkt unmöglich gemacht. »Die beiden Rufsland« standen ohne Rapport nebeneinander, Militärrevolten, politische Streiks, Bauernaufstände begannen aufs neue. Innerhalb der Duma zeigte sich 'die Möglichkeit einer doppelten Parteibildung: entweder die »Kadetten« gingen mit dem rechten, »legalen« Flügel der trudowaja gruppa, oder aber sie gingen mit der durch Graf Heyden allmählich organisierten »Partei der friedlichen Erneuerung«, welche auch einen Teil der »Parteilosen« an sich zog. Solange nicht ganz feste konstitutionelle Garantien gegeben waren, musste die dominierende Partei, so sehr die Gemäfsigten den Kontakt mit ihr zu wahren bemüht waren, unbedingt das erstere vorziehen, schon weil es ihrer ganzen Vergangenheit entsprach, und ein vorzeitiges Paktieren mit den Gemäfsigten sie der Demagogie der Regierung preisgab, welche die Angriffe der radikalen Sozialdemokraten auf die Duma und die »Kadetten« ersichtlich begünstigte. Die »Kadetten« lehnten daher, bei den unter der Hand erfolgten Erörterungen, konsequent den

---

[357c] So der Gouverneur von Kasanj, welcher behauptete, die Duma (nicht die Partei) wolle »alles Privateigentum abschaffen«.

Eintritt in ein nicht aus ihrer Mitte allein, allenfalls unter Zuteilung einzelner Portefeuilles an Politiker, wie Schipow, Graf Heyden oder Stachowitsch, gebildetes Ministerium ab. Ob sie selbst im Falle der Übernahme der Regierung lange hätten zusammenhalten können, ist eine andere, wahrscheinlich zu verneinende Frage: Kotljarewskij und manche andere neigten entschieden zu den rechts stehenden, Schtschepkin und andere zu den links stehenden Parteigruppen, und die Entlastung von dem gewaltigen Druck der Polizeiwillkür hätte unter einem liberalen Ministerium nicht nur planlose Ausbrüche der Radikalen, sondern auch alsbald die Klassengegensätze — und dann auch die nationalen — gewaltig anschwellen lassen. — Allein vor allem konnte der Zar, allein für seine persönliche Stellung und Sicherheit besorgt, nicht bewogen werden, sich ihnen anzuvertrauen.

Auf eine Schilderung der sachlichen Verhandlungen der Duma hier einzugehen, hat keinen Zweck, da sie ja in das Nichts ausgemündet sind. Sie sind — nachdem sie gegenüber der Obstruktion der Regierung endlich beginnen konnten — mit einer Intensität gefördert worden, wie nur in irgendeinem Parlament der Welt. Denn die eigentliche Arbeit ist natürlich auch hier nicht im Plenum, über welches die Presse allein berichtete, sondern in der Kommission geleistet werden. Ein Blick in die Wochenzettel der Kommissionssitzungen [357d] zeigt, in welchem Grade die Deputierten hier, hinter den Kulissen, in Anspruch genommen waren. Alle von den Dumadeputierten eingebrachten Entwürfe standen Anfang Juli dicht vor der Fertigstellung, das Agrarprojekt war, nachdem im Plenum 14 Tage lang weit über 100 Mitglieder gesprochen, dann die 91gliedrige Kommission mit zahlreichen Subkommissionen 4 Wochen lang gearbeitet hatten, so weit gelangt, daſs die Grundlinien, auf welche sich eine groſse Mehrheit einigen wollte, fast durchweg feststanden: sie entsprachen fast ganz denjenigen des k.-d. Projekts. Nicht daſs die Duma zu wenig zustande zu bringen versprach, sondern daſs sie zuviel, der Regierung durchweg inhaltlich unbequeme Ergebnisse in Aussicht stellte [357e], war es, woran die Hof-

---

[357d] Sie wurden z. B. in der »Torg.-prom. Gasj.« abgedruckt.

[357e] Den bis zum 31. Mai eingebrachten Projekten des Ministeriums (betr. die Palmenorangerie, die Waschanstalt, die Damenkurse) standen folgende acht bis zu jenem Tage eingebrachte Gesetzesprojekte von Dumamitgliedern gegenüber: 1. betreffend die Agrarfrage, eingebracht 8. Mai, — 2. betreffend die Sicherung der Unverletzlichkeit der Person, eingebracht 8. Mai, — 3. betreffend die Gewissensfreiheit (12. Mai), — 4. über die bürgerliche Gleichheit (15. Mai), — 5. über die Abschaffung der Todesstrafe (17. Mai), das erste förmlich verabschiedete und an den Reichsrat weitergegebene Projekt, — 6. über die Abänderung der Artt. 55 f. der Dumaordnung betreffend die Gesetzesinitiative (20. Mai), — 7. über Abänderung der Gerichtsverfassung und des Gerichtsverfahrens (23. Mai), — 8. über das Ver-

kreise Anstofs nahmen. Man versuchte sie nun in eine schiefe Lage zu manövrieren, indem man ihr das Projekt einer 50-Millionen-Anleihe für die Linderung der schweren in Aussicht stehenden Mifsernte vorlegte. Allein die Duma bewilligte 15 Millionen für jetzt und behielt sich weitere Bewilligungen vor, bestimmte aber, dafs der Betrag aus Ersparnissen zu gewinnen sei, da das — übrigens beispiellos undurchsichtige — Finanzexposé Kokowzews den Beweis für die Notwendigkeit einer Anleihe nicht geliefert habe. Da die Reichsratsmehrheit, unter Führung der »Zentrums«-Gruppe — nachdem charakteristischerweise der Antrag Ssamarins auf namentliche Abstimmung abgelehnt war — dieser Ansicht beitrat, bedeutete das eine schwere Niederlage des Ministeriums. Ihre Lage wurde zunehmend schwieriger: es blieb nur Auflösung oder Unterwerfung.

Die Hoffnung, dafs im Verlauf der Agrardebatten die Geschlossenheit der Opposition durch Interessenkonflikte gebrochen werden würde, bewahrheitete sich, wie gesagt, trotz der sehr entschiedenen Meinungsverschiedenheiten in der Duma ebenfalls nicht. Auch die Gemäfsigten, Graf Heyden an der Spitze, traten, wie wir sahen, für die Landenteignung ein, nur über den Umfang bestanden Differenzen, aber auch hier, wie die betreffenden, früher erörterten Programme ergeben, lediglich quantitativer Art. Für ihre eigenen positiven Projekte anderseits hätte die Regierung — das war die schon früher berührte Eigentümlichkeit ihrer Situation — sich auf die »Fremdvölker« des Westens gegen die altrussischen Bauern stützen müssen. — Eine sehr starke sachliche Annäherung der Duma an das, wie wir sahen, ebenfalls strikt kleinbäuerliche Agrarprogramm der Regierung war trotzdem immerhin möglich, sobald diese letztere sich entschlofs, von ihrem Standpunkt absoluter Ablehnung jeder Expropriation, auch einer solchen des regelmäfsig an Bauern verpachteten und des nur mit Bauerninventar bestellten Landes, abzugehen. Allein die Regierung machte die absolute »Unverletzlichkeit des Eigentums«, auf die sich der Zar, wie wir sahen, dem Adel gegenüber festgelegt hatte, direkt zum Angelpunkt ihrer ganzen inneren Politik, dergestalt, dafs auch der Synod, nach Zeitungsberichten, die Pfarrer anweisen liefs, neben der Notwendigkeit der Todesstrafe auch die Heiligkeit des Eigentums zu predigen — ein für die Stellung der Kirche innerhalb der Bauernschaft immerhin nicht unbedenkliches Vorgehen. Die Regierung fürchtete offenbar, des letzten

---

sammlungsrecht (29. Mai) Diesen traten alsbald hinzu: 9. Projekt über die Immunität der Dumaabgeordneten (1. Juni), — 10. über das Vereinsrecht (1. Juni) Keines von all diesen Projekten konnte nach dem geltenden Recht wider den Willen der Regierung vor dem 10. (23.) Juni, also vor 7½ Wochen nach dem Zusammentritt der Duma, zur Verhandlung kommen. (Die Liste der — weiterhin natürlich noch vermehrten — Projekte s. im »Dwadzatyj Wjek« vom 18. Juni S. 3).

Haltes an den Interessen der Besitzenden verlustig zu gehen, wenn sie deren Verlangen nach einer Hausse der Bodenpreise nicht freien Lauf liefse, überhaupt aber mit der Expropriation auf eine Bahn zu geraten, auf der es für sie kein Halten gegenüber der Duma mehr gab und die Kapitulation der Bureaukratie unvermeidlich geworden wäre. Da nun innerhalb der Duma für sie vorerst keinerlei Stütze zu gewinnen war, versuchte sie die Interessen der Grundbesitzer und Bauern gegen die Duma in Bewegung zu setzen und zugleich womöglich die Duma selbst zu sprengen. Gleichzeitig mit der Einbringung ihrer eigenen Agrarprojekte wandte sie sich (20. Iuni) mit einer amtlichen öffentlichen Kundgebung an das Land (›Prawit. Wj.« Nr. 137). Der demagogische Charakter dieser Leistung erhellt schon daraus, dafs — obwohl, wie wir sahen, in der Duma auf das nachdrücklichste jede Enteignung des Nadjellandes und des im Kleinbesitz befindlichen Privateigentums abgelehnt war — hier wiederum als »Konsequenz« jeder Landenteignung die Aufteilung alles Bodens überhaupt in gleiche Stücke, also die Wegnahme alles Privat- und »schliefslich auch« des Nadjellandes zum Zweck einer ›unbedeutenden« (in Wahrheit, nach der eigenen Rechnung der Regierung, einer im Durchschnitt aller Bauerndörfer, die bestversorgten einbegriffen, über ein Drittel des Landbestandes derselben betragenden!) Vermehrung des bäuerlichen Landbesitzes hingestellt wurden. Dafs ein solcher Vorgang, wie diese direkte amtliche öffentliche — und noch dazu eine von handgreiflichen Unwahrheiten strotzende — Polemik des Ministeriums gegen die Duma, nicht ruhig hingenommen werden konnte und würde, hat die Regierung sich selbstverständlich selbst gesagt, zumal im wesentlichen die ganz unsachlichen Argumente Gurkos aus der oben erwähnten stürmischen Dumasitzung wiederholt wurden. Dafs diese auf die Bauern keinen Eindruck machen würden, wufste sie natürlich ebenfalls. Das für irgendwelche sachlichen Zwecke gänzlich wertlose Pronunziamento konnte, so wie es war, nur dann einen politischen Sinn haben, wenn beabsichtigt wurde, den »Kadetten« in der Duma durch Aufpeitschung der revolutionären Leidenschaften der Linken Schwierigkeiten zu bereiten, wenn also die Regierung von dem Fortbestande der Duma ein Zerbröckeln ihrer eigenen Machtstellung und der Heeresdisziplin fürchtete und den formellen Konflikt erzwingen wollte, ehe durch Zustandekommen eines Agrarreformprojekts in der Duma der Zar vor die Pistole gestellt wurde. Jener Erfolg wurde in der Tat erzielt. Der Schritt der Regierung war mit allen Gewohnheiten eines geordneten Staatswesens sicherlich unvereinbar. Ähnliches gilt aber natürlich auch von dem Gegenschritt, den nun die Duma tat, indem sie gegen die Stimmen der Gemäfsigten (Graf Heyden, Stachowitsch) beschlofs, das Regierungscommuniqué zu beantworten. Die von der Agrarkommission zu diesem Zweck vorgeschlagene, in Form und Inhalt allerdings sehr maſsvolle, aber ebenfalls an die Öffentlichkeit gerichtete »Erklärung« stellte die schon vorliegenden grundlegenden Beschlüsse der Agrarkommission der ministeriellen Erklärung vom 13. Mai (Beantwortung der Dumaadresse) gegenüber, und bemerkte gegenüber dem diese Erklärungen wiederholenden Regierungscommuniqué vom 20. Juni, daſs ein Gesetz ohne Zustimmung der Duma nicht in Kraft treten könne, die Duma aber von dem Verlangen der Zwangsenteignung nicht abgehen werde, hob sodann hervor, daſs ein Agrargesetz nur nach sorgsamster Beratung zustande kommen könne und ersuchte deshalb die Bevölkerung, auf dies Zustandekommen »ruhig und friedlich zu warten«. In der bis 2 Uhr nachts währenden Sitzung vom 6. zum 7. (19./20.) Juli brachte denn Petrunkjewitsch ein nach langen Verhandlungen in der k.-d. Partei zustande gekommenes Amendement ein — dem auch Graf Heyden zustimmte —, welches die Erwähnung der Kommissionsbeschlüsse, als noch nicht amtlich der Duma bekannt, strich und statt dessen unter scharfem Tadel des Ministeriums, welches »die friedliche Lösung der Agrarfrage untergrabe«, auf die Antwortadresse der Duma verwies. Die Erwartung, daſs die Bevölkerung »ruhig und friedlich waren werde, war in den Eingang der Erklärung gesetzt. Die Linke (Shilkin) griff das Amendement als eine »Abschwächung« scharf an und verlangte statt dessen die Aufforderung an die Bevölkerung, sich zu organisieren und die Duma zu unterstützen. Das wurde abgelehnt. Nach Annahme des Amendements Petrenkjewitsch wurde die Erklärung gegen 53 Stimmen der Sozialdemokraten, — welche die Aufforderung zur Ruhe verwarfen, — und der Rechten, — welche jede »Erklärung« verwarf, — unter Stimmenthaltung von 101 »trudowiki« mit 124 Stimmen der ‹Kadetten« (die jedoch nicht alle dafür stimmten) angenommen. Es versteht sich, daſs jegliche direkte »Flucht in die Öffentlichkeit« seitens einer parlamentarischen Körperschaft — für welche nur etwa die Beschlüsse der französischen Kammer, gewisse Reden »öffentlich anschlagen zu lassen«, eine, jedoch staatsrechtlich auf den vorliegenden Fall schwerlich zutreffende Analogie bilden könnten, — den Gepflogenheiten und dem Geist konstitutioneller Regierungen widerstreitet, wie übrigens Petrunkjewisch ausdrücklich zugab. Sie kontrastierte aus diesem Grunde auch mit dem sonst streng eingehaltenen Prinzip der »Kadetten«, trotz aller Gesetzwidrigkeiten der Regierung ihrerseits sorgsam den Boden der vorerst nun einmal bestehenden »Ordnung« innezuhalten. Mit dem Beschluſs, jene »Erklärung« zu erlassen, war an sich dieser Boden allerdings keineswegs verlassen. Denn nach Petrunkjewitschs ausdrücklich erklärter Absicht sollte sie nicht »dem Volke« durch die Presse, sondern dem Minister des Innern zum Zweck des Abdrucks im offiziellen »Prawitjelstwjennyj Wjestnik« mitgeteilt werden. Die Duma beanspruchte gewissermaſsen das Recht der Preſs-»Berichtigung« gegen die Erklärung des Ministeriums. Daſs mithin das Stadium formaler Legalität vorerst nicht verlassen war, ändert aber nichts daran, daſs der Beschluſs, gerade vom Standpunkt der »Kadetten« aus gewertet, ein allerdings nach Lage der Dinge sehr schwer zu vermeidender politischer Fehler war. Er muſste für die Duma schon deshalb zu einer Schlappe führen, weil sie keine Mittel besaſs, seine irgendwie »ordnungsmäſsige« Publikation zu erzwingen. Denn an eine Publikation durch den »Prawit. Wjestnik« glaubte doch Petrunkjewitsch selbst schwerlich. Man hätte also alsbald wieder vor der Wahl gestanden, »inkonstitutionelle« Wege einzuschlagen, oder der Presse die Publikation einfach nach deren Gutbefinden zu überlassen. Mithin hätte eine Resolution, welche die Unwahrheit — und man hätte, ohne von der Wahrheit irgendwie abzuweichen, in diesem Falle ja getrost sagen können: die »frivole demagogische Verlogenheit« — des Regierungscommuniqués brandmarkte, ganz dasselbe geleistet, da ihr ja die weiteste Verbreitung durch die Presse sicher war. Die Texte der »Erklärung« und der Amendements selbst waren als eingebrachte Anträge in den Sitzungsberichten auch z. B. der offiziösen »Torgowo-Promyschljennaja Gasjeta« (Nr. 152, 154), enthalten. Die Haltung der Regierung selbst blieb bis zum letzten Stadium zweideutig. Im Leitartikel der Abendbeilage zum offiziellen »Prawit. Wijestnik« vom 7. Juli war der Befriedigung darüber Ausdruck gegeben worden, daſs, nach dem bisherigen Gang der Verhandlungen, offenbar die gemäſsigtere Form der Erklärung — dieselbe, die in gemilderter Form später angenommen wurde — der dritten Lesung zugrunde gelegt werde und die Sozialdemokraten dieserhalb die Teilnahme an den Debatten abgelehnt hätten: hoffentlich siege also die gesunde Vernunft über das Treiben der Linken. Schon am 7. aber, während der Beratung, wurde zuverlässig bekannt, daſs das Ministerium des Innern auf die Auflösung der Duma dringe und militärische Maſsregeln getroffen seien, und dies steigerte die »Nervosität« der Deputierten. Die, wie angenommen wurde und wird, vom Ministerialassistent Gurko fabrizierte Tatarennachricht eines als »offiziös« geltenden Blattes (»Rossija«) von der Bereitschaft Österreichs und Deutschlands zur Intervention für das ancien régime, welche unglaublicherweise auch Petrunkjewitsch erwähnte[357f], steigerte diesen

---

[357f] Es erscheint unerhört, daſs dieser Wahnwitz, über den jeder, der die Lage der Dinge kennt, lediglich lacht, von ernsten russischen Politikern für bare Münze genommen wird. Allein die Schuld trägt — nächst dem törichten Gerede mancher deutscher Sozialdemokraten — die russische Regierung, welche den General Skalon, der wegen der gleichen Behauptung öffentlich als Lügner gebrandmarkt war, beförderte. — Die russische Demokratie wird gut tun, sich klar zu machen, daſs die wirkliche »Auslandshilfe« für den Zaren auch diesmal wieder aus Paris kommen wird.

Zustand in der ad hoc in Permanenz erklärten Sitzung, welche unter allgemeiner Ermüdung mit dem erwähnten Beschlusse endete.

Taktisch schien nun der Moment zur Auflösung, auf die niemand vorbereitet war, infolge der Spaltung der Duma und der Isolierung der »Kadetten« günstig, und die Regierung griff zu.

Die Auflösung der Duma und die Vertagung des Reichsrats (mit Ausnahme der beiden rein bureaukratischen Departements) bis zu ihrem Wiederzusammentritt erfolgte unter unmittelbar nachfolgender Bekanntgabe eines kaiserlichen »Manifestes«, welches als eine selbst für russische Verhältnisse erstaunliche Leistung bezeichnet werden mufs. Es wird darin zunächst behauptet, dafs die Duma, »anstatt auf dem Gebiete der Gesetzgebung zu schaffen«, sich vom Bereich ihrer Zuständigkeit entfernt habe, indem sie sich mit der Untersuchung der Handlungen der »auf unsere Anweisung eingesetzten Lokalbehörden« und ferner mit der Unvollkommenheit der »nur durch unsern kaiserlichen Willen abänderbaren Grundgesetze« beschäftigte. Die letztere Behauptung steht einfach in der Luft, da die Duma keinerlei Versuch gemacht hat, die dem Kaiser vorbehaltene Initiative an sich zu reifsen. Das Recht der Interpellation wegen Ungesetzlichkeiten der Behörden steht ihr verfassungsmäfsig zu, und was die schöpferische Arbeit auf dem Gebiete der Gesetzgebung anlangt, so hat, da es nicht auf die Reden im Plenum, sondern auf die Tätigkeit der Kommissionen ankommt, bisher kein Parlament der Welt — das sei nochmals wiederholt — mehr Arbeit geleistet als das russische, — nur eben nicht in einem Sinne, der dem Zaren genehm war. Es folgt die (unwahre) Qualifizierung der Duma-Erklärung vom 7./8. Juni als eines »Aufrufs an das Volk«, einer »offenbar« ungesetzlichen Handlung. Ihresgleichen an Frivolität sucht die alsdann folgende Behauptung, die Bauern seien dadurch — also durch einen noch gar nicht publizierten »Aufruf« — zu Aufständen veranlafst worden. Weiterhin wird dann versprochen, dafs »der russische Arbeiter, ohne fremdes Eigentum anzutasten, . . . ein gesetzliches und gerechtes Mittel zur Ausdehnung seines Landbesitzes erhalten« solle, eine Aufgabe, die von der zukünftigen Duma gesetzlich gelöst werden solle, deren Einberufung auf den 20. Februar (5. März) 1907 angekündigt wurde, — so dafs also der Etat für 1907 nicht in der gesetzlich vorgeschriebenen Form zustande kommen kann. Sehr schwer dürfte es endlich sein, angesichts der verdächtigen und pompösen Wendung: »wir werden Ungehorsamen unsern kaiserlichen Willen aufzwingen«, einen adäquaten Ausdruck für die Charakterisierung des Schlufspassus zu finden: Der Eingang des »Manifests« bemerkt mit jener unaufrichtigen religiösen Salbung, welche heute die widerliche Zutat aller monarchischen Kundgebungen geworden ist, dafs der Kaiser »fest auf die göttliche Gnade vertraut« habe, fügt jedoch alsbald hinzu, dafs er »in seinen Erwartungen durch eine grausame Prüfung enttäuscht«

worden sei, und der Schluſs ergibt, daſs er nunmehr sein Vertrauen auf Menschen zu setzen entschlossen ist: »Wir glauben(!), daſs Helden des Gedankens und der Tat erscheinen werden und daſs, dank ihrer selbstverleugnenden Arbeit, der Ruhm Ruſslands erstrahlen wird«. Allein selbst wenn ein solches Eingeständnis der eigenen Impotenz jene irgendwo im Hintergrund vermuteten »Helden« soweit erbarmen könnte, daſs sie aus ihrer Verborgenheit heraus sich zeigten, — in dem Polizeisystem dieses Regimes wäre für sie ja doch kein Platz, es sei denn, daſs Individuen wie der Exminister Durnowo oder der General Trepow oder der gleichzeitig mit dieser Kundgebung zum Premierminister avancierte Minister des Innern Stolypin, dem Redakteur des Manifests als derartige »Helden« galten. Allein von ihnen gilt doch höchstens das Wort, daſs »mit dem Säbel jeder Dummkopf regieren kann«.

Gegen die bevorstehende konstitutionswidrige Staatswirtschaft ohne Vorlegung des Etats an die Duma und angesichts der Erklärung, daſs »der kaiserliche Wille einem jeden aufgezwungen« werden solle, erlieſsen die Duma-Abgeordneten — mit Ausnahme der »Gemäſsigten« — von Wiborg aus einen Protest, in dem sie zur Nichtzahlung der Steuern — ein schon oben kritisiertes Mittel — und Nichtstellung von Rekruten[457g] aufforderten. Der agitatorische Erfolg bleibt abzuwarten. Vor der Hand kann — da die Vorbereitungen noch nicht getroffen sind — alles ruhig bleiben, es sei denn, daſs die Masse den Führern, wie letzten Spätherbst, aus der Hand gleiten. Der Kurssturz der Anleihen ist nicht sehr stark: die Banken können nur mit dem absoluten Regime »Geschäfte« machen und müssen nunmehr ihre Bestände abstoſsen; der Kurs wird dementsprechend »stilisiert« werden. Wer sich dadurch oder durch ein mittelst Vergewaltigung und Fälschung erpreſstes gefügiges Parlament täuschen läſst, — dem ist nicht zu helfen. Es erscheint vor der Hand durchaus ausgeschlossen, daſs — dies dürften die Darlegungen dieser Chronik doch wohl erkennen lassen — dieses Regime irgendeinen Weg zu wirklich dauernder »Beruhigung« des Landes findet: es müſste sich selbst am Schopfe aus dem Sumpf ziehen können — und wollen. Und sehen wir von den »taktischen« Fragen einmal ab, so kann der nachhaltige Effekt des Vorgehens der Regierung nur eine weitere Entwertung des Zaren bei der Bauernschaft sein, sollte diese Wirkung vielleicht auch durch die zu erwartende Wahlfälschung für die nächste Zeit daran verhindert werden, sichtbar in die Erscheinung zu treten. —

Hiermit hat diese Chronik abzubrechen. Sie vermochte den intimeren Zusammenhängen der letzten Ereignisse, namentlich den bei

---

[457g] Das Rekrutenkontingent (etwas über 469 000 Mann) ist für dieses Jahr schon vor Zusammentritt der Duma festgestellt und, wie wir sahen, von ihr einseitig nach der »Verfassung« nicht herabsetzbar.

Hofe sich bekämpfenden Anschauungen, nur in sehr rohen Umrissen nachzugehen — auch in Rußland selbst ist man darüber nur unvollkommen unterrichtet. Aber es war hier auch nicht die Absicht, so etwas wie eine »Geschichte« des letzten Halbjahres zu liefern, — hier war es die Aufgabe, die allgemeine gesellschaftliche und politische Situation, in welche der Polizeiabsolutismus der nicht rechtzeitig abgelehnten politischen Erbschaft Alexanders III. und, neustens, die Arbeit des Witteschen Interimsministeriums das Land geführt hat und aus der es sich nun zunächst — wer könnte sagen wie? — herauszufinden hat, zu veranschaulichen, so weit dies nach den hier zur Verfügung stehenden Quellen möglich ist. Prophezeiungen, auch nur für die nächsten Monate, scheinen mir ganz unmöglich, auch von seiten der bestinformierten Politiker in Rußland selbst werden sie nicht gewagt. Das läßt sich heute sagen: die fast unvermeidliche Neigung und Nötigung moderner dynastischer Regimes, auf Prestige auch nach Innen zu arbeiten, ihr »Gesicht zu wahren«, hatte in Rußland die Regierung dazu geführt, nicht rechtzeitig zu geben, was sie geben mußte, und als dann eine Konzession nach der anderen ertrotzt war, suchte und sucht man das verlorene »Prestige« durch schonungslose Polizeiwillkür wieder herzustellen. Eben dies Bewußtsein aber, daß es der Kitzel dieser Eitelkeit ist, dem die Opfer geschlachtet werden, führte dazu, daß die wilde und wüste Form, in welcher die Linke in der Duma die Minister beschimpfte und von ihren Plätzen jagte, keinen schärferen Widerspruch seitens derjenigen Parteien, die an der »parlamentarischen Lösung« festhielten, hervorrief. Es ist nicht abzusehen, durch welche Konzessionen von seiten der Regierung überhaupt noch der Duma, angesichts ihrer durch das Verhalten der Regierung zu roter Wut gereizten Wähler, hätte ermöglicht werden können, sich auf irgendein Programm hin mit ihr zu einigen. Es ist nicht abzusehen, mit welchen Elementen in dem von der Bureaukratie geschaffenen Flugsand überhaupt in zivilisierten Formen regiert werden könnte. Wir haben uns überzeugt, daß die schroffe Zuspitzung der Klassengegensätze jedem Versuch, sich auf den »Besitz« zu stützen, reaktionäres Gepräge geben muß.

Es ist bei uns die lächerliche Sitte in Schwung, bei solchen fürchterlichen Geburtswehen, wie sie Rußland jetzt durchmacht, nach jemandem zu suchen, der »schuld« ist, — und da »natürlich« der Monarch und seine nächsten Diener dafür nicht in Betracht kommen und die — so äußerst billige — »Kritik« des Parlamentarismus Mode ist, so muß es in den Augen des deutschen Philisters ja wohl die Duma sein. Sie sei »politisch unfähig« gewesen und habe nichts »Positives« geleistet, sagt man, und fügt zur Erfrischung des deutschen Lesers hinzu: die russische Nation überhaupt sei nicht »reif« zum konstitutionellen Regime. Nun, — man fragt sich zunächst: wofür denn jene Leute auf und neben dem Thron »reif« sind, welche das Land in diese Lage gebracht haben? — Aber weiter: wie eine eben ins Leben tretende parlamentarische Körperschaft, der die Regierung sechs Wochen lang als Material zu »positiver« Arbeit einen Entwurf, betreffend Damenkurse, und einen anderen, betreffend eine Orangerie und eine Waschanstalt, vorlegt, deren eigene Initiative sie dabei aber, auf eine von ihr geschaffene verrückte Verfassungsbestimmung gestützt, durch das Verlangen der Vertagung der Erörterung auf einen Monat obstruiert, eigentlich etwas anderes leisten sollte als die Duma geleistet hat, das ist wirklich etwas schwer zu verstehen: nur die naive Frechheit, ohne jedwede Kenntnis der Tatsachen auf Grund der nur die Knalleffekte enthaltenden Zeitungsmeldungen abzuurteilen oder verbissene konservative Beflissenheit kann mit solchen widerwärtigen Phrasen über die Dinge hinwegreden. Neun lange Monate — das dürfte aus der vorstehenden Chronik doch wohl hervorgehen — hat das bestehende Regime nichts getan, als mit wahrhaft mongolischer Tücke den »Rechten«, die es gewährte, hinterrücks ein Bein zu stellen. Erst gegen Mitte Juni (alten Stils) kamen die ersten wirklichen bescheidenen Reformvorschläge[357 h], sämtlich die Spuren ihrer Herkunft aus den Gedankenkreisen des Semstwoliberalismus an der Stirn tragend: der Gesetzentwurf über die Friedensgerichte war der Annahme[357 i], die Agrarentwürfe der ernstesten sachlichen Beratung sicher. Aber das Entscheidende hatte die Regierung nicht getan: die Garantie gegen die absolute Polizeiwillkür (Beseitigung der administrativen Inhaftierung und Verschickung, Verantwortlichkeit ausnahmslos aller Beamten vor unabhängigen Gerichten) gewährte sie nicht, und ohne dies fand sie

---

[357h]) Bis 11. Juni lagen der am 27. April zusammengetretenen Duma folgende Gesetzentwürfe der Regierung vor: 1. Kultusministerium: Forderung von 40029 Rubel 49 Kopeken für den Umbau der Palmorangerie und die klinische Waschanstalt der Dorpater Universität (eingebracht 12. Mai). 2. Kultusministerium: Zustimmung zur Errichtung privater Kurse für Damen (12. Mai). 3. Justizministerium: Projekt eines Lokalgerichtsverfassungsgesetzes (1. Juni), darüber s. oben Anm. 110a. 4. Justizministerium: Projekt eines Gesetzes betreffend die Änderungen der Bestimmungen über den Ersatz von Schäden infolge von Verfügungen der Beamten (30. Mai). 5. Justizministerium: Projekt eines Gesetzes betreffend die Änderung der strafgerichtlichen Verfolgung wegen Vergehen im Amte (30. Mai) s. oben Anm. 110a. 6. Ministerium des Innern: Projekt eines Gesetzes betreffend die Landgemeinden mit Nadjelbesitz (6. Juni). Den Inhalt s. oben Anm. 262a. 7. Ministerium des Innern: Projekt eines Gesetzes betreffend die Verfügung über Nadjelland (6. Juni) den Inhalt s. a. a. O. — Dazu trat dann weiterhin das vom Landwirtschaftsministerium eingebrachte Agrarprojekt (s. oben Anm. 227a) das Projekt betreffend die Anweisung von Verpflegungskapitalien und Anfangs Juli ein ganzes Bouquet von Steuergesetzen, die nicht mehr zur geschäftlichen Behandlung kamen.

[357i]) Die ursprüngliche radikale Auffassung, dafs nach dem Mifstrauensvotum keinerlei von diesem Ministerium ausgehende Entwürfe beraten werden sollten, war praktisch längst aufgegeben.

keinerlei Kreise der Bevölkerung, auf die sie sich stützen konnte. Die Auflösung der Duma aber wird nur dann zu einem ihr günstigen Ergebnis führen, wenn sie — wie allerdings wahrscheinlich — entschlossen ist, die Wahlen in aller Form zu fälschen[357k]. Sie beruft sich für das wahnwitzige Willkürregiment der Polizei auf die Taten der Terroristen. Allein es läfst sich ja einfach statistisch ersehen, dafs die Verhängung des Kriegszustandes, d. h. der Rechtlosigkeit, diese gesteigert und ihnen Sympathie verschafft hat[357l]. Wie eine Revolution von unten nicht ohne Mithilfe oder Duldung des Bürgertums, so ist ohne eine Stütze an ihm auch eine Eindämmung der Gewalttaten von oben nicht möglich. An die Regierung wendete sich in diesem Falle der bekannte Spruch: »Que messieurs les assassins commencent!«[357m]. Statt dessen rechnet sie offenbar lediglich auf die Erfahrung, dafs allerdings gemeinhin ›die Maschine« — in diesem Falle der bureaukratische Mechanismus — »nicht ermüdet«, während dies auch dem wildesten Enthusiasmus irgendwann zu widerfahren pflegt. Aber es steht nicht fest, ob die unbeugsame Energie des russischen Radikalismus, zumal nachdem die Kadres der sozialdemokratischen und sozialrevolutionären Organisationen einmal geschaffen sind, gegenüber dem heutigen oder einem ihm gleichartigen Regime jemals für mehr als nur kurze Pausen erschlaffen wird, — und sicher geschieht das nicht vor dem völligen ökonomischen Ruin des Landes. —

Der russische Freiheitskampf zeigt — das ist richtig — für das übliche Urteil wenig »grofse«, unmittelbar zum »Pathos« des unbeteiligten Beschauers sprechende Züge. Das folgt zunächst aus dem Umstand, dafs, mit Ausnahme des schwer verständlichen Agrarprogramms, die Forderungen, um die es sich handelt, zu einem grofsen Teil für uns im

---

[357k] Es ist eine Kindlichkeit, wenn aus dem radikalen Ausfall der Wahlen auf ihre »Freiheit« geschlossen wird. Die Wahl ist geheim, das wufsten die Bauern. Sie schwiegen und stimmten für die Leute ihres Vertrauens. Nur direkter Bruch des Geheimnisses und Fälschung können daran etwas ändern. Zu diesen Mitteln wird das Ministerium Stolypin, wie gesagt, ohne allen Zweifel greifen. Der deutsche Kapitalist lasse sich daher — dies sei nochmals bemerkt — über die Stimmung des Landes durch das, was bei solchen Wahlen herauskommen wird, nicht täuschen!

[357l] Die Fälle einer — stets nur ganz kurze Zeit erhaltenden — Abnahme sind durch die Notwendigkeit für die Terroristen, »sich anzupassen«, leicht erklärt. Aber diese »Anpassung« ist ihnen überall gelungen. Die schlimmsten Zustände der persönlichen Sicherheit datieren (so in Polen) direkt vor der Suspension der Rechtssicherheit.

[357m] Die Moskauer Monarchisten sammelten im Juni Geld für einen Bauern (Michalin), der wegen Ermordung eines Sozialdemokraten angeklagt (und erstinstanzlich verurteilt) war (»Now. Wr.« 10861). Man sieht: Die Verherrlichung des politischen Mordes ist keineswegs Monopol der Revolutionäre und der Polizeibanden.

Westen den Reiz des Neuen längst verloren haben: sie scheinen der Originalität zu entbehren, die sie zu Cromwells und Mirabeaus Zeiten hatten, und entbehren ihrer, soweit sie rein politischen Inhalts sind, auch wirklich. Sie sind uns (meist!) trivial — wie das tägliche Brot es ist. Dazu tritt ein anderes: es fehlen auf beiden Seiten die wirklich »großsen Führer«, an die sich ein pathetisches Interesse Fernstehender heften könnte — denn ein noch so ausgezeichneter politischer Publizist oder sozialpolitischer Sachverständiger, an denen wahrlich kein Mangel ist, ist ebenso wenig ein politischer »Führer«, wie der mutigste »praktische« Revolutionär ein solcher ist. Das alles erzeugt leicht den Eindruck des Epigonenhaften: alle Gedanken, die hier, von allen verschiedenen beteiligten Seiten, erörtert werden, sind nicht nur der Sache nach, sondern expressis verbis »Kollektivprodukte«[357n]. Und das Auge des Zuschauers, zumal dasjenige politisch und ökonomisch »satter« Völker, ist nicht gewohnt und, von der Ferne aus, auch nicht in der Lage, durch den Schleier aller dieser Programme und Kollektivaktionen hindurch bei solchen Massen das mächtige Pathos der Einzelschicksale, den rücksichtslosen Idealismus, die unbeugsame Energie, das Auf und Ab von stürmischer Hoffnung und qualvoller Enttäuschung der Kämpfer zu unterscheiden. Die oft gewaltige Dramatik jener Einzelschicksale flicht sich zu einem für den Außsenstehenden undurchsichtigen Gewühl zusammen. Es ist ein unablässiges zähes Ringen, mit wilden Mordtaten und schonungslosen Willkürakten in einer Zahl, daſs selbst diese Gräfslichkeiten schliefslich zur Gewohnheit geworden sind. Und wie die moderne Schlacht, des romantischen Reizes der alten Reiterkämpfe entkleidet, als ein mechanischer Prozefs zwischen den in Werkzeugen objektivierten Produkten der Gedankenarbeit der Laboratorien und Werkstätten und — der kalten Macht des Geldes sich darstellt, daneben aber ein furchtbares, unausgesetztes Anspannen in erster Linie der Nervenkraft der Führer wie der geführten Hunderttausende ist, so steht es auch mit der modernen »Revolution«. Alles ist — wenigstens für das Auge des Beschauers — »Technik« und Frage der zähen Ausdauer der Nerven. In Ruſsland, wo die Polizeigewalt — wie diese Schilderung wohl gezeigt hat — ihre Machtstellung mit allen raffiniertesten Mitteln verschmitztester Asiatentücke ausnutzte, muſste der Kampf mit ihr so viele Kräfte in der bloſsen »Taktik« verzehren, auf

---

[357n] Damit soll aber nicht etwa gesagt sein, daſs solche »Führer« fehlten. Die feste Faust eines Petrunkjewitsch z. B. wäre an sich wie geschaffen, die Rolle Carnots zu übernehmen. Und die geistige Potenz der glänzenden Namen, über welche die demokratische Partei in der Wissenschaft und der Selbstverwaltungspraxis verfügt, wird in keiner ausländischen Partei überboten. Nur waren sie teils durch das Wahlrecht von der Arbeit exkludiert, teils durch das Drahtgeflecht polizeilicher Niederträchtigkeit und die Haltung der Regierung genötigt rein »negativ« zu wirken.

»parteitechnische Erwägungen« so sehr den Nachdruck legen[358], dafs hier eine Rolle für »grofse führende Persönlichkeiten« überhaupt nicht leicht zu spielen war. Gegen Ungeziefer sind eben »grofse« Taten nicht zu verrichten. Und auf der Gegenseite fehlen sie vollends: die zahlreichen ausgezeichneten Einzelkräfte in der russischen Beamtenschaft, von deren Vorhandensein denn doch schon ein flüchtiger Blick von aufsen jeden überzeugen mufs, können unter dem bestehenden Systeme alles, nur keine »Staatsmänner« für grofse Reformen werden. Dafür sorgen schon die dynastischen Ambitionen, — dort wie bei uns[359]). Auch die Unmasse einer im einzelnen oft erstaunlich sorgsamen Gedankenarbeit, auf die man in den Staatsschriften dieses Regimes stöfst, wird aufgebraucht und mündet, wie wir sehen, immer wieder in den Dienst des einen, absolut nicht über sich selbst hinausweisenden Zieles der polizeilichen Selbsterhaltung. Und die fürchterliche, objektive Sinnlosigkeit dieses Zieles, die vollkommene Unmöglichkeit, irgendwelche, und seien es die bescheidensten, »sittlichen« oder »Kulturwerte« als in diesem Regime verkörpert sich vorzutäuschen, verleiht dem Tun und Treiben dieser Machthaber und der »Berufsarbeit« dieser Staatsdiener — gerade der »tüchtigen« unter ihnen — in der Tat etwas von jenem gespenstischen Zug, den Leo Tolstojs Apolitismus in seiner »Auferstehung« so unheimlich empfinden zu lassen verstand. Man hat die russische mit der französischen Revolution verglichen. Abgesehen von zahlreichen anderen Unterschieden genügt es, auf dasjenige entscheidende Objekt hinzuweisen, welches, im Gegensatz zu damals, den heutigen, auch den »bürgerlichen«, Vertretern der Freiheitsbewegung n i c h t m e h r als »heilig« gilt und in den Katalogen der von der »Befreiung« erhofften Güter f e h l t: das »E i g e n t u m«. Seine »Heiligkeit« verkündet heute, — etwas verspätet vom Standpunkt seiner eignen Interessen aus — der Zar. Das ist, was auch nun geschehen wird, das Ende aller und jeder

---

[358]) Das gilt insbesondere auch für die »trudowaja gruppa«. Ihr Verhalten bezüglich des Agrarprogramms z. B. war durch rein »taktische« Erwägungen der aufserhalb der Duma stehenden Organisationen geleitet, und in »Taktik« löst sich heute, wie seit vielen Jahren, die ganze Arbeit der Sozialrevolutionäre auf. — Das Bedenkliche — vom eigenen Parteistandpunkt aus gesprochen — ist dabei, dafs man vor lauter »Parteitaktik« dann »den Wald vor Bäumen nicht sieht«.

[359]) Überhaupt lassen sich alle Konsequenzen des modernen spezifischen »Monarchismus«, — der eben, wie heute die Dinge liegen, unvermeidlich mit einem Monarchen zu rechnen hat, der ungünstigenfalls ein gefährlicher politischer Dilettant, günstigenfalls ein einseitiger militärischer Fachmann wird, — an dem Gang der Dinge in Rufsland studieren. Auf militärischem Gebiet scheint — ich darf das nicht beurteilen — in Rufsland im Gefolge der Einführung der dreijährigen Dienstzeit an der Umgestaltung der Offiziersanstellung (Offizierswahl, wie bei uns, aber zweimal: zuerst beim Avancement zum Leutnant, dann beim Avancement zum Stabsoffizier) und zahlreicher Einzelneuerungen fachtechnisch tüchtig gearbeitet zu werden.

slawophilen Romantik und überhaupt des »alten« Rußland. Aber es stoßen in Rußland die importierten allermodernsten großkapitalistischen Mächte auf einen Untergrund von archaistischem bäuerlichen Kommunismus und entfesseln ihrerseits innerhalb ihrer Arbeiterschaft so radikal sozialistische Stimmungen, denen sie alsdann so absolut »freiheitsfeindliche« Organisationen allermodernsten Gepräges entgegensetzen, daß man kaum absehen kann, welches Gepräge die russische Entwicklung gewinnen wird, auch wenn — wie ganz überwiegend wahrscheinlich — die »Heiligkeit des Eigentums« gegenüber der sozialrevolutionären Bauernideologie zuletzt das Übergewicht behält. Es sind alle jene Entwicklungsstadien ausgeschaltet, welche im Westen starke ökonomische Interessen besitzender Schichten in den Dienst der bürgerlichen Freiheitsbewegung stellten. Die wenigen Prozente industriellen Proletariates [260]) besagen vorläufig äußerst wenig, die Ideale der Bauern aber liegen vorerst, trotz allem, in einer irrealen Welt. — Niemals ist, nach alle dem, ein Freiheitskampf unter so schwierigen Verhältnissen geführt worden wie der russische, niemals mit einem solchen Maß von rücksichtsloser Bereitschaft zum Martyrium, für die, scheint mir, der Deutsche, der einen Rest des Idealismus seiner Väter in sich fühlt, tiefe Sympathie besitzen müßte.

Den üblichen deutschen reaktionären »Realpolitikern« aber sei die Frage nahe gelegt, ob sie gut tun, Empfindungen gegen sich in Rußland zu wecken, wie sie Napoleon III. vor 1870 bei uns gegen sich wachrief. Man braucht die reaktionären und offiziösen russischen Zeitungen nur zu lesen, um zu sehen, mit welcher Geschicklichkeit sie die blöde Demokratenfeindschaft unserer »staatserhaltenden« Preßorgane als Mittel der Ablenkung des Hasses der Massen nach außen — gegen uns — verwerten. Gewiß: das erbärmliche Regiment des Zaren, von jedem Krieg in den Grundfesten gefährdet, scheint ein »bequemer« Nachbar. Ein wirklich konstitutionelles Rußland müßte ein stärkerer und, weil gegen die Instinkte der Massen empfindlicher, ein unruhigerer Nachbar sein. Aber man täusche sich nicht: dies Rußland kommt, so oder so, — und man müßte, rein »realpolitisch«, auf dem Standpunkt stehen: besser jetzt bald, wo wir, auf unsere Stärke gestützt, uns friedlich-schiedlich über das Chaos von Fragen, welches zwischen uns

---

[260]) Die Gesamtzahl der russischen Arbeiter (in Bergbau, Industrie, Verkehr und Handel) betrug 1897 nach der eben erschienenen Publikation des Finanz- und des Handelsministeriums (Tschisljenost i ssostaw rabotschich w Rossii 1906) 3 221 565, wovon 2 776 503 männliche, von diesen 54,7 % zwischen 20 und 39 Jahren (von den Frauen nur 48,5 %) über 24 % unter 19 Jahren, 58 % außerhalb ihrer Familie und nur 25 % als Familienhäupter lebend, 60 % (ein überraschend hoher Prozentsatz) schreibkundig (Maximum davon aber in der Altersstufe 15—16 Jahre), ein Drittel aus anderen Gouvernements als denjenigen der Arbeitsstelle gebürtig.

liegt, verständigen können, — als dafs wir diese Probleme auf unsere Enkel abwälzen und inzwischen alle idealen Mächte dieser aufstrebenden Völker gegen uns in Bewegung setzen. Die beiden grofsen Nachbarnationen verstehen sich vorerst wenig. Einerseits ist mir persönlich kein russischer Demokrat begegnet, der für die Eigenart der deutschen Kultur innere Sympathie, die nur aus sicherem Verständnis hervorgehen kann, gehegt hätte. Anderseits erschwert der Druck des zunehmenden Reichtums, verbunden mit der zum System gesteigerten Gewöhnung, »realpolitisch« zu denken, den Deutschen die Möglichkeit, das stürmisch erregte und nervöse Wesen des russischen Radikalismus sympathisch zu empfinden. / Aber wir unserseits sollten, bei aller Notwendigkeit, inmitten einer Welt von Feinden nüchtern zu sein, doch nicht vergessen, dafs wir der Welt das Unvergänglichste in jener Epoche gegeben haben, als wir selbst ein blutarmes weltfremdes Volk waren, und dafs »satten« Völkern keine Zukunft blüht.

1. Sinnstörende Druckfehler.

S. 17 Anm. 30 Z. 4: statt »Selbstverbannung« lies: »Selbstverbrennung«.
S. 19 Z. 1: statt »Bescheinigung« lies: »Anzeige«.
S. 25 Anm. 45 a. E.: statt »Njolownoje« lies: »Ugolownoje«.
S. 25 Zeile 28: statt »rechtliche« lies: »staatliche«.
S. 31 Zeile 19: statt »251« lies: »25. I«.
S. 31 letzte Zeile: statt »der Täufer« lies: »die Täufer«.
S. 36 Abs. 3 Zeile 3: statt »War« lies: »Vor«.
S. 36 Abs. 4 Z. 9: statt »West-« lies: »Weifs-«.
S. 44 Z. 9: statt »und« lies: »nur«.
S. 46 (Anm. 88) Zeile 6 v. u.: statt »unvereinbar« lies: »vereinbar«.
S. 59 (Anm. 110 a) Zeile 3 v. u.: statt »Stellung Semskije Netzhalnikj« lies: »Stellung der Semskije Natschalniki«.
S. 61 Abs. 2 Zeile 7: statt »24. April« lies: »23. April«.
S. 69 Abs. 2 Zeile 2: statt »1896« lies: »1906«.
S. 76 Zeile 5 v. u.: statt »der Grundgesetze« lies: »der bisherigen Grundgesetze«.
S. 77 Zeile 1: statt »Syndation« lies: »Instruktionen«.
S. 82 Anm. 129 Zeile 1: statt »Art. 37« lies »Art. 42«.
S. 87 Zeile 3 v. u.: statt »Vertretung« lies: »Verteilung«.
S. 104 Zeile 15: statt »19. Februar« lies: »18. Februar«.
S. 124 Anm. 187 Zeile 6: statt »danach« lies: »dennoch«.
S. 129 in Anm. 190 Zeile 6: statt »Kauflust« lies: »Kaufkraft«.
S. 153 in Anm. 227 Zeile 3: statt »$1^{1}/_{4}$ Million« lies: »$2^{1}/_{4}$ Milliarde«.

2. Nachträge.

1. Zu S. 16 oben: Taganzew führte im Reichsrat (27. Juni) an, dafs von 1863 bis 1903: 15, vom 1. Januar bis 1. Juni 1906: 180 Todesurteile ausgesprochen worden seien. Die Zahl kann sich nur auf die »ordentlichen« Gerichte beziehen.
2. Zu S. 39 Abs. 2 a. E.: Eine Milderung auch der Zulassungsbedingungen für die Mittelschulen wurde letzthin in der Presse angekündigt.
2a. Zu S. 55 Abschn. VI Anfang: Denn der Ukas an den Senat vom 18. Februar (aufgehoben gleichzeitig mit Erlafs des Bulyginschen Dumagesetzes) gab kein Versammlungsrecht, sondern nur das (für Private schon seit 1811 bestehende, dagegen den Selbstverwaltungskörpern bis dahin bestrittene) Petitionsrecht.
3. Zu S. 63 (unten) sind natürlich sowohl der bekannte Streit zwischen dem Monarchen und dem Ministerpräsidenten gelegentlich der Entlassung Bismarcks wie jetzt namentlich die unlängst näher bekannt gewordenen Vorgänge bei der erstmaligen Schaffung des »Kabinetts« in Preufsen (1848) und das Verhalten Friedrich Wilhelms IV dazu zu vergleichen.
4. Zu S. 75 Anm. 122a: Der erste formal inkonstitutionelle Erlafs wäre danach wohl das Wechselmoratorium für Bjelostok gewesen. Er hätte, nach der »alten« Ordnung, wohl zweifellos den Reichsrat zu passieren gehabt.
5. Zu S. 82: Das erste und einzige unter der neuen Ordnung publizierte »Gesetz« (über die Anweisung von 15 Mill. Rubel »Verpflegungskapital« gegen die Hungersnot) enthält am Kopf den vom 3. Juli datierten, vom Reichssekretär unterschriebenen Vermerk, dafs auf dem Original sich die eigenhändige kaiserliche Sanktion (»bytt po ssjemu«) befinde, aldann, im Eingang des Texts, die Erwähnung, dafs Reichsrat und Duma das Gesetz genehmigt haben, am Schlufs desselben die Unterschrift des Reichsratspräsidenten, der ja, nach der »Konstitution«, den Entwurf dem Kaiser zu unterbreiten hatte. — Da die Erlasse des Kaisers, wie im Text erwähnt, bei der Publikation eine Unterschrift der Minister, denen ihre »sskrjepljenije« obliegt, nicht aufweisen, so hat man auf diese Weise nach Möglichkeit zum Ausdruck gebracht, dafs die »sskrjepljenije« nach Meinung der Regierung eine blofse »Beglaubigung« geblieben sei und sich nicht zu einer »Bekräftigung« (auctoritas), wie in konstitutionellen Staaten, entwickelt habe, dafs vielmehr — da der Senat als Publikationsbehörde schon nach der alten Ordnung eine Beglaubigung der kaiserlichen Unterschrift verlangen konnte und verlangte (obwohl dies in den alten »Grundgesetzen« nicht ausdrücklich bestimmt war) — »im Prinzip« alles beim alten geblieben sei.
6. Zu S. 118: Die ungemein sorgsamen Vorbereitungsmafsnahmen, welche die Moskauer Druckereiarbeiter gegenüber der drohenden — in Rufsland eventuell ersten — Aussperrung trafen: Lokalisierung des Kampfes auf die dem Arbeitgeberverband angehörigen Betriebe, Vorkehrungen gegen die Möglichkeit, Aufträge an auswärtige Filialen zu geben, Organisation der Arbeitslosen einerseits, der Ausgesperrten anderseits unter sorgsamer Abwägung des Stimmenverhältnisses, Fernhaltung von Zuzug, Abschiebung der Reservearmee in die Heimatsdörfer (man beachte hier die Wirkung der Agrarverfassung!), Modus der Verhandlung mit den Prinzipalen, Mafsregeln zur Gewinnung der Sympathie des Publikums

(Zeitungsdruckerstreik) usw. s. in der »Torg.-prom. Gasj.« Nr. 158. Das. Nr. 161 die Basis, auf welcher, wie es scheint, eine Einigung mit dem Arbeitgeberverband zustande kommt (die Prinzipale haben insbesondere die Anerkennung des Gewerkvereins und Zulassung der Beratung auch politischer Fragen innerhalb ihrer Werkstätten zugestanden).

7. Zu S. 136: Die Verschuldung des Grundbesitzes bei den Kreditinstituten wird jetzt vom Finanzministerium auf fast genau 2 Milliarden Rubel angegeben (Adelsbank 714 Millionen, Bauernbank 450 Millionen, der Rest bei anderen Banken).

8. Zu S. 160 bei Note 241 und S. 169 Note 273a und 180 Note 273a: Schwarze Listen der Grundbesitzerverbände gegen »streiklustige« Arbeiter sind zuerst im Zartum Polen (Gouv. Petrokow) aufgetaucht (»Wjestn. ss. chasj.« 1906, Nr. 25). Über die umfassenden Streikorganisationen der Bauern im Südwestrayon (es wurde die Schaffung von Streikkomitees in jedem einzelnen Dorfe erstreckt) s. »Torgowo-promyschl. gasj. Nr. 152 S. 2 nach dem »Pridnjepr. Kraj«.

9. Das S. 180 (bei Anm. 274a) gegebene Versprechen werden wir nunmehr nicht halten können, da Professor Herzenstein inzwischen ein Opfer der contrarevolutionären Banden geworden ist.

10. Zu (S. 166 Note 255 a. E. und) S. 182 Note 277a: Bis 8. Juli 1906 sind (seit dem Manifest vom 3. November) nach Mitteilung der Bauernbank (»Prawit. Wj.« Nr. 155 S. 2) 991 Kaufabschlüsse über 1 491 831 Defsjätinen (1 600 000 Hektar, also annähernd die »Wirtschaftsfläche« einer preufsischen Provinz) für 188 003 518 Rubel von ihr gemacht worden. Der mittlere Kaufpreis der ersten Juliwoche betrug 126 Rubel für die Defsjätine (243 Mk. pro Hektar).